en
el borde de
TODO

Julio César Guanche (La Habana, 1974). Es licenciado en Derecho (1997) y profesor de la Universidad de La Habana. Terminó estudios de Maestría (2000) y cursó un programa de doctorado (2001) por la Universidad de Valencia, en España.

Desde 1998 hasta junio de 2001 laboró como director de la revista *Alma Mater*, órgano de la Federación Estudiantil Universitaria de Cuba. Entre julio de 2001 y enero de 2006, trabajó en el Instituto Cubano del Libro, donde dirigió, en diferentes períodos, la edición de la revista digital de cultura cubana *La Jiribilla*, y las editoriales Cubaliteraria (electrónica), de Ciencias Sociales, y Científico-Técnica.

Ha obtenido varios premios de periodismo convocados en el ámbito nacional por la UPEC, la UNEAC y el Ministerio de Cultura. En el año 2001, obtuvo el Premio Memoria del Centro Cultural Pablo de la Torriente Brau. Publicó, en el 2004, en la colección ediciones La Memoria de este centro cultural, el volumen *La imaginación contra la norma: ocho enfoques sobre la República de 1902*. En ese año alcanzó el premio de ensayo Calendario, de la Asociación Hermanos Saíz, con el libro *La condición cubana: tres ensayos sobre la República*; y, en los años 2005 y 2006, de forma consecutiva, obtuvo mención en la modalidad de Ciencias Sociales del Premio Internacional de Ensayo de la revista cubana *Temas*, con «El camino de las definiciones: los intelectuales cubanos y la cultura en la Revolución, 1959-1961», y «El ejército de la libertad: el Directorio Revolucionario 13 de Marzo en la Revolución cubana», respectivamente. En 2006 publicó, en coautoría con Hilario Rosete Silva, el libro *El hombre en la cornisa*. Sus textos han aparecido en revistas de Cuba, México, Argentina, España y los Estados Unidos. Colabora habitualmente con publicaciones alternativas en internet como Rebelión y La Haine. Hoy labora como asesor del presidente del Festival Internacional del Nuevo Cine Latinoamericano de La Habana.

en
el borde de
TODO

**El hoy y el mañana
de la revolución
en Cuba**

Julio
César
Guanche

ocean sur

una editorial latinoamericana

Imagen y diseño de la cubierta: David Alfonso

Edición: Tupac Pinilla

ISBN: 978-1-921235-50-4

Library of Congress Control Number: 2007928203

Primera edición 2007

Impreso en Colombia por QuebecorWorld S.A., Bogotá

PUBLICADO POR OCEAN SUR

OCEAN SUR ES UN PROYECTO DE OCEAN PRESS

México: Juan de la Barrera N. 9, Col. Condesa, Del. Cuauhtémoc, CP 06140, México D.F.

Tel: (52) 5553 5512 • E-mail: mexico@oceansur.com

EE.UU.: E-mail: info@oceansur.com

Cuba: E-mail: lahabana@oceansur.com • Tel: (53-7) 204 1324

El Salvador: E-mail: elsalvador@oceansur.com • Tel: (503) 2223 0104

Venezuela: E-mail: venezuela@oceansur.com • Tel: (58) 0412 295 5835

DISTRIBUIDORES DE OCEAN SUR

Argentina: Cartago Ediciones S.A. • E-mail: ventas@e-cartago.com.ar

Chile: Editorial "La Vida es Hoy" • Tel: 2221612 • E-mail: lavidaeshoy.chile@gmail.com

Colombia: Ediciones Izquierda Viva • Tel/Fax: 2855586 • E-mail: ediciones@izquierdaviva.com

Cuba: Ocean Sur • E-mail: lahabana@oceansur.com

Ecuador: Libri Mundi S.A. • Tel: 593-2 224 2696 • E-mail: ext_comercio@librimundi.com.ec

EE.UU., Canadá y Puerto Rico: CBSD • Tel: 1-800-283-3572 • www.cbsd.com

El Salvador y Centroamérica: Editorial Morazán • E-mail: editorialmorazan@hotmail.com

Gran Bretaña y Europa: Turnaround Publisher Services • E-mail: orders@turnaround-uk.com

México: Ocean Sur • Tel: 5553 5512 • E-mail: mexico@oceansur.com

Australia: Ocean Press • Tel: (61-3) 9326 4280 • E-mail: info@oceanbooks.com.au

Perú: Ocean Sur-Perú distribuidor • Tel: 330-7122 • E-mail: oceansurperu@gmail.com

Venezuela: Ocean Sur • E-mail: venezuela@oceansur.com

www.oceansur.com
www.oceanbooks.com.au

ÍNDICE

Nos hemos hecho el firme propósito de no ocultar una sola opinión por motivos tácticos, pero al mismo tiempo, sacar conclusiones que por su rigor lógico y altura de miras ayuden a resolver problemas y no contribuyan sólo a plantear interrogantes sin solución.[*]

Ernesto Che Guevara

* Ernesto Che Guevara, *Apuntes críticos a la Economía Política*, Ocean Sur, 2006, p. 30

Prólogo mínimo
para una obra mayúscula

Mínimo, mínima: dícese de lo que es tan pequeño en su especie que no lo hay menor ni igual.
(DRAE)

Mayúsculo, mayúscula: algo mayor que lo ordinario en su especie.
(Id)

Catauro: en las Antillas, especie de cesto...
(Id)

Prólogo

Quien escribe este prologuillo a un libro tan importante, como el que tienes, lector, lectora, entre tus manos (el cual es una especie de catauro de ideas cubanas en torno a las cuestiones propias de las revoluciones en general y muy en particular de la cubana), nació en el año 1926 al igual que lo hizo (nacer) el Comandante Fidel Castro, y vive a su modo la certidumbre de su edad y la perspectiva de su desaparición de los anales de este mundo y del ingreso o no de su obra —en su caso meramente literaria— en la Historia. En una u otra escala, todos los seres humanos somos lo mismo (ya que no «el mismo»): durante nuestras vidas vamos pasando de ser unas gentes sin pasado (con pasado cero, al nacer) y con un (al menos, estadísticamente) largo futuro, a devenir seres con un pasado muy dilatado y un futuro muy breve, cuando llegamos a edades como éstas a que han llegado hoy el gran Castro y el pequeño (aunque también octogenario) Sastre, aquí presente.

En realidad, yo he comenzado, al ponerme a esta tarea prologal, por cuestionar que a nuestro amigo Julio César Guanche no se le haya ocurrido alguien mejor para escribir esta introducción a tan magna tarea; pues que bien sabe él que yo no soy un sociólogo, y menos un politólogo o un filósofo en el sentido técnico de la palabra, sino un mero poeta, eso sí, un tanto pensativo sobre algunas cuestiones generales, referentes a aspectos existenciales y también sociales e históricos, pero nada más. (También nada menos, es verdad).

Enfrentado hoy con este libro, yo me encuentro con que no se trata de un mero acertijo sobre el futuro, sino de un esfuerzo muy serio de pensamiento sobre un tema que nunca ha dejado de ser ardiente: la Revolución Cubana, sus esplendores y sus errores, y ahora, claro está por lo que decíamos hace un momento, sobre su futuro sin Fidel Castro, con un especial interés que se funda en el hecho incuestionable de que el protagonismo —o, mejor, la protagonía— de este Comandante por antonomasia inclina a inquietarse por lo que haya de ocurrir cuando él, y con él sus compañeros de generación, ya no existan en este planeta cuya historia es, en verdad, apasionante.

La obra de Fidel Castro no es un legado cualquiera que se pueda administrar de cualquier manera; es incluso más acertado pensar, aunque no lo parezca, y en realidad no lo sea, que tan fuerte legado podría autoadministrarse desde su propia energía; pero ello se ha cuestionado acertadamente por el mismo Comandante al plantear la cuestión de la reversibilidad del proceso revolucionario cubano. La noción de «líder paradójico», surgida en los medios de la *intelligentsia* venezolana (pienso ahora en Carmen Bohórquez), aporta razones para consolidar la idea de que el gran líder cubano ha trabajado en el sentido de distribuir el gran poder de que ha dispuesto como excepcional dirigente, entre las gentes de su pueblo (entre la «multitud»), y que a su desaparición no habrá, contra lo que sus enemigos afirman, un «vacío de poder» que pudiera ser ocupado por la fauna de Miami y sus cómplices, con la terrible desgracia que ello supondría para Cuba.

El libro presenta, de entrada, una *facies* que lo aleja tanto de la posibilidad de que no fuera sino una rememoración nostálgica de las raíces ilustres (históricas) de la Revolución Cubana (R.C.), ni por supuesto de que contuviera una crítica de aquellas bases ideológicas «rebeldes», o de sus posteriores realizaciones socialistas, sino que es una presentación crítica y leal del lugar y el momento en el que este proceso se halla a estas todavía pequeñas alturas del siglo XXI, y unas reflexiones sobre sus horizontes para el futuro; y todo ello pensado en estas fechas en que habrá que ir considerando que tanto «el Comandante» como este trabajador de la imaginación que ahora está haciendo su prólogo ahora tenemos que pensar ya en ir haciendo las maletas para la Eternidad, es un decir, aunque sean incomparables la instalación definitiva en la Historia de un gran dirigente y la desaparición de un escritor que apenas se propuso hacer una literatura que, a lo más, habría de acompañar el proceso histórico desde el modesto lugar que ocupa en estos procesos la poesía, por grande y subversiva que ésta sea. (Claro está que me estoy refiriendo a las relaciones posibles y verificables entre los Poetas y los Líderes Políticos, y que, unos y otros, se mueven en dos planos muy diferentes).

Enfrentado, digo, a este libro, me di cuenta en un mero paseo por su índice, y lo he confirmado leyéndolo con mucho interés, de que es una obra de gran alcance, en la medida en que lo tiene la índole de sus temas pero así mismo la ejecutoria —el desvelo por la libertad y la justicia— de las personas implicadas en su elaboración, empezando por el discurso universitario del propio Fidel Castro. Como verá el que lea, los textos que se le ofrecen están pensados y dichos muy lejos de cualquier apología sectaria del proceso, en definitiva son un testimonio colectivo en el que —eso sí— se da cuenta y se parte de hechos incontrovertibles y de las indiscutibles grandes hazañas de la R.C., a saber:

Primera, la conquista del poder político en el año 1959 por la fuerza de las ideas, pero también del pueblo y de las armas.

Segunda, el proceso de construcciones sociales (socialistas) —como la salud y la educación— realizadas, por cierto, bajo la presión y la opresión del cerco norteamericano, durante tantos años.

Tercera, la respuesta propia positiva —decididamente cubana— a la caída del «socialismo real», con todos sus inconvenientes.

Cuarta, la existencia actual de una generación intermedia y de una juventud que se está manifestando ya como una prueba elocuente contra la doctrina burguesa (orteguiana) de las generaciones; realidad que hoy se manifiesta ya como una garantía para una continuidad renovada del proceso revolucionario.

El conjunto de estos materiales, inteligentemente organizados por Julio César Guanche, presenta un interés múltiple que sobrepasa el que podría haberse basado en aquella teoría de Ortega y Gasset, que se enfrentaba a las contradicciones sociales magnificando las existentes entre minorías y mayorías, equivalente a la que se da entre los listos y los tontos (minorías egregias frente a mayorías gregarias), entre mujeres y hombres (sexos), entre jóvenes y viejos (generaciones), e ignorando (escandalosamente, pues el pensamiento marxiano era ya un hecho activo y planetario cuando Ortega escribió su propio pensamiento) la existencia de la contradicción dialéctica fundamental: la de los ricos y los pobres (las clases), en sus distintas formas y en sus niveles: de los dominadores y los dominados, que en el plano histórico internacional presenta la formidable contradicción entre Estados imperialistas y pueblos «imperializados». En suma, bajo la expresión «rebelión de los pobres» se define ese tipo de procesos que, en ese plano internacional, movió a exclamar a los cubanos «patria o muerte», como en el otro plano se venía ya proclamando en el mundo la urgencia ética y política de elegir entre el socialismo y la barbarie.

Los cubanos de hoy, que son cronológicamente pero también espiritualmente posteriores a quienes habitaban en la Cuba anterior a la R.C. («los nuevos cubanos» se los llamó en un libro de los años 60, todavía inédito), tienen ideas que los lectores de este libro van a ver y entender muy bien, y van a saludar con las mayores esperanzas para el futuro, en el marco, además, de un planeta en el que se dan hechos tan fuertes y significativos como las movilizaciones que se están operando (¡alzando!) en la actual América Latina, y que resultan, en la práctica, un reconocimiento histórico a la R.C., pero también un apoyo cada vez más elocuente a sus postulados y realidades; y que, en suma, manifiestan decisiones antiimperialistas de sus pueblos, ya sean los de Venezuela, Bolivia, Ecuador, etcétera, y todo ello en un mundo en el que la resistencia contra el Imperialismo tiene ciertamente una gran fuerza en lugares como Iraq o Palestina.

Abramos, pues, las siguientes páginas con el mejor talante, pues lo hacemos con la seguridad de hallarnos ante un pensamiento rico y múltiple, enfrentado a uno de los fenómenos más fascinantes de la edad contemporánea.

Alfonso Sastre
Hondarribia, marzo de 2007

Preámbulo
(una condición)

I.

El 17 de noviembre de 2005 el Comandante en Jefe Fidel Castro pronunció un discurso en la Universidad de La Habana que colocó en la argumentación pública sobre la Revolución el tema de la reversibilidad del socialismo en Cuba y de la posibilidad de la derrota de la Revolución a manos de «errores propios» de la construcción revolucionaria.[1]

Esta declaración, manifiesto de dialéctica revolucionaria y de un cambio significativo en el discurso oficial cubano en más de un orden, amén de una advertencia de implicaciones trascendentales, convocó a un debate sobre el presente y el futuro de la revolución en Cuba como no se había dado en la Isla al menos desde hace más de una década.

Sin embargo, a pesar de su importancia, la discusión suscitada alrededor de él no ha alcanzado la repercusión que sí consiguieron eventos como el Proceso de Rectificación de Errores y Tendencias Negativas

---

1. Discurso pronunciado por Fidel Castro Ruz, presidente de los Consejos de Estado y de Ministros de la República de Cuba, en el aniversario 60 de su ingreso a la Universidad. La Habana, 17 de noviembre de 2005. «Revisado y perfilado por su propio autor, con absoluto respeto a la integridad de las ideas expresadas en su discurso». Se encuentra publicado en el sitio oficial «Discursos e intervenciones del Comandante en Jefe Fidel Castro Ruz, Presidente del Consejo de Estado de la República de Cuba», en http://www.cuba.cu/gobierno/discursos/2005/esp/f171105e.html (fecha de descarga en la web: 27 de noviembre de 2006).

(1986), el Llamamiento y la realización del IV Congreso del Partido Comunista de Cuba (1990–1991) o el marco político que hizo posible debatir alrededor de la «sociedad civil» —al final una discusión sobre el diseño de la política nacional— hacia mediados de la década de los noventa.

De hecho, una amplia zona de la izquierda internacional, desde antiguo identificada con la Revolución cubana, debatió el tema con intensidad. Desde esa filiación abordó de manera crítica los temas de la institucionalidad socialista, el liderazgo del pueblo como sujeto de la Revolución, y la necesidad de un debate político colectivo sobre el futuro del socialismo en la Isla, entre otras cuestiones de importancia esencial.[2]

Al interior de la Isla, varias organizaciones de masas, así como diversos espacios del Partido Comunista de Cuba (PCC), han promovido discusiones alrededor del discurso entre su membresía. Raúl Castro Ruz, al frente del Partido y del Gobierno cubanos tras la delegación temporal de sus cargos (julio de 2006), por parte del Comandante en Jefe Fidel Castro —como consecuencia de la intervención quirúrgica que lo ha mantenido convaleciente hasta hoy (enero de 2007)—, respondió a aquel discurso afirmando en varios escenarios que sólo el Partido «puede ser el digno heredero de la confianza depositada por el pueblo en su líder».[3] El XIX Congreso de la Central de Trabajadores de

---

2. Estos son algunos de esos trabajos: «Cuba: tres premisas para salvar la Revolución, a la muerte de Fidel» y «La disyuntiva de Cuba: capitalismo o nuevo socialismo», Heinz Dieterich; «Cambios en Cuba», Octavio Rodríguez Araújo; «Cuba: ¿revolución en la revolución?» y «Entre el modelo existente y el nuevo socialismo», Narciso Isa Conde; «Cuba y la lucha contra la corrupción» y «El futuro de Cuba», Pascual Serrano; «Cuba, los nuevos tiempos» y «EEUU y Cuba: un gran éxito y un pequeño fracaso», Santiago Alba Rico; «Cuba fácil» (introducción al libro *Cuba es una Isla*), Danielle Bleitrach y Viktor Dedal; «El futuro de Cuba: Revolución año cero», Hugo Montero y Martín Latorraca; «Cuba: Constitución y peligros», Malime; «¿Es irreversible la revolución cubana?» (en tres partes), José Steinsleger; «En Cuba han lanzado un Proceso de Rectificación», entrevista de CX36 Radio Centenario con James Petras; «Revolución cubana: autocrítica y alerta», Iñaki Etaio; «La exaltación y el fervor» y «Yo soy Fidel», Carlo Frabetti. Todos estos textos pueden consultarse en los sitios web alternativos www.rebelion.org, www.lahaine.org y www.insurgente.org.

3. Discurso pronunciado por el Segundo Secretario del Comité Central del Partido y Ministro de las FAR, General de Ejército Raúl Castro Ruz, en el acto por el aniversario 45 de la fundación del Ejército Occidental, efectuado en San José de las Lajas, La Habana, el 14 de junio de 2006, Año de la Revolución Energética en Cuba, en http://www.granma.cubaweb.cu/2006/06/15/nacional/artic01.html (fecha de descarga en la web: 28 de septiembre de 2006).

Cuba (septiembre de 2006), colocó el tema en su agenda, al igual que el VII Congreso de la Federación Estudiantil Universitaria (diciembre de 2006), que consideró ese documento como el centro de sus discusiones.

Sin embargo, por la magnitud de sus cuestionamientos —pues «un discurso que plantea la posibilidad de la reversión de la Revolución lo cuestiona todo»[4]— es de esperar que tenga repercusiones mucho más profundas que las producidas hasta hoy. En este horizonte, la atención dedicada al discurso en el sector intelectual tampoco ha sido la que cabría esperar,[5] a pesar de haber sido reclamada una reflexión general por el propio Fidel y de haber sido subrayada luego esa necesidad por el canciller Felipe Pérez Roque.[6]

Con todo, el por qué de este hecho es una interrogante que no puede dirigírsele solo a los individuos que no han intervenido con su opinión acerca del tema, sino que reclama asumir una premisa general: la posibilidad de alcanzar los objetivos perseguidos por el discurso se encuentra en relación directa con la amplitud del marco político que se habilite para su discusión.

---

4. Ver intervención de Jesús Arboleya en este libro, p. 157.
5. Algunos de los trabajos de autores cubanos (residentes o no en Cuba) sobre el tema son: «Un vacío que solo puede ser cubierto por todos», José Ramón Fabelo Corzo; «En Cuba existen dos corrientes, dos tendencias sociales», entrevista de Hugo Montero y Martín Latorraca con Enrique Ubieta Gómez; «Los valores que la Revolución ha defendido han sobrevivido en las condiciones más adversas», entrevista de Hugo Montero y Martín Latorraca con Iroel Sánchez Espinosa; «Fidel Castro y la reversibilidad del socialismo», Miguel Limia David; «Cuba en el contexto de la izquierda latinoamericana: el reto de la historia menos reciente», Fernando Luis Rojas; «Cuba: Constitución vs. ¿socialismo reversible?» y «Cuba, la prensa y un debate sobre socialismos ¿reversibles?», Manuel David Orrio; «El Proyecto Sociopolítico Cubano ante el desafío de su reversibilidad» y «Cuba y el discurso de la Universidad de la Habana: más allá de las interpretaciones en debate», Roberto Cobas Avivar; «Ellos, Nosotros, la Isla», Armando Chaguaceda; «La disyuntiva de Cuba: mensaje a la desmemoria», Jesús Pastor García Brigos; «Profundizar la revolución socialista: única vía de salvarla», Celia Hart; «Ese discurso es un grito de guerra», entrevista de Hugo Montero y Martín Latorraca con Celia Hart; «Heinz Dieterich y la "salvación" de la revolución cubana», Jesús Arboleya Cervera; «Cuatro tesis sobre el problema actual de Cuba», Pedro Campos; «Cuba: ¿se derrumba o no la Revolución?», Paul Ravelo Cabrera, «Medidas esenciales para la supervivencia», Jorge Jesús García Angulo; estos trabajos, han aparecido en los sitios alternativos internacionales www.rebelion.org, www.insurgente.org y www.lahaine.org. En *Foreign Affairs* apareció el texto «Vidas (y sobrevidas) de Fidel», de Rafael Hernández. En la prensa cubana ha aparecido otro tipo de materiales, de los cuales son ejemplos el artículo «Analizar más los principales problemas», de Lázarro Barredo, en *Granma*, y la serie de reportajes que el diario *Juventud Rebelde* ha venido publicando acerca de

II.

Dos de las preguntas que emergen de semejante constatación podrían sintetizarse de esta forma: a) ¿La respuesta a la cuestión planteada sobre la posible reversibilidad es de «sí o no», o de «sí y no, depende»?, y b) ¿hacia dónde debería avanzar esa discusión y qué impactos debería producir con respecto al curso revolucionario?

Entender la respuesta a la posible reversibilidad como «sí o no» equivale a negar el contenido íntegro de la dialéctica marxista, que deja atrás la cuestión con celeridad: la respuesta siempre es sí. Ahora, entender que la respuesta se dirige hacia el territorio revolucionario del «depende», remite a rechazar la pervivencia en el imaginario de izquierda de un tipo de pensamiento marcado por la experiencia del socialismo soviético y convoca a debatir cuestiones centrales de la teoría revolucionaria, como lo es la discusión sobre qué es el socialismo.

Por otra parte, para que el discurso de Fidel del 17 de noviembre de 2005 pueda desplegar las consecuencias que su enunciación formula —esto es, la profundización del hecho revolucionario en el sentido de asegurar su continuidad—, es imprescindible un debate y una intención que, afirmando la necesidad de ampliar permanentemente la participación política, se pronuncie en un plano de totalidad y analice tanto las prácticas, y sus aciertos y desviaciones, como los aciertos y desviaciones de las propias ideas en que se fundan esas prácticas.

---

diversos temas problémicos relativos, sobre todo, a la economía, entre ellos «La vieja gran estafa», que combate la corrupción y promueve la defensa de los consumidores.

La revista argentina *Sudestada* dedicó un dossier al tema del futuro de la Revolución (*Sudestada*, Año 5, No. 49, junio de 2006, disponible en la web en http://www.revistasudestada.com.ar), para lo cual convocó, en su inmensa mayoría, a autores cubanos residentes en Cuba.

En la Isla, solo la revista *Criterios* (No. 35, 2006) ha presentado un dossier dedicado al tema de la posible reversibilidad del socialismo, con trabajos como «El Segundo Mundo: Postmodernismo y socialismo», Aleš Erjavec; «La corrupción», Elemér Hankiss; «La neohabla (un reconocimiento)», Michal Glowiński; y «Hacia atrás desde el futuro: Arte del Este y del Oeste», Borís Groys. Los textos «La corrupción» y «La neohabla...», si bien fueron escritos en 1978, por su forma de abordar el problema son muy relevantes para contribuir a entender hoy parte de los problemas planteados.

La revista *Temas*, por su parte, dedicó su espacio de discusión Último Jueves

III.

La crítica del «socialismo real» desde Cuba implica no solo la denuncia de los «errores y desviaciones» emergentes en la URSS a partir de la década del veinte del siglo pasado, sino que enfrenta una discusión sobre el concepto del socialismo, sobre las ideas que, sobrevivientes a la caída del «socialismo real», deben ser impugnadas por una práctica revolucionaria que se plantee refundar el socialismo sobre bases revolucionarias.

Por tanto, la cuestión planteada por Fidel el 17 de noviembre de 2005 conduce menos a respuestas cerradas que a la discusión entre posicionamientos diversos ante la teoría revolucionaria, y más, ante formas diferentes de entender la Revolución misma, entre cuyas alternativas se encuentran: a) Entender la reversibilidad como una posibilidad que se deriva de los errores y los vicios de un camino que se considera en sí como la única vía posible a seguir, y b) pensar que la posible reversibilidad forma parte de la dialéctica de afirmación, negación y desviación intrínseca a cualquier proceso histórico, siempre abierto a nuevas alternativas.

Si bien el primer posicionamiento denota la horma positivista del marxismo soviético, el segundo acaso se encuentra en el centro de la tradición marxista revolucionaria.

IV.

La discusión desde Cuba sobre las alternativas revolucionarias comporta una especificidad: El hecho de contar con una revolución triunfante, proceso que es en sí la alternativa. La pregunta se coloca entonces en otro plano:

(correspondiente al mes de abril de 2006) al tópico del socialismo, con un panel en el cual participaron Abel Prieto, Graziella Pogolotti, Gilberto Valdés y Esther Pérez, entre otros, en momentos de intenso debate internacional sobre el tema; la trascripción del panel no ha sido publicada hasta esta fecha (enero de 2007).

6. Felipe Pérez Roque, «Solo un estado socialista garantiza que la mayoría de la población disfrute de la riqueza de un país y sea dueña de la propiedad» (intervención del ministro de Relaciones Exteriores de Cuba en la Asamblea Nacional del Poder Popular el 23 de diciembre de 2005). Puede consultarse en http://www.rebelion.org/noticia.php?id=24925 (fecha de descarga: 27 de noviembre de 2006).

¿Cómo formular desde el poder una alternativa, tanto al capitalismo como al propio estadio alcanzado por la Revolución?

Hacer la crítica del capitalismo y del imperialismo es imprescindible, pero ello obliga al mismo tiempo a hacer la crítica de la organización revolucionaria, de la forma que debe asumir, y asume, la democracia socialista, y de los errores de su construcción.

V.

La exigencia de discutir estas cuestiones no es solo un problema «de los intelectuales». Se trata de la necesidad de un debate social, cual una sistemática, sobre el proyecto: sobre sus medios y sus fines.

Delinear la estructura socioclasista cubana de hoy y los fines que persiguen los diferentes estratos y grupos sociales resulta fundamental para articular los hilos del consenso hacia el futuro. En un escenario de estructuración social como el existente en Cuba, acaso el único instrumento para gestionar el consenso sea concebir la política como un discurso en sí mismo diferenciado, orientado hacia la afirmación de la diversidad social.

Una esfera pública revolucionaria no debe encontrar en ese debate la condición del «peligro» nacido de revelar sus problemas y carencias —aún en medio del escenario de «plaza sitiada» que es el hábitat natural de los procesos de cambio social—, sino la calidad de sus firmezas: las soluciones revolucionarias se encuentran en la discusión colectiva y la participación ciudadana.

VI.

El intercambio alrededor del que se ha dado en conocer como «Discurso de la Universidad» acarrea dos cuestiones esenciales: El concepto del socialismo y, en relación con él, el saber del socialismo.

Para solventar ese debate con posibilidades de éxito, es preciso hacer estallar una trampa: La idea de que hacer la crítica de la Revolución es «dar armas al enemigo» y, en relación con ella, la tesis de que el silencio puede ser revolucionario.

La política es revolucionaria solo cuando es condicional. No hay mejor arma entregada «al enemigo» que estar desarmados política e intelectualmente. El silencio, por extensión, es revolucionario solo si es condicional, cuando la voz expresa lo mismo que el silencio. (A diez de últimas, la incondicionalidad no tiene que ser acrítica.)

Si la Revolución es la necesidad de expandir toda nueva libertad, entonces su crítica sistemática es acaso la única condición en que, como proyecto de cambio permanente, se haga posible.

VII.

Walter Benjamin, en sus conocidas *Tesis sobre la Historia*, afirmaba que «solo a la humanidad redimida le cabe por completo en suerte su pasado. Lo cual quiere decir: solo para la humanidad redimida se ha hecho su pasado citable en cada uno de sus momentos». Sin embargo, la probabilidad de recuperar todo el pasado tiene que ver también, punto por punto, con la posibilidad de apropiarse de todo el presente.

Una revolución, ¿*se hace* y es preciso *continuarla*, o *se hace continuamente* a sí misma? La respuesta contiene nada menos que un proyecto político: el de convocar a participar en las tareas de la Revolución o el de viabilizar la posibilidad de definirlas. La elección de uno u otro programa contiene in nuce el rango de los cambios aceptables, y más, la posibilidad de apropiarse de parte o de todo el presente.

Final

«El primer deber de un revolucionario es hacer la Revolución», aseguraba la «Segunda Declaración de La Habana».

Pensar la Revolución es ya hacer la Revolución en una dirección y no en otras.

Este libro, que podría haberse escrito de muchas maneras, se sitúa en el límite: aquí todos están en el filo del «depende». Para otros, la respuesta sería de «sí o no», o harían un mohín ante la pregunta. Pero los que aquí participan reconocen en esta hora un borde de la historia que no se puede franquear con ardides para ganar tiempo.

En «el borde de todo» no está quien se encuentra de pie frente a un abismo, si es el precipicio todo lo que resta, sino el que está parado en un límite donde todo es posible: ganar tierra firme y construir una vida sobre la roca, o rodar por el barranco.

Según las palabras al uso, el barranco sería la reversibilidad de la Revolución que, si bien es posible, también es cierto que *depende*. Este libro intenta aportar, desde la perspectiva estrictamente personal de quienes contribuyen a él, no solo al debate intelectual generado por aquel discurso acerca de la Revolución cubana, sino que, partiendo de querer «pensar con cabeza propia», en la idea de Ernesto Guevara, y de hacerlo «sin miedo a pensar en Cuba», en el sentido en que lo argumentara Darcy Ribeiro en 1989, pretende sumar un espacio, una condición sobre la cual puedan pararse quienes afirman y defienden un futuro revolucionario para la Isla.

Si Marx afirmó que «la revolución social del siglo XIX no puede sacar su poesía del pasado, sino solamente del porvenir [y] no puede comenzar por ella misma antes de despojarse de toda veneración supersticiosa por el pasado», la propuesta de Fidel de «hacer una Revolución dentro de la Revolución» no puede ser interpretada como una moción de idealizar el pasado, sino como una propuesta radical para el siglo XIX: el dentro generador de una nueva libertad, es aquel de la coherencia revolucionaria en la ruptura permanente.

Julio César Guanche
La Habana, enero de 2007

I.- La pregunta: ¿Puede o no ser irreversible un proceso revolucionario?

Legar un país mejor

El «Discurso de la Universidad», pronunciado por el Comandante en Jefe Fidel Castro Ruz el 17 de noviembre de 2005 en el Aula Magna de la Universidad de La Habana, representa tanto un balance como una proyección.

En él, ante un público básicamente estudiantil, el líder de la Revolución cubana hace un recorrido exhaustivo por la historia del país y analiza críticamente errores y deformaciones del curso revolucionario.

Fidel ha afirmado que en la Universidad de La Habana «se hizo revolucionario». Por ello, pronunciar en ese marco un discurso como el que nos ocupa, no solo toma en cuenta la significación del lugar sino que, al establecer con precisión el público al que busca dirigirse — las generaciones más jóvenes de cubanos—, se sitúa enteramente ante la necesidad de asegurar la continuidad de la Revolución.

Esa línea de argumentación es seguida por los otros dos discursos que aparecen recogidos, según su orden cronológico, en el presente capítulo. Son estos los que pronunciaran Felipe Pérez Roque, ministro de Relaciones Exteriores, y Raúl Castro Ruz, segundo secretario del Partido Comunista de Cuba, quien se encuentra al frente del país desde julio de 2006, cuando el Comandante en Jefe delegara temporalmente sus funciones por motivos de enfermedad. Estos discursos, por el valor de sus análisis y por el prestigio político de sus autores, alcanzaron gran repercusión en los ámbitos nacional e internacional.

No son los únicos pronunciamientos ni los únicos dirigentes cubanos que se han situado públicamente ante este problema. Ahora bien, presentamos estos tres materiales porque brindan de manera integral la visión del liderazgo revolucionario sobre los problemas que afronta la Revolución, así como la forma de enfrentarlos; afirman la idea de que es imprescindible la discusión de los problemas en medio de un debate *revolucionario; y establecen la relación generacional entre ellos cuando puede asegurarse que el mejor homenaje que se le puede hacer a la Generación Histórica de la Revolución es «legarles a nuestros hijos un país mejor todavía que el que ellos han defendido y preservado para nosotros».*

Esta revolución no la pueden destruir ellos, pero sí nuestros defectos y nuestras desigualdades[7]

Fidel Castro Ruz

Queridos estudiantes y profesores de las universidades de toda Cuba;

Queridos compañeros dirigentes y demás invitados que han compartido con nosotros tantos años de lucha:

Ahora viene el momento más difícil, que es el de decir unas palabras en esta Aula Magna, donde se han pronunciado tantas palabras. Un mundo de ideas le viene a uno a la mente, y es lógico, ha pasado algún tiempo.

Ustedes han sido muy amables al recordar hoy un día muy especial: el 60 aniversario de mi tímido ingreso a esta universidad.

Por ahí anda una foto, yo la miraba: un jacketcito; cara así, no sé si de bravo, de malo, o de bueno, o indignado, porque esa foto no la sacaron el primer día, yo creo que ya tenía unos cuantos meses, y yo empezaba a reaccionar contra tantas cosas como las que estábamos viendo. No era un pensamiento formado ni mucho menos; era un pensamiento ávido de ideas, pero también de deseos de conocer; un espíritu tal vez rebelde, lleno de ilusiones, de ilusiones no puedo decir revolucionarias, habría que decir lleno de ilusiones y de energía, también posiblemente de ansias de lucha.

---

7. La fuente está referida en la nota 1 del «Preámbulo» de este libro.

Bueno, había sido deportista, había sido escalador de montañas. Hasta me habían convertido primero —ni sé bien por qué— en una especie de teniente de exploradores y después, más tarde, me hicieron general de exploradores. Así que cuando yo era estudiante preuniversitario me habían dado más grados que los que tengo hoy (Risas), porque fui después Comandante, pero nada más que Comandante, y eso de Comandante en Jefe no quería decir más que era Comandante jefe de aquella pequeña tropa de alrededor de 82 hombres, con los que desembarcamos del *Granma*.

Ese nombre nace después del desembarco, el 2 de diciembre de 1956. Entre los 82 alguno tenía que ser jefe, después le pusieron «en». Así, poco a poco, de Comandante jefe pasé a Comandante en Jefe cuando ya había más Comandantes, porque era el grado más alto durante mucho tiempo. Recordaba esas cosas. Uno tiene que pensar qué era, en qué pensaba, qué sentimientos albergaba.

Tal vez circunstancias especiales de mi vida me hicieron reaccionar. Pasé algún trabajo desde muy temprano y fui desarrollando, quizás por ello, el oficio de rebelde.

Por ahí se habla de los rebeldes sin causa; pero a mí me parece, cuando recuerdo, que era un rebelde por muchas causas, y agradezco a la vida haber seguido, a lo largo de todo el tiempo, siendo rebelde, aun hoy, y tal vez con más razón, porque tenga más ideas, porque tenga más experiencia, porque haya aprendido mucho de mi propia lucha, porque comprenda mucho mejor esta tierra en que nacimos y este mundo en que vivimos, hoy globalizado y en minutos decisivos de su destino. No me atrevería a decir en minutos decisivos de su historia, porque su historia es mucho más breve, es realmente ínfima comparada con la vida de una especie que en años muy recientes, tal vez desde hace 3000, 4000 ó 5000 años, comenzó a dar los primeros pasos después de su larga y breve evolución; digo larga y breve, porque evolucionó hasta convertirse en ser pensante tal vez en algunos cientos de miles de años, y al cabo de la existencia de la vida en este planeta, que afirman los conocedores, si no me equivoco, surgió, me parece recordar, hace 1000 ó 1500 millones de años, primero surgió la vida y después surgieron millones de especies, y nosotros no somos más que eso, una de las muchas especies que surgieron en este planeta, y por eso digo que, tras una breve y a la vez larga vida, hemos llegado a este minuto, en este milenio, que dicen que es el tercer milenio desde el inicio de la era cristiana.

¿Y por qué tantas vueltas en torno a esta idea? Porque me atrevo a afirmar que hoy esta especie está en un real y verdadero peligro de extinción, y nadie podría asegurar, escuchen bien, nadie podría asegurar que sobreviva a ese peligro.

Bueno, que la especie no sobreviviría es algo de lo cual se habló hace 2000 años, porque recuerdo que cuando era estudiante oí hablar del Apocalipsis, profetizado en la Biblia; es como si hace 2000 años algunos se dieran cuenta de que esta débil especie podría un día desaparecer.

Desde luego, también los marxistas. Recuerdo muy bien un libro de Engels, *Dialéctica de la naturaleza*, donde hablaba de que algún día el Sol se apagaría, que el combustible que alimenta el fuego de esa estrella que nos ilumina se agotaría y dejaría de existir la luz del Sol. Y entonces me queda una pregunta, que tal vez ustedes, o los profesores de ustedes, o miles y cientos de miles de ustedes se la hayan hecho alguna vez, y es la pregunta acerca de si existe o no la posibilidad de que esta especie pueda emigrar a otro sistema solar.

¿Nunca se lo han preguntado? Pues en algún momento se lo van a preguntar, porque uno se pregunta muchas cosas a lo largo de la vida, pero se las pregunta sobre todo cuando hay una razón para preguntárselas. Y creo que el hombre nunca tuvo más razón para hacerse esta pregunta, porque si aquel que era marxista se planteó el problema de la desaparición del calor y la luz solar, y como científico planteó que un día no existiría el sistema solar, nosotros también, como revolucionarios, y echando a volar la imaginación, tenemos que preguntarnos qué pasará y si hay alguna esperanza de que esta especie escape y se vaya a otro sistema solar donde haya o pueda haber vida. Lo único que sabemos hasta ahora es que hay un sol a cuatro años luz, entre los cientos de miles de millones de soles que existen en ese enorme espacio, del que no sabemos todavía bien si es finito o infinito.

Por lo poco que sabemos de física, de matemática, de la luz y la velocidad de la luz, y los que viajan a los planetas más cercanos, donde no encuentran nada, y los que viajarán a Venus —creo que Venus fue en tiempo de los romanos la diosa del amor—, los que allí tengan el privilegio de llegar, van a encontrar unos ciclones que son no sé cuántos cientos de veces peores que el Katrina, el Rita, o el Michelle, o el Mitch, y todos los demás similares que cada vez con más fuerza nos azotan, porque se afirma que la temperatura en Venus es de 400 grados, y son masas de aire o de atmósfera pesada en constante soplo.

Los que han ido a Marte, que decían que era un lugarcito donde podría haber existido la vida —Chávez habla de que posiblemente existió allí la vida, él bromea con eso—, y se fue, desapareció todo, andan buscando si hay una partícula de oxígeno o alguna huella de vida. Bien, todo puede haber ocurrido, pero lo más probable es que no hubiese existido vida desarrollada en alguno de esos planetas. El conjunto de factores que hicieron posible la vida se dieron al cabo de miles de millones de años en el planeta Tierra, esa frágil vida que puede transcurrir entre limitados grados de temperatura, entre unos pocos grados por debajo de cero y unos pocos grados por encima de cero, ya que nadie sobrevive a una temperatura en el agua de 60 grados; bastarían 20 segundos sin protección alguna y ya ningún ser humano vive, bastarían unas decenas de grados bajo cero, sin calor artificial y no podría sobrevivir. En ese limitado margen de temperatura se dio la vida.

Estamos hablando de la vida, porque cuando hablamos de universidades hablamos de la vida.

¿Qué son ustedes? Si me hicieran una pregunta ahora mismo, yo diría que ustedes son vida, ustedes son símbolos de la vida.

Aquí hemos estado hablando de acontecimientos de nuestras vidas, de nuestra universidad, de nuestra Alma Máter, de los que llegamos hace algunas decenas de años y los que están hoy aquí, que ingresaron en el primer año o que están a punto de graduarse, o algunos se han graduado ya y están desempeñando funciones que otros, con menos experiencia, no podrían realizar.

Yo trataba de recordar cómo eran aquellas universidades, a qué nos dedicábamos, de qué nos preocupábamos. Nos estábamos preocupando de esta isla, de esta pequeñita isla. No se hablaba todavía de globalización, no existía la televisión, no existía Internet, no existían las comunicaciones instantáneas de un extremo a otro del planeta, apenas existía el teléfono, y, si acaso, algunos aviones de hélice. Al menos en mis tiempos, allá en 1945, nuestros aviones de pasajeros apenas llegaban a Miami y con mucho trabajo, aunque cuando era escolar de primaria escuchaba hablar del viaje de Barberán y Collar, allá en Birán se afirmaba: «Por aquí pasaron Barberán y Collar», dos pilotos españoles que cruzaron el Atlántico y siguieron hacia

México; pero después no hubo más noticias de Barberán y Collar, todavía se discute en qué lugar cayeron, si en el mar entre Pinar del Río y México, o en Yucatán o en algún otro lugar. Pero nunca más se supo de Barberán y Collar, que habían cometido la osadía de cruzar el Atlántico en un avioncito de hélice que se había casi recién inventado. Fue a principios del siglo que acaba de pasar cuando se inició la aviación.

Sí, acababa de ocurrir una terrible guerra, que costó alrededor de 50 millones de vidas, y estoy hablando del momento aquel, en 1945, cuando yo ingresé en la universidad, el día 4 de septiembre; bueno, ingresé en esa época, y ustedes, desde luego, se han tomado la libertad de celebrar aquel aniversario cualquier día, puede ser el 4, puede ser el 17, puede ser en noviembre, puede ser hoy, en que ustedes escogieron esta fecha, porque son tantas conmemoraciones que ustedes no podían dar tantos actos ni yo tampoco asistir a tantos actos, y el dolor más grande de mi vida habría sido no asistir, especialmente en este momento, a un acto en el Aula Magna, invitado por ustedes.

Yo todos los días tengo muchos actos, todos los días converso horas y horas con masas, especialmente de jóvenes, con masas de estudiantes, o con brigadas médicas que marchan a cumplir gloriosas misiones que casi nadie más es capaz de cumplir en este mundo al que me estoy refiriendo, ahora, porque ningún otro país podría enviar a un hermano pueblo de Centroamérica 1000 médicos, como los que en este momento se enfrentan allí al dolor y a la muerte, frente a la más grande tragedia natural ocurrida en ese país desde que se recuerda.

Una por una, a cada una de esas brigadas, les he hablado, las he despedido; o a las que marchan hacia el otro lado de la Tierra, a 18 horas de vuelo, donde ha ocurrido, casi simultáneamente, una de las más grandes tragedias humanas que ha conocido nuestro mundo en mucho tiempo, no recuerdo otra, por el lugar en que se produce, por el pueblo humilde que golpea, pueblo de pastores que viven en altísimas montañas, y vísperas de un invierno, allí donde el frío es muy elevado, donde la pobreza es grande y donde el mundo insensible que derrocha un millón de millones de dólares cada año en publicidad para tomarle el pelo a la inmensa mayoría de la humanidad —que, además, paga las mentiras que se dicen—, convirtiendo al ser humano en persona que, al parecer, no tuviera ni siquiera capacidad de pensar, porque las hacen consumir jabón, que es el mismo jabón con diez marcas diferentes, y tienen que engañarla, porque ellos pagan ese millón de millones, no lo pagan las empresas, lo pagan aquellos que adquieren los productos en virtud de la publicidad; este mundo insensible que gasta un millón de millones de dólares cada año en objetivos de carácter militar —ya son dos millones de millones—; este mundo insensible que extrae de las masas empobrecidas, de la inmensa mayoría de los habitantes del planeta, varios millones de millones de dólares cada año, y permanece indiferente cuando le dicen que allí han muerto alrededor de 100000 personas, entre ellos, tal vez, 25000 ó 30000 niños, o donde hay más de 100000 heridos, y la gran mayoría sufriendo fracturas de hueso en los miembros superiores e inferiores del cuerpo, y de los cuales, si acaso, se habrán operado un 10%, donde hay niños con miembros mutilados, jóvenes, mujeres y hombres, ancianos.

Ese es el mundo en que estamos viviendo, no es un mundo lleno de bondad, es un mundo lleno de egoísmo; no es un mundo lleno de justicia, es un mundo lleno de explotación, de abuso, de saqueo, donde un número de millones de niños mueren cada año —y podrían salvarse—, simplemente porque les faltan unos centavos de medicamentos, un poco de vitaminas y sales minerales y unos pocos dólares de alimentos, suficientes para que puedan vivir. Mueren cada año, a causa de la injusticia, casi tantos como los que murieron en aquella colosal guerra que mencioné hace unos minutos.

¿Qué mundo es ese? ¿Qué mundo es ese donde un imperio bárbaro proclama el derecho de atacar sorpresiva y preventivamente a 70 o más países, que es capaz de llevar la muerte a cualquier rincón del mundo, utilizando las más sofisticadas armas y técnicas de matar? Un mundo donde impera el imperio de la brutalidad y de la fuerza, con cientos de bases militares en todo el planeta, y entre ellas una en nuestra propia tierra, en la que intervino arbitrariamente cuando el poder colonial español no podía sostenerse y cuando cientos de miles de los mejores hijos de este pueblo, que apenas tenía un millón de habitantes, habían perecido en una larga guerra de alrededor de treinta años; una Enmienda Platt repugnante en virtud de una resolución de igual repugnancia que, de forma traidora, otorgaba el derecho a intervenir en nuestra tierra cuando a su criterio no existiese suficiente orden.

Ha pasado más de un siglo y todavía ocupa por la fuerza ese pedazo de territorio, hoy vergüenza y espanto del mundo, cuando se divulga la noticia de que fue convertida en un antro de torturas, donde cientos de personas, recogidas en cualquier lugar del mundo, están allí; no los llevan a su territorio porque en él puedan existir algunas leyes que les creen dificultades para tener ilegalmente por la fuerza secuestrados y durante años, sin ningún trámite, sin ninguna ley, sin ningún procedimiento a aquellos hombres, que, además, para asombro del planeta, han estado siendo sometidos a sádicas y brutales torturas. Y de eso se entera el mundo cuando allá en una cárcel en Iraq estaban torturando a cientos de prisioneros del país invadido con todo el poder de ese colosal imperio, y donde cientos de miles de civiles iraquíes han perdido la vida.

Cada día se descubren cosas nuevas. Hace poco se divulgaron las noticias de que el gobierno de los Estados Unidos tenía cárceles secretas en los países satélites del este de Europa, esos que allí votan en Ginebra contra Cuba y la acusan de violación de derechos humanos; al país donde nadie conoció jamás un centro de tortura a lo largo de 46 años de Revolución, porque jamás en nuestro país se violó aquella tradición sin precedentes en la historia de que ni un solo hombre haya sido torturado, o se haya conocido —al menos nosotros— la tortura de un solo hombre; y no seríamos nosotros los únicos en impedirla, sería nuestro pueblo que adquirió hace rato un concepto altísimo de la dignidad humana.

¿Quién de nosotros, quién de ustedes, cuál de nuestros compatriotas admitiría tranquilamente la historia de un solo ciudadano torturado, a pesar de los miles de actos de barbarie y de terrorismo cometidos contra nuestro pueblo, a pesar de los miles de víctimas ocasionadas por la agresión de ese imperio que durante más de 45 años nos ha bloqueado y ha tratado de asfixiarnos por todos los medios? Y ahora dicen los muy descarados —como decía recientemente uno allí frente a la votación aplastante de 182 miembros de las Naciones Unidas, con una abstención— que las dificultades son resultado de nuestro fracaso, y un gran cómplice de ese bandido, que es el Estado pro nazi de Israel, apoya el bloqueo. Hay que decirlo así, porque aquellos que tales crímenes cometen lo hicieron en nombre de un pueblo que durante más de 1500 años sufrió persecución en el mundo y fue víctima de los más atroces crímenes en la Segunda Guerra Mundial, el pueblo de Israel, que no tiene ninguna culpa de las salvajadas genocidas, al servicio del imperio, que conducen al holocausto de otro pueblo, el pueblo palestino, y proclaman también el derecho repugnante de atacar sorpresiva y preventivamente a otros países.

Ahora mismo el imperio amenaza con atacar a Irán si produce combustible nuclear. Combustible nuclear no son armas nucleares, no son bombas nucleares; prohibirle a un país producir el combustible del futuro es como prohibirle a alguien que explore en busca de petróleo, que es combustible del presente y llamado a agotarse físicamente en poco tiempo. ¿A qué país en el mundo se le prohíbe buscar combustible, carbón, gas, petróleo?

A aquel país lo conocemos bien, es un país de 70 millones de habitantes, que se propone el desarrollo industrial y piensa con toda razón que es un gran crimen comprometer sus reservas de gas o de petróleo para alimentar el potencial de miles de millones de kilowatts/hora que requiere con urgencia de país del Tercer Mundo su desarrollo industrial. Y ahí está el imperio queriendo prohibirlo y amenazando con bombardear. Hoy ya se debate en la esfera internacional qué día y qué hora, o si será el imperio, o utilizará —como utilizó en Iraq— al satélite israelí para el bombardeo preventivo y sorpresivo sobre centros de investigación que busquen obtener la tecnología de producción del combustible nuclear.

En treinta años más, el petróleo, un 80% del cual está actualmente en manos de países del Tercer Mundo, ya que los otros agotaron el suyo, entre ellos los Estados Unidos, que tuvo una inmensa reserva de petróleo y gas, le alcanza apenas para algunos años, por lo cual trata de garantizar la posesión del petróleo en cualquier parte del planeta y de cualquier forma, esa fuente energética, sin embargo, se agota y a la vuelta de veinticinco o treinta años solo quedará una fundamental, aparte de la solar, la eólica, etcétera, para la producción masiva de electricidad: la energía nuclear.

Está lejano todavía el día en que el hidrógeno, mediante procesos tecnológicos muy incipientes, pudiera ser fuente más idónea de combustible, sin el cual no podría vivir la humanidad, una humanidad que ha adquirido determinado nivel de desarrollo técnico. Este es un problema presente.

Nuestro Ministro de Relaciones Exteriores acaba de cumplimentar la invitación de visitar Irán, ya que Cuba será sede de la próxima reunión de Países No Alineados, dentro de un año, y aquella nación reclama su derecho a producir combustible nuclear como cualquier nación entre las industrializadas y no ser obligada a destruir la reserva de una materia prima, que sirve no solo como fuente energética, sino como fuente de numerosos productos, fuente de fertilizantes, fuente de textiles, fuente de infinidad de materiales que hoy tienen un uso universal.

Así anda este mundo. Y veremos qué ocurriría si se les ocurre bombardear Irán para destruir cualquier instalación que le permita la producción de combustible nuclear.

Irán ha firmado el Tratado de no Proliferación, como Cuba lo ha firmado. Nosotros nunca nos hemos planteado la cuestión de la fabricación de armas nucleares, porque no las necesitamos, y si fueran accesibles, ¿cuánto costaría producirlas y qué hacemos con producir un arma nuclear frente a un enemigo que tiene miles de armas nucleares? Sería entrar en el juego de los enfrentamientos nucleares.

Nosotros poseemos otro tipo de armas nucleares, son nuestras ideas; nosotros poseemos armas del poder de las nucleares, es la magnitud de la justicia por la cual luchamos; nosotros poseemos armas nucleares en virtud del poder invencible de las armas morales. Por eso nunca se nos ha ocurrido fabricarlas, ni se nos ha ocurrido buscar armas biológicas, ¿para qué? Armas para combatir la muerte, para combatir el SIDA, para combatir las enfermedades, para combatir el cáncer, a eso dedicamos nuestros recursos, a pesar de que el bandido aquel —ya no me acuerdo cómo se llama el tipejo que han nombrado, no sé si Bolton, Bordon, qué sé yo—, nada menos que representante de los Estados Unidos en Naciones Unidas, un supermentiroso, descarado, inventor de que Cuba estaba investigando en el Centro de Ingeniería Genética para producir armas biológicas.

También nos acusaron de que estábamos colaborando con Irán, transfiriendo tecnología con aquel objetivo, y lo que estamos es construyendo, en sociedad con Irán, una fábrica de productos anticancerígenos, eso es lo que estamos haciendo. Y si también lo quieren prohibir, ¡váyanse para el demonio o para donde quieran irse, idiotas, que aquí no van a asustar a nadie! (Aplausos.)

¡Mentirosos, descarados!, todo el mundo sabe que hasta la propia CIA descubrió que era mentira lo que estaba diciendo el actual representante del gobierno de los Estados Unidos en la ONU, y habían obligado a renunciar a un hombre porque dijo que eso era mentira, y otros en el Departamento de Estado también se dieron cuenta de que era mentira y el sujeto estaba furioso, hecho un basilisco contra todos aquellos que decían la verdad. Ese es el representante del «Bushecito» ante la comunidad de naciones, donde acaban de sacar 182 votos en contra de su infame bloqueo. Ese es el mundo donde pretenden campear por la fuerza y campear en virtud de las mentiras y en virtud del monopolio casi total de los medios masivos. Vean qué batalla se libra en este momento. Y nombraron al sujeto por encima del Congreso, y por un tiempo, cuando el mundo entero sabe que es un descarado y un mentiroso repugnante.

Todos los días le descubren al caballero que gobierna los Estados Unidos un truco nuevo, un delito nuevo, una canallada nueva por parte de sus miembros, y van cayendo, van goteando uno por uno como pencas de coco, como diría un campesino oriental; sí, así van cayendo, con un poco de ruido. Ya no les va quedando nada que inventar, pero siguen haciendo barbaridades.

Les hablaba de las cárceles en varios países, cárceles secretas donde envían secuestrados con el pretexto de la lucha contra el terrorismo, y ya no solo en Abu Ghraib, no solo en Guantánamo, ya en cualquier parte del mundo se encuentra una cárcel secreta donde realizan torturas los defensores de los derechos humanos; son los mismos que allí en Ginebra ordenan a sus corderitos votar uno tras otro contra Cuba, el país que no conoce la tortura, ¡para honor y gloria de esta generación, para honor y gloria de esta Revolución, para honor y gloria de una lucha por la justicia, por la independencia, por el decoro humano que debe mantener incólume su pureza y su dignidad! (Aplausos.)

Pero la cosa no se acaba ahí, esta mañana llegaban noticias informando sobre el uso de fósforo vivo en Fallujah, allí donde el imperio descubrió que un pueblo, prácticamente desarmado, no podía ser vencido y se vieron los invasores en tal situación que no podían irse ni quedarse: si se iban, volvían los combatientes; si se quedaban, necesitaban esas tropas en otros puntos. Ya han muerto más de 2000 jóvenes soldados norteamericanos, y algunos se preguntan, ¿hasta cuándo seguirán muriendo en una guerra injusta, justificada con groseras mentiras?

Pero no vayan a creer que disponen de abundantes reservas de soldados norteamericanos, ya cada vez menos norteamericanos se inscriben, han convertido el enrolamiento para el ejército en una fuente de empleo, contratan desempleados, y muchas veces trataban de contratar el mayor número de negros norteamericanos para sus guerras injustas, y han llegado noticias de que cada vez menos afronorteamericanos están en disposición de inscribirse en el ejército, a pesar del desempleo y la marginación a que son sometidos, porque tienen conciencia de que los están usando como carne de cañón. En los guetos de Luisiana, cuando el gobierno gritó sálvese quien pueda, abandonaron a miles de ciudadanos que perdieron la vida ahogados o perdieron la vida en los asilos de ancianos o en los hospitales y a algunos se les aplicó la eutanasia por temor del personal facultativo de verlos morir ahogados. Son historias reales que se conocen y sobre las cuales debiera meditarse.

Buscan latinos, inmigrantes que, tratando de escapar del hambre, cruzaron la frontera, esa frontera donde están muriendo más de 500 inmigrantes cada año, muchos más en 12 meses que los que murieron durante los 28 años que duró el muro de Berlín.

Del muro de Berlín el imperio hablaba todos los días; del que se levanta entre México y los Estados Unidos, donde mueren ya más de 500 personas por año, pensando escapar de la pobreza y el subdesarrollo, no hablan una sola palabra. Ese es el mundo en que estamos viviendo.

¡Fósforo vivo en Fallujah! Eso significa el imperio, y secretamente. Cuando se denunció, el gobierno de los Estados Unidos dijo que el fósforo vivo era un arma normal. Si era normal, ¿por qué no lo publicaron? ¿Por qué nadie sabía que estaban usando esa arma prohibida por las convenciones internacionales? Si el napalm está prohibido, el fósforo vivo está todavía mucho más prohibido.

Todos los días llega una noticia de ese tipo, y todas esas cosas tienen que ver con la vida, todas esas cosas tienen que ver con este mundo. Vean qué enorme diferencia de aquellos tiempos en que nosotros llegábamos a la universidad todos llenos de ideales, llenos de sueños, llenos de buena voluntad aunque no estuviera nutrida de la experiencia, de la ideología profunda y de las ideas que se iban adquiriendo a lo largo de los años. Así entraban los jóvenes en esta universidad, que no era, por cierto, la universidad de los humildes; era la universidad de las capas medias de la población, era la universidad de los ricos del país, aunque los muchachos jóvenes solían estar por encima de las ideas de su clase y muchos de ellos eran capaces de luchar, y así lucharon a lo largo de la historia de Cuba.

Ocho estudiantes fueron fusilados en 1871 y fueron cimientos de los más nobles sentimientos y del espíritu de rebeldía de nuestro pueblo, a quien tanto indignó aquella colosal injusticia; como los nueve estudiantes, cuya muerte conmemoramos hoy, asesinados por los nazis, en Praga, aquel 17 de noviembre de 1939, en vísperas de la Segunda Guerra Mundial.

En la historia de nuestra juventud estuvo siempre presente el recuerdo de aquellos estudiantes de medicina, y los estudiantes lucharon siempre contra los gobiernos tiránicos y corrompidos. Mella era uno de ellos, también procedente de la capa media; porque los de las capas más pobres, los hijos de los campesinos, no sabían leer ni escribir, ¿cómo podían ingresar en una universidad?, ¿cómo podían ingresar en un bachillerato?

Yo, hijo de terrateniente, pude terminar el sexto grado y después, con séptimo grado aprobado, pude ingresar en un instituto preuniversitario.

¿Quién que no hubiera podido estudiar bachillerato podía ir a la universidad? Quien fuera hijo de un campesino, de un obrero, que viviera en un central azucarero o en cualquiera de los muchos municipios que no fueran como el de Santiago de Cuba, o el de Holguín, tal vez Manzanillo y dos o tres más, no podía ser bachiller, ¡ni siquiera bachiller! Mucho menos graduado de la universidad, porque, entonces, después de ser bachiller, tenía que venir a La Habana.

Yo pude venir a La Habana porque mi padre disponía de recursos, y así me hice bachiller, y así el azar me trajo a una universidad. ¿Es que acaso soy mejor que cualquiera de aquellos cientos de muchachos, casi ninguno de los cuales llegó a sexto grado y ninguno de los cuales fue bachiller, ninguno de los cuales ingresó en una universidad?

Mi propio caso, como el de muchos otros: mencioné a Mella, podría mencionar a Guiteras, podría mencionar a Trejo, que murió en una de esas manifestaciones, un 30 de septiembre, en la lucha contra Machado; podría mencionar nombres como los que ustedes aquí señalaron al iniciarse el acto.

Antes de la Revolución, contra la tiranía batistiana siempre hubo muchos estudiantes nobles, dispuestos a sacrificarse, dispuestos a dar la vida. Y así, cuando volvió con todo el rigor la tiranía batistiana, muchos estudiantes lucharon y muchos estudiantes murieron, y aquel jovencito de Cárdenas, *Manzanita*, como le llamaban, siempre risueño, siempre jovial, siempre cariñoso con todos los demás, se iba distinguiendo por su valentía, su entereza, cuando bajaba la escalinata, cuando se enfrentaba a los carros de bomberos, cuando se enfrentaba a la policía. Así fueron surgiendo todos ellos.

Si usted va, incluso, a la casa donde vivió Echeverría —José Antonio, vamos a llamarlo así—, es una casa buena, una excelente casa. Vean cómo los estudiantes muchas veces pasaban por encima de su origen social y de su clase, en esa edad de tantas esperanzas, de tantos sueños.

En aquella universidad, para estudiar medicina había una sola facultad y un solo hospital docente, y muchos obtenían premios, primer premio en medicina, y algunos, incluso, de cirugía sin haber operado nunca a nadie.

Algunos lo lograban, eran activos y hacían alguna relación con algún profesor que los ayudaba, los llevaba a alguna práctica, los llevaba a algún hospital. Así surgieron buenos médicos, no una masa de buenos médicos —sí había una masa de médicos deseosa de viajar a los Estados Unidos—, que estaban sin empleo, y cuando la Revolución triunfa se marchan precisamente a los Estados Unidos, y quedaron la mitad, 3000, y el 25% de los profesores. De ahí partimos hacia el país de hoy, que se yergue ya casi como capital de la medicina mundial.

Hoy nuestro pueblo tiene a su disposición, por lo menos, 15 médicos, y mucho mejor distribuidos, por cada uno de los que quedaron aquí en el país; tiene decenas de miles en el exterior prestando servicios solidarios, y crecen. Hay en este momento —pedí la cifra exacta— 25000 estudiantes de medicina; en primer año alrededor de 7000, e ingresarán no menos de 7000 cada año, y tiene ya más de 70000 médicos. No hablo de las decenas de miles de estudiantes de otras ciencias médicas, tenemos la idea de que estén estudiando en el área de la medicina alrededor de 90000, si usted incluye las enfermeras, las que están estudiando licenciatura en enfermería y todos los que estudian carreras relacionadas con la salud, dentro del caudal enorme de estudiantes que hoy tiene nuestra universidad.

Yo quería señalar la diferencia de ese año en que entré en la universidad, ¿qué era nuestro país? Hay que preguntarse eso y meditar qué es hoy nuestro país, en todos los terrenos. Y podríamos hacernos la misma pregunta con relación a ocho, diez, quince, veinte cosas. No hay comparación posible.

Hablaba de que Barberán y Collar perecieron en un avioncito lleno de tanques de gasolina, porque era lo único que podían hacer en ese tiempo, despegaron, salieron casi como nosotros de allá de México, en 1956: «si salimos,

llegamos; si llegamos, entramos; si entramos, triunfamos». Parece que antes otros hombres hicieron una acción tan audaz como esa, la de cruzar el
Atlántico. Salieron y llegaron a Cuba, volvieron a salir; llegaron a México,
pero llegaron sin vida a México.

Hablaba de una nave que despegaba; esta era una nave que despegaba en
los primeros tiempos, un pequeño avioncito, que parecía movido por la fuerza de una liga. ¿Ustedes no han visto nunca esos avioncitos que les enredan
una liga, los sueltan, despegan y llegan? Cuando nuestra Revolución triunfó
en este hemisferio, al lado del imperio y rodeado de satélites del imperio, con
alguna excepción, iniciábamos un camino muy difícil. Ya es otra época, fueron unos cuantos años después de nuestra entrada en la universidad.

Nosotros entramos en la universidad a finales del año 1945, e iniciamos
nuestra lucha armada en el Moncada el 26 de julio de 1953, realmente, casi
ocho años después, y la Revolución triunfa cinco años, cinco meses y cinco
días después del Moncada, tras un largo recorrido por las prisiones, el exilio y la lucha en las montañas. Fue un tiempo, si se mira históricamente, si
se compara con las luchas anteriores, tan duras y tan difíciles, de nuestro
pueblo, un tiempo relativamente breve, y fueron dos etapas: la entrada en la
universidad, la salida y el golpe de Estado del 10 de marzo de 1952.

Esa etapa cuando iniciábamos la lucha es el punto de donde hay que
partir ahora; despegábamos, intentábamos despegar, no conocíamos ni siquiera muy bien las leyes de la gravedad, íbamos cuesta arriba luchando
contra el imperio, que era ya el más poderoso, pero cuando todavía existía otra superpotencia, como la llamábamos; fue cuesta arriba, marchando
cuesta arriba fuimos ganando experiencia, marchando cuesta arriba fue
fortaleciéndose nuestro pueblo y nuestra Revolución, hasta llegar a hoy.

Ojalá yo tuviera más tiempo para hablar, pero este ahora de ahora es
un ahora sin precedente, es una hora muy distinta de todas las demás, en
nada se parece a la de 1945, en nada se parece a la de 1950 cuando nos
graduamos, pero poseedores ya de todas aquellas ideas de las que hablé
un día, cuando afirmé con amor, con respeto, con entrañable cariño, que
en esta universidad, donde llegué simplemente con un espíritu rebelde y
algunas ideas elementales de la justicia, me hice revolucionario, me hice
marxista-leninista y adquirí los sentimientos que a lo largo de los años he
tenido el privilegio de no haberme sentido nunca tentado, ni en lo más

mínimo, a abandonarlos alguna vez. Por eso me atrevo a afirmar que no los abandonaré jamás.

Y si de confesiones se trata, cuando terminé en esta universidad yo me creía muy revolucionario y, simplemente, estaba iniciando otro camino mucho más largo. Si yo me sentía revolucionario, si me sentía socialista, si había adquirido todas las ideas que hicieron de mí, y no podía haber ninguna otra, un revolucionario, les aseguro con modestia que hoy me siento diez veces, veinte veces, tal vez cien veces más revolucionario de lo que era entonces (Aplausos). Si entonces estaba dispuesto a dar la vida, hoy estoy mil veces más dispuesto a entregar la vida que entonces (Aplausos).

Uno, incluso, entrega la vida por una noble idea, por un principio ético, por un sentido de la dignidad y el honor, aun antes de ser revolucionario, y también decenas de millones de hombres murieron en los campos de batalla en la Primera Guerra Mundial y en otras guerras, enamorados casi de un símbolo, de una bandera que encontraron bella, un himno que escucharon emocionante, como lo fue «La Marsellesa» en su época revolucionaria, y después himno del imperio colonial francés. En nombre de ese imperio colonial y de los repartos del mundo murieron en masa en las trincheras, en la Primera Guerra Mundial, millones de franceses. Si el hombre es capaz de morir, el único ser que es consciente de entregar la vida voluntariamente, no lucha por instintos, como hay tantos animales que luchan por instinto, prácticamente las leyes de la naturaleza lo condujeron hacia esa estirpe; el hombre es una criatura llena..., el hombre y la mujer..., y cada vez hay que decir más: las mujeres; sí, tengo razones, no sé si tendré tiempo de decirlas. Pero el ser humano es el único capaz, conscientemente, de pasar por encima de todos los instintos. El hombre es un ser lleno de instintos, de egoísmos, nace egoísta, la naturaleza le impone eso; la naturaleza le impone los instintos, la educación impone las virtudes; la naturaleza le impone cosas a través de los instintos, el instinto de supervivencia es uno de ellos, que lo pueden conducir a la infamia, mientras por otro lado la conciencia lo puede conducir a los más grandes actos de heroísmo. No importa cómo seamos cada uno de nosotros, cuán diferentes seamos cada uno de nosotros, pero entre todos nosotros hacemos uno.

Resulta asombroso que, a pesar de la diferencia entre los seres humanos, puedan ser uno en un momento o puedan ser millones, y solo pueden ser millones a través de las ideas. Nadie siguió la Revolución por culto a nadie o por simpatías personales de nadie. Cuando un pueblo llega a la misma disposición de sacrificio que cualquiera de aquellos que con lealtad y sinceridad traten de dirigirlos y traten de conducirlos hacia un destino, eso solo es posible a través de principios, a través de ideas.

Ustedes constantemente están leyendo hombres de pensamiento, constantemente leen la historia, y en la historia de nuestra patria leen a Martí, leen a otros muchos destacados patriotas, y en la historia del mundo, en la historia del movimiento revolucionario leen a los teóricos, a los grandes teóricos que nunca claudicaron de los principios revolucionarios. Son las ideas las que nos unen, son las ideas las que nos hacen pueblo combatiente, son las ideas las que nos hacen, ya no solo individualmente, sino colectivamente, revolucionarios, y es entonces cuando se une la fuerza de todos, cuando un pueblo no puede ser jamás vencido y cuando el número de ideas es mucho mayor; cuando el número de ideas y de valores que se defienden se multiplican, mucho menos puede un pueblo ser vencido.

Y así, cuando uno recuerda a los compañeros, y mira uno a los jóvenes que tienen importantes tareas; los otros, muchos de ellos fueron dirigentes de esta universidad y tienen largos años de lucha; unos más, unos pueden tener más de 50, otros pueden tener más de 40 y hoy cada uno de ellos en su cargo, muchos de ellos estudiantes, otros de origen humilde, como los que observo aquí, desde personas que estuvieron en el Moncada y personas que vinieron en el Granma, lucharon en la Sierra Maestra y participaron en todos los combates; aquí los veo, a cada uno de ellos, defendiendo una causa, una bandera.

Veo, por ejemplo, a nuestro querido compañero Alarcón. Lo recuerdo porque aquí se ha hablado de la batalla por los cinco héroes presos, y él ha sido incansable batallador por la justicia con relación a esos compañeros. Fue la tarea que recibió de la Revolución, y la recibió por sus cualidades, por su talento, por su carácter de Presidente de la Asamblea Nacional.

Veo al compañero Machadito, viejo médico, pero no médico viejo, que nos acompañó allá por las montañas. Veo a Lazo, veo a Lage, veo a Balaguer, veo a muchos por aquí para allá —todavía veo algo (Risas)—, creo que veo a Sáez, creo que vemos al Ministro de la enseñanza superior, creo que veo a Gómez —es Gómez, un poquito más gordito tal vez—, y un poco más allá veo a Abel, nombre bíblico, que acaba de destacarse mucho allá en Mar del Plata, donde se libró una gloriosísima batalla.

Vean qué mundo, vean cuántos cambios, vean cuáles objetivos hoy vamos persiguiendo. Vean qué estrategias se van diseñando, que nos introducen a nosotros en la estrategia del mundo, siendo un minúsculo país, aquí, a 90 millas del colosal imperio, del más poderoso que existió jamás a lo largo de la historia, y han pasado 46 años y ahí está más distante que nunca de lograr poner de rodillas a la nación cubana, aquella que humillaron y ofendieron durante algún tiempo (Aplausos); aquella de la que fueron dueños, dueños de todo: minas, tierras, cientos de miles de las mejores hectáreas; de sus puertos, de sus instalaciones, de su sistema eléctrico, de transporte, bancario, comercial, etcétera, etcétera, y creen los muy idiotas que van a volver aquí y los vamos a llamar de rodillas: «Vengan a salvarnos una vez más, salvadores del mundo; vengan, que les vamos a entregar todo otra vez, y esta universidad, para que pongan en ella 5000 y no medio millón, porque medio millón es mucho para la mentalidad de ustedes, que querían ver desempleados y hambrientos para que la porquería de capitalismo ese funcione, porque es solo a base de un ejército de la reserva para que funcione; vengan y reproduzcan otra vez los desempleados analfabetos que hacían colas en las proximidades de los cañaverales, sin que nadie les llevara una gota de agua, ni desayuno, ni almuerzo, ni albergue, ni transporte. Búsquenlos a ver dónde los encuentran, porque aquí están sus hijos estudiando en las universidades por cientos de miles» (Aplausos).

Lo vi, no me lo contó nadie; lo vi, hace apenas 48 horas; lo vi allá en el Palacio de las Convenciones, primero en un grupo de varios cientos, con sus pulóveres azules; lo vi a través de aquellos jóvenes que se graduaron como trabajadores sociales y hoy son todos, ¡todos, sin excepción!, estudiantes universitarios, de primero a quinto año de la carrera, después de un año de estudios intensos para hacerse trabajadores sociales, después de varios años cursando esa carrera, y eran primero 500 y ahora son 28000.

Creo que fue Agramonte, otros dicen que Céspedes, quien respondiendo a los pesimistas, cuando tenía 12 hombres, exclamó: No importa aquellos que no tienen confianza, que con 12 hombres se hace un pueblo. Si con 12 hombres se hace un pueblo, cuántas veces somos hoy 12 hombres. Y 12 hombres, multiplicado por quién sabe cuántas veces, armados de ideas, de conocimientos, de cultura, que saben de este mundo cómo es, saben de historia, saben de geografía, saben de luchas, porque tienen eso, eso que se llama una conciencia revolucionaria, que es la suma de muchas conciencias, es la suma de la conciencia humanista, la suma de una conciencia del honor, de la dignidad, de los mejores valores que puede cosechar un ser humano. Es hija del amor a la patria y el amor al mundo, que no olvida aquello de que patria es humanidad, pronunciado hace más de cien años. Patria es humanidad, es lo que hay que repetir todos los días, cuando viene alguien y se olvida de aquellos que viven en Haití, o están allá en Guatemala, golpeada, entre otras causas, por el desastre natural, sufriendo inenarrables dolores, inenarrable pobreza, como ocurre habitualmente en la mayor parte del mundo.

Eso es lo único que puede exhibir el infame imperio y su repugnante sistema, resultado de la historia en la larga marcha de la especie por una sociedad de justicia nunca alcanzada a lo largo de miles de años, que es la brevísima historia relativamente conocida de la especie buscando una sociedad justa. Y siempre estuvieron tan lejos como tan cerca nos sentimos hoy de esa sociedad justa, y para demostrar que es posible, se trata precisamente de la sociedad que queremos construir; pero me atrevo a añadir, por encima del montón de defectos que tenemos todavía, de errores, de faltas, es la sociedad en la historia humana que está más cerca de poder calificarse como sociedad justa.

¿Dónde está la justicia que no la veo? No la veo porque aquel gana veinte veces, treinta veces más que yo como médico, o más que yo como ingeniero, o más que yo como catedrático de la universidad, ¿dónde está? Y, ¿por qué? ¿Qué produce aquel? ¿A cuántos educa? ¿A cuántos cura? ¿A cuántos hace felices con sus conocimientos, con sus libros, con su arte? ¿A cuántos hace felices construyéndoles una vivienda? ¿A cuántos hace felices cultivando algo para que puedan alimentarse? ¿A cuántos hace felices trabajando en fábricas, en industrias, en sistemas eléctricos, en sistemas de agua potable, en las calles, o en los tendidos eléctricos, o atendiendo las comunicaciones, o imprimiendo libros? ¿A cuántos?

Hay, y debemos decirlo, unas cuantas decenas de miles de parásitos que no producen nada y reciben tanto como aquel que lleva en un cacharro viejo, comprando y robando combustible por todo el camino de La Habana a Guantánamo, a uno de esos jóvenes estudiantes que tuvo que viajar cuando las circunstancias del transporte son muy difíciles, y le cobra 1000 pesos, 1200, a lo largo de esas carreteras, tan llenas de baches en muchos lugares y faltas de señales que no pudimos terminar de hacer por diversas razones, por recursos que no teníamos, por incapacidades que no habíamos superado, por descontrol de los que administran o dirigen.

Sí, hay que tomar estas cosas muy en cuenta y no olvidarlas, porque estamos frente a una gran batalla que debemos librar, que empezamos a librar, que vamos a librar y vamos a ganar. Es lo más importante.

Sí, estamos muy conscientes de eso, y más conscientes de eso, y en eso pensamos más que en ninguna otra cosa, de nuestros defectos, de nuestros errores, de nuestras desigualdades, de nuestras injusticias.

Y no me atrevería a mencionar el tema aquí si no tuviera la más absoluta convicción y la más absoluta seguridad de que, salvo catástrofes mundiales, colosales guerras, estamos acercándonos aceleradamente a reducirlas y a vencerlas para que se cumpla algo, escúchese bien, que los ciudadanos de este país, que en un tiempo estaban desempleados en un 10%, un 15%, un 20% o más, los ciudadanos de este país que en un tiempo eran analfabetos en número de un millón, o eran analfabetos o semianalfabetos hasta un 90%, en este pueblo de hoy, y sobre todo de un mañana muy próximo, cada ciudadano vivirá fundamentalmente de su trabajo y de sus jubilaciones y pensiones.

No olvidar jamás a aquellos que durante tantos años fueron nuestra clase obrera y trabajadora, que vivieron décadas de sacrificio, las bandas mercenarias en las montañas, las invasiones como la de Girón, los miles de actos de sabotaje que costaron tantas vidas a nuestros trabajadores cañeros, azucareros, industriales, o en el comercio, o en la marina mercante, o en la pesca, los que de repente eran atacados a cañonazos y a bazucazos, nada más porque éramos cubanos, nada más porque queríamos la independencia, nada más porque queríamos mejorar la suerte de nuestro pueblo; y allá los bandidos haciendo de las suyas, allá los bandidos reclutados y entrenados por la CIA, allá los criminales, allá los terroristas que volaban los aviones en pleno vuelo o trataban de hacerlos volar, no importaba los que murieran, allá los que organizaban atentados de todo tipo y los actos de terrorismo contra nuestro país. ¿Cambió acaso el imperio? ¿Y dónde está, «Bushecito», el señor Posadita Carriles?, ¿qué hizo con él, amable caballero que, a pesar de cosas conocidas y vergonzosas, cabalga y trata de llevar la rienda de ese imperio? ¿Cuándo va a responder aquella sana pregunta, bien sencilla, que le hicimos muchas veces? ¿Por dónde entró Posada Carriles a los Estados Unidos? ¿En qué barco, por qué puerto?[8] ¿Cuál de los príncipes herederos de la corona lo autorizó, sería el hermanito gordito de la Florida? —y que me perdone lo de gordito, no es una crítica, sino la sugerencia de que haga ejercicios y guarde dieta, ¿no? (Risas), es algo que hago por la salud del caballero.

¿Quién lo recibió? ¿Quién le dio permiso? ¿Por qué se pasea por las calles de la Florida y de Miami quien tan desvergonzadamente lo llevó? ¿Qué se hizo aquella academia? ¿De qué era, de navegación o de cría de peces? ¿Qué era el bárbaro aquel?, aquel que por un telefonito habló con otro terrorista que tenía unas latas con dinamita y al preguntarle, y era su voz, lo reconoció el tipo, lo reconoció todo el mundo, no se podía negar, cuando le preguntó qué hacía con esas laticas y le dice: «Vete a Tropicana, tíralas por una ventana y acaba con aquello.» Miren qué gente tan noble, tan respetuosa de las leyes, de las normas internacionales, de los derechos humanos. Y el muy desvergonzadito de «Bushecito» no ha querido responder todavía, está ahí calladito, nadie más ha respondido.

Las autoridades de nuestro hermano país, México, tampoco han tenido tiempo —parece que es así, mucho trabajo— para responder a la pregunta, que no cuesta nada, señor, decir que Posadita Carriles, ese ingenuo «niño», ingenuo e inocente, entró en el barco aquel, por el puerto aquel y de la forma que Cuba denunció.

Pero vean si son descarados, dicen todas las mentiras del mundo, pero les hacen una ingenua preguntica, una sencilla preguntica, pasan meses y no responden una palabra. Así pasaron meses y no sabían dónde estaba Posadita.

Esta muchacha tan inteligente, ¿cómo se llama?, la que es Secretaria de Estado (Risas), ¿Condoleezza o Condoliza?, bueno, Condesa Rice (Risas),

---

8. En el mes de enero de 2007, más de año y medio después de que el gobierno estadounidense fuera emplazado públicamente, el Departamento de Justicia de ese país ha confirmado las denuncias de Fidel. El artículo «Fidel siempre tuvo la razón», de Orlando Oramas León, aparecido en *Granma*, lo recoge de esta forma: «Un gran jurado federal de Texas presentó acusación formal contra Luis Faustino Clemente Posada Carriles, por siete cargos que incluyen fraude en el proceso de naturalización y seis por dar información falsa durante las entrevistas ante oficiales de inmigración.» El artículo puede encontrarse en http://www.granma.cubaweb.cu/2007/01/14/ nacional/artic11.html (fecha de descarga en la web: 25 de enero de 2007).

no sabe tampoco, ignora, y los voceros lo ignoran; no han dicho ninguna mentira, no han cometido ni el menor pecado venial, son puros, merecen el aplauso y la confianza del mundo.

Es mentira, nunca torturaron a nadie; es mentira, nunca fueron cómplices del terrorismo; es mentira, nunca inventaron el terrorismo; es mentira, nunca torturaron en ninguna parte; es mentira, nunca utilizaron fósforo vivo en Fallujah. Bueno, dicen que es verdad, pero que es muy legal, muy legítimo y muy decente usar el fósforo vivo. ¿Van a meterle miedo a quién?

Fuimos testigos, y me acordaba cuando veía a los compañeros allá y veía a Abel, de la colosal batalla librada allá en Mar del Plata, en el estadio y en el recinto donde se reunieron los presidentes; no voy a comentar este punto, pero nuestro pueblo tuvo oportunidad de ver, de observar —yo conozco los estados de opinión— aquella grandiosa batalla, una en la calle y otra allí, donde estaban reunidos los jefes de Estado.

Y hablando de historia, nunca en la historia de este hemisferio se dio algo parecido a una batalla como aquella, en que aquel caballero de la triste figura, pero no por sus ideales cervantinos, de la triste figura porque hace muecas, cosas raras, mira, se aburre, lo acuestan a dormir a las 12:00 de la noche, el mundo se acaba; cualquier día, de los portaaviones despegan los aviones y bombardean aquel territorio de bandidos por culpa de los cuales, por estar un poco ocupados, le entorpecieron el sueño al jinete que lleva las riendas del imperio, porque mientras él duerme, el caballo puede seguir por donde le da la gana; al fin y al cabo, es posible que el caballo conduzca mejor los destinos del imperio que el propio jinete que debe acostarse temprano (Aplausos).

Realmente es una lástima que la madrugada no dure más tiempo, porque por lo menos el mundo podía estar mejor.

Así es todo. Hemos visto muchas cosas que no deben olvidarse.

Algunos andan preguntando si Cuba habló o no habló, si Cuba tomó partido o no tomó partido. Se lo advierto, porque andan algunos intrigando ridículamente sobre esas cosas. Cuba habla cuando tenga que hablar y Cuba tiene muchas cosas que decir, pero no está ni apurada ni impaciente. Sabe muy bien cuándo, dónde y cómo debe golpear al imperio, su sistema y sus lacayos.

Al parecer, algunos creen o fingen creer que no había un solo cubano allá en Mar del Plata, que no había toda una fuerza revolucionaria cubana de primerísima clase en aquella marcha gloriosa de decenas de miles de ciudadanos del mundo y fundamentalmente argentinos, a los que el emperador ofendió parqueando los portaaviones, llevando un ejército, alquilando todos los hoteles y empleando miles de agentes de policía. Nadie se iba a meter físicamente con él, si lo que deseaba era que le tiraran un huevo podrido; no, él no merece tan altos honores (Risas), de ninguna forma.

Y los bien civilizados ciudadanos argentinos y los cada vez más conscientes y expertos ciudadanos de este hemisferio, donde el orden implantado es ya insostenible e insalvable, saben lo que hacen. Dijeron que una manifestación pacífica, ni un hollejo lanzarían, y al movilizar bajo aquella fría llovizna tanta gente, marchar durante horas hacia el estadio y constituir allí una enorme masa en ese estadio, le dieron una lección inolvidable al imperio, porque le demostraron que son personas, son pueblos que saben lo que hacen y quien sabe lo que hace marcha hacia la victoria, es absolutamente seguro. Y los que no saben lo que hacen son aplastados por los pueblos.

No queremos darle pretextos al imperio de armar un showcito. En este ajedrez de 50 fichas, veremos al final quién da el jaque mate.

Cuando digo imperio no digo pueblo norteamericano, entiéndase bien. El pueblo norteamericano salvará muchos de los valores éticos, salvará muchos principios que han sido olvidados, se adaptará al mundo en que vivimos, si este mundo puede salvarse y este mundo debe salvarse. Y todos, nosotros entre todos y en primera fila, debemos luchar para que este mundo pueda salvarse y nuestras mejores e invencibles armas son las ideas.

Alguien habla de la Batalla de Ideas,[9] sí, aquella Batalla de Ideas que estuvimos librando durante algunos años se está convirtiendo en una Batalla de

---

9. Se refiere a los programas contenidos en la Batalla de Ideas, estrategia de relegitimación socialista de la Revolución, integrada por más de 170 programas sociales. Entre otros muchos se encuentran: las transformaciones de la enseñanza primaria, secundaria, técnico-profesional y artística; la universalización de la educación superior; el perfeccionamiento de la generalización de la enseñanza de la computación; la creación de dos canales nacionales de TV con contenido educativo; la creación del programa educativo «Universidad para todos»; la formación de trabajadores sociales; el estudio integral de la población infantil; el curso de superación integral para jóvenes (que considera el estudio como una forma de empleo); el estímulo a la lectura; el desarrollo de escuelas de formación de instructores de arte; la atención integral a discapacitados; las transformaciones en el sistema penitenciario; y el proyecto de alcanzar una medicina pública de excelencia con acceso universal.

Ideas a nivel mundial. Y triunfarán las ideas, deben triunfar las ideas. Trasmitamos ese mensaje, abrámosle los ojos a esta humanidad condenada a la extinción. Si no va a ser eterna, si es probabilísimo que un día hasta la luz del Sol se apague, si es casi seguro que no habrá forma de trasladar la materia viva y sólida a una distancia que quede a años luz de este planeta, y las leyes físicas son mucho más rigurosas, mucho más exactas que las leyes históricas o sociales.

De todas formas pienso que esta humanidad y las grandes cosas que es capaz de crear deben preservarse mientras puedan preservarse. Una humanidad que no se preocupe por la preservación de la especie sería como el joven estudiante o el cuadro dirigente que sabe que su vida está muy limitada a un número reducido de años y, sin embargo, estuviera preocupado solo por su propia vida.

Mencioné unos cuantos nombres de compañeros aquí presentes, a unos les quedan más años, a otros les quedan menos, y ninguno sabe cuántos, yo no pienso jamás que alguno de ellos esté pensando preservarse sin importarle cuál sea el destino de este admirable y maravilloso pueblo, ayer semilla y hoy árbol crecido y con raíces profundas; ayer lleno de nobleza en potencia y hoy lleno de nobleza real; ayer lleno de conocimientos en sus sueños y hoy lleno de conocimientos reales, cuando apenas está comenzando esta gigantesca universidad que es hoy Cuba.

Y vean cómo van surgiendo nuevos cuadros, y cuadros jóvenes. Ahí está Enrique, que dirige ese ejército de los 28000 trabajadores sociales, más los 7000 que están estudiando y perfeccionando esa noble profesión.

Como ustedes saben, estamos envueltos en una batalla contra vicios, contra desvíos de recursos, contra robos, y ahí está esa fuerza, con la que no contábamos antes de la Batalla de Ideas, diseñada para librar esa batalla.

Les voy a decir algo, para ver si los trabajadores de la construcción se llenan de amor propio; cuando quieren ser heroicos lo son. Pero no piensen que el robo de materiales y de recursos es de hoy, o del Período Especial; el Período Especial lo agudizó, porque el Período Especial creó mucha desigualdad y el Período Especial hizo posible que determinada gente tuviera mucho dinero. Recuerdo, estábamos construyendo en Bejucal un centro de biotecnología importantísimo. Cerca de allí había un pequeño cementerio. Yo daba vueltas, un día fui por el cementerio, allí había un colosal mercado donde aquella fuerza constructiva, sus jefes, y con la participación de un gran número de constructores, tenía un mercado de venta de productos: cemento, cabilla, madera, pintura, todo cuanto se usa para construir.

Ustedes saben que siempre, y aún hoy, el problema de la construcción es muy serio. Tenemos recursos, a veces han faltado materiales, o vamos teniendo y surge la posibilidad de tener cada vez más recursos para construir; pero qué tragedia con los constructores, qué debilidades las de los jefes de brigadas, de los que deben dirigir.

Pero ello no es nuevo. En el tiempo de que les hablo, para producir una tonelada de hormigón se consumían 800 kilogramos de cemento, y una tonelada de un buen hormigón, de ese con que fundimos pisos, o columnas, antes de la época en que se fabricara El Morro y La Cabaña, que duran más que muchas de las cosas que hoy el mundo moderno construye; pero bien, el gasto debe ser de alrededor de 200 kilogramos. Vean cómo se despilfarraba, cómo se desviaban recursos, cómo se robaba.

En esta batalla contra vicios no habrá tregua con nadie, cada cosa se llamará por su nombre, y nosotros apelaremos al honor de cada sector. De algo estamos seguros: de que en cada ser humano hay una alta dosis de vergüenza. Cuando él se queda consigo mismo, no es un juez severo, a pesar de que, a mi juicio, el primer deber de un revolucionario es ser sumamente severo consigo mismo.

Se habla de crítica y autocrítica, sí, pero nuestras críticas suelen ser casi de un grupito, nunca acudimos a la crítica más amplia, nunca acudimos a la crítica en un teatro.

Si un funcionario de Salud Pública, por ejemplo, falseó un dato acerca de la existencia del mosquito Aedes Aegypti, lo llaman, lo critican. Yo conozco algunos que dicen: «Sí, me autocritico», y se quedan tan tranquilos, ¡muertos de risa! Son felices. ¡Ah!, ¿te autocriticas? ¿Y todo el daño que hiciste y todos los millones que se perdieron como consecuencia de este descuido o de esta forma de actuar?

Crítica y autocrítica, es muy correcto, eso no existía; pero si vamos a dar la batalla hay que usar proyectiles de más calibre, hay que ir a la crítica y la autocrítica en el aula, en el núcleo y después fuera del núcleo, después en el municipio y después en el país.

Utilicemos esa vergüenza que, sin duda, tienen los hombres, porque conozco a muchos hombres a los que llamamos sin vergüenza, y son justamente calificados de sin vergüenza, que cuando en un periódico local aparece la noticia de lo que hicieron, se llenan de vergüenza.

El ladrón engaña, o el que merece una crítica por su falta, engaña, es también mentiroso.

La Revolución tiene que usar esas armas, ¡y las va a usar si fuera necesario!; no debiera ser necesario. La Revolución va a establecer los controles que sean necesarios.

Había muchos que estaban encantados de la vida, como dice una canción: «¿Y tú cómo estás?» Eso se le podía preguntar a muchos de los que andaban con la manguerita echando gasolina en los almendrones, o recibiendo un dinerito del nuevo rico, que ni siquiera quería pagar la gasolina que consumía.

Vean ustedes si lo que digo es más o menos real y había un desorden general, no solo en eso, pero en eso, entre otras cosas, con pérdida de decenas de millones de dólares, pueden ser 80 —¡oiga, mire que 80 es un montón de montones de millones!—, pueden ser 160, pueden ser 200 millones. ¿Ustedes acaso saben lo que son 200 millones? Ustedes estudiaron aritmética. Pero ustedes han oído hablar de las universidades en el país, ¿verdad? ¿Sí o no? Ustedes son dirigentes de las universidades, y ya todos los estudiantes tienen sus derechos, de una forma o de otra, todas las categorías: estudiantes regulares diurnos, estudiantes nocturnos, estudiantes por esto y lo otro. ¿Y ustedes saben cuánto es el total hoy de estudiantes universitarios, de nivel superior? Si no lo saben lo podemos analizar, yo hasta aquí mismo llegué preguntando datos: a ver, díganme el exacto, 360000. Sí, 360000 como consecuencia de la universalización de la enseñanza superior.

Seguro que Vecino sabe. No se pone bravo Vecino si le pregunto estos números, si no los conoces bien no tengas pena por eso.

¿Cuántos estudiantes regulares diurnos tienen todos los centros de enseñanza superior del país, incluyendo los militares?

Si él no lo sabe alguien lo debe saber.

(Le dicen 230000.)

Enrique, ¿coincide con tus datos?

(Enrique le explica la composición de la cifra de estudiantes.)

Sí, 500000, pero hay que seguir sumando.

Los de la universalización son esos, los regulares diurnos juntos, esas dos cifras, es lo que yo venía discutiendo, son 500000.

Pero hay otras categorías ahí, yo lo tengo.

(Enrique aclara que se incluyen los profesores adjuntos, con lo que suman 75000, unido a 25000 profesores universitarios, que se acerca a la cifra de 100000.)

Aquí dice que está subdividido: «141000 estudiantes en el curso regular diurno».

¿Estamos de acuerdo en eso?

«Ciento cuarenta y un mil estudiando en el curso para trabajadores.»

¿Son los mismos o no?, ¿o están incluidos en la de 360000? Está incluido en los 360000 del programa de universalización. ¿Es o no correcto?

(Enrique explica que es independiente, que está el curso regular diurno, el curso para trabajadores y la universalización.)

¿Regular diurno, dices? (Le aclara que esa es la cifra que se estaba dando.)

Hay cursos para trabajadores que ya están en la universidad, cuando pasan a la universidad imagino que estén en el concepto de 360000; 32000 estudiando en la educación a distancia, ¿esos en qué categoría están? ¿En la de 360000? No están en el regular diurno, no están en el curso para trabajadores, y son estudiantes. Viene existiendo esa enseñanza.

Bien, vamos a buscar la cifra más conservadora, que para los fines que yo necesito alcanza.

En la actualidad hay más de 500000 estudiantes universitarios.

Ustedes saben, además, que existen ya 958 sedes universitarias. Por algo ustedes, la FEU, están ya en los municipios, donde se estudian en conjunto 45 carreras universitarias, y crece por año. Hay 169 sedes universitarias municipales, del Ministerio de Educación Superior; 130 sedes universitarias para el área Álvaro Reynoso,[10] de ellas 84 en bateyes azucareros, muchos de estos están en la cifra anterior; hay 18 sedes en prisiones, sedes de estudio superior

---

10. El Ministerio de la Industria Azucarera emprendió la tarea Álvaro Reynoso en 2002. Por su magnitud, envergadura, alcance socioeconómico, político y medioambiental, este proceso de cambios en la agroindustria lo conforman cinco grandes programas y una veintena de subprogramas. Todos tienen un fin común: disminuir los costos de la tonelada de azúcar, buscar un mayor valor agregado, ser competitivos en la producción de caña y azúcar, llevar más alimentos a la población mediante la diversificación agrícola, y desarrollar una agricultura sostenible. Asimismo el programa ha ofrecido, entre sus opciones laborales, la del estudio retribuido económicamente.

que tienen 594 matriculados en licenciatura de estudios socioculturales, no son muchos todavía; 240 sedes universitarias del INDER, 19 sedes en prisiones donde están estudiando también, 579 matriculados, 200 que concluyeron el primer año de la carrera. Eso es nuevo también: sedes universitarias en las prisiones. Existen, por otro lado, 169 sedes universitarias municipales de salud pública, 1352 sedes en policlínicos, unidades de salud y bancos de sangre, en los que se estudian distintas licenciaturas asociadas con la salud pública.

Hay casi 100000 profesores entre titulares y adjuntos. Muchos que estaban en el aparato burocrático de los centrales azucareros y en otros lugares hoy están dando clases, son profesores adjuntos; ha crecido, por tanto, la masa de profesores del nivel superior. Entre los dos —y no hablo de otros trabajadores de las universidades—, estudiantes y profesores, suman alrededor de 600000. Entre los estudiantes, más de 90000 eran jóvenes que no poseían matrícula ni empleo, muchos de ellos de extracción humilde, que hoy están teniendo excelentes resultados en los estudios universitarios.

¿Hago preguntas o digo, más o menos, los datos que tengo?

He estado preguntando hasta última hora cuál es el gasto, el presupuesto de los centros de enseñanza superior. Carlitos me dio un dato, creo que dijo 830. Vecino debe saberlo, porque él conoce estos datos. ¿Recuerdas ese dato, Vecino?

(Vecino plantea que el curso pasado fueron 230 millones de pesos.)

No, ojalá. Ahí hay un dato que alguien pudiera conocer.

Vean, este es del Ministerio de Finanzas. Ese es el año 2004, este del 2005 es el que yo estoy preguntando, en este ha crecido enormemente. El del año pasado no me sirve, Vecino.

Bueno, lo que le pasa a Vecino nos pasa a todos, y es un tema de vida o muerte. Hace unos días estaba delante de 200 profesionales universitarios, bien preparados, y les hice una pregunta: «¿Cuál de ustedes conoce lo que paga en su casa por el consumo eléctrico?» Escuchen bien, compañeras y compañeros. ¿Cuántos creen ustedes que me respondieron? Hagan un cálculo, según la lógica.

¿Qué tú piensas, tú que hablaste aquí? Y es listo el compañero, todos son listos, pero unos tienen más facilidades de palabra. ¿Cuántos tú crees que respondieron a la pregunta que les hice a 200 profesionales universitarios? (Le dice que 100.)

¿Qué tú piensas? ¿Tú sabes cuánto gastas tú? (Expresa que tiene una idea.) ¿Cuánto es la idea, dime en dinero y en kilowatt? (Risas.) No, espérate, yo te lo digo, incluso, si tú me dices cuántos bombillos incandescentes tienes, de qué marca es el refrigerador, qué televisor blanco y negro o en colores usas y de qué año, qué ventilador tienes, cuánta agua hierves al día, en qué la hierves, si con gas de la calle, si con luz brillante o gas líquido. No, es que yo no les quiero hacer la pregunta a ustedes, cuidándolos a ustedes, lo único que yo les he preguntado es que me hagan un cálculo de cuántos respondieron de los 200 a mi pregunta de cuánto pagaban por el recibo eléctrico.

Tú, que te estás riendo, a ver, un cálculo, un estimado, 50, 70, 120 (Uno le dice que la tercera parte). ¿Y tú? (Le dice que no menos de 100.) Tú debes estar recordando la que estás gastando por miedo a que te pregunte, pero no te voy a hacer la pregunta (Risas).

¿Saben cuántos respondieron la pregunta de 200? ¿Saben cuántos? El 0,0000 hasta el infinito. Alguna aritmética ustedes estudiaron, pueden comprenderlo: ninguno; ninguno en absoluto.

Yo pienso que todos los ciudadanos en este país deben meditar en eso.

¿Les puedo hacer una pregunta a ustedes? ¿Por qué ocurrió eso? A ver, hay que meditar. Hemos dicho que hay que cambiar el mundo, que hay que salvarlo, que estamos en un mundo en su hora crítica y casi próxima a un trágico final, no estoy exagerando aquí para impresionarlos a ustedes. Puede ser que ustedes tengan menos años que yo y ese fenómeno ocurra. Hablo por ustedes, y por los hijos de ustedes, y los hermanos de ustedes, menores o mayores. Jamás se pudo afirmar eso, a lo largo de la historia breve del hombre, no de la historia salvaje, cuando ya era hombre y ya había desarrollado una capacidad mental, aunque no vivía en sociedad, ni había desarrollado la lengua escrita, ni siquiera una rudimentaria tecnología.

¿Por qué? Ustedes están obligados a pensar. ¿Qué líderes universitarios son ustedes? Carlitos, ¿de dónde salió esta tropa que no es capaz de dar una idea de las razones por las cuales 200 profesionales universitarios no respondieron la pregunta sobre el gasto de energía? ¿Qué tiempo quieren para meditar? ¿Les basta un minuto? (Un compañero explica que es porque la familia cubana tiene la facilidad de pagarla, no es como en otros lugares que tienen que estar pendientes de esa situación.)

¿Tú qué piensas? (Plantea que es porque ningún universitario tiene que ir a la calle a buscar para poder pagar la corriente eléctrica.)

¿Tú qué piensas? (Dice que esto ocurre porque es insignificante lo que se paga.)

¿Tú qué piensas? (Considera que la Revolución subsidia la mayor parte de los gastos de nuestra población y ahorrar no es una preocupación.)

Bien, yo les voy a hacer otra pregunta. Ustedes se están acercando a la razón exacta, al menos tal como yo la veo, y no la veo solo en eso. Hay algunas preguntas que pueden enredarse más, pero hay que hacer a la gente pensar y hay que llamar a todos nuestros compatriotas honestos, y hasta a los deshonestos incluso, puede haber algún deshonesto que diga, bueno, la verdad: «Por esto.» Hay muchas. Sencillamente porque prácticamente la electricidad se regala, está regalada la electricidad. Bueno, yo se lo puedo demostrar.

Después pueden venir otras preguntas: ¿Cuánto ganamos? Y si viene la pregunta de cuánto ganamos, se comenzaría a comprender el sueño de que cada cual viva de su salario o de su justísima jubilación.

Añádanle un poquitico: cuando usted piensa en dos hermanas, una de ellas era maestra, ahora están juntas, tienen problemas, dificultades, estaban ganando 80 pesos de jubilación, porque antes los salarios eran más bajos, y después vinieron períodos: «Te pago a ti por horario anormal, te pago a ti porque es de tarde, te pago más porque es de noche, te pago más porque tuviste que venir un domingo a la semana», nada de eso influía en el salario básico, influye en el ingreso individual del maestro, pero no en el salario del maestro, y las jubilaciones, según las leyes, y muchas eran viejas y ya teníamos que empezar a barrerlas, y les puedo asegurar que hemos ido tomando conciencia y que toda la vida es un aprendizaje, hasta el último segundo, y muchas cosas las empiezas a ver en un momento, y entre el millón de temas en que estás pensando andas distraído, no te das cuenta de un fenómeno, que los incrementos de ingresos personales cuando vino el Período Especial, casi todos se hicieron a través de esas normas y no de un salario básico, y por eso no hubo ninguna vacilación, en fecha reciente, cuando se elevó a 150 la pensión mínima del trabajador, y la señora ganaba 80 pesos; la mínima: 150, en una categoría, en otra, 190, y en otra, 230. Ahora, imagínate el maestro aquel, o la maestra que se pasó 40 años, antes de que surgiera el mercado libre campesino y los intermediarios asaltaran la república. Sí, porque el campesino allí todo el mundo sabe que no va a ir a vender tres libras de arroz en ningún lugar. El campesino no es comerciante; el campesino es productor. Uno tiene un camioncito porque se lo robó, o porque lo compró, o porque es con dinero robado, porque le puso un motor, muchas cosas.

No, esto no es hablar mal de la Revolución, esto es hablar muy bien de la Revolución, porque estamos hablando de una revolución que puede hablar de esto y puede agarrar al torito por los cuernos, más que un torero de Madrid. Aquel le pone un trapo rojo, y después viene, el hombre cierra los ojos, a veces da un cabezazo y le mete un puntillazo, una varilla, lo enfurece; pero hay que agarrar al torito por los cuernos para obtener un premio.

Yo no he sido aficionado a los toros, aunque he leído a Hemingway, pero de vez en cuando en México iba a una corrida de toros, yo no sé cómo se llama. Y luego, premio: buen torero, rabo, oreja. Al que lo hacía perfecto le daban las dos orejas, un rabo, un nombre glorioso y la fiesta romana del toreo. No me meto con eso.

Recuerdo que al principio de la Revolución no sé a quién de nosotros, o a uno cualquiera de nosotros se nos ocurrió hablar del toreo. Éramos tan ignorantes que hablábamos del toreo, porque lo habíamos visto allá por México y porque podía atraer el turismo. Vean cuánto sabíamos nosotros, y éramos ya, o creíamos que éramos, muy revolucionarios.

Ustedes se están riendo, me alegro, porque me anima a contarles algunas cosas más.

Una conclusión que he sacado al cabo de muchos años: entre los muchos errores que hemos cometido todos, el más importante error era creer que alguien sabía de socialismo, o que alguien sabía de cómo se construye el socialismo. Parecía ciencia sabida, tan sabida como el sistema eléctrico concebido por algunos que se consideraban expertos en sistemas eléctricos. Cuando decían: «Esta es la fórmula», este es el que sabe. Como si alguien es médico. Tú no vas a discutir con el médico acerca de anemia, de problemas intestinales, de cualquier especialidad, al médico nadie le discute. Puede creer que es bueno o malo, qué sé yo, puede hacerle caso o no; pero a nadie se le discute. ¿Quién de nosotros va a discutir con un médico, o con un matemático, o con un experto en historia, en literatura o cualquier materia? Pero somos idiotas si creemos, por ejemplo, que la economía —y que me perdonen las decenas de miles de economistas que hay en el país— es una ciencia exacta y eterna, y que existió desde la época de Adán y Eva.

Se pierde todo el sentido dialéctico cuando alguien cree que esa misma economía de hoy es igual a la de hace cincuenta años, o hace cien años, o hace ciento cincuenta años, o es igual a la época de Lenin, o a la época de Carlos Marx. A mil leguas de mi pensamiento el revisionismo, rindo verdadero culto a Marx, a Engels y a Lenin.

Un día dije: «En esta universidad me hice revolucionario»; pero fue porque hice contacto con esos libros, y antes de empatarme, por mi propia cuenta y sin haber leído ninguno de esos libros, estaba cuestionando la economía política capitalista, porque me parecía irracional ya en aquella época, y estudiaba economía política en el primer año por Portela, 900 páginas en mimeógrafo, durísima, casi a todo el mundo lo suspendía. Era el terror aquel profesor.

Una economía que explicaba las leyes del capitalismo, mencionaba las distintas teorías sobre el origen del valor, y mencionaba también a los marxistas, los utopistas, los comunistas, en fin, las más variadas teorías sobre economía. Pero estudiando la economía política del capitalismo comencé a sentir grandes dudas, a cuestionar aquello, porque yo, además, había vivido en un latifundio y recordaba cosas, tenía ideas espontáneas, como tantos utopistas hubo en el mundo.

Después, cuando supe lo que era el comunismo utópico, descubrí que yo era un comunista utópico, porque todas mis ideas partían de: «Esto no es bueno, esto es malo, esto es un disparate. Cómo van a venir las crisis de superproducción y el hambre cuando hay más carbón, más frío, más desempleados, porque hay precisamente más capacidad de crear riquezas. ¿No sería más sencillo producirlas y repartirlas?»

Por ese tiempo parecía, como le parecía también a Carlos Marx en la época del *Programa de Gotha*, que el límite a la abundancia estaba en el sistema social; parecía que a medida que se desarrollaban las fuerzas productivas podían producir, casi sin límites, lo que el ser humano necesitaba para satisfacer sus necesidades esenciales de tipo material, cultural, etcétera.

Todos se han leído aquel *Programa*, y es, por cierto, muy respetable. Establecía con claridad cuál era la diferencia en su concepto entre distribución socialista y distribución comunista, y a Marx no le gustaba profetizar o pintar futuro, era sumamente serio, jamás hizo eso.

Cuando escribió libros políticos, como *El Dieciocho Brumario*, *Las luchas civiles en Francia*, era un genio escribiendo, tenía una interpretación clarísima. Su *Manifiesto Comunista* es una obra clásica. Usted la puede analizar, puede estar más o menos satisfecho con unas cosas o con otras. Yo pasé del comunismo utópico a un comunismo que se basaba en teorías serias del desarrollo social como el materialismo histórico. En el aspecto filosófico, se apoyaba en el materialismo dialéctico. Había mucha filosofía, muchas pugnas y disputas. Siempre, desde luego, hay que prestar la debida atención a las diversas corrientes filosóficas.

En este mundo real, que debe ser cambiado, todo estratega y táctico revolucionario tiene el deber de concebir una estrategia y una táctica que conduzcan al objetivo fundamental de cambiar ese mundo real. Ninguna táctica o estrategia que desuna sería buena.

Tuve el privilegio de conocer a los de la Teología de la Liberación una vez en Chile, cuando visité a Allende, en el año 1971, y me encontré allí con muchos sacerdotes, o representantes de distintas denominaciones religiosas, y planteaban la idea de unir fuerzas y luchar, con independencia de sus creencias religiosas.

El mundo está desesperadamente necesitado de una unidad, y si no conseguimos conciliar el mínimo de esa unidad, no llegaremos a ninguna parte.

Decía ayer en una reunión con el representante de la Santa Sede en nuestro país, al conmemorarse el 70 aniversario de las relaciones ininterrumpidas entre Cuba y el Vaticano, que una de las cosas que aprecié mucho de Juan Pablo II fue el espíritu ecuménico. Porque estudié en escuelas de maestros y profesores religiosos desde el primer grado hasta el último, en escuelas de Hermanos de La Salle y de jesuitas, eran religiosas, y tenía que ir a misa todos los días. No critico al que quiera ir, pero sí me opongo a que te obliguen a ir todos los días, que era lo que me ocurría a mí.

Bueno, muchas cosas. Conversé ayer incluso con los obispos muchos de estos temas con respeto y en buen espíritu; recordaba lo que decía sobre el ecumenismo, y recordaba que en mi época observaba una guerra a muerte, todas las religiones unas contra otras: la católica contra la judaica, la protestante, la musulmana, y así cada una de ellas; hablar de una a otra, era hablar del diablo.

Años después, con sorpresa iba viendo, creo que fue después del Concilio que tuvo lugar en Roma, el Vaticano II. Influyó mucho en la creación de un espíritu ecuménico, de respeto a las creencias de cada uno de los demás.

Imagínense numerosas y poderosas iglesias, la Iglesia Católica, el conjunto de las demás iglesias cristianas, la Iglesia Musulmana. Nosotros mismos estamos observando cosas sumamente interesantes, que no conocíamos, de las fortísimas culturas, creencias y costumbres religiosas de los musulmanes, porque están allá los médicos en un país musulmán salvando vidas. Nos tratan con gran afecto y respeto. No voy a entrar en los detalles, pero son cosas de gran impacto. Hay varias religiones muy fuertes y algunas tienen miles de años, 2500, 3000, otras un poco menos de 2000 años, otras cientos de años.

Es un buen ejemplo, porque si el sentimiento religioso no se une, cualesquiera que sean las ideas éticas o los valores morales, los objetivos que cualquier religión persiga no se alcanzarán jamás, si se trata de la lucha de numerosas iglesias, siete, ocho, diez, o más —hay muchas más—, luchando todas unas contra otras y repeliéndose todas entre sí.

A mí me ha hecho pensar en estos temas la idea, para mí clara, de que los valores éticos son esenciales, sin valores éticos no hay valores revolucionarios.

No sé por qué los comunistas fueron imputados de la filosofía de que el fin justifica los medios, y a veces, incluso, uno se pregunta por qué no se defendieron más los comunistas de aquella acusación de que el fin justificaba los medios; me lo explico, incluso, por razones históricas, por la enorme influencia ejercida por el primer Estado socialista, y por la primera y verdadera revolución socialista, la primera en la historia, que surge en un país feudal, con hábitos y costumbres feudales en gran parte todavía, analfabeta la mayoría de la población; pero era la primera revolución proletaria a partir de las ideas de Marx y Engels, desarrollada por otro gran genio que fue Lenin.

Lenin sobre todo estudió las cuestiones del Estado; Marx no hablaba de la alianza obrero-campesina, vivía en un país con gran auge industrial; Lenin vio el mundo subdesarrollado, vio aquel país donde el 80% o el 90% era campesino, y aunque tenía una fuerza obrera poderosa en los ferrocarriles y en algunas industrias, Lenin vio con absoluta claridad la necesidad de la alianza obrero-campesina, de la cual no había hablado nadie, todo el mundo había filosofado, pero no había hablado sobre eso. Y en un enorme país semifeudal, semisubdesarrollado, es donde se produce la primera revolución socialista, el primer intento verdadero de una sociedad igualitaria y justa; ninguna de las anteriores que eran esclavistas, feudales, medievales, o antifeudales, burguesas, capitalistas, aunque hablaran mucho de libertad, igualdad y fraternidad, ninguna se propuso jamás una sociedad justa.

A lo largo de la historia, el primer esfuerzo humano serio por crear la primera sociedad justa, comenzó hace menos de 200 años; en 1850 creo que se escribió el *Manifiesto Comunista*, y faltan 45 años, sí, faltan 45 años para cumplir 200 años, y puede apreciarse después la evolución del pensamiento revolucionario.

Con dogmatismo no se hubiera jamás llegado a una estrategia. Lenin nos enseñó mucho, porque Marx nos enseñó a comprender la sociedad; Lenin nos enseñó a comprender el Estado y el papel del Estado.

Todos esos factores históricos influyeron tremendamente en el pensamiento revolucionario, y hubo desde luego prácticas abusivas y en ocasiones repugnantes. Eso impulsó la calumniosa imputación de que para el comunista «el fin justifica los medios».

Yo he pensado mucho en el papel de la ética. ¿Cuál es la ética de un revolucionario? Todo pensamiento revolucionario comienza por un poco de ética, por un poco de valores que le inculcaron los padres, le inculcaron los maestros, él no nació con esas ideas; igual que no nació hablando, alguien lo enseñó a hablar. La influencia de la familia es también muy grande.

Cuando nosotros hemos estudiado los casos de los jóvenes que están en prisión entre veinte y treinta años, vemos procedencia, niveles culturales de los padres, y tienen influencia decisiva, al extremo de que durante la Batalla de Ideas, nosotros, haciendo todo tipo de investigaciones sociales de esa índole, arribamos a la conclusión de que el delito en Cuba estaba estrechamente asociado al nivel cultural y al status social de los padres; era increíble el bajísimo porcentaje de hijos de profesionales universitarios e intelectuales que delinquían, como era igualmente increíble el número de aquellos que procedían de familias humildes donde no existía esa base cultural. Otro problema influía mucho: la disgregación del núcleo en una familia humilde de bajo nivel cultural. Algunos hijos no se quedaban ni con el padre ni con la madre, sino con una tía, una abuela con dificultades de salud u otros problemas, esto ejercía notable influencia en el destino del niño.

Fue cuando utilizábamos aquellas brigadas universitarias que visitaban los barrios más pobres, o cuando un día decidimos movilizar 7000 estudiantes a los que después entregué a cada uno un diploma, los firmé en el avión, venía de África; por el camino, no se sabe las horas interminables en que firmé miles de diplomas, por el valor que le daba a aquel trabajo. Los visitaba en su tarea, y cómo aprendimos. Había que ver qué pasaba allí en la sociedad. Queríamos saber muchas cosas y no las sabíamos: cómo vivía la gente.

Fue en esa ocasión cuando descubrimos que, por ejemplo, una madre podía estar trabajando, recibir un sueldo, tener a la vez un hijo con retraso mental severo, encamado y necesitado de atención todo el tiempo, había que hacérselo todo. Algún familiar se lo cuidaba mientras ella trabajaba. Un día el familiar se marchaba, o moría, y aquella mujer tenía que escoger entre el trabajo, del cual recibía su sustento, o atender al hijo.

Quiero que sepan que aquella vez decidimos que toda mujer en esas condiciones debía optar, según su oficio, según las necesidades e importancia de su trabajo para la sociedad, por recibir el salario por cuidar al niño, o el Estado sufragar el salario de alguien que atendiera a ese niño, mientras ella trabajaba. Es un ejemplo de muchos.

También ayudaron las brigadas de estudiantes a salvar vidas de personas, por ejemplo, que se iban a suicidar por enfermedad mental o depresión por otra causa. ¡Cómo descubrimos cosas! Había no sé si 20000 ó 30000 personas de más de 60 años que vivían solas y no tenían muchos ni un timbrecito donde avisarle a alguien si sufrían un fuerte dolor en el pecho o cualquier otro problema de esa índole. Esa era la sociedad.

Vimos los ingresos que recibía cualquier ciudadano por pensión o asistencia social. Muchos datos no aparecían en ninguna estadística, no aparecían en ningún censo. Íbamos descubriendo, descubriendo y descubriendo cosas, y haciendo cosas, fraguando ideas. Llegamos a fraguar más de cien programas sociales, muchos de ellos se están cumpliendo ya hace rato. No hemos estado divulgando lo que se hizo. Qué días gloriosos aquellos en los que, partiendo fundamentalmente de los cuadros de la juventud y con el apoyo del Partido y de todas las instituciones, se desarrolló aquella Batalla de Ideas en torno al regreso del niño secuestrado en los Estados Unidos.

Toda la vida tendremos que estar agradecidos de las circunstancias que aceleraron de tal forma nuestro conocimiento de la sociedad y nuestro aprendizaje. Pienso que tal vez hoy no estaríamos haciendo lo que estamos haciendo si no hubiéramos vivido aquella experiencia.

Creamos el primer curso de trabajadores sociales. Hubo que saber cuáles eran los salarios mínimos. Quiero que sepan que el aumento de este se hizo después de que se había recorrido todo el país, y la asistencia social era un tercio de la que se estableció este año, llevándola a 129 pesos promedio. Fue más fuerte lo que se hizo cuando se elevaron las jubilaciones y pensiones, cuando la mínima se elevó hasta 150, a 190 la siguiente categoría y a 230 la subsiguiente. También el salario mínimo se elevó fuertemente.

Hablábamos de la importancia del factor ético. Habría que investigar las razones de la confusión. Pienso que ocurrieron acontecimientos históricos que influyeron en la idea de que para un comunista el fin justificaba los medios, acontecimientos internacionales difíciles de comprender —los he mencionado en más de una ocasión—, a pesar de todo el antecedente que constaba del intento franco-británico, las dos grandes potencias coloniales, las mayores del mundo, de lanzar a Hitler contra la URSS. Pienso que los planes imperialistas de lanzar a Hitler contra la URSS jamás habrían justificado el pacto de Hitler con Stalin, fue muy duro. Los partidos comunistas, que se caracterizaban por la disciplina, se vieron todos obligados a defender el Pacto Molótov-Ribbentrop[11] y a desangrarse políticamente.

Antes de ese pacto, la necesidad de unirse en la lucha antifascista condujo en Cuba a la alianza de los comunistas cubanos con Batista,[12] y ya Batista

---

11. Pacto Molótov-Ribbentrop o Pacto germano-soviético: pacto de no agresión acordado entre Alemania y la URSS, que contenía un protocolo secreto, firmado en Moscú por el ministro de Asuntos Exteriores del Tercer Reich, Joachim von Ribbentrop, y el comisario soviético de Asuntos Exteriores, Viacheslav Molótov, el 23 de agosto de 1939. El protocolo secreto definía la repartición de la Europa del Este y Central bajo influencia alemana y rusa; también establecía la cuarta partición de Polonia. El acuerdo de paz se rompió cuando Alemania invadió la URSS el 22 de junio de 1941, en el marco de la Segunda Guerra Mundial.

12. «El pacto de los comunistas cubanos con Batista se produjo en 1938, a tenor de la política de crear frentes populares contra el fascismo, preconizada por la Internacional

había reprimido la famosa huelga de abril de 1934, que vino después del golpe de Batista contra el gobierno provisional de 1933, de incuestionable carácter revolucionario y fruto, en gran parte, de la lucha heroica del movimiento obrero y los comunistas cubanos. Antes de aquella alianza antifascista, Batista había asesinado no se sabe a cuánta gente, había robado no se sabe cuánto dinero, era un peón del imperialismo yanqui; pero vino de Moscú la orden: organizar los frentes antifascistas. A pactar con el demonio. Aquí pactaron con el ABC fascista y con Batista, un fascista de otro tipo, un criminal y un saqueador del tesoro público.

Son acontecimientos muy difíciles, pero venían unos tras otros, y los comunistas más disciplinados del mundo, lo digo con sincero respeto, eran los partidos comunistas de América Latina y entre ellos el de Cuba, del cual tuve siempre y conservo un altísimo concepto.

Hoy podemos hablar del tema porque hoy vamos marchando hacia nuevas y nuevas etapas.

Los militantes del Partido Comunista de Cuba eran los ciudadanos más disciplinados, más honrados y más sacrificados de este país, contribuían al Partido; los legisladores del Partido entregaban una proporción de su ingreso, eran la gente más honrada de este país, independientemente de la línea equivocada impuesta por Stalin al movimiento internacional. Cómo culparlos. Póngalos en el dilema de aceptar o no algo, a mi juicio, absolutamente correcto: la unión de todos los comunistas. «Proletarios de todos los países, ¡uníos!», o romper abiertamente, en aquellas circunstancias, la disciplina.

Y no soy de los que se ponen a criticar a los personajes históricos satanizados por la reacción mundial para hacerles gracia a los burgueses y a los

---

Comunista a partir de 1935. En ese camino, el VI pleno del Comité Central del Partido Comunista cubano, celebrado los días 21 y 22 de octubre de 1935, había tomado, entre otros, los siguientes acuerdos: crear un amplio frente popular de lucha por la completa independencia económica y política de Cuba, reorganizar y fortalecer los gremios y sindicatos, trabajar por unificar a los trabajadores sin distingos ideológicos ni políticos —garantizando el funcionamiento legal de las organizaciones sindicales—, y desplegar una gran movilización de masas para obligar a Batista a cumplir sus compromisos electorales. El Décimo Pleno, celebrado en julio de 1938, consideró que la situación internacional exigía la producción de condiciones internas que viabilizaran la unidad popular frente al fascismo mundial y los grupos pro fascistas cubanos, y que era una posición correcta propiciar la ruptura entre esos dos grupos». Julio Le Riverend, *La República*, Editorial de Ciencias Sociales, La Habana, 1973, p. 316.

imperialistas; tampoco voy a cometer la tontería de no atreverme a decir algo que tengo el deber de decir un día como hoy. Nosotros debemos tener el valor de reconocer nuestros propios errores precisamente por eso, porque únicamente así se alcanza el objetivo que se pretende alcanzar. Pues sí, se creó tremendo vicio de abuso de poder, de crueldad, y en especial el hábito de imponer la autoridad de un país, de un partido hegemónico, a los demás países y partidos.

Nosotros hemos estado más de 40 años manteniendo relaciones con el movimiento revolucionario en América Latina, y relaciones sumamente estrechas. Jamás se nos ocurrió decirle a ninguno lo que debía hacer. Íbamos descubriendo, además, el celo con que cada movimiento revolucionario defiende sus derechos y sus prerrogativas.

Recuerdo momentos cruciales, lo digo aquí y nada más que una partecita: cuando la URSS se derrumbó y se quedó sola mucha gente, entre ellas nosotros, los revolucionarios cubanos. Pero nosotros sabíamos lo que debíamos hacer y lo que teníamos que hacer, cuáles eran nuestras opciones. Estaban los demás movimientos revolucionarios en muchas partes librando su lucha. No voy a decir cuáles, no voy a decir quiénes; pero se trataba de movimientos revolucionarios muy serios, nos preguntaron si negociaban o no ante aquella situación desesperada, si continuaban luchando o no, o si negociaban con las fuerzas opuestas buscando una paz, cuando uno sabía a qué conducía aquella paz.

Yo les decía: «Ustedes no nos pueden pedir opinión a nosotros, son ustedes los que irían a luchar, son ustedes los que irían a morir, no somos nosotros. Nosotros sabemos qué haremos y qué estamos dispuestos a hacer; pero eso solo lo pueden decidir ustedes.» Ahí estaba la más extrema manifestación de respeto a los demás movimientos y no el intento de imponer sobre la base de nuestros conocimientos y experiencias y el enorme respeto que sentían por nuestra Revolución para saber el peso de nuestros puntos de vista. En ese momento no podíamos pensar en las ventajas o desventajas para Cuba de las decisiones que tomaran: «Decidan ustedes», y así cada uno de ellos, en momentos decisivos, decidió su línea.

Nosotros somos un pequeño país aquí en el Caribe, a 90 millas del imperio y a unas pulgadas de su base ilegal, mil veces más débil que lo que era la URSS en la época de su pacto con Hitler, o cuando estaba dando órdenes a los líderes de los partidos comunistas. En la época de la República de Weimar, que surgió en Alemania después de la Primera Guerra Mundial, la increíble crisis económica desatada como consecuencia del Pacto de Versalles impuesto a aquel país por Inglaterra, Francia y los Estados Unidos, por un lado fortalecía al movimiento revolucionario y por otro a las fuerzas nacionalistas más reaccionarias.

Hitler triunfa electoralmente frente a los partidos burgueses liberales y frente a las fuerzas comunistas combativas y revolucionarias; pero pudo más en esa situación el resentimiento terrible del pueblo alemán por las condiciones leoninas establecidas por los vencedores. Y así es como llega Hitler al poder. Este, en un libro que escribió, había declarado desenfadadamente su propósito de buscar espacio vital en el territorio de la URSS para la raza alemana, a costa de los rusos, a su juicio raza inferior. Todo eso estaba escrito, y el movimiento comunista se educó en ideas y conceptos muy claros contra el nazifascismo.

En nuestro país, después de tantos revolucionarios caídos, siendo los comunistas los más conscientes, los mejores militantes, la gente más honrada, el partido marxista-leninista fue conducido, sin embargo, a aquella alianza con Batista, que tanto reprimió a los estudiantes y al pueblo en general. Los jóvenes eran muy reacios a su poder; los obreros, que veían sus intereses defendidos continuamente por los dirigentes comunistas, eran firmes y leales al Partido; pero en la juventud y en amplios sectores populares había mucho rechazo justificado a Batista.

Pienso que la experiencia del primer Estado socialista, Estado que debió arreglarse y nunca destruirse, ha sido muy amarga. No crean que no hemos pensado muchas veces en ese fenómeno increíble mediante el cual una de las más poderosas potencias del mundo, que había logrado equiparar su fuerza con la otra superpotencia, un país que pagó con la vida de más de 20 millones de ciudadanos la lucha contra el fascismo, un país que aplastó al fascismo, se derrumbara como se derrumbó.

¿Es que las revoluciones están llamadas a derrumbarse, o es que los hombres pueden hacer que las revoluciones se derrumben? ¿Pueden o no impedir los hombres, puede o no impedir la sociedad que las revoluciones se derrumben? Podía añadirles una pregunta de inmediato. ¿Creen ustedes que este proceso revolucionario, socialista, puede o no derrumbarse? (Exclamaciones de: «¡No!».) ¿Lo han pensado alguna vez? ¿Lo pensaron en profundidad?

¿Conocían todas estas desigualdades de las que estoy hablando? ¿Conocían ciertos hábitos generalizados? ¿Conocían que algunos ganaban en el mes cuarenta o cincuenta veces lo que gana uno de esos médicos que está allá en las montañas de Guatemala, miembro del contingente Henry Reeve?[13] Puede estar en otros lugares distantes de África, o estar a miles de metros de altura, en las cordilleras del Himalaya salvando vidas y gana el 5%, el 10%, de lo que gana un ladronzuelo de estos que vende gasolina a los nuevos ricos, que desvía recursos de los puertos en camiones y por toneladas, que roba en las tiendas en divisa, que roba en un hotel cinco estrellas, a lo mejor cambiando la botellita de ron por una que se buscó, la pone en lugar de la otra y recauda todas las divisas con las que vendió los tragos que pueden salir de una botella de un ron, más o menos bueno.

¿Cuántas formas de robo hay en este país? ¿Por qué en los estados de opinión leo todos los días que muchos preguntan cuándo van los muchachos para las tiendas en divisa, cuándo van para las farmacias, cuándo van para aquí y para allá? Se han llenado de admiración y simpatía esos jóvenes trabajadores sociales de origen muy humilde, y muy bien preparados.

Miré aquellos rostros, como puedo mirar estos, y los rostros dicen más que cualquier artículo, dicen más que cualquier libro, dicen más que cualquier cliché. Ustedes conocen muy bien que desde que esta civilización existe, desde que la propiedad privada existe, surgió también la diferencia de clases y que el mundo ha conocido solo la sociedad de clases, lo demás es prehistórico.

¿Y cómo puedo saber que ustedes proceden de sectores humildes? Ninguno de ustedes llegó a la universidad porque fuera hijo de un propietario de importantes extensiones de tierra.

Aquí estamos nosotros, me han hecho el honor de situarme aquí. ¿Quién de ustedes tiene por padre a alguien que posea 1000 hectáreas, o que domine sobre 10000 hectáreas? No le voy a preguntar a cada uno de ustedes, a mí

---

13. El Contingente Internacional de Médicos Especializados en Situaciones de Desastres y Graves Epidemias Henry Reeve fue constituido oficialmente por el presidente cubano Fidel Castro Ruz el 19 de septiembre de 2005. Su punto de partida fue el ofrecimiento de ayuda solidaria a los estados norteamericanos afectados por el huracán Katrina. El Contingente ha prestado colaboración en países como Guatemala, Paquistán, Indonesia y Bolivia. Está integrado por más de mil profesionales, preparados para prestar servicios de emergencia, solidariamente, en situaciones de catástrofes.

me basta verlos, si acaso es hijo de algún profesional, algunos de capas medias. Ustedes aplaudieron muy bien porque yo sé de dónde ustedes vienen, y ustedes saben que hoy no hay quién corte caña. ¿Y quiénes la cortaban?

También se puede explicar por qué no cortamos caña hoy, no hay quien la corte y las pesadas máquinas destruyen los cañaverales. Los abusos del mundo desarrollado y los subsidios condujeron a precios del azúcar que eran, en ese mercado mundial, el precio del basurero del azúcar, mientras que en Europa pagaban dos o tres veces más a sus agricultores.

Cuando la URSS nos pagaba nuestro azúcar a 27 ó 28 centavos y la pagaba con petróleo, le costaba menos el azúcar pagada con petróleo que el azúcar de remolacha producida casi artesanalmente en los campos de la URSS, un país en el que la economía crecía extensivamente, no intensivamente y, por tanto, nunca alcanzaba la fuerza de trabajo, la remolacha azucarera ocupaba a mucha gente.

Pero vamos llegando —yo he llegado, y hace mucho tiempo— a plantearnos esta pregunta, frente a ese superpoderoso imperio que nos acecha, nos amenaza, tiene planes de transición y planes militares de acción, en determinado momento histórico.

Ellos están esperando un fenómeno natural y absolutamente lógico, que es el fallecimiento de alguien. En este caso me han hecho el considerable honor de pensar en mí. Será una confesión de lo que no han podido hacer durante mucho tiempo. Si yo fuera un vanidoso, podía estar orgulloso de que aquellos tipejos digan que tienen que esperar a que yo muera, y ese es el momento. Esperar que muera, y todos los días inventan algo, que si Castro tiene esto, que si tiene lo otro, si tal o más cual enfermedad. Lo último que inventaron es que tiene Parkinson.

Sí, yo me di una fortísima caída, y todavía estoy rehabilitándome de este brazo (Señala), y va mejorando. Agradezco muchísimo las circunstancias en que me rompí el brazo, porque me obligó a más disciplina todavía, a más trabajo, a dedicar más tiempo, a dedicar casi las 24 horas del día a mi trabajo, si las venía dedicando durante todo el tiempo del Período Especial, ahora dedico cada segundo y lucho más que nunca, además, me siento, por suerte, mejor que nunca, porque estoy más disciplinado y hago más ejercicios (Aplausos).

Han dicho Parkinson, y recuerdo que al otro día de la caída, me habían dicho fisuras, plural, en la parte superior del húmero, y cuando lo fui a escribir para informar lo ocurrido, me dicen: «No, porque fisura en plural es fractura.» A esa hora no tenía ya más remedio que decir: «Pongan fisura, que yo le voy a explicar al pueblo que no había fisura, que había fisuras.» Incluso lo hubiera dicho, porque así, en cualquier circunstancia, no temo al enemigo; creía que estaba en plenas facultades, que el problema era un accidente, no me había dado en la cabeza, si me doy en la cabeza seguramente no estaría aquí; monté en una ambulancia y vine para acá, donde, primero, me hicieron una rótula nueva con los ocho fragmentos de la anterior y todas las demás cosas. Aquellos que me han matado tantas veces estarían casi felices; pero han sufrido desilusiones tras desilusiones, y me han obligado a un trabajo duro en la cuestión de la rehabilitación, y todos los días, para que funcione mejor esa rótula. Y vaya usted a saber: dos litros de sangre se derramaron en el interior del hombro y la parte superior del brazo, que no aparecían en la imagen radiográfica.

He hecho esfuerzos, o sigo haciéndolos. Lo que he aprendido es que hasta el último segundo voy a estar haciendo ejercicios, no descuido nada, y tengo más voluntad que nunca para comer lo que debo y no comer un gramo más de lo que debo.

Ahora dicen que la CIA descubrió que yo tenía Parkinson. Eso es como aquel tipejo que descubrió que yo era el hombre más rico del mundo. ¡Qué metedura de pata! Es una cuentecita que tengo pendiente. A ustedes les cuento que no he hablado de eso porque en los últimos tiempos no he tenido un espacio televisivo libre: Posada Carriles por acá, el bandidismo por allá, millones de cosas. Pero esa cuentecita se la tengo guardadita, tienen perdida la pelea, y el tipejo y todos los que lo apoyaron van a pasar un mal rato por haber metido el delicadísimo pie, andan ahora que no hallan qué hacer, tal vez el único recurso que les queda es rectificar.

Dijeron que tenía Parkinson. Cuando usted está haciendo el ejercicio, claro, el brazo lo tiene que ir fortaleciendo músculo a músculo. ¿Cuántas personas yo no he tenido que saludar? Miles, y algunos llegan y arrancan el brazo, usted no se puede desquitar. Tiene que hacer como algunos, que cuando usted los toca por ahí ponen el hombro duro para que crean que está fortísimo y que es de hierro. Cada vez que me dan la mano hago eso. Ya este tiene más fuerza que este (Señala el brazo derecho). ¿Qué les parece?

Pero la CIA había descubierto que tenía Parkinson. Bueno, no importa si me da Parkinson. El Papa tenía Parkinson y el Papa estuvo un montón de años recorriendo el mundo, tenía gran voluntad, le hicieron atentados, y yo hice así: «Deja ver cómo está el Parkinson mío, déjame apuntar (Apunta con el dedo índice fijamente) (Aplausos y exclamaciones), y entonces digo: Esa es la derecha.

Siempre he tenido buena puntería, fue una suerte, y la he conservado, sin mirilla telescópica, ¿no?, desde luego.

Al otro día del accidente, a usted que lo enviaron a un hospital, lo sacan de allí, lo llevan a otro punto, usted no protesta, pero sabe todo lo que están haciendo con usted, porque conmigo hubo que discutir la operación, y qué hacían en la rodilla y cómo lo hacían; qué hacían con el brazo, y dije: «Me ponen anestesia local», porque si realmente no me siento en condiciones de hacer algo, llamo al Partido y digo: «Miren, no me siento en condiciones de hacer algo.» Por eso les he hecho críticas a los médicos, porque la gravedad de algunas cosas la redujeron un poquito. Este, cirugía, bien; este, rehabilitación, expresé: «Bueno, al fin y al cabo no voy a pitchear en el próximo campeonato de pelota ni voy a participar en las olimpiadas», dije: Era mucho más peligroso someterse a una operación, clavos y veinte cosas. A una persona de 20 ó 25 años tienen que hacerle eso; pero en fin, había que hacer lo correcto, y si usted piensa que no está en condiciones de cumplir el deber, decir: «Me está ocurriendo esto, por favor, alguien que asuma el mando, yo no puedo en estas circunstancias.» Si voy a morir, muero; si no muero y recobro las facultades, de todas formas uno tiene alguna experiencia, uno tiene cierta autoridad y no ganada con la mentira y el deshonor. Tenía que preocuparme de esas cosas en aquel momento.

Una vez dije que el día que muera de verdad nadie lo iba a creer, podía andar como el Cid Campeador, que ya muerto lo llevaban a caballo ganando batallas.

No hay que confiar nunca en el imperialismo, es traidor y capaz de cualquier cosa: torturas en Guantánamo, torturas en las prisiones de Iraq, cárceles de torturas en países exsocialistas, usa fósforo vivo, y después afirma: «Es la más inocente y legítima de las armas.» En cualquier circunstancia es de suponer que usted en mi caso disponga de un arma y esté en condiciones de usarla. Cumplo ese principio. Dispongo de una Browning, de quince tiros. He disparado mucho en mi vida.

Lo primero que quise ver fue si mi brazo tenía fuerza para manejar esa arma que yo siempre usé. Esa está al lado de uno, usted la tiene. Moví el peine, la cargué, le puse el seguro, se lo quité, le saqué el peine, le saqué la bala, y dije: Tranquilo. Eso fue al día siguiente. Me sentía con fuerza para disparar.

Tenemos medidas tomadas y medidas previstas para que no haya sorpresa, y nuestro pueblo debe saber con exactitud qué hacer en cada caso. Fíjense bien, hay que saber qué hacer en cada caso.

No vamos a describir, no le vamos a contar a «Bushecito» qué medidas tenemos previstas. Si le puedo decir: «Mire, caballerito, se va a reventar, si es que no le han lanzado antes una patada y lo sacan de ahí por violar las leyes de los Estados Unidos.» Se le está rebelando todo el mundo, no encuentran más que delitos, delitos, delitos y delitos.

Yo no quiero hoy —y ojalá no tenga que hacerlo— sugerirle a la CIA, que está investigando mi salud y el supuesto Parkinson, unas cuantas investigaciones en torno al emperador. No creo que haya necesidad de hacerlo.

Mi propósito no son ofensas personales. Les digo lo que les digo porque reflejan conceptos, reflejan desprecio, reflejan la idea clara que tenemos de la mediocridad, de la estupidez y de muchas cosas más; pero no deseo abordar ciertos temas, tenemos abundantísimo material, y le podemos sugerir a la CIA —que está muy brava, por cierto, porque la han desconocido, la han humillado— algunas investigaciones sobre la salud del emperador. Desde luego, tampoco la CIA ha dicho una palabra de cómo entró Posada Carriles en los Estados Unidos. ¡Nadie, nadie, nadie!

Les hice una pregunta, compañeros estudiantes, que no he olvidado, ni mucho menos, y pretendo que ustedes no la olviden nunca, pero es la pregunta que dejo ahí ante las experiencias históricas que se han conocido, y les pido a todos, sin excepción, que reflexionen: ¿Puede ser o no irreversible un proceso revolucionario?, ¿cuáles serían las ideas o el grado de conciencia que harían imposible la reversión de un proceso revolucionario? Cuando los que fueron de los primeros, los veteranos, vayan desapareciendo y dando lugar a nuevas generaciones de líderes, ¿qué hacer y cómo hacerlo? Si nosotros, al fin y al cabo, hemos sido testigos de muchos errores, y ni cuenta nos dimos.

Es tremendo el poder que tiene un dirigente cuando goza de la confianza de las masas, cuando confían en su capacidad. Son terribles las consecuencias de un error de los que más autoridad tienen, y eso ha pasado más de una vez en los procesos revolucionarios.

Son cosas que uno medita. Estudia la historia, qué pasó aquí, qué pasó allí, qué pasó allá, medita lo que ocurrió hoy y lo que ocurrirá mañana, hacia dónde conducen los procesos de cada país, por dónde marchará el nuestro, cómo marchará, qué papel jugará Cuba en ese proceso.

El país ha tenido limitaciones de recursos, muchísimas; pero este país no ha hecho más que despilfarrar recursos, tranquilamente, y así, mientras a ustedes les daban un jaboncito que no tenía olor, y pasta de dientes para que se lavaran la boca, disciplinadamente, cada mes, no sé cuánto, aunque descuidaron la atención en algunas escuelas a determinadas actividades que dieron lugar, por ejemplo, a la excelentísima dentadura de nuestros jóvenes, y hasta descuidos de ese tipo existieron. Hubo quienes creyeron que con métodos capitalistas iban a construir el socialismo. Es uno de los grandes errores históricos. No quiero hablar de eso, no quiero teorizar; pero tengo infinidad de ejemplos de que no se dio pie con bola en muchas cosas que se hicieron, quienes se suponían teóricos, que se habían empanfletado hasta el tuétano de los huesos en los libros de Marx, Engels, Lenin y todos los demás.

Fue por eso que dije aquella palabra de que uno de nuestros mayores errores al principio, y muchas veces a lo largo de la Revolución, fue creer que alguien sabía cómo se construía el socialismo.

Hoy tenemos ideas, a mi juicio, bastante claras, de cómo se debe construir el socialismo, pero necesitamos muchas ideas bien claras y muchas preguntas dirigidas a ustedes, que son los responsables, acerca de cómo se puede preservar o se preservará en el futuro el socialismo.

¿Qué sociedad sería esta, o qué digna de alegría cuando nos reunimos en un lugar como este, un día como este, si no supiéramos un mínimo de lo que debe saberse, para que en esta isla heroica, este pueblo heroico, este pueblo que ha escrito páginas no escritas por ningún otro en la historia de la humanidad preserve la Revolución? No piensen ustedes que quien les habla es un vanidoso, un charlatán, alguien que le gusta el *bluff*.

Han pasado 46 años y la historia de este país se conoce, los habitantes de este país la conocen; la de aquel imperio vecino también, su tamaño, su poder, su fuerza, su riqueza, su tecnología, su dominio sobre el Banco

Mundial, su dominio sobre el Fondo Monetario, su dominio sobre las finanzas mundiales, ese país que nos ha impuesto el más férreo e increíble bloqueo, del cual se habló allá en las Naciones Unidas y Cuba recibió el apoyo de 182 países que pasaron y votaron libremente por encima de los riesgos de votar abiertamente contra ese imperio. Eso lo logra la isla, y no cuando tenía el apoyo del campo socialista de Europa, cuando ese campo socialista desapareció, y cuando la URSS también se derrumbó. No solo hicimos esta Revolución con nuestro propio riesgo durante un montón de años; en determinado momento, habíamos llegado a la convicción de que jamás si éramos atacados directamente por los Estados Unidos lucharían por nosotros, ni podíamos pedirlo.

Con el desarrollo de las tecnologías modernas era ingenuo pensar o pedir o esperar que aquella potencia luchara contra la otra, si intervenía en la islita que estaba aquí a 90 millas, y llegamos a la convicción total de que ese apoyo jamás ocurriría. Algo más: se lo preguntamos un día directamente varios años antes de su desaparición: «Dígannoslo francamente.» «No.» Respondieron lo que sabíamos que iban a responder y entonces, más que nunca, aceleramos el desarrollo de nuestra concepción y perfeccionamos las ideas tácticas y estratégicas con las cuales triunfó esta Revolución y venció, con una fuerza que inicia su lucha con siete hombres armados, contra un enemigo que disponía de 80000 hombres, entre marinos, soldados, policías, etcétera, tanques, aviones, cuanta arma moderna para aquella época podía poseerse, era infinita la diferencia entre nuestras armas y las armas que tenía aquella fuerza armada, entrenada por los Estados Unidos, apoyada por los Estados Unidos y suministrada por los Estados Unidos. Más que nunca, después de la respuesta, nos arraigamos en nuestras concepciones, las profundizamos y nos fortalecimos al nivel tal que nos permite afirmar hoy que este país militarmente es invulnerable y no en virtud de armas de destrucción masiva.

Les sobran a ellos todos los tanques, y a nosotros no nos sobra ninguno, ¡ninguno! Toda su tecnología se derrumba, es hielo al mediodía en medio de un parque caluroso. Y otra vez, como cuando teníamos siete fusilitos y pocas balas. Hoy tenemos mucho más que siete fusiles, tenemos todo un pueblo que ha aprendido a manejar las armas; todo un pueblo que, a pesar de nuestros errores, posee tal nivel de cultura, conocimiento y conciencia que jamás permitiría que este país vuelva a ser una colonia de ellos.

Este país puede autodestruirse por sí mismo; esta Revolución puede destruirse, los que no pueden destruirla hoy son ellos; nosotros sí, nosotros podemos destruirla, y sería culpa nuestra.

He tenido el privilegio de vivir muchos años, eso no es un mérito, pero es una excepcional oportunidad para decirles a ustedes lo que les estoy diciendo, a ustedes, a todos los líderes de la juventud, a todos los líderes de las organizaciones de masas, a todos los líderes del movimiento obrero, de los Comités de Defensa de la Revolución, de las mujeres, de los campesinos, de los combatientes de la Revolución, organizados en todas partes, luchadores durante años que en número de cientos de miles han cumplido gloriosas misiones internacionalistas, estudiantes como ustedes, inteligentes, preparados, saludables, organizados, que están en todas partes, en cada una de esas novecientas y tantas sedes, y en las mil y tantas y dos mil y tantas que iremos teniendo aceleradamente, y seguirá creciendo, hasta más de 500000, 600000, y no será mucho mayor porque irán graduándose cada año. Y los que vayan graduándose, como nuestros médicos allá en Venezuela, todos estarán estudiando con las computadoras, los videos y los casetes, los medios audiovisuales necesarios, en busca de un título científico, una maestría o un doctorado en ciencias médicas, todos, el ciento por ciento.

Hoy se puede hablar de tantas decenas de miles de especialistas en medicina general integral y mañana habrá que hablar, aunque no se quiera, de decenas de miles de títulos o de maestrías y doctorados en ciencias médicas, por hablar de una rama. No olvidarse que un día teníamos 3000 y no teníamos profesores universitarios, y de esta misma universidad se fueron unos cuantos, y hoy se habla de que en pocos años serán 100000 médicos, y cuando hagan falta 150000 los habrá, y los habrá que serán profesores universitarios, como tendremos decenas de miles de programadores y diseñadores de programas e investigadores, en muchos y variados campos, porque tenemos que saber muchas cosas a la vez, muchas más que títulos diferentes obtengamos.

Ahora mismo les hablaba de una batalla, pregunté cuánto costaba. No crean que estos muchachos van a estar sudando y empleando el tiempo en balde, los 28000 trabajadores sociales, ya les expresé cómo me percaté de que pertenecían al sector más humilde de este país, lo veía en sus caras, involuntariamente se ha ido desarrollando el hábito de adivinar hasta la provincia de dónde proceden los compatriotas. He dicho en broma y se lo digo a los médicos que salen a cumplir misión, a los trabajadores sociales, que cada uno de ellos pertenece a una microtribu. Conozco a los que son de Manzanillo, por ejemplo, los de La Habana, los de Guantánamo, los de Santiago; es impresionante ver los más humildes sectores sociales de este país convertidos en 28000 trabajadores sociales y cientos de miles de estudiantes universitarios, ¡universitarios! ¡Vean qué fuerza! Y pronto veremos también en acción a aquellos que graduamos hace poco en el coliseo deportivo.

El coliseo nos enseña sobre marxismo-leninismo; el coliseo nos enseña sobre clases sociales; el coliseo reunió no hace mucho alrededor de 15000 médicos y estudiantes de medicina y algunos de la Escuela Latinoamericana de Medicina (ELAM), y otros que vinieron hasta de Timor Oriental para estudiar medicina, jamás podrá olvidarse. No creo que se trate de un sentimiento personal de cualquiera de nosotros.

Jamás esta sociedad olvidará esas imágenes de las 15000 batas blancas que allí se reunieron el día en que se graduaron los estudiantes de medicina, el día en que se creó el contingente Henry Reeve, que ya en una cifra considerable ha enviado sus fuerzas a lugares donde ocurrieron cosas excepcionales, en un tiempo mucho más breve de lo que habíamos podido imaginar.

Poco después graduamos aquellos jóvenes instructores de arte, más de 3000, era la segunda vez, después de aquella primera graduación en Santa Clara. Ya son 3000 nuevos, ya están actuando; también están actuando los otros 3000 que cursan el último año. Así se irán multiplicando y un día reuniremos, por lo menos, la mitad de los trabajadores sociales que hoy están desarrollando una de las más trascendentales tareas que haya realizado nunca un grupo de jóvenes, un grupo de especialistas en el trabajo social, unido a una fuerza de jóvenes estudiantes universitarios, porque son, a la vez, la misma cosa.

¿Y qué podrá derivarse del trabajo de esos jóvenes? Que vamos a poner fin a muchos vicios de ese tipo: mucho robo, muchos desvíos y muchas fuentes de suministro de dinero de los nuevos ricos.

¿Pensará alguien que vamos a confiscar el dinero? No, el dinero es sagrado; todo el que tiene su dinero en un banco, es intocable.

Vean algo nuevo: se va a batir una abundante serie de vicios, robos, desvíos, uno por uno, a todos ellos, en un orden que nadie sabe. ¿Lo sospechan?, ¡es muy bueno!

Pero qué nivel de arraigo tienen determinados vicios. Comenzamos por Pinar del Río para ver qué pasaba con los servicentros que venden combustible en divisas. Pronto se descubrió que lo que se robaba era tanto como lo que se ingresaba. Robaban casi la mitad y en algunos otros lugares más de la mitad.

Bien, ¿qué pasa en La Habana? ¿Se enmendarán? Pues no, tranquilos y felices. A lo mejor pensaron que esos trabajadores sociales eran unos bobitos, niñas y niños. Porque lo curioso es que el 72% de los trabajadores sociales son mujeres —no sé si ocurrió alguna vez algo parecido—, como también los médicos que están llenando de gloria este país, concediéndole un enorme prestigio y abriendo vías para que el país despliegue su capital humano, que vale mucho más que el petróleo. Repito, vale mucho más que el petróleo o el oro. Cualquier país que tenga petróleo, dice: «¡Oiga, qué suerte, poseo este recurso natural que se agota!» Nosotros también, y vamos a incrementar la producción de petróleo, desde luego. Suerte no haberlo encontrado antes, para no haberlo malbaratado.

El capital humano no es producto no renovable; es renovable, pero, además, multiplicable. Cada año el capital humano crece y crece, recibe lo que llamaban en mi tiempo interés compuesto: suma lo que vale y recibe intereses por lo que valía, y lo que ganó por lo que valía, a los cinco años es mucho más capital, y a los cien no puede siquiera imaginarse.

Permítanme decirles que hoy prácticamente el capital humano es, o avanza aceleradamente para ser, el más importante recurso del país, muy por encima de casi todos los demás juntos. No estoy exagerando.

Yo preguntaba cuánto costaba, cuál era el costo económico de todas nuestras universidades.

Solamente con los nuevos ingresos que recaudan los servicentros —y, desde luego, no van a estar ahí todo el tiempo, no se imaginen— en tres meses, desde ahora; y si el año que viene ustedes fueran un 50% más, recaudan lo necesario en cuatro meses. Esto ya, solo con que obliguen a los nuevos ricos a que paguen el combustible que consumen, podrían al año pagar no menos de cuatro veces lo que cuestan los 600000 estudiantes universitarios y sus profesores. Algo es algo, ¿verdad?

¿Ustedes saben lo que es ñapa?, los santiagueros lo saben. Cuando alguien compraba algo en la bodega, le daban como premio un turroncito de coco o algo de eso. Era la ñapita. Los trabajadores sociales pagan eso con una ñapita de lo que recauden.

Llegaron a La Habana, y de repente en La Habana comienzan a recaudar el doble. ¿Y los que estaban no recaudaban más? No, tuvieron que llegar los trabajadores sociales allí. Dije: «¿Será posible que no escarmienten y se autocorrijan?»

Al final se van a autocorregir los que no quieran entender, pero de otra forma; sí, se van a embarrar con su propia basura. No quieren comprender.

¿Qué pasaba mientras tanto en Matanzas y en la provincia de La Habana? Aumentó solo un poquito, 12%, 15%, 20% la recaudación; pero estaban igualito que en Pinar del Río y la capital antes de que fueran controlados.

En provincia La Habana muchos aprendieron a robar como locos.

Hoy los trabajadores sociales están en las refinerías, hoy los trabajadores sociales se montan en un carro-pipa de 20000 ó 30000 litros, y ya van viendo, más o menos, por dónde va el carro-pipa, cuál se desvía.

Por ahí se han ido descubriendo servicentros privados, alimentados con el combustible de los piperos.

Algo que se conoce es que muchos de los camiones del Estado van por un lado y por otro, y el que más y el que menos ve a un pariente, un amigo, una familia, o la novia.

Recuerdo aquella vez, varios años antes del Período Especial, que vi, rápido, por la Quinta Avenida, un flamante cargador frontal Volvo, casi acabado de comprar, que en aquella época valían 50000 ó 60000 dólares. Sentí curiosidad de saber para dónde iba a aquella velocidad, le pedí al escolta: «Aguanta, pregúntale qué iba a ver, que te diga con franqueza.» Y confesó que iba a visitar a la novia con aquel Volvo, que corría a toda velocidad por la Quinta Avenida.

Cosas veredes, Mío Cid —dicen que dijo allá alguien, sería Cervantes—, que harán hablar las piedras.

Pues cosas como esas han estado ocurriendo. Y, en general, lo sabemos todo, y muchos han dicho: «La Revolución no puede; no, esto es imposible; no, esto no hay quien lo arregle.» Pues sí, esto lo va a arreglar el pueblo, esto lo va a arreglar la Revolución, y de qué manera. ¿Es solo una cuestión ética? Sí, es primero que todo una cuestión ética; pero, además, es una cuestión económica vital.

Este es uno de los pueblos más derrochadores de energía combustible del mundo. Aquí quedó demostrado, y ustedes con toda honradez lo dijeron, y es muy importante. Nadie sabe lo que cuesta la electricidad, nadie sabe lo que cuesta la gasolina, nadie sabe el valor que tiene en el mercado. Iba a decirles que es muy triste cuando una tonelada de petróleo puede valer 400 y de gasolina 500, 600, 700, en ocasiones llegó a 1000, y es un producto que no va a bajar de precio, algunos solo circunstancialmente, y no mucho tiempo, porque se agota el producto físico; sencillamente se agota, como un día se van a agotar muchos minerales.

Nosotros vemos nuestras minas de níquel, que van dejando el hueco donde hubo mucho níquel. Eso le está pasando al petróleo, los grandes yacimientos ya aparecieron, cada vez son menos. Ese es un tema sobre el cual hemos tenido que pensar mucho.

Saben, por ejemplo, un Zil-130, ¿cuántos kilómetros camina por un litro?, 1,6 kilómetros; tira caña o reparte la merienda de los muchachos de secundaria. Cuando le dijeron al Ministerio del Azúcar: A ver, ¿cuántos camiones te sobran para ayudar al Ministerio de la Industria Alimenticia a repartir la merienda de la enseñanza secundaria, que ya alcanza a unos 400000 niños, gratuita, el yogur que hay que darle, el pan, lo que reciben? Claro que de los que sobraban les dieron los de gasolina, los que más gastaban.

Si usted cambia ese Zil de 1,6 por litro por un camión que tenga, en primer lugar, el tamaño que debe tener, a veces está sustituyendo una camioneta de dos toneladas, y él es de cinco, a veces hasta una camioneta de 1,2 toneladas. Esto comenzamos a verlo en una discusión con la empresa de la industria eléctrica, plantearon el problema de sus camiones para reparar el tendido eléctrico y dijeron: «Tenemos que cambiar 400 equipos soviéticos gastadores de gasolina, gastamos tanto y más cuanto.» A ver, a estudiar uno por uno, cuánto gastaban, con qué debían ser sustituidos. Hubo que discutir bastante, no vayan a creer que los directores de nuestras empresas tienen hábito de disciplina. Y no todos pueden ser muy felices, les advierto, y los advierto a ellos también, porque esta va a ser una lucha dura. Nadie ha protestado hasta hoy, pero había, si mal no recuerdo, alrededor de 3000 entidades que manejaban divisas convertibles y decidían con bastante amplitud gastos en divisas convertibles de sus ganancias, si compro esto o lo otro, si pinto, si adquiero un mejor carrito y no el cacharrito viejo que tenemos. Nos dimos cuenta de que en las condiciones de este país aquello había que superarlo, y hubo una reunión con las principales empresas y aquello comenzó a cambiarse.

Si usted está en una guerra y tiene muchas balas no le importa si los fusiles disparan más o menos; si tiene pocas balas, que era lo que nos pasaba a nosotros siempre en la guerra, teníamos que conocer las balas de cada fusil y hasta las marcas de las balas, aunque fueran del mismo calibre, porque unas funcionaban mejor con determinados fusiles, otras los encasquillaban, y a veces para ahorrar teníamos que prohibir que dispararan, dispare solo si le vienen a tomar la trinchera. No hay, por ejemplo, nada más terrible que un arma automática disparando. Así estábamos nosotros.

Los bancos, tenemos excelentes instituciones bancarias. Hoy se asignan los recursos para todos los gastos del país, los administran los bancos, los entregan de acuerdo con el programa establecido, y ningún director de banco va a almorzar con el representante de una poderosa empresa, y nunca lo invitan a un restaurante, ni lo invitan a ir a Europa para alojarlos en la casa del dueño o en un hotel de lujo; porque, al fin y al cabo, algunos funcionarios nuestros eran compradores de millones, y compradores de millones por un lado, y el arte de corromper que suelen tener muchos capitalistas, más sutiles que una serpiente y a veces peores que los ratones, anestesian a medida que van mordiendo y son capaces de arrancarle a una persona un trozo de carne en plena noche, así a la Revolución la iban adormeciendo y arrancándole carne. No pocos hacían evidente su corrupción, y muchos lo sabían o lo sospechaban, porque veían el nivel de vida y a veces por tonterías este cambió el carrito, lo pintó, le puso esto, o le puso unas banditas bonitas porque se volvió vanidoso; veinte veces lo hemos oído por aquí, por allá, y hay que tomar medidas por aquí o por allá; pero eso no se resolvía fácilmente.

Así que desvío de recursos en los servicentros. Aquí hay determinadas facultades para suministrar combustible porque aquel caballero, que puede ser muy amigo mío, está empleando su carro de una forma muy útil, y, por lo tanto, le entrego una cantidad de combustible. Esa es una de las mil formas, hay decenas de formas de malgastar o desviar recursos, y si los controles establecidos no se ejercen, o si no hemos descubierto la verdadera forma de ponerle fin a eso, continúa y se repite.

Ahora, en este país se puede ahorrar más energía, incluso, que en otros, porque este país tiene 2400000 refrigeradores anticuados en el área de los núcleos familiares, que gastan de cuatro a cinco veces más electricidad por hora, y ese gasto lo hacen durante 24 horas.

Un pequeño dato, para que no lo olviden. Pinar del Río tiene 143000 refrigeradores, de ellos unos 136000 son INPUD, Minsk y otras antiguas marcas soviéticas, Frigidaire y otras marcas capitalistas, consumen, calculo, por lo menos, alrededor del 20% —yo uso otra cifra, ante ustedes voy a usar esta más conservadora todavía— de la electricidad que las plantas eléctricas generan para Pinar del Río en las horas pico.

Antes les hablé de un Zil, de esos hay miles, muchos miles. Hay peores cosas, muchos organismos tienen sus camiones montados en burro, no les han dado de baja, y la administración central por otro lado se acostumbró, de cierta forma, a negociar con los ministerios. La administración central del Estado no tiene que negociar con ningún ministro, tiene que darles órdenes a los ministros: «¿Cuántos camiones tienes?» «Tengo tantos y más cuantos.» Analizar a fondo los problemas y tomar decisiones.

Cuando la industria azucarera, que antes producía 8 millones de toneladas y hoy apenas llega a uno y medio, porque hubo que suspender radicalmente la roturación de tierra y la siembra cuando el combustible ya estaba a 40 dólares el barril y era la ruina del país, sobre todo, cuando se unía a ciclones cada vez más frecuentes, o sequías más prolongadas, y porque el campo de caña apenas duraba cuatro o cinco años, antes eran quince o más, y cuando el precio del mercado mundial era de siete centavos, recuerdo incluso el día que hice una pregunta sobre el precio del azúcar y otra sobre la producción a fines de marzo a una empresa comercializadora del azúcar y no sabían ni siquiera el azúcar que estaban produciendo por meses, y al preguntar el costo en divisas de una tonelada de azúcar nadie lo sabía, se supo solo alrededor de un mes y medio después.

Hubo, sencillamente, que cerrar centrales o íbamos hacia la Fosa de Bartlett. El país tenía muchos economistas, muchos muchos, y no intento criticarlos, pero con la misma franqueza que hablo de los errores de la Revolución les puedo preguntar por qué no descubrimos que el mantenimiento de aquella producción, cuando hacía rato se había hundido la URSS, el petróleo valía 40 dólares el barril y el precio del azúcar estaba por el suelo, por qué no se racionalizaba aquella industria y por qué había que sembrar 20000 caballerías ese año, es decir, casi 270000 hectáreas, para lo cual hay que roturar la tierra con tractores y arados pesados, sembrar una caña que después hay que limpiar con máquinas, fertilizar con costosos herbicidas, etcétera, etcétera, etcétera. Ningún economista de los que el país tiene, al parecer se percató de eso, y hubo sencillamente que dar una instrucción, casi una orden, de parar aquellas roturaciones. Es como si le dicen: «El país está siendo invadido», usted no puede decir: «Espérese, que me voy a reunir treinta veces con cientos de personas.» Es como si cuando Girón hubiésemos dicho: «Vamos a hacer una reunión y discutir tres días las medidas que vamos a tomar contra los invasores.» Les aseguro que la Revolución ha sido a lo largo de su historia una verdadera guerra y constantemente el enemigo acechando, el enemigo dispuesto a golpear y golpeando cuantas veces le demos una oportunidad.

Realmente, yo llamé al ministro y le dije: «Mira, por favor, ¿cuántas hectáreas tienes roturadas?» Responde: «Ochenta mil.» Le digo: «No rotures una hectárea más.» No era mi papel, pero no me quedó más remedio, usted no puede dejar que al país lo hundan, y en abril el país estaba roturando 20000 caballerías de tierra.

Hemos hecho cosas de esas, cosas que harían hablar a las piedras. Ustedes no tienen ninguna culpa; pero, ¿qué nos pasaba? ¿Por qué no lo veíamos? ¿Qué cosas malas estábamos haciendo? ¿Qué debíamos rectificar? Hacía rato se había hundido la URSS, nos quedamos sin combustible de un día para otro, sin materias primas, sin alimentos, sin aseo, sin nada. Tal vez fue necesario que ocurriera lo que ocurrió, tal vez fue necesario que sufriéramos lo que sufrimos, dispuestos, como estábamos, a dar la vida cien veces antes que entregar la patria o entregar la Revolución, la Revolución en la que creíamos.

Quizás fue necesario porque hemos cometido muchos errores, y son los errores que estamos tratando de rectificar, si quieren, que estamos rectificando.

Una de las grandes rectificaciones que hicieron el Partido y el Gobierno fue esa de poner fin a la prerrogativa de 3000 ciudadanos de administrar divisas del país; si contraían deudas —podían contraer una deuda de tal y más cual volumen—, nadie aseguraba si podían pagarla o no; cuando llegaba la hora de pagarla, porque podía ser una inversión innecesaria o disparatada, o subjetiva, el Estado tenía que pagarla, y si el Estado no la pagaba su crédito se afectaba considerablemente.

Hoy no es así, deseo expresarles que el país está pagando hasta el último centavo, sin retrasarse un segundo, y su crédito crece, crece y crece. El dinero ya no se bota; se bota, pero no en colosales disparates como el de esa industria azucarera.

Les llamaría más la atención si les cuento que, según inventarios, ese ministerio tiene de 2000 a 3000 camiones más que los que tenía cuando producía 8 millones de toneladas de azúcar. Es duro, pero lo digo, lo digo y no se sabe las veces que tenga que decirlo y las críticas que haga públicamente, porque no tengo miedo de asumir las responsabilidades que haya que asumir, no podemos andar con blandenguerías. Que me ataquen, que me critiquen, yo sé cómo son las cosas, sé muy bien. Tiene que haber muchos un poco doliditos: reyes, zares, emperadores.

¿Todos son así? ¡No! ¿Son así todos nuestros ministros? ¡No! Algunos ministros nuestros han sido deficientes y bastante deficientes. A veces hemos sido débiles con funcionarios que ocupan importantes cargos, pero yo tengo un hábito viejo, de mucho tiempo: suelo trabajar con aquellos compañeros que hayan cometido errores, lo he hecho muchas veces a lo largo de mi vida, mientras vea cualidades; muchas veces hay cualidades y lo que no hay es orientación correcta, o muchas veces lo que hay es ceguera, a pesar de todos los mecanismos e instituciones que tiene el país para defenderse, para luchar, para combatir honradamente, sin abusos de poder. Fíjense bien: ¡sin abuso de poder!, nada justificaría jamás que alguno de nosotros tratara de abusar del poder. Sí debemos atrevernos, debemos tener valor de decir las verdades, y no todas, porque usted no está obligado a decirlas todas de una vez, las batallas políticas tienen su táctica, la información adecuada, siguen también su camino. Yo no les voy diciendo todo, yo les voy diciendo lo que es indispensable. No importa lo que los bandidos digan y los cables que vengan mañana o pasado, los que ríen último, ríen mejor.

Por ahí hay unos cablecitos diciendo cosas: que Castro ha lanzado una ofensiva, que Castro ha lanzado a los trabajadores sociales, que los avances progresistas alcanzados los estamos renunciando. El avance progresista es que vendan una libra de arroz a 4 pesos, que atraquen al ciudadano. ¿Qué jubilado lo compra? Un jubilado, por un lado, 80 pesos, cinco libritas de arroz en la libreta. La Habana no, era privilegiada, tenía seis, La Habana recibió una adicional, y Santiago también una, el resto de las provincias cinco libras. Hay que medirlas onza a onza, 100 gramos, cómo crece, qué pasa con la libreta, el que tiene azúcar y la cambia por arroz, y el que le sobra una cosa u otra.

Hoy todo el país está recibiendo dos libras más de arroz. Quiero ver el momento en que alcance. Ya no está tan lejos, lejos, lejos, excepto que se la echen a los pollos. Bueno, ya eso es otra cosa. Nos estamos acercando al momento en que el arroz alcance. También vamos creando las condiciones para que la libreta desaparezca. Vamos creando las condiciones para que algo que resultó indispensable en unas condiciones, y que ahora estorba, se cambie. Y si usted quiere comprar más arroz, compra más arroz y menos azúcar, o más de una cosa o de la otra, y no solo frijoles negros este y frijol colorado el otro. No, para comprar si quiere colorado, negro, chícharo, lenteja, haba, alubias blancas y las sepa cocinar. Les advierto, van a tener que prestarle mucha atención a la cocina, seguro, y pronto.

Así también algunos hablaban del chocolatín: «Yo lo creeré cuando lo vea.» Así pasó con la olla de presión, pues ahora hay millones de creyentes. Otros decían del chocolatín: «¿Cómo es?» «¿Cuánto vale?» «Ocho pesos.» «¡Para ser normado está caro!» Moraleja: Todo lo normado tiene que ser tan regalado como la electricidad. «Para ser normado, ¿cuánto vale?» «¡Ah!, ocho pesos.» ¿Cuántos centavos en dólares, al cambio, después que se revalorizó? Treinta y dos centavos. ¿Y qué tiene? Ah, tiene 200 gramos; cada 11 gramos, 7 son de leche entera en polvo, la tiene, los descreídos que lo averigüen, que lo lleven a un laboratorio y lo examinen; cuatro gramos de cocoa, la que es muy fuerte, es tan fuerte como saludable, y ya Cuba es hoy, posiblemente, el país del mundo con más alto consumo de cocoa per cápita, el niño consume el suyo, pero el del papá también, del mismo modo que el papá consume el café del niño. Porque como el niño nació y está inscrito, entonces hay que darle un sobrecito de café, con café de verdad, a cinco pesos. «¡Para ser normado, está caro!» Lo más que puede decirse es: Está menos regalado.

El camino para alcanzar lo que decía: que el trabajador reciba más, y que todo el que trabaja reciba más, y que todo el jubilado reciba más, no es ese; es que nosotros hablamos de más ingresos y más productos.

Ahí hay dos, no son malos, y algunos están descubriendo el chocolatín. Sé que los médicos allá en la cordillera de Cachemira todas las noches toman el chocolatín, ese sobrecito, ese que para ser normado está caro, y le pueden añadir leche. Al del propio niño, si quieren, le añaden más, le ponen agua, le ponen leche, y tiene proteína.

Les aseguro que vamos midiendo todas las proteínas que tienen cada uno de esos granos de frijol y cada huevo. Una gran parte del país estaba recibiendo cinco, La Habana, ocho. Hoy hay más de cien municipios que están recibiendo diez, y cada uno de los nuevos recibió un aumento. Sí, si los suman: 5 por 9 igual a 45. Son 4,50, más 5 por 15 centavos: 75; significa que con 5,25 centavos se compran diez huevos, y el que menos recibió, de los que recibieron asistencia social, recibió 50 pesos; el que menos recibió puede sacar cinco nuevos huevos por 4,50. Correcto.

Ah, pero después vino el chocolatín y hay que sacar 8, o el cafetín y hay que sacar 5, y 8 más, 13; más 5,25: 18,25.

Bueno, es que hay dos libras más de arroz, y esas dos cuestan 90 centavos de peso cada una, digamos, un poco menos de cuatro centavos de dólar. Sí, es nueva, 40 millones de dólares tiene que gastarse el país por esas dos libras más de arroz, y no vaciló en gastarlos. Y al que le incrementaste 50 pesos, bueno, ya empieza a quedarle un poquito menos; pero estás pensando cuánto le vas a incrementar de inmediato al jubilado para que compre eso y otras cosas, y que el dinero esté garantizado antes de repartirlo. No es cuestión de imprimir billetes y repartirlos sin que tengan una contrapartida en mercancías o servicios, porque entonces aquellos ilustres intermediarios van a cobrar cinco pesos por el arroz u otra cosa en vez de tres. No se olviden de que tienen patente de corso, pueden cobrar lo que quieran. Si les da la gana, bueno: «Págueme la libra de frijol a ocho pesos.»

Quiero decirles que todos los que en el país —eran 5 millones— recibían 10 onzas, están recibiendo 20 ya, y todos los que recibían 20, ahora están recibiendo 30, y también aquellos que recibían 10 y luego 20, ahora van a recibir 30, triplicada la cantidad de frijoles, o granos, como le llamen, sin incluir arroz o maíz. Cinco millones, tres veces más, y el resto, un 50% más.

Eso también costó algunas decenas de millones de dólares. No les he querido preguntar a ustedes de dónde salen, o cómo pueden salir, porque lo discuten los grandes teóricos: «Esto es poco aumento de salario.» ¡Ah!, claro, lo ideal sería el triple. ¿Y de dónde? Caballerito, ¿usted me quiere decir de dónde se saca, a quién hay que asaltar, o les vamos a tomar a ustedes el pelo dándoles mucho más que eso para que resulte engañado?

Hay pregunticas que hacerles a los tontos, porque no todo el que opina es tonto, pero hay muchas tonterías debidas a la ignorancia: esto es caro, esto es caro, todo es caro.

Las casas terminamos regalándolas, algunos las compraban, eran dueños, habían pagado 50 pesos mensuales, 80 pesos, bueno, al cambio, si se lo mandaban de Miami, eran como tres dólares; algunos la vendían, 15000, 20000 dólares, al final de los años la habían pagado con menos de 500.

¿Puede el país resolver su problema de vivienda regalando casas? ¿Y quién las recibía, el proletario, el humilde? Había muchos humildes que recibieron la casa regalada y la vendieron después al nuevo rico. ¿Cuánto podía pagar el nuevo rico por una casa? ¿Es eso socialismo?

Puede ser una necesidad en un momento dado, también puede ser un error, ya que el país sufrió un golpe anonadante, cuando de un día para otro se derrumbó la gran potencia y nos dejó solos, solitos, y perdimos todos los mercados para el azúcar y dejamos de recibir víveres, combustible, hasta la madera con que darles cristiana sepultura a nuestros muertos. Y todos creían: «Eso se derrumba», y siguen creyendo los muy idiotas que esto se derrumba y si no se derrumba ahora, se derrumba después. Y mientras más ilusiones se hagan ellos y más piensen ellos, más debemos pensar nosotros, y más debemos sacar las conclusiones nosotros, para que jamás la derrota pueda enseñorearse sobre este glorioso pueblo que tanto ha confiado en todos nosotros (Aplausos).

¡Que no haya URSS jamás aquí, ni campos socialistas disueltos, dispersos! ¡Que no venga el imperio aquí a tener cárceles secretas para torturar a los hombres y mujeres progresistas del resto de este continente que hoy se levanta decidido a la segunda y definitiva independencia!

Más vale que no quede ni la sombra del recuerdo de ninguno de nosotros y de ninguno de nuestros descendientes antes de que tengamos que volver a vivir tan repugnante y miserable vida.

Yo decía que éramos cada vez más revolucionarios y es por algo, porque cada vez conocemos mejor al imperio, cada vez conocemos mejor de lo que son capaces y antes éramos escépticos incluso frente a algunas cosas, nos parecían imposibles.

Habían engañado al mundo. Cuando surgieron los medios masivos se apoderaron de las mentes y gobernaban no solo a base de mentiras, sino de reflejos condicionados. No es lo mismo una mentira que un reflejo condicionado: la mentira afecta el conocimiento; el reflejo condicionado afecta la capacidad de pensar. Y no es lo mismo estar desinformado que haber perdido la capacidad de pensar, porque ya te crearon reflejos: «Esto es malo, esto es malo; el socialismo es malo, el socialismo es malo», y todos los ignorantes y todos los pobres y todos los explotados diciendo: «El socialismo es malo.» «El comunismo es malo», y todos los pobres, todos los explotados y todos los analfabetos repitiendo: «El comunismo es malo.»

«Cuba es mala, Cuba es mala», lo dijo el imperio, lo dijo en Ginebra, lo dijo en veinte lugares, y vienen todos los explotados de este mundo, todos los analfabetos y todos los que no reciben atención médica, ni educación, ni tienen garantizado empleo, no tienen garantizado nada: «La Revolución Cubana es mala, la Revolución Cubana es mala.» «Oiga, que la Revolución Cubana hizo esto y esto.» «Oiga, que no hay un analfabeto.» «Oiga, que la mortalidad infantil es esta.» «Oiga, que todo el mundo sabe leer y escribir.» «Oiga, que no puede haber libertad si no hay cultura.» «Oiga, no puede haber elección.»

¿De qué hablan? ¿Qué hace el analfabeto? ¿Cómo puede saber que el Fondo Monetario Internacional es bueno o malo, y que los intereses son más altos, y que el mundo está siendo sometido y saqueado incesantemente por mil métodos de ese sistema? No lo sabe.

No enseñan a leer y escribir a las masas, gastan un millón en publicidad cada año; pero no es que gasten, lo gastan en crear reflejos condicionados, porque aquel compró Palmolive, el otro Colgate, el otro jabón Candado, sencillamente porque se lo dijeron cien veces, se lo asociaron a una imagen bonita y le fueron sembrando, tallando el cerebro. Ellos que hablan tanto de lavado de cerebro, ellos lo tallan, le dan una forma, le quitan al ser humano la capacidad de pensar; y si todavía le fueran a quitar la capacidad de pensar a alguien que se gradúa en una universidad y puede leer un libro sería menos grave.

¿Qué puede leer el analfabeto? ¿Cómo se entera de que lo están engatusando? ¿Cómo se entera de que la mentira más grande del mundo es decir que eso es democracia, el sistema podrido que impera ahí y en la mayor parte, por no decir casi todos los países que copiaron ese sistema? Es terrible el daño que hacen. Y cada cual va tomando conciencia, y va tomando conciencia un día tras otro, un día tras otro; un día tras otro, más desprecio, más repugnancia, más odio, más condena, más deseos de combatir. Eso es lo que hace que cualquiera pueda ser, al cabo del tiempo, muchas veces más revolucionario de lo que era cuando ignoraba muchas de esas cosas y solo conocía los elementos de la injusticia y de la desigualdad.

En el momento en que les digo esto no estoy teorizando, aunque hay que teorizar; estamos actuando, estamos marchando hacia un cambio total de nuestra sociedad. Hay que volver a cambiar, porque tuvimos tiempos muy difíciles, se crearon esas desigualdades, injusticias, y lo vamos a cambiar sin cometer el más mínimo abuso, sin quitarle un peso a nadie. No, no le vamos a quitar un peso a nadie; pero para nosotros, la fe que la población tenga en un banco, vale más que cualquier otra cosa. Y porque la Revolución está creando riquezas, y porque la Revolución va a crear importantes cantidades de riquezas que no vendrán de la caña ni de otra cosa, vendrán, fundamentalmente, de ese capital, de la experiencia también, porque saber lo que hay que hacer es muy importante.

Si les hacen la historia de todos los servicentros de la capital, ustedes se asombran; hay más del doble de lo que debe haber, es un caos. Cada ministerio le dio la gana de poner y puso el suyo, y reparte por aquí y por allá. En los Poderes Populares el desastre es universal, el caos, y, además, todos los camiones más viejos, los que más gasolina gastan, etcétera, se los dieron al Poder Popular. Cuando parecía que se estaba racionalizando el uso de los camiones, se estaba hipotecando al país para todos los tiempos.

¿Podía ser la misma conducta cuando el combustible valía dos dólares, que cuando valía 10 ó 20, o valía 40, o valía 60? Una de las peores cosas que nos pasó precisamente fue esa, creer en los estrategas de los sistemas eléctricos. Uno se hacía una pregunta, otra y otra, y realmente descubría que el problema fundamental es que se estaba aplicando una concepción que se correspondía con la época en que el combustible valía dos dólares, y también la política con la caña se correspondía con la época en que aquel valía dos dólares.

El precio del petróleo hoy no obedece a ninguna ley de oferta y demanda; obedece su precio a otros factores, a la escasez, al despilfarro colosal de los países ricos, y no es precio que tenga que ver con ley económica alguna. Es su escasez frente a una creciente y extraordinaria demanda.

Hoy mismo por la mañana supe de una noticia: para el próximo año se demandan 2 millones más de barriles diarios, el próximo año se necesitan más de ochenta y cuatro millones de barriles diarios, y los Estados Unidos, el principal territorio del imperio, gasta todos los días 8,6 millones de barriles de combustible diarios. Ese es uno de los puntos clave.

Nosotros estamos invitando a todo el pueblo a que coopere con una gran batalla, que no es solo la batalla del combustible, de la electricidad, es la batalla contra todos los robos, de cualquier tipo, en cualquier lugar. Repito: contra todos los robos, de cualquier tipo, en cualquier lugar.

¿Cuánto vale la energía total que el país consume, a los precios de ese petróleo? Alrededor de 3000 millones de dólares.

Claro que el ahorro no va a ser la única fuente de incremento del ingreso, no será la única, habrá varias, voy a decir que unas cuantas y de gran peso. Estoy casi seguro —y el resultado final podrá estar un poco por encima o por debajo, no me gusta decir la última palabra, siempre soy conservador en el cálculo— de que el país, a la luz de todos los datos que hoy conocemos, puede ahorrar, en breve tiempo, las dos terceras partes de la energía que consume, sumándolas todas: electricidad, gasolina, diesel, fuel oil y otros; con un precio como el de ahora puede bajar un poco y después subir bastante más. Eso sería más de 1500 millones de dólares. Y ustedes pueden preguntar: ¿Y qué hace hoy el país con esos 1500 millones? Yo les respondería: una parte se roba, otra parte se despilfarra y la otra se bota.

Como estamos en plena marcha, en plena ofensiva y en plena actividad, no puedo dar todos los datos; pero pienso que la labor de estos jóvenes trabajadores sociales debe aportarle al país, en diez años, tal vez 20000 millones de dólares con el ahorro de energía. ¿Ustedes escucharon? Ustedes saben lo que es un millón, ¿verdad?, y 100 millones, y 1000 millones en divisas convertibles.

Carlitos, tú me diste un papel:

«Gasto de educación, total: 4117 millones de pesos; gasto de educación superior, 886 millones.

«Información ofrecida por el Ministerio de Economía y Planificación, conciliada por ellos con el Ministerio de Finanzas y Precios, el 17 de noviembre del 2005.»

Bien, 886 millones. Unos 700 millones serían 35,4 millones de dólares. Y vuelvo a repetir: una pequeña parte de lo que se roba o desvía de combustible, menos del 20%. Es lo que cuestan las universidades, según este dato.

Si hablo de 1000 millones de dólares de ahorro estaría hablando de 25000 millones de pesos. Todos los salarios que se pagan en el país, al cambio internacional, que con relación a Cuba es sumamente arbitrario, vienen a ser alrededor de 14000 millones de pesos, que en nuestro país valen de verdad, tienen poder real de compra muy superior. Ha sido además revaluado y puede volver a ser revaluado.

Cada palabra que se pronuncie hay que pensarla. No es que yo esté improvisando, he meditado mucho sobre todos estos datos y los tengo en la cabeza, y mido por aquí, por acá: esto sí lo digo, esto no, porque hay un enemigo intentando frustrarlo todo y confundirlo todo, como esos que dicen que estamos maltratando la sagrada libertad de comercio. Y no dicen otras cosas, una de ellas: ¿Qué consiguen con un dolarcito que envíe aquí alguno de aquellos que a lo mejor se hizo profesional? No pagó un centavito, ustedes lo saben. De aquí no fueron analfabetos para los Estados Unidos después del triunfo de la Revolución.

De aquí ya cada año, los que quedaban de sexto, de séptimo, los que sabían, que eran aquellos sectores que estudiaron en la universidad, los primeros que se fueron, procedían de los sectores más ricos, y a lo largo de más de 40 años el imperio robó decenas de miles de profesionales universitarios y cientos de miles de personas calificadas, a las cuales trata de impedirles a toda costa que hagan remisiones a Cuba.

Qué amargura el día aquel en que se crearon las tiendas en divisas, para recoger un poquitico de aquel dinero que remitieran y lo fueran a gastar en esas tiendas, que tenían un precio alto, para recoger parte de ese dinero y poder redistribuirlo a los demás que no recibían nada, y cuando el país estaba en condiciones muy difíciles.

Ahora, ¿qué hacen hoy con un dólar? Lo envían para acá... No sé si a ti te envían algún dólar (Se refiere a alguien). Yo tengo familiares a los que les envían. No tengo nada que ver con eso.

Un día preguntamos y hay provincias donde el 30% o el 40% reciben algo, un poquitico; pero es tan buen negocio enviar un dólar, ¡tan buen negocio!, que pudieran arruinarnos perfectamente enviando dólares por el enorme poder de compra que tenían en un país bloqueado, productos racionados sumamente subsidiados y servicios gratuitos o extraordinariamente baratos.

Ejemplo, hablando de la electricidad. ¿Saben cuánto le cuesta hoy al país en divisas convertibles producir un kilowatt, con ese sistema que tiene tantos problemas, donde está la Guiteras, la de Felton y otras, causantes de apagones y muchas otras dificultades? ¿Saben cuánto le cuesta al país en divisas convertibles? Alrededor de 15 centavos de dólar un kilowatt, pero si tú —este compañero, que es listo, no hay duda, que habló muy bien— recibieras, por ejemplo, un dólar, ¿qué puedes hacer con él? Ya tú reconociste que es muy barata la electricidad, está regalada; si se la regalamos al pensionado, al trabajador, está regalada, pero se la regalamos; pero se la estamos regalando también al merolico, a aquel que cobró 1000 pesos de aquí a Guantánamo, o cobró dos veces el salario mensual de un médico para llevarlo de La Habana a Las Tunas, con combustible robado sobornando al pistero.

No tengo nada contra alguien, pero tampoco tengo algo contra la verdad. No estoy casado con mentira alguna, el que quiera ponerse bravo, lo lamento, pero le advierto de antemano que va a perder la batalla, y no va a ser un acto de injusticia ni de abuso de poder. Le estamos regalando la electricidad al que vendió la libra de frijoles en ocho pesos. Y, por favor, no dejen de venderla, no vengan a hacer ahora la basura de no venderla y echarme a mí la culpa. Véndanla, si no lo vamos a prohibir, lo que deseo es saber qué van a hacer cuando haya más frijoles. Ahora mismo no sé si bajarán el precio o no, pero la mitad de la población ha visto que se ha triplicado su cuota, y la otra mitad ha visto que se ha incrementado un 50%. Imagino que tendrán que rebajar algo. A lo mejor, en cualquier momento, de algún dinerito, de la energía que se comience a ahorrar, le asignemos otras 10 onzas y llegue el momento, cuando esté garantizada la honradez de todos los que distribuyen y ni un grano de frijol se pierda y el que no se compre se devuelva, ya que no existiría modo de birlarlo, ni razón para birlarlo, ni condiciones para birlarlo, en que el especulador terminará no vendiendo nada o tendrá que comérselo todo.

El campesino productor consume lo suyo y vende el excedente. El especulador roba y no produce nada. Un cablecito de la Reuter pintaba al gobierno golpeando los «avances progresistas» de los tiempos que vinieron con el Período Especial. Lo progresista es todo esto de lo que hablo.

Ellos no dicen que el bandidito, o aquel, quien sea, a lo mejor no es un bandido, el afortunado aquel te envía un dólar a ti y tú gastas muy poco en electricidad, consumidor de menos de 100, te has gastado 9 pesos cubanos por 100 kilowatts de electricidad, ¿verdad? Divide 24 entre 9 (Saca cuentas).

Lo tuyo son 2400 centavos, y tú por 100 kilowatts pagaste 900 centavos, no ha llegado ni a la mitad de un dólar, te sobran 1500 centavos, pero gastaste nada más que 100; tú eres un muchacho muy ahorrativo, tú apagas la luz, tú apagas lo otro, tú no tienes bombillos incandescentes, tú todos los que tienes son de luz fría, tu refrigerador gasta menos de 40 watts por hora, tú no tienes un Frigidaire viejo heredado de la abuela, tú eres buenísimo (Risas).

Ahora, tú a lo mejor gastas 150 kilowatts, ya te va a costar un poquito más caro porque los otros 50 valen 20 centavos en vez de 9, son 10 pesos; entonces tú, que pagaste un poquito más caro esos 50, te has gastado 19 pesos. Pero, fíjate bien, tú todavía no has gastado un dólar, tú no vives en la Florida, tú vives en Cuba. El de la Florida es un tacaño, sinvergüenza, paga la electricidad allí a 15 centavos de dólar, pero te envía un dólar a ti para que tú por menos de un dólar pagues 150 kilowatts; pero, al fin y al cabo, tú, a pesar de eso, eres moderado, tienes muchos cacharros allí, además de los cacharros viejos, a lo mejor un airecito acondicionado y otras cosas, y estás gastando 300 kilowatts. Sacas la cuenta y dices, los primeros 100, igual a 9 pesos; los segundos 200 serían 40 pesos, sumo los dos y son 49 pesos. Tú gastas en total 1,9 dólares por 300 kilowatts de electricidad; es decir, un precio de 0,63 centavos de dólar por un kilowatt cubano de electricidad. ¡Qué maravillosamente bello!

¿Cuánto gasta el pueblo de Cuba, por culpa de ese dólar que te enviaron de allá? Porque este no fue un dólar que tú te ganaste, o un peso, trabajando, o aquel intermediario se lo ganó vendiendo a ocho pesos la libra de frijoles; te lo envían de allá, alguien que fue saludable, todo lo que estudió fue gratuito desde que nació, no está enfermo, son los ciudadanos más saludables que llegan a los Estados Unidos, tienen una Ley de Ajuste, y tienen, además, prohibido enviar remesas.

Bien, por menos de dos dólares el país se gastó, en cambio, 44 dólares para subsidiar ese dólar que enviaron de los Estados Unidos. Este es un noble país, subsidia los dólares aquellos que están allá, que en vez de ayudarte a ti noblemente, te van a decir: «Mira, te voy a enviar dos dólares para electricidad, pero no gastes tanta electricidad, por favor, ahorra, apaga luces. Mira, te voy a enviar además un refrigerador, o te voy a dar el dinero para que lo compres en la *shopping*.» Después prosigue el generoso remisor de dólares: «No te ocupes, que yo te voy a enviar lo que necesitas, yo soy bueno, yo soy noble, yo voy al cielo, yo te garantizo los 300 kilowatts que tú le estás gastando a ese idiota Estado socialista que dice que es revolucionario y que va a luchar hasta la muerte defendiendo la Revolución.» Puede haber un ciudadano que sepa que nosotros somos buenos, pero pueda pensar, con toda razón, que somos bobos; e, incluso, tiene una parte de la razón, ¡cuidado!

Ahora, para recoger 45 dólares yo tengo que recoger 4500 centavos. A ustedes tengo que recogérselos. ¿Cuántos caben aquí? (Le dicen que 405.) ¿Cuatrocientos cinco? Pues antes de irse todos, fíjense, por favor, dejen 11 centavos, que eso lo pagan ustedes, ese dinero con que el Estado paga es el dinero de ustedes, es decir, el pueblo de Cuba. Dejen todos 11 centavos para subsidiar el gasto de electricidad de él en un mes. ¡No se olviden! Vamos a poner a alguien ahí a que los vigile a ustedes y los registre además (Risas). ¿Es o no verdad?

Pero si a él le dan una cuota de arroz, y ese arrocito, las primeras cinco libras esas, ¿cuánto le costaron? Bueno, pues con un dólar, ¿cuánto puede costarle, cuántas puede comprar con un dólar, aun con su descuento, aun con la revaluación que le hicimos al peso? Compra 100 libras de arroz, no en un día como creen algunos bobos, si lo guardé para este mes, para el otro, y demás meses.

Claro que no gastaste ni un centavo de lo que te enviaron en medicina, la medicina está subsidiada, si la compraste en una farmacia, la que no se llevaron y no vendieron por ahí, tú gastaste el 10% de lo que cuestan en divisas. Si fuiste al hospital y a lo mejor te operaron hasta del corazón, el tobillo, tu operación puede costar 1000, 2000, 10000; allá en los Estados Unidos si a ti te da un infarto y te ponen una válvula, puede ser lo que le costó a un empleado nuestro allá en la Oficina de Intereses, 80000 dólares. A ti nunca te dejaron de atender; puede haber un maltrato en un hospital, pero, ¿tú has ido alguna vez a algún hospital donde no te hayan atendido? Claro, nuestro sistema no tenía la organización que va comenzando a tener y tendrá, y los equipos que está comenzando a tener y en su gran mayoría tiene ya, de gran calidad y estandarizados, y, por lo tanto, con posibilidad de ser mantenidos, o un tomógrafo computarizado multicorte, de 64 cortes, los mejores del mundo, que ya empiezan a llegar, que ya están comprados, que ya están pagados. Vean. ¿Con qué? Con los ahorros y con los ingresos del país que comienzan a crecer. No te cuesta nada.

Tú te gradúas desde que ingresas en prescolar hasta que recibes el honroso título de doctor en ciencias agrícolas, ciencias físicas, ciencias médicas, no te costó un centavo. Recibes un apartamento, si tienes suerte, aunque lo más probable es que no tengas ninguna suerte de ese tipo —bueno, ojalá tu padre lo haya recibido porque fuera microbrigadista—, pero tú no pagas por la vivienda, tú no pagas impuestos. A lo mejor tú eres un poquito más vivo y dices: «Voy a alquilarla a unos visitantes, y en divisas convertibles. Bueno, me cobran 30 centavos de impuesto por dólar de ingreso; bueno, a mí me regalaron esta casa, me costó 500 dólares, yo cobro 800 en un mes, le doy 240 al Estado, unos dolarcitos ahí, y gano 500 dólares; 5 por dos: 10, 12500 pesos.» Tú puedes ir, en virtud de esos sacrosantos derechos de la libertad de comercio, a pagar a tres pesos la libra de arroz en el mercado libre, tú puedes ir a un pistero y decirle: «Mira, yo tengo un almendrón, porque se lo compré a aquel y al otro, se lo pagué en divisas o en pesos convertibles, y yo tengo quien me garantice la gasolina, yo voy a viajar 300 kilómetros, tengo tres novias», y ese cacharrón es atractivo con los problemas que hay en el transporte. ¿A quién no conquisto yo con el almendrón? (Risas.)

Si quieren, queridos estudiantes, les puedo añadir que los que consumen 300 kilowatts, consumen el 40% de la electricidad residencial que produce el país; el 40% de esa electricidad puede significar —cautelosa y conservadoramente— unos 400 millones de dólares que el Estado generoso y dadivoso les entrega a todos los que más gastan. ¿Y quiénes son los que más gastan? Visita a un nuevo rico y averigua cuántos utensilios eléctricos tiene.

Recuerdo cuando analizando el asunto aquel del gasto eléctrico y el precio descubrimos que un paladar consumía 11000 kilowatts y este Estado idiota subsidiaba al dueño, al que tanto gustaba a los burgueses llevar visitantes para que vieran cómo sabían la langosta y el camarón, como milagro de la empresa privada, todo eso robado por alguien que se lo llevó de Batabanó; cuatro o cinco sillitas. ¡No!, y, desde luego, este Estado totalitario, abusador, es enemigo del progreso, porque es enemigo del saqueo. Entonces, el Estado estaba subsidiando al paladar con más de 1000 dólares cada mes, y esto lo supe porque pregunté cuánto gastaba, cuánto valía, y él pagaba la electricidad a ese precio, 11000 kilowatts; creo que después de rebasar la cifra de 300, pagaba 30 centavos de peso por el kilowatt. ¿Tú no lo sabes? No, ninguno de ustedes sabe nada (Le dicen algo). No, no inventes, que yo he averiguado mucho eso y me han desinformado muchas veces. Es 30 centavos, 11000 kilowatts, pagaba 3000 pesos. Mira que pagaba, se hacía rico el Estado, porque él pagaba 3000 pesos cubanos, unos 120 dólares; pero al Estado le costaba, aquella vez hice el cálculo a 10 centavos de dólar el kilowatt, hoy los 11000, a un costo para el Estado de 15 centavos, obliga a una colecta adicional aquí, no sé cómo andarán ustedes de fondo, pero a este paladar hay que subsidiarlo, y como son cada mes 1250 dólares y ustedes son 400, cuando salgan no dejen solo los 20 centavos, por favor, dejen más o menos tres dólares, para el pago de un mes, así que lleven bien la cuenta, porque alguien tiene que subsidiar este paladar. Eso es libertad de comercio, eso es progreso, eso es desarrollo, eso es avance.

Nosotros les vamos a enseñar lo que es progreso, lo que es desarrollo, lo que es justicia, lo que es ponerle fin al robo. Y les advierto: con el apoyo más decidido del pueblo. Nosotros sabemos lo que estamos haciendo, está en las matemáticas y en los números. Nosotros sabemos cuánto vale cada una de las cosas que vamos a ahorrar. No quiero hablar de lo que estamos comprando ahora ni quiero decir muchas más cosas, los miles de millones, independientemente de que se van a acabar los apagones, créanme que se van a acabar, pueden estar seguros.

Ya tenemos en el país alrededor de dos millones y medio de ollas de presión eléctricas que se gradúan, no solo las ollas arroceras; están ahí, pero vamos a tener también unos equipitos que ahorran más del 80% de la energía que ustedes gastan para hervir un litro de agua.

Yo estoy seguro de que puedo hacer una pregunta y ustedes la van a responder. Levanten la mano todos aquellos que no usan agua tibia en agosto para bañarse. Sí, pero con toda honradez. Cuidado, no se confundan.

(Una joven levanta la mano.)

Bien, ¿tú nunca has usado agua tibia? (Le dice que no.) ¿Y en invierno? (Le dice que no.) Te felicito. Formas parte, aproximadamente, del 10% de la población.

¿Tú sí, en invierno? (Un joven dice que sí.) Mira que tú eres un hombre serio (Risas). Mira que yo les he preguntado a otras personas, no así como aquí, a los estudiantes, a compañeras trabajadoras, y les he pedido que levanten la mano la que no la usaba. ¿Saben qué día? El día de mi cumpleaños, 13 de agosto, a diez de ellas les pregunté cuál no calentaba el agua para bañarse y de las diez ninguna pudo levantar la mano. Eso es para bañarse, hay también para que el agua esté limpia, hay también por el niño, en verano. Un día de frío de esos, yo quiero ver cuál de ustedes se baña sin agua tibia (Risas).

¿Y ustedes saben lo que hacen los becados y lo que hacen con las laticas para calentar agua? ¿Ustedes lo saben? (Exclamaciones.) ¡Ah!, ¿y por qué no averiguan cuánta electricidad gastan? Te lo puedo decir, te puedo decir que hay procedimientos para calentar el agua que significan un gasto de hasta cuarenta veces más energía, ¡cuarenta veces!

Díganme, honradamente, ¿ninguno de ustedes ha usado jamás en la casa el fluido eléctrico con una hornilla artesanal cuando se acabó el gas? No hablo de los que tienen el gas de la calle, ese es el más económico, ese no debe tocarse. De los que cocinan con gas líquido o queroseno, ¿ninguno de ustedes jamás usó una hornilla rústica para cocinar algo? Levanten la mano los que nunca la hayan usado.

A ver, ¿quién está aquí? Aquel que la levantó. Miren a ver, investiguen a aquel, caballero, quizás no veo muy bien, deja ver.

De verdad, levante la mano quién no la ha usado. Una. Levántate, muchachita. Por favor, ven aquí. Sí, tú, la que levantó la mano, tú misma, levántate. Ven, por favor. Fíjate, responde mi pregunta, ¿tú no estás diciendo nada que no sea verdad? (Le dice que no.) Tú nunca has usado eso. ¿Dónde tú vives? (Plantea que en un campo, en Santa María.) ¿Hay electricidad? (Le dice que sí.)

Quería ver la ciudadana ideal, la que nunca utilizó una olla eléctrica rústica.

Dime una cosa, ¿alguna vez sentiste calor allí? Dime otra cosa: tú tienes ventilador, porque allí seguramente hay mosquito, ¿verdad? ¿Qué tipo de ventilador tú tienes? ¿Cuál es el motor de tu ventilador, Aurika? (Risas.) (Dice que no, que es un Sanyo de motor eléctrico eficiente).

Tú eres hija de agricultores, ¿verdad? (Expresa que sí.)

Pero tú no vendes nada en el mercado ese (Risas). Es honrada, ella tiene un poquito más de recursos.

¿Tú no tienes ningún bombillo incandescente? (Dice que sí.)

¿Cuántos? ¿De qué tamaño? ¿De cuántos watts? (Manifiesta que tiene dos de 60 watts.)

¿Ves bien con ellos? (Dice que sí.)

¿Cuántas horas los mantienes encendido al día? (Expresa que unas cuantas horas.)

¿Cinco, seis? (Aclara que hay uno que está toda la noche.)

Uno toda la noche, un total de horas. Claro, ¿para que no haya oscuridad, 12, 10? (Dice que 12 horas.)

Doce horas. ¡Qué bien!

¿Y el otro cuántas horas? (Expresa que está encendido de 6:00 de la tarde a diez y tanto de la noche.)

A diez y tanto, vamos a calcular seis horas. Doce y cuatro, 16 horas; por 60 son 960 watts. En vez de gastar 960 watts, vas a recibir 2 bombillos de luz fría que gastarán 7 watts cada uno trabajando 12 y 4 horas; 16 por 7 igual a 112 watts y más luz.

¿Tú quieres hacerle un regalito al país? ¿Tú quieres? Estoy seguro de que sí. ¿Tú vives allí? Yo no le he querido preguntar, pero ya, resuelto el problema. Te voy a decir cuánto tú vas a darle al país muy pronto, desde mañana si quieres.

Enrique, envíales dos bombillos de 7 watts, si quieres de 15 o de 20, van a ver más que lo que ven con el incandescente y menos ladrones se van a acercar allí. El gasto de esos dos bombillitos de 7 watts, ya yo tengo la cuenta aquí sacada, es de 112 watts, que lo resto de los 960 que gastan hoy los incandescentes: 960 menos 112 igual a 858 watts, multiplicado por 365 días al año, si no es bisiesto, son 313170 watts, dividido entre 1000 son 313,17 kilowatts, multiplicado por 15 centavos, su costo de producción en divisas arroja 46 dólares 97 centavos.

Muchas gracias de antemano, tú le vas a regalar al país —espérate, no te vayas—, del pago que tiene que hacer ahora, puesto que tú le vas a regalar a Cuba 12,7 centavos cada día, en 100 días tú le vas a regalar 12,7 dólares, y este próximo año tú nos vas a regalar a todos nosotros 46,45 dólares, para comprar un poco más de frijoles o cualquier otra cosa —exacto, te voy a decir, y no es un impuesto, y vas a ver con más claridad—, nos vas a obsequiar a todos, con el simple cambio de dos bombillos, 46,45 dólares; no te vamos a cobrar nada ni a ti ni a otros por los dos bombillos, duran cinco veces más que los incandescentes y son más frescos, tendrás que usar menos el ventilador Sanyo que tú tienes.

Es así, vean el ejemplo. Imagínense que en vez de dos bombillos sean 15 millones, y no solo los que están en las casas de los ciudadanos, que tienen más que los calculados, sino los que están en escuelas, bodegas, timbiriches de toda clase, 15 millones. Claro, ella tiene dos nada más y los usa bastante tiempo, hay otros que los usan mucho menos y algunos los usan muchas veces, no se puede extrapolar así. Pero debemos ahorrar, posiblemente, durante unas cuantas horas, de dos a tres plantas de 100000 kilowatts, como potencia, más los gastos de combustible y otros para producir la electricidad que se derrocha, potencia que el país necesita para que esos bombillos estén encendidos durante una hora, que lo obligan a ese gasto.

¿De qué están hablando ustedes? ¿De qué se están riendo? (Le muestran el techo del Aula Magna con gran número de pequeños bombillos incandescentes.) ¡Ah! No, yo estoy dispuesto a pagar algo para que lo mantengan ahí, están muy bonitos. Eso no es un derroche, se trata de un decorado tradicional e histórico y, además, aquí no hay actos todos los días a todas horas, y, en cualquier caso, el culpable soy yo, porque ha estado encendida esta instalación todo el tiempo que he permanecido en esta tribuna.

Bien, muchísimas gracias.

(Se dirige a otra joven de Ciego de Ávila, que está parada junto a la anterior de La Habana). Una pregunta: ¿Hay refrigerador en tu casa? (Le dice que está roto.)

¿Está roto? ¿No le pusieron la junta ni el termostato? (Aclara que sí.)

¿Y por qué se volvió a romper? (Expresa que la máquina se quemó.)

Se quemó la máquina. ¿Cuándo? (Aclara que hace un tiempo.)

¿Qué marca es? (Dice que es ruso.)

Ruso, Minsk, o fabricado con motores rusos, INPUD, de allá de Santa Clara y rota, el gasto tuyo sí que era mucho más que el de los bombillos esos.

Vamos a suponer que no estuviera rota, ahora tenemos que decir qué hacer contigo, porque hay que cambiar el refrigerador, es demasiado gasto eléctrico.

Estaba despidiendo antes de ayer, decía, a unos trabajadores sociales que iban a comunicarse con los camiones y con los tractores, iban a averiguar dónde estaban, dónde vivían, cómo se llamaban, el número que los identifica, cuánto combustible gastaban, si es diesel por hora o cuántos kilómetros por litro; pero no hay que conocer mucho para saber que el tuyo roto, Minsk, gasta muchísima electricidad. ¿No te acuerdas? Debe haber estado gastando alrededor de 300 watts por hora, tú sí que acababas con la república, porque ese solo refrigerador defectuoso debía gastar unos siete kilowatts diarios. Si en vez de ese tienes uno nuevo, que gasta menos de 40 watts por hora, tú podías estar —te voy a decir lo que estarías ahorrando, voy a tratar, voy a calcularle nada más que 200 watts por hora— gastando 4,8 kilowatts al día. Aprendan a multiplicar, porque ustedes van a tener que hacer eso (Saca cuentas). Ella, a 15 centavos el kilowatt, nos va a regalar 15 y 15, 30 y 30, unos 72 centavos diarios. Ella va a tener su refrigerador. Vamos a anotarla, Enrique.

¿No tienes ninguno ahora? (Plantea que lo están arreglando.)

¿De dónde vas a sacar la maquinita esa, dime? (Aclara que lo van a enrollar.)

Espérate, vamos a elevarle como el 30%, porque esos motores enrollados son un desastre. Enrique, ¿los enrollados cuánto gastan? Eso es lo que han hecho muchas personas, se les rompió el motor, no tenían otra solución, no se les puede culpar a ellas. El Estado tiene culpa, te puedo asegurar una cosa: antes de seis meses vas a tener un refrigerador que no gastará más de 40 watts por hora. Te estoy hablando de lo que se despilfarra, de lo que botan, contigo debemos ahorrar unos 200 por hora. Ahórrate eso, lástima que los 150 que teníamos de reserva acabamos de repartirlos. Tal vez, Enriquito, nos quedan siete, podemos ir a hacer una prueba allá. Estamos haciendo en este momento 150 pruebas en la ciudad, vamos a tener una reunioncita con los representantes de Arroyo Naranjo, donde hay unos 30000 que consumen gas líquido. Los van a visitar.

Enrique, ¿cuántos salieron a visitar a los vecinos de Arroyo Naranjo, unos 50000 núcleos? (Enrique expresa que hoy salieron 1098 trabajadores sociales que visitarán alrededor de 55000 núcleos. Aclara que el promedio de visitas de cada uno se acerca a 20 casas por día, por lo que calcula que hoy hayan visitado unas 20000.)

En dos días ya las habrán visitado todas. Habrán tomado nota de los objetos electrodomésticos que hay en ese municipio. Estamos llevando a cabo experimentos sociales fuertes. Vamos a cambiar el gas, posiblemente me están oyendo, ellos son los más pobres de esta ciudad y les han puesto gas líquido. Precio del gas líquido: más de 700 dólares la tonelada, 30000 por 10 (Saca cuenta) son 300000 kilogramos, 300 toneladas de gas líquido, como mínimo, es el gasto mensual de Arroyo Naranjo. Asciende a 3 millones de dólares cada año el gasto aproximado de ese municipio en gas líquido, si realmente son solo 30000 los que lo consumen; un equipo que tiene que llevarlo, trasladarlo, la incertidumbre de si se acaba o no.

Vamos a realizar un importante experimento, pero vamos a recoger todos los datos, nos vamos a reunir con todos los representantes directos de las cuadras, de los consejos populares, de los sindicatos, de las organizaciones de masas, alrededor de 1500 de las personas más próximas a los vecinos, para discutir con ellos el experimento que nos proponemos, y estoy seguro de que va a ser un éxito, si usted ahorra de inmediato el gasto energético.

Vamos a ver el consumo de invierno, vamos a ver lo que ahorran los bombillos que distribuiremos de aquí a fines de diciembre; vamos a ver los ventiladores que sustituirán a los rústicos, que ascienden a un millón, a los que se añadirá otra cifra igual de sencillos, pero muy eficientes calentadores manuales eléctricos, de agua, que reducen considerablemente el gasto energético al hervir agua.

Catorce millones de equipos tendremos en diciembre y los iremos distribuyendo: ollas arroceras, ollas de presión eléctrica, calentadores de agua. No incluyo en esta cifra los bombillos ahorradores que van a sustituir los incandescentes.

Ya veremos lo que les pasa a determinados vehículos después que conversen cada uno de ellos con los trabajadores sociales y aquellos a los que les vamos a dar cristiana sepultura. Cuando a cada ministerio se le dé los camiones que debe tener y cuando se le exija que la disponibilidad de estos no puede ser menor del 90% y que todos esos vehículos estén inscritos, el ahorro de energía por esa vía será sorprendente.

A decir verdad, tenemos ideas que no quiero explicar: el tiempo exacto en que no quedará uno solo de los camiones de gasolina y otros equipos devoradores de energía.

Hemos hablado de ahorrar dos tercios de la misma. Pensamos ahorrar en la esfera eléctrica, a finales del 2006, no menos de un millón de kilowatts/hora, que hoy se genera para malgastar, y tendremos capacidad de generar, con nuevo equipamiento, por lo menos 1,4 millones de kilowatts/hora, sin contar las plantas emergentes. Esto es más seguro que las cosas que se anunciaron y se han cumplido, y aquellas de las cuales ni se ha hablado y se han llevado a cabo.

No hay que hablar mucho, pero hay ideas que ya comenzamos a aplicar en masa. Aprovecharemos que es un 15% menos el gasto eléctrico ahora en invierno, pues cada equipo que pongamos tiene que tener asegurada la electricidad, incluso, que el núcleo pueda cocinar si esta falla; ahora hay muchos problemas, pero todos todos están siendo estudiados minuciosamente, y sobre todos ellos se trabaja concienzudamente, como diría Marx.

No me voy a extender más, en cualquier momento vuelvo y hablamos.

He abordado unos cuantos temas. Debemos estar decididos: o derrotamos todas esas desviaciones y hacemos más fuerte la Revolución destruyendo las ilusiones que puedan quedar al imperio, o podríamos decir: o vencemos radicalmente esos problemas o moriremos. Habría que reiterar en este campo la consigna de: ¡Patria o Muerte! Esto es serio, y se van a emplear todas las fuerzas necesarias, de ser necesario, los 28000 trabajadores sociales, y puesto que los que andan desviando gasolina más vale que se aconsejen y no tengamos que descubrir, punto por punto, que cada cual está robando combustible, porque están listos ya 10000 trabajadores sociales, y la Ciudad de La Habana se convirtió en una espectacular escuela donde se aprende lo que hay que hacer, y cada vez saben más, estamos dispuestos a emplear los 28000 y los 7000 que están estudiando.

Si no son suficientes 28000, parte de los cuales ya están trabajando en la creación de células contra la corrupción, alrededor de cada punto a observar, una célula; allí hay miembros de la juventud, miembros de las organizaciones de masas, combatientes de la Revolución —lo mismo que planteamos en el Coliseo.

Los problemas señalados están siendo atendidos seriamente, no se imaginan ustedes el entusiasmo de los jóvenes trabajadores sociales. Yo jamás en mi vida había visto tanto entusiasmo, tanta seriedad, tanta dignidad, tanto orgullo, tanta conciencia del bien que le van a hacer al país.

He hablado del combustible, de la energía en general, va a ser lo más importante, pero no lo único. Cuánto se han robado aquí hasta en fábricas, fábricas que, por ejemplo, producen medicamentos. Conozco una por La Lisa donde tuvieron que sacar al administrador y a mucha gente, casi cien en total; estaba comprometida en el robo de medicamento la administración de esa fábrica y un montón de gente. Cien tuvieron que sacar: busca a este y al otro para sustituirlos. No es suficiente ni será únicamente la solución.

¿Y después? Hay que usar también todos los medios técnicos a nuestro alcance. Hay ya adquirido un número importante de todas las bombas nuevas para la tercera parte, aproximadamente, de los servicentros que quedarán en el país, y todo medido, así como un número de pipas de combustible nuevas, que no estorben por las calles ni produzcan tranques o accidentes. Trabajarán de noche, en su mayoría, en horas de menos tráfico. No hemos sacado la cuenta de las muertes que tienen lugar por accidentes.

Y un día —sépase bien— la Revolución, con los instrumentos desarrollados por la técnica, podrá saber dónde se encuentra cada camión, en cualquier lugar, en cualquier calle. Nadie podrá escapar en el camión e ir a ver a la tía, al otro, a la novia. No es que sea malo ver el familiar, el amigo o la novia, pero no en el camión destinado al trabajo, y cuando hay una crisis de combustible en el mundo es peor el crimen de hacer eso; o cuando le están dando a la gente un jaboncito sin olor, que ya se elevó, es un pequeño aumento, pero ya estamos dando pasos para aumentarlo otra vez, el jabón, la pasta de dientes, cada una de las cosas esenciales señaladas, no será olvidada ninguna que esté a nuestro alcance resolver.

Disponemos de 1000 ómnibus comprados; pero no para aplicar precios históricos. Ahora una parte está yendo de un lugar a otro resolviendo problemas vitales, como los señalados aquí; otros arribarán en los próximos meses.

El transporte puede recibir algún subsidio, pero no el 90% de su costo, que sería ruinoso, más bien debe ser mínimo. Necesitamos aplicar el máximo de racionalidad en el salario, los precios, las jubilaciones y pensiones. Cero derroche. No estamos obligados. No somos un país capitalista, en que todo se deja al azar.

Subsidios o gratuidades, solo en cosas esenciales y vitales. No se cobrarán servicios médicos, ni educacionales, ni servicios similares. Habrá que cobrar la vivienda. Vean cuánto. Puede haber algún subsidio, puede haberlo, pero lo que se pague en un número de años tiene que acercarse a su costo. Ustedes dirán: ¿Y con qué pagamos los costos? Una parte importante con lo que hoy se está desperdiciando y se está robando, y con los ingresos no desdeñables que el país irá recibiendo, cada vez mayores. Todo está a nuestro alcance, todo pertenece al pueblo, lo único no permisible es despilfarrar riquezas egoísta e irresponsablemente.

Realmente yo no tenía el plan de enfrascarme en una conferencia sobre tan sensibles temas, pero habría sido un crimen desaprovechar esta oportunidad para decir algunas de las cosas que tienen que ver con la economía, con la vida material del país, con el destino de la Revolución, con las ideas revolucionarias, con las razones por las cuales iniciamos esta lucha, con la colosal fuerza que tenemos hoy, el país que somos y podemos seguir siendo, y mucho más de lo que somos.

No volvería yo nunca a este lugar si estuviera mintiendo, o estuviera exagerando. Me gusta mucho más hacer que prometer. En todo caso yo no hago nada, porque un hombre solo no hace nada. En todo caso aprovecho la experiencia o la autoridad que pueda tener entre los compatriotas para que libremos batallas. Hay millones de cubanos preparados para la guerra de todo el pueblo.

Dije que habíamos alcanzado la invulnerabilidad militar, que ese imperio no puede pagar la cuota de vidas, no imaginada y tal vez tantas o más que en Vietnam, si trata de ocuparnos, y ya la sociedad norteamericana no está dispuesta a concederles a sus gobernantes el crédito de decenas de miles de vidas para aventuras imperiales. Vamos a ver si llega a las 3000, en Iraq hay ya más de 2000, y todos los días llegan noticias peores para los que desataron la guerra.

Y vamos a ver lo que pasa con esa porquería de bloqueo, porque hay muchos norteamericanos dolidos de que no hubieran aceptado a los médicos cubanos, la mayoría quería eso, y las autoridades locales mucho más.

Vamos a ver, porque les vamos a demostrar que es mejor que acaben de sacar esa basura, que no destruirá jamás a la Revolución. Y a Europa le podemos decir: Guárdense la ayudita humanitaria, hipócritas, guárdensela toda, que no la necesitamos. ¡Qué gran cosa es poder decir que no se necesita de Europa y que no se necesita del imperio! Termínenlo cuando quieran, aunque ni falta nos hace que lo terminen, porque nos enseñaron, nos

forjaron, aprendimos a ahorrar, aprendimos a pensar, aprendimos a cre-
cernos, aprendimos a multiplicar nuestras fuerzas para estar a la altura de la
colosal dimensión del adversario.

A ustedes les he hablado con toda la confianza que les puedo hablar. Les
he hablado de cada una de las tareas principales de las brigadas de trabajadores sociales, y su impactante acción. A veces tuvieron que actuar por
sorpresa, con rapidez, disciplina y eficiencia. En la Ciudad de La Habana
fueron miles y movilizábamos otros miles como reserva.

Ya están realizando numerosas tareas. Si no alcanzan, ¿cuántos estudiantes tiene esta universidad? Desde ahora les digo lo que ya les dije a ellos: Si
28000 no alcanzan, nos reunimos con ustedes, los estudiantes de la gloriosa Federación Estudiantil Universitaria, y ustedes buscan otros 28000 estudiantes (Aplausos), y, en pareja, con los trabajadores sociales, que ya van
adquiriendo experiencia, si a todos hay que movilizarlos, los movilizamos,
y si 56000 no alcanzaran, nos reunimos con ustedes y ustedes buscan otros
56000 de refuerzo.

¿Saben quién los va a albergar? El pueblo, como en todas partes; el pueblo, que tiene un altísimo concepto de esos muchachos, y ya no habrá muchos que digan: «Esto no se puede arreglar», «esto no se acaba nunca.» Y
junto con ustedes, junto con el pueblo, estaremos demostrando que sí se
puede. Y, óigame, creo que vamos a tener muchos más recursos y no solo
para satisfacer necesidades, sino para nuestro desarrollo, porque estamos
administrándonos mejor. Muchas de las cosas que hacemos, las hemos estado haciendo con los recursos que hemos ahorrado. Ya estamos ahorrando
cientos de millones de dólares, y el ahorro dependerá del ritmo y la eficiencia con que vayamos haciendo cada cosa.

Todos los días aparecen ideas nuevas, y lo que ahorremos de energía se
convierte de inmediato en recursos. Van a sobrar las peores y más gasta-
doras termoeléctricas del país. Las vamos a tener, sin embargo, listas para
afrontar cualquier contingencia imprevista en una etapa de la marcha.

Solo en producción de electricidad el país gasta 3800000 toneladas de
combustible cada año. Nuestro sistema eléctrico tiene hoy un aprovecha-
miento de apenas el 60%.

No volverá a construirse una termoeléctrica. Se construirán plantas que
usarán el gas acompañante del petróleo, plantas de ciclo combinado que al

amortizarse en cuatro o cinco años, cobrando a 10 centavos la electricidad, que, por ejemplo, los hoteles pueden pagar, se amortizan entre cuatro y cinco años y producen después el kilowatt a 2 centavos de dólar.

Jamás se volverá a construir una Guiteras. Esas eran locuras, tenían que estar saturados de dogmatismos y esquematismos. En un sistema que necesitaba producir alrededor de 2 millones de kilowatts, comprar una planta de 330000, es concentrar en una sola planta más del 15% de la capacidad generadora efectiva, y cuando se apaga, o le cae un rayo, como le cayó hace algunas semanas a la Guiteras, el apagón, el apagón y el apagón golpea con fuerza a la población y la economía. ¿Y hasta cuándo iba a resistir la Revolución el disparate de la concepción errónea que había sobre el desarrollo del sistema eléctrico? Concepción que les aseguro no era exclusivamente de Cuba, y hoy somos el primer país del mundo en descubrirlo, y tendrán que venir a ver lo que estamos haciendo.

No quiero añadir más, porque puedo decir cosas de mucha más trascendencia.

Vamos a pasar de un país idiota a dejar detrás a todos los demás. Quiero advertirles que están cojeando de la misma pata y cometiendo el mismo error.

No, no quiero enumerar. Yo les prometo un día hacerles la historia a ustedes, a los dirigentes estudiantiles, quizás a los que estamos aquí. Hoy no, hoy tengo que callar, porque hablar puede advertir, hablar puede orientar al enemigo. Ya, desde luego, con lo que estoy diciendo hay cosas que no pueden pararlas, como los dos y medio millones de ollas de presión eléctricas que están aquí o en camino, no las para nadie, y lo que está en camino son cosas adquiridas en China. Y China no es un cayito, China es uno de los países más grandes del mundo, convertido actualmente en el principal motor de la economía mundial, China es un país que produce muchas cosas, y estamos discutiendo otras compras y medidas de intercambio, que avanza a creciente ritmo.

Les decía que nuestro crédito creció. Este país puede movilizar miles de millones de dólares, se lo decimos a «Bushecito», para que se amargue más la vida si lo desea, y a los que andan intrigando; que digan lo que les dé la gana mañana, de los «pobrecitos», de esa gente «tan noble», que robaba «tan poquito», de esos que les cobran al pueblo cualquier precio por cualquier cosa, les digo junto a ustedes: «Paguen el combustible que están consumiendo». En la realidad todo eso que estamos regalándole al merolico, que estamos regalándole al bandido aquel, o al tacaño aquel, o al egoísta aquel que quiere que nosotros demos 15 centavos por cada kilowatt que pague él, ¿por qué? ¿Qué ley de la economía mundial nos obliga a ello? Y que se preparen, porque tenemos las cuentas bien calculadas. Ya una vez le devaluamos el dólar, pero ese dólar está disfrutando demasiados privilegios.

Desde luego, ni el dólar, ni los que andan robando, tienen al Instituto de Meteorología, no tienen a Rubiera, están soplando huracanes, pero nadie sabe qué rumbo llevan, si oeste noroeste y tres grados más para el norte o para el sur, y con vientos tales y más cuales. Lo único que les digo es que es huracán fuerza cinco (Risas). Fuerza cinco es un huracán que no deja nada en pie, sin cometer un abuso, sin matar a nadie de hambre, solo con sencillísimos principios: la libreta tiene que desaparecer; los que trabajan y producen recibirán más, comprarán más cosas; los que trabajaron durante décadas recibirán más y tendrán más cosas. Y el país tendrá mucho más pero no será jamás una sociedad de consumo, será una sociedad de conocimientos, de cultura, del más extraordinario desarrollo humano que pueda concebirse, desarrollo de la cultura, del arte, de la ciencia, y no para armas químicas, con una plenitud de libertad que nadie puede cortar. Eso lo sabemos, no hay ni que proclamarlo, aunque sí recordarlo.

Nos hemos ganado ese derecho a hacer lo que vamos a hacer hoy, y disponer de casi un millón de profesionales, intelectuales y artistas, disponer de 500000 estudiantes en nuestras universidades, de todas las ramas de la ciencia, y que son calificables y recalificables, pueden pasar de una a otra actividad y serán capaces de muchas cosas.

Les advierto que nuestra sociedad va a ser en realidad una sociedad enteramente nueva. Y en esta carrera de larga distancia, les llevamos ya muchas pistas a los que más se acercan. No es ningún mérito, el mérito está en el imperio, fue demasiado grande la amenaza que nos hizo, el desafío que nos impuso. El mérito está en ellos, lo único que ha hecho nuestro noble, generoso, valiente e inteligente pueblo, es responder; y hoy responde, con la gran fuerza de muchas inteligencias desarrolladas.

Hoy, cuando aquí hablamos de 500000, eso se ha producido en muy poco tiempo; hace apenas tres años, cuántos había aquí y cuántos habrá mañana.

Algo más, tendremos decenas de miles de estudiantes latinoamericanos en escuelas de medicina, y solo nuestro país deberá formar en los próximos diez años 100000 médicos. Ya estamos luchando por crear el mejor capital médico del mundo, y no solo para nosotros, para nosotros los que hemos formado y seguiremos formando, para los pueblos de América Latina y otros pueblos del mundo, que ya están solicitándonos que les formemos médicos, tenemos con qué formarlos y nadie los puede formar mejor. Hemos desarrollado métodos pedagógicos que ni siquiera soñábamos. Ya lo veremos, y rápido.

No habrá solo 12000 estudiantes de medicina en la ELAM, hay ya 2000 jóvenes bachilleres bolivianos aquí; además de los de la ELAM, un número de ellos en Cienfuegos, alojados en casas de familias cienfuegueras, serias, con preparación profesional y cultura, cuyo perfil psicológico ha sido estudiado, así como el perfil del estudiante y de la familia del estudiante, una experiencia nueva y única.

Hablaba sobre eso ayer con algunos, es la solidaridad convertida en colosal riqueza. ¿Cómo se podrían albergar 100000 estudiantes de nivel superior? Y sabemos lo que cuesta cada uno de ellos, qué cuesta alimentarlos, qué cuesta alojarlos.

Sabemos que construimos en la primera etapa de la Revolución cientos de escuelas secundarias básicas y preuniversitarias, y hoy tenemos menos de la mitad de la matrícula de los años setenta; sabemos lo que cuesta repararlas, en qué tiempo se reparan. Habrá muchas escuelas de medicina de 400 ó 450 alumnos con excelentes condiciones materiales, el equipamiento necesario para los estudios, medios audiovisuales, programas interactivos. Como sabemos, y el mismo compañero Machadito lo dijo, que si él hubiera tenido esos recursos en los cinco años que estudió, habría podido adquirir en un año los conocimientos que adquirió en cinco. Eso significa no que vayamos a formar un médico en un año, sino que un médico en seis años va a tener los conocimientos que a través de los métodos tradicionales habría necesitado veinte años para adquirirlos. Estoy pensando en calidad, ¡en calidad!, la vamos adquiriendo cada vez más.

Conocemos lo que están haciendo nuestros compatriotas en todas partes, estamos en permanente comunicación con ellos, los del contingente Henry Reeve y otros muchos. Hay toda una hermosa historia, que en este momento se desarrolla, como nunca antes en la historia y en la vida de nuestra Revolución.

Me alegra pensar que un día como hoy, este Día del Estudiante y este día que ustedes, como cuantas veces quieran hacerlo, escogieron como fecha móvil para celebrar el 60 aniversario de mi ingreso en esta universidad, me sienta realmente bien espiritual y físicamente al reunirme con ustedes. Eran muchas cosas las que venían a mi mente, y tuve que ir ordenando recuerdos de ayer e ideas nuevas de hoy, y siendo cuidadoso para no decir lo que no debo decir y decir todo lo que hay que decir.

Pienso, y esto lo estoy discutiendo con los compañeros y comunicándome con ellos, que este mismo mes tenemos que tomar algunas medidas, dije este mismo mes, no se debe perder un minuto, porque ya están llegando cosas por aquí o por allá.

Necesitamos con urgencia un cierto desaliento al despilfarro de la electricidad. Vean, un cierto desaliento, no es la fórmula definitiva, que esa es otra; pero ahora, que comenzamos a distribuir ya en masa un número de equipos, mientras más ahorremos, más equipos podemos distribuir; y mientras más equipos podamos distribuir, más ahorramos energía y más dinero comenzamos a recoger desde fines de este mes y principios del próximo año, pero es imprescindible entrar en diciembre estableciendo cierto límite al colosal despilfarro de electricidad.

No, ni un centavo de incremento para los que gasten 100, un poquito más para los que gasten 150, 200 y 300 kilowatts. Habrá el que gaste 300, sin duda, que tendrá que pagar un poco más, pero no demasiado. Quizás estos que despilfarran, en vez de dos dólares tengan que gastar cuatro por 300; pero no gasten mucho más de 300, apaguen las luces, quiten el ventilador, no dejen encendido el televisor. No lo mencioné, hay un millón de televisores, 40000 en la mano y los otros viniendo, 50 watts, para que no quede uno solo blanco y negro.

Otro montón de ahorro, hay un montón, un montón, un montón y otro montón, probado en laboratorios lo que consume cada equipo, todo está medido y todos los cálculos están por debajo de lo que dan los números; no queda un detalle, o muy poco, y todos los días hay más experimentos, más experimentos y más experimentos. Ya vamos a hacer uno en un municipio completo, el más pobre, y por eso entraron hoy allí los trabajadores sociales; también entra en Cienfuegos una fuerza cambiando bombillos.

Enrique, ¿qué día se ocuparán de los servicentros de esa provincia? No importa, que lo sepan ya, deben imaginárselo (Enrique le explica que se hará a partir del sábado, que se han cambiado 158000 bombillos en Cienfuegos y lo que queda se terminará mañana).

(Le entregan al Comandante para la estudiante de la provincia de La Habana dos bombillos ahorradores.)

Oye, Enrique, ven acá, que eso no sirve, lo que tiene ella en la mano. Estás gastando electricidad por gusto. Rápido, ya estamos acercándonos al fin.

¡Ah!, la muchacha está ahí. No, pero este es de 7 (Enrique le aclara que uno es de siete y otro de 15).

No, pero ella tiene dos de 60, no apagues a la muchacha, no me le apagues la luz en la casa. Ella me dijo que tenía dos de 60. Yo decía entregarle dos de 15.

Toma, tú no, ella. Llévaselo, dile que ya tiene uno (Le entregan los dos bombillos de 15).

Ya sabemos lo que ahorramos al año. No es una bobería (Aplausos).

Se lo vamos a descontar de lo que tiene que pagar para subsidiar a aquel que está allá.

Están cambiando, ¿cuántos bombillos van a cambiar en Cienfuegos? (Enrique le responde que en Cienfuegos había 207000 bombillos para cambiar.)

¿Cuántos más descubrieron? (Le dice que ha aumentado la demanda y se van a enviar 100000 más para allá.)

Ciento cincuenta mil de La Habana habíamos quedado (Aclara que ya están en camino; que han cambiado 158000, con los 400 trabajadores sociales que están en la tarea, más 360 de refuerzo que enviaron. Ratifica que se comienza el sábado en los servicentros).

Correcto. Y pasado mañana en los servicentros. Que vayan preparándolo todo, de todas formas vamos a descubrir lo que compra la gente, y después habrá unas máquinas de distribución perfectas y el país sabrá dónde está cada máquina.

¿Cuánto combustible se gasta con todos lo que usan el vehículo, no ya los camiones, sino hasta los cargadores frontales de la construcción, como ocurrió aquella vez? ¿Cuánto gastan todos los tractores del MINAZ? ¿Cuánto gastan todos los tractores del campo, que son decenas de miles haciendo el papel de yipis, así tan tranquilamente? ¿Cuánto gastan los que al no alcanzarles el queroseno, que es el combustible de la inmensa mayoría, utilizan el diesel para cocinar? Son cientos de miles, cientos de miles y cientos de miles.

Al lado de eso —les advierto—, máquinas enteramente nuevas, con capacidad de perforación, nueva sísmica, que es muy moderna, perforando en todas las partes donde hay que perforar y utilizando el gas acompañante para ir creando plantas de ciclo combinado que sustituyan para toda la vida la Guiteras, o esas monstruosas plantas de Santiago de Cuba que consumen el medio millón de tonelada de diesel que produce la refinería de aquella ciudad, gastando entre 300 y 350 gramos de fuel oil por kilowatt de electricidad, o esas máquinas devoradoras de diesel de San José de las Lajas que para producir 60000 kilowatts en las horas pico gastan 400 gramos de diesel por kilowatt. No se asombren el día que les digan: están definitivamente retiradas; ninguna mientras exista el peligro de un déficit, porque tenemos que ir asegurando y asegurando. Incluso, allí donde se va a ir sustituyendo un combustible por otro, quedará, mientras no tenga asegurado este, asegurado el anterior. Van a ser cambios grandes.

Ya les dije que hay mil ómnibus de estos para distancias largas, y tendrán su costo. Ahora todavía no, porque preferimos esperar. A veces hay que esperar para que comprendan mejor algo; para que se comprenda bien, por ejemplo, una medida, lo que la Revolución necesita siempre es comprensión y apoyo del pueblo a los pasos que se van dando, porque les aseguro —aquí lo repito— que todo el pueblo trabajador recibirá más, todos los que trabajaron por el país y por la Revolución recibirán también más; muchos abusos se acabarán, a muchas de esas desigualdades se les irá quitando el caldo de cultivo, las condiciones que permiten eso; cuando no haya alguien que tenga que ser subsidiado, habremos avanzado considerablemente en la marcha hacia una sociedad justa y decorosa, que un verdadero e irreversible socialismo demanda.

Soñó el imperio que en Cuba se establecieran muchas más paladares, pues puede ser que no quede ninguna; o qué creen, ¿que nos hemos vuelto neoliberales? Ninguno de nosotros se ha vuelto neoliberal; pero les vamos a demostrar irrefutablemente las crisis de sus teorías, como les hemos demostrado el fracaso de su bloqueo, de sus agresiones, de sus desestabilizaciones.

El año que viene puede ser que todavía haya menos abstenciones en la votación contra el bloqueo en Naciones Unidas, aunque ya no queda nada,

nada más que el aliado fascista y genocida que siempre vota sin escrúpulo alguno con el imperio.

El mundo tendrá que librar una batalla.

Nadie debe tener derecho a fabricar armas nucleares. Menos aun el derecho privilegiado que ha impuesto el imperialismo para imponer su dominio hegemónico y arrebatarles a los países del Tercer Mundo sus recursos naturales y materias primas. Lo hemos denunciado mil veces, pero no es la solución. La primera solución para un país del Tercer Mundo es no tenerle ningún miedo, así lo hemos hecho siempre y ya comienzan a desmoralizarse.

Defenderemos a rajatablas, en todas las tribunas del mundo, el derecho de los pueblos a producir el combustible nuclear y no tendremos ningún temor o miedo, lo vamos advirtiendo (Aplausos).

Debe acabarse en el mundo la zoquetería, los abusos, el imperio de la fuerza y del terror. Este desaparece ante la ausencia total de miedo y cada vez son más los pueblos que tienen menos miedo, cada vez serán más los que se rebelen y el imperio no podrá sostener el infame sistema que aún sostiene.

Un día Salvador Allende habló de más temprano que tarde, pues pienso que más temprano que tarde ese imperio se desintegrará y el pueblo de los Estados Unidos tendrá más libertad que nunca, podrá aspirar a más justicia que nunca, podrá usar la ciencia y la técnica en beneficio propio y de la humanidad, podrá sumarse a los que luchan por la supervivencia de la especie, podrá sumarse a los que luchan por una oportunidad para la especie humana a la cual pertenece.

Es muy justo luchar por eso, y por eso debemos emplear todas nuestras energías, todos nuestros esfuerzos, todo nuestro tiempo para poder decir en la voz de millones o de cientos o de miles de millones: ¡Vale la pena haber nacido! ¡Vale la pena haber vivido!

(Ovación.)

Solo un Estado socialista garantiza que la mayoría de la población disfrute de la riqueza de un país y sea dueña de la propiedad[14]

Felipe Pérez Roque

Compañero Comandante;

Compañero Alarcón;

Compañeras y compañeros:

Para dar alguna información también sobre lo que este año heroico que termina para nuestro pueblo ha significado para el país en la arena exterior, quisiera brindarles algunos datos y reflexiones.

La primera reflexión es que este año consolidó la tendencia de que la Revolución ha logrado derrotar el plan de aislamiento internacional de Cuba que el imperialismo ha aplicado con toda fuerza y al que ha dedicado todos los recursos.

El país tiene hoy relaciones diplomáticas con 178 de los 191 países miembros de la Organización de Naciones Unidas y, además, tiene relaciones diplomáticas y reconoce a dos Estados que son el palestino y el saharaui, que no son miembros todavía de la Organización de Naciones Unidas, pero desarrollan su batalla por ser un día Estados totalmente independientes en el control de su territorio.

---

14. La fuente está referida en la nota 6 del «Preámbulo» de este libro.

Tenemos 136 misiones diplomáticas y consulares cubanas en 112 países, el enemigo no ha podido impedir que la Revolución amplíe su presencia en el mundo, cultive sus lazos de amistad, de cooperación y de respeto con otros países. De esas 136 misiones, 109 son embajadas, pequeñas, de modestos recursos, de poco personal, pero que con una gran convicción, una gran fidelidad a su pueblo, desarrollan su trabajo y llevan el mensaje de nuestro país a los más apartados rincones del planeta.

Hoy en La Habana hay 95 misiones diplomáticas y consulares que representan a 88 países y 7 organismos internacionales. Cuba es uno de los países, si no el que más, en toda América Latina y el Caribe que más representación diplomática exterior tiene. Los diplomáticos extranjeros en Cuba van a las provincias cada año, este año han estado en varios territorios viendo muchos de estos programas en la práctica y hablando con el pueblo. Ese es un primer dato.

El enemigo no ha podido aislar a la Revolución, no pudo, y la Revolución y el país tienen hoy más prestigio, más autoridad que nunca, más relaciones y más contactos que nunca, y recibimos cada vez más visitas, más delegaciones, más jefes de Estado de otros países, y se desarrollan nuestras relaciones a partir de la admiración que ha generado nuestra resistencia, nuestra victoria en todos estos años de profundo desafío y crisis del Período Especial.

En segundo lugar, el rechazo al bloqueo se tornó este año casi universal. De los 191 países miembros de Naciones Unidas, 182 votaron contra el bloqueo, una cifra histórica.

Desde el año 1992, en que por primera vez en Naciones Unidas se votó contra el bloqueo y Cuba obtuvo 59 votos a favor de aquella Resolución, se han sumado a la condena del bloqueo 123 países a lo largo de los últimos trece años, ¡ciento veintitrés países se sumaron! Incluso, aliados de los Estados Unidos se han visto obligados a votar, ante la presión de la opinión pública, ante la presión en Naciones Unidas, y este año 182 países votaron contra el bloqueo, cuatro votaron en contra: los Estados Unidos, Israel, su aliado, y dos países que son virtuales protectorados de los Estados Unidos: Islas Marshall y Palau, dos pequeñas islitas en el Pacífico que ellos ocuparon en la Segunda Guerra Mundial y a las cuales les han dejado ahora una independencia maniatada, como una especie de Enmienda Platt, en la que ellos deciden cómo votan en los organismos internacionales, y una abstención:

Micronesia, que teniendo igual status, de todas maneras resiste y no vota contra Cuba. Hay cuatro países que no votan, no participan: Nicaragua y El Salvador en América Latina, ya sabemos de qué se trata; Marruecos, en el norte de África, que nos pone como condición que rechacemos nuestra posición de principios de apoyar al pueblo saharaui y nos propone el negocio de cambiar nuestra posición histórica para apoyarnos y le decimos que no, que basamos nuestra política exterior en principios y que no renunciamos a la idea justa de apoyar a aquel pueblo. El otro país es Iraq, ocupado por las tropas norteamericanas. Son los países que no votan contra el bloqueo.

Es decir, es universal hoy el rechazo mundial al bloqueo. El régimen de Bush está más aislado que nunca en su política de bloqueo contra nuestro país.

El próximo año, en septiembre, nuestro país será sede de la Cumbre del Movimiento de Países No Alineados, 114 países No Alineados se reunirán en La Habana por segunda vez en una cumbre y elegirán a Cuba como presidente del Movimiento de Países No Alineados y a nuestro Comandante en Jefe como presidente del movimiento durante los próximos tres años.

Este año, por primera vez en la discusión del bloqueo en Naciones Unidas, los Estados Unidos se retiró del debate; era tal la orfandad de argumentos, era tal la falta de moral que decidieron retirarse de la lista y no hablar y dejar por perdido su turno.

Este año los más importantes foros internacionales apoyaron a Cuba en su lucha contra el bloqueo: la Segunda Cumbre de los países del Sur, del Grupo de los 77, que la integran 134 países; la Cumbre de la Asociación de Estados del Caribe; la Cumbre Iberoamericana, más de una veintena de países; la Segunda Cumbre entre Cuba y el CARICOM en Barbados recientemente, con la participación del compañero Fidel, hicieron contundentes y explícitos pronunciamientos demandando al gobierno de los Estados Unidos levantar su bloqueo genocida contra el pueblo de Cuba.

En tercer lugar, nuestro país libró este año victoriosamente una batalla en el terreno de las ideas contra las campañas de desprestigio y desinformación, financiadas y organizadas por el régimen imperial del presidente Bush; desnudamos allí la hipocresía y la doble moral en la Comisión de Derechos Humanos de sus aliados de la Unión Europea que, mientras se prestaron a votar contra Cuba —como explicaba ayer el Comandante—, sin embargo, hicieron silencio vergonzoso y cómplice cuando se trató de aprobar una resolución y votaron contra esa resolución que demandaba una investigación en el campo de torturas en que el Gobierno de los Estados Unidos convirtió a la Base Naval de Guantánamo, que ocupan ilegalmente y en contra de nuestra voluntad en la bahía de Guantánamo.

Este año se produjo, por primera vez, un llamamiento de más de 5000 intelectuales que lo firmaron, incluidos ocho Premios Nobel, demandando el cese de las maniobras de los Estados Unidos y de las campañas contra Cuba en la Comisión de Derechos Humanos; no ha habido ningún pronunciamiento de intelectuales y Premios Nobel a favor del régimen imperial de Bush.

Tienen el poder militar, pero no tienen la autoridad moral, no tienen apoyo; están aislados en el mundo y es un signo de la decadencia del régimen que se propone liderar una «transición» en Cuba y reconvertir este país en una colonia de los Estados Unidos. No pueden, no tienen apoyo, basan su accionar en la fuerza, la amenaza, el chantaje, la coerción, no en la moral de sus actos, no en la limpieza ética de su actuación. Los temen, pero no los respetan; a nosotros se nos respeta en el mundo, se nos admira, se nos agradece cada vez más públicamente y cada vez con más conocimiento.

Este año marcó una profundización, y es la cuarta idea, sin precedentes de la cooperación de Cuba con el Tercer Mundo: mientras ellos hacían el bloqueo más duro, mientras aplicaban el ciento por ciento de las medidas aprobadas en el plan de Bush, que el año pasado las había firmado, mientras ellos apretaban el bloqueo, mientras perseguían a las empresas, mientras financiaban generosamente a sus grupos mercenarios en Cuba, mientras perseguían cada negocio, cada iniciativa de Cuba, mientras hacían todo eso, este año, como se explicó aquí, fue el año de la Operación Milagro, 208000 pacientes operados de la vista, contando a nuestros compatriotas; este fue el año en que graduamos 1612 médicos de 27 países en la Escuela Latinoamericana de Ciencias Médicas, en lo que se convirtió virtualmente en una cumbre aquí de Jefes de Estado y de Gobierno de países que vinieron a agradecer el gesto de Cuba y el ejemplo que Cuba da.

En total, en este curso escolar que terminó en el verano pasado, nuestro país graduó a 2422 estudiantes de 115 países en nuestras universidades.

Hemos graduado a más de 45000 jóvenes de 120 países a lo largo de la Revolución, ¡cuarenta y cinco mil!, más de 32000 de ellos africanos. Por eso usted va a los países africanos y encuentra dondequiera un ministro que se graduó en Cuba, el director de una empresa importante, un médico destacado graduado en Cuba, porque se han graduado en Cuba más de 32000 jóvenes africanos, que han formado en esos países asociaciones de amistad con Cuba, que agradecen, que hablan español, y que todavía preguntan por los equipos de la pelota cubana, que usted le dice: «¿De dónde es?» Y le dicen: «De Camagüey, de Santiago o de La Habana», porque estudiaron aquí en esas universidades. La misma tierra africana adonde fueron nuestros compatriotas a combatir.

Este fue el año en que celebramos el aniversario de la Operación Carlota, en que asistimos emocionados al tributo y el homenaje que nuestro pueblo brindó a nuestros combatientes internacionalistas, donde cayeron 2000 compatriotas en la lucha frontal contra el colonialismo, contra el apartheid. Y de esos mismos países donde nuestra sangre generosa se regó, más de 32000 jóvenes se han graduado en nuestro país. Este año graduamos de todo el mundo más de 2400 estudiantes y en este momento estudian en Cuba, becados gratuitamente por la Revolución, más de 19000 jóvenes de países del Tercer Mundo.

Este fue un año que marcó, además, un incremento como nunca antes en los servicios médicos de nuestro país; como se dijo aquí, más de 25000 compatriotas colaboradores de la salud, que trabajan hoy en 68 países, en 28 de ellos a través del Programa Integral de Salud. Este fue el año del contingente Henry Reeve. En Paquistán tuve el privilegio de verlo directamente trabajando.

Cuando se hablaba de las compañeras y del papel de la mujer, a la que la Revolución redimió y que hoy desempeña un papel insustituible y clave en todas las tareas de la Revolución, como explicó aquí la compañera Yolanda, recordaba que un jefe militar paquistaní —los militares paquistaníes están muy cerca del trabajo de nuestros médicos, son los testigos principales de lo que han hecho allí nuestros colaboradores— me contaba que cuando informó al Estado Mayor que las mujeres cubanas, cuando llegaron al lugar en que no pudo seguir el yipi porque la carretera estaba cerrada, habían cargado las mochilas en el hombro y habían caminado cinco kilómetros para llegar a las poblaciones, porque la carretera estaba cerrada, y los militares cuando vieron aquello decidieron seguir con ellas caminando, desde el Estado Mayor le pidieron rectificar: «Mira a ver, que parece que hay un error. ¿Tú dijiste a pie?» «Sí, sí, a pie, salieron caminando.» «¿Y tú dijiste mujeres? «Sí, dije mujeres.» Eso me lo contó. Me dijo: «Nuestra admiración de ver la manera en que ustedes caminan por esas montañas a las que ustedes no han venido nunca, buscando a una mujer embarazada, buscando a un paciente enfermo, yendo a ver a un paciente al que ya ustedes trataron con antelación.»

Este ha sido un año, yo diría, en el que la colaboración de Cuba con el mundo, que es histórica, y ha sido uno de los pilares del ideario de la Revolución, este año en particular, ha tenido una profundización y una ampliación que, sin embargo, es pálido al lado de los planes que ya desarrollamos y que vienen, y que han sido explicados aquí por el compañero Fidel.

Mientras todo eso ocurría, como se explicaba aquí, el presidente Bush decide apretar el bloqueo; la señora Condoleezza Rice preside esta reunión, en la que dijo que era la hora ya y que para mayo presentarían nuevas medidas al presidente Bush. Como ustedes saben, el régimen de Bush aprobó aquel plan, cuyo primer capítulo son todas estas medidas que se han aplicado: apretar el bloqueo, impedir los contactos familiares y todo lo demás; encima de eso están los capítulos que son para la «administración» de Cuba. Ya nombraron al hombre que sería el gobernador en Cuba, al nuevo Leonardo Wood de este siglo, que ejercería aquí como el gobernador yanqui, bueno, todo eso ya lo hemos discutido.

Este año dimos más de 600 reuniones en el país, en todas las provincias; 170000 compatriotas participaron directamente discutiendo todos esos temas.

Mientras esto ocurría, mientras el país hacía este enorme esfuerzo, no solo dentro de Cuba y por nosotros, sino en el exterior de manera desinteresada, noble, generosa, como pueblo alguno en la historia ha hecho, mientras eso ocurría, el régimen de Bush profundizaba su descrédito.

Cuando el compañero Fidel decía ayer y hoy en la mañana: «No pueden, no pueden llevar a la práctica esa amenaza» —ya la prensa lo ha estado reflejando. Dice este cable: «Puede haber cosa más trasnochada que poner a la loca esta a hablar de transición a esta hora», citan—. Detrás de esa frase no hay un arranque, no hay una reacción emocional, hay una convicción profunda, basada en hechos, de que ellos no pueden cumplir su amenaza. No solo en el plano militar, no pueden porque no tienen el apoyo, no tienen la legitimidad, no tienen la base mínima sobre la cual fabricar contra Cuba un pretexto y lograr un mínimo de apoyo en su opinión pública o en el mundo, porque este régimen de Bush, este precisamente, es el que aprovechó el 11 de septiembre para ejecutar los planes que ya tenían elaborados, se supo todo después.

La decisión de invadir Iraq, la decisión de proclamar: «El que no está conmigo está contra mí», la decisión de lanzar como teoría militar y como doctrina la de los ataques preventivos contra sesenta o más países, todo eso fue pensado antes, no por Bush, lógicamente, que no piensa para eso; pero sí colaboradores cercanos, águilas fascistas, tipos que venían pensando, que elaboraron un documento que se llamaba el Proyecto para el Nuevo Siglo Americano, que era su visión de que el siglo XXI era el de ellos, porque ellos eran la única superpotencia, habían triunfado en la Guerra Fría y ahora todo el mundo tenía que venir a arrodillarse ante ellos.

Ese documento es la filosofía, la base doctrinal que esperaba un momento apropiado, y cuando vino entonces el 11 de septiembre se aprovecharon de eso, y aprovechándose del sentimiento de simpatía internacional, del propio sentimiento de temor del pueblo norteamericano, en medio de todo eso se montaron entonces para ejecutar muchas cosas que estaban previamente acordadas y decididas, y que no fueron sus respuestas airadas y equivocadas a un acto terrorista como aquel, sino la ejecución de un plan previamente elaborado.

Este fue el año en que se conocieron sus torturas y crímenes; tortura, trato inhumano y degradante, prohibido por las convenciones de Naciones Unidas y que defienden públicamente Bush, Cheney, Condoleezza Rice.

Ella ha viajado a Europa a mentir diciendo que no torturan y en las pantallas de televisión saliendo los hombres que fueron secuestrados, transportados encapuchados de un continente a otro, de un lugar a otro, que mostraron las espaldas con las marcas de los golpes, que hicieron los cuentos de cómo los metían de cabeza, las mismas torturas que se oyeron en este salón cuando se hizo el evento sobre el terrorismo y se rememoró la Operación Cóndor, que ellos organizaron; los hombres puestos de cabeza, metidos hasta la sensación de ahogo dentro de tanques de agua, colgados hasta el desmayo por las extremidades, las torturas más degradantes, el abuso sexual lascivo contra los prisioneros. De todo eso se vieron imágenes, películas, confesiones y cuentos, incluso, de los que se atrevieron a contar después de haber sufrido toda esa tragedia.

En tercer lugar, ellos han sido los responsables y los líderes de la carrera armamentista, revisaron la estrategia nuclear de los Estados Unidos, establecieron que podían usar las armas nucleares, incluso, contra un país que no las tuviera; son los que han perfeccionado las armas nucleares, les han dedicado más dinero, han desatado entonces la idea en algunos de que para estar seguro hay que tener armas nucleares, porque ellos han sido los líderes en volver a impulsar todo eso, los que más han gastado, han superado ya más de 500000 millones de dólares en un año en gastos militares.

Al mismo tiempo, invadieron ilegalmente a Iraq, y después allí les han repartido los contratos de la reconstrucción a sus amigotes, a los que contribuyeron con dinero a sus campañas; hablan del capitalismo y del libre mercado pero reparten allí los contratos a sus compinches, a sus amigos más cercanos, esa es la realidad. Han perdido la autoridad en el mundo, se considera que aparecer al lado de ellos es de mal gusto, lo hacen sus aliados porque no tienen otro remedio. Se fueron del Protocolo de Kyoto, volaron en pedazos la idea de detener las emisiones de gases contaminantes, de proteger la capa de ozono, quieren explotar, incluso, las zonas protegidas de Alaska para sacar petróleo, obedeciendo a los intereses de sus amigos y de los lobbistas, de los que están más cerca de sus campañas y los han estado apoyando.

Aprobaron y han defendido la aplicación de la Ley Patriota, nombre de patriota para una ley que lo que hace es recortarles los derechos y las libertades a sus ciudadanos, que autorizó el espionaje, que autorizó el desmontaje de derechos que habían sido conquistados, por lo menos para una parte de la población, durante largos años de lucha por los derechos civiles en los Estados Unidos.

Ahora se supo que autorizaron y ejecutaron el espionaje telefónico, ilegalmente, en contra de la legislación de los Estados Unidos; han aplicado, y ahora se proponen aplicar, nuevas medidas vergonzosas contra los inmigrantes. Un país que se formó sobre la base de recibir inmigrantes, y que los necesita porque hacen los trabajos que la población local no realiza; un régimen que aplicó la mordaza a la prensa como no se ha conocido antes, que persiguió hasta la cárcel a la periodista que se negó a revelar sus fuentes, que presionó tanto hasta que logró cerrar el canal Al Jazeera en Iraq, porque no quería que las noticias de Al Jazeera —que era independiente— de lo que pasaba en Iraq, se vieran. ¿Por qué no querían?, porque le mienten a su pueblo y le tratan de dar una imagen de normalidad de una guerra en la que están empantanados, en la que han muerto más de 2000 jóvenes, sin sentido. Esa es la verdad.

Bush habló por teléfono con Tony Blair de que iba a bombardear Al Jazeera, el documento se filtró a la prensa en Londres, y ellos han tratado de decir que no, que fue bromeando. El gobierno de Qatar les pidió explicaciones, la cadena Al Jazeera le pidió explicaciones, en el mundo árabe hubo una ola de indignación, y ellos han hecho con eso lo mismo que con la pregunta de: ¿Por dónde entró Posada Carriles? ¡Silencio! Como dijo ayer el compañero Fidel, su solución es el silencio, no tienen qué decir.

Hablaron de bombardear el canal Al Ja zeera, llevan a los periodistas en sus tanques de guerra y en sus vehículos blindados, para que cuenten lo que ellos dicen; aplicaron la censura. Encima de eso, se conoció ahora que pagan con dinero del gobierno a periodistas para que hagan artículos positivos, para que mientan sobre lo que está pasando en Iraq. Y están empantanados, ocuparon el país, han llegado a tener ahí 170000 soldados, pero ahora no pueden dominarlo.

Alguien muy bien informado nos dijo: «por el día salen y dan una vuelta y más o menos controlan; por la noche los que controlan son los guerrilleros, los combatientes, que van saliendo, y se habla de que hay 30000 combatientes de la resistencia contra las tropas ocupantes». Y en los Estados Unidos el debate es que ya están en un nuevo Vietnam. Esa es la realidad.

Son los que aprobaron la teoría, y la han querido aplicar, de la guerra preventiva: «el que no está conmigo está contra mí y, por tanto, lo ataco ante la idea y la sospecha de que me pueda atacar».

Protegieron a Posada, mientras torturan a nuestros cinco héroes. Han hecho a los ricos más ricos en los Estados Unidos y a los pobres más pobres.

El gobierno que tiene esta poca moral, que fue sacado de la Comisión de Derechos Humanos, cuando el voto fue secreto, por su falta de autoridad —y todavía no se conocía todo esto—, y que para regresar a la Comisión de Derechos Humanos tuvo que hablar con Aznar y con Berlusconi para que España e Italia no participaran y entonces hubiera el mismo número de candidatos que plazas para ocupar, para poder ellos retornar. Ahora se está discutiendo cómo va a ser el futuro Consejo de Derechos Humanos, que sustituirá a esta comisión desprestigiada, en particular por el esfuerzo y la denuncia de los países del Tercer Mundo, entre los que Cuba ha desempeñado un importante papel. Y en esa comisión inmoral del doble rasero, de la hipocresía, donde se ha visto retratado el nivel de degradación moral y ético al que ha llegado no solo este régimen de Bush, sino los gobiernos de la Unión Europea, que han sido sus cómplices en esto; los políticos europeos, que han tenido que pasar la vergüenza ante el mundo hace una semana de que se supo que en Europa había cárceles clandestinas de la CIA, donde se torturaba y se interrogaba en silencio, sin que nadie supiera, a detenidos que eran llevados de un país a otro, en países de Europa del Este; vuelos clandestinos transportando esos hombres drogados, amordazados.

Se supo todo eso en Europa, hubo un gran escándalo de la opinión pública. Condoleezza Rice fue allí, se reunió con los cancilleres de la Unión Europea, con los veinticinco, y de la reunión salieron los veinticinco diciendo: «Estamos ya satisfechos, ella nos ha explicado, hemos entendido sus explicaciones, confiamos en lo que nos han dicho.»

Pero como un castigo divino, bajó entonces Colin Powell, que era el secretario de Estado cuando eso estaba pasando, hasta hace un tiempo atrás, y vino y dijo en televisión —empleó esta frase—: «Lo que son es unos fariseos, porque allí todo el mundo sabía que eso estaba pasando.»

Todas esas denuncias fueron archivadas, mientras vienen los europeos a decir que les preocupa la situación de Cuba, se alían con los yanquis porque no tienen el valor, la ética de defender su posición; porque son sus aliados estratégicos, en calidad de aliados menores, pero les interesa este gendarme, que a veces los pone en aprietos, les hace pasar una pena, pero de todas maneras es el garante del actual orden que nosotros combatimos.

Por eso nos persiguen, porque ellos se benefician de ese orden junto a la superpotencia, porque temen que un día cambie este orden que les permite a ellos derrochar, contaminar, mientras, por otro lado: 1000 millones de hambrientos, 800 millones de analfabetos, todo lo que sabemos. Ese orden injusto que ellos impusieron, porque fueron las metrópolis, y que los Estados Unidos es el garante de que se mantenga, es el que nosotros combatimos. Por eso nos persiguen.

Cuba es un peligro para el gobierno de Bush, eso es verdad; pero no es un peligro militar, no es un peligro de seguridad nacional. Cuba es un peligro por su ejemplo, es un peligro de tipo moral, ético, porque Cuba encarna que se les puede enfrentar y vencer, porque Cuba encarna que se puede construir otro mundo.

Los países del Tercer Mundo ven en Cuba un ejemplo, debemos asumirlo con modestia, como lo hacemos; pero no debemos olvidar que para votar junto a Cuba en las Naciones Unidas hay que desafiar las presiones y el chantaje de los Estados Unidos, y que hay países que pagan su cuota, que no pueden pagar casi, para poder votar en Naciones Unidas, con tal de ir a votar en las Naciones Unidas junto a Cuba.

Que el primer acto del gobierno de Timor L'Este como país independiente en la historia de Naciones Unidas fue ir allí a votar contra el bloqueo a Cuba, el primer día en que votaba en las Naciones Unidas. Y muchos ejemplos incontables que otras veces se han dicho.

De manera que cuando decimos que este es un régimen que no tiene autoridad, que no tiene moral, que está derrotado, es en el sentido ético-moral, de la opinión que existe sobre ellos en el mundo y dentro de los Estados Unidos. No es que lo digamos nosotros, cuando lo decimos nosotros lo decimos porque es la verdad, porque lo podemos probar, porque no decimos nada que no podamos probar; pero no somos nosotros, esto es un artículo firmado por el expresidente Carter. «Ya me cuesta reconocer a estos los Estados Unidos» es el título del artículo, que él hizo rompiendo un código no escrito en la política de los Estados Unidos, según el cual los expresidentes se limitan de hablar o criticar al presidente de turno. Y es tal la vergüenza, es tal el asco en un hombre al que vimos aquí en Cuba, que tiene determinados sentimientos éticos, una visión del mundo, aun cuando fue el presidente de la potencia adversaria que ha tratado de destruirnos, pero eso no elimina el comprender y distinguirlo de este tipo que está ahora en la presidencia de los Estados Unidos.

Escribió cosas como estas:

«En estos últimos años me sentí cada vez más preocupado por muchas políticas del gobierno que amenazan hoy principios básicos: el compromiso con la paz, la justicia social y económica, las libertades civiles, nuestro ambiente y los derechos humanos.

«Peligran también compromisos históricos vinculados con facilitar a los ciudadanos información veraz, respetar las voces del disenso.

«En lugar de abrazar la paz como prioridad nacional, salvo que nuestra seguridad se vea amenazada de forma directa, proclamamos una política de guerra preventiva, un derecho íntegro a atacar a otros países de forma unilateral.

«Cuando existen diferencias graves con otros países, los consideramos parias internacionales y nos negamos a discusiones directas para resolver las disputas.

«Independientemente de los costos que ello pueda tener, altos dirigentes estadounidenses» —¿de quién está hablando aquí? De Bush, de Rumsfeld, de Condoleezza, de Cheney— «hacen denodados esfuerzos para ejercer un dominio imperial en todo el mundo.

«Nuestra frase de "están con nosotros o en contra nuestra" reemplazó la formación de alianza basada en una comprensión clara de los intereses mutuos.

«Vemos ahora que las libertades civiles y la privacidad personal fueron burdamente violadas». No somos nosotros, este es Carter.

«De mayor preocupación es el hecho de que los Estados Unidos repudiaron los acuerdos de Ginebra y abrazaron el uso de la tortura en Iraq, Afganistán y en la bahía de Guantánamo.

«Resulta molesto ver cómo el Presidente y el Vicepresidente insisten en que la CIA debería tener libertad para perpetrar un trato o castigo cruel contra personas que se encuentran bajo la custodia de los Estados Unidos.

«En lugar de disminuir la dependencia que tienen los Estados Unidos de armas nucleares y su posterior proliferación, hemos insistido en nuestro derecho a conservar nuestros arsenales, a expandirlos y, por ende, a invalidar o derogar casi todos los acuerdos sobre control de armas nucleares negociados en los últimos cincuenta años. Nos hemos convertido en uno de los principales culpables de la proliferación nuclear mundial.»

No solo le dieron las armas al régimen del apartheid para que las usara contra nuestros combatientes allí, no solo han ayudado y han apoyado a Israel a convertirse en una de las principales potencias nucleares, sino que también sus propios arsenales...; mientras le intentan prohibir a Irán que construya plantas nucleares y desarrolle —como le es su derecho según las leyes internacionales— su capacidad para producir combustible nuclear y usarlo pacíficamente.

«La protección del medio ambiente quedó relegada, a raíz de la subordinación del gobierno de Bush a la presión política por parte de la industria petrolera y otros grupos de lobby poderosos.

«Ha habido una condena universal contra las políticas ambientales de los Estados Unidos para el resto del mundo.

«Los congresistas» —dice Carter— «se aumentaron su propia dieta en 30000 dólares anuales, mientras congelaron el salario mínimo de los Estados Unidos, que es el más bajo de los países industrializados.»

Y así toda una crítica, que prueba y refuerza nuestro argumento.

Este mismo expresidente de los Estados Unidos fue hace unas semanas a Nueva York, a la Organización de Naciones Unidas, a participar como invitado en las negociaciones —le voy a llamar negociaciones, ha sido una batalla campal allí, en la que los países del Tercer Mundo han librado una gran resistencia, victoriosa hasta ahora, aunque no ha concluido la batalla— contra el intento de los Estados Unidos de convertir el futuro Consejo de Derechos Humanos en una herramienta para perseguir países y justificar sus agresiones.

El expresidente Carter se reunió con los participantes y dicen que, de pronto, dejando allí boquiabiertos a varios de los presentes, en los comentarios finales de esa actividad dedicó cinco minutos a hablar sobre Cuba, y dijo que su experiencia en Cuba fue excepcional, que encontró en Cuba un país que garantiza el pleno empleo, donde los niños van a la escuela y donde existe un elevado nivel de instrucción; que en sus continuos viajes por el mundo ha podido ver la abnegación de los médicos cubanos, salvando vidas y luchando contra el SIDA en África —como él los ha visto—; que en ningún caso Cuba merecía el trato que se le había dado en Ginebra, menos aún cuando allí en la Comisión de Derechos Humanos no se quería hablar de lo que sucede en Guantánamo.

Los yanquis quieren que el voto para elegirse como miembro de ese futuro Consejo no sea secreto. Cuando el voto es secreto, Cuba no tiene dificultades. Por ejemplo, este año, se eligió como miembro del Consejo Económico y Social de Naciones Unidas.

Los Estados Unidos mandó tres embajadores, tres torturadores diplomáticos, a doblarles el brazo a los países, a amenazarlos con que le quitan la ayuda del Banco Mundial si votaban por Cuba; pero como el voto era secreto, Cuba obtuvo 154 votos y se eligió con más de dos tercios de los votos como miembro del Consejo Económico y Social.

Entonces para este Consejo de Derechos Humanos que se va a crear ahora los Estados Unidos reclamó, en medio de la risa y la burla general, que el voto fuera público y no secreto, para poder ver lo que vota cada cual.

Recordemos que el voto contra el bloqueo es público, el que se hace contra el bloqueo a Cuba es público allí en la Asamblea; pero las elecciones en Naciones Unidas son mediante voto secreto, y por eso Cuba se elige y se reelige, porque los países en secreto llegan y votan. Cuando llega la hora de la verdad, cogemos los votos hasta de sus aliados, de parte de sus aliados. Ellos, sin embargo, primero querían que fuera más chiquito el futuro Consejo de Derechos Humanos, que en vez de tener 53 miembros tuviera 25. ¿Para qué? Para que los países del Tercer Mundo no puedan elegirse, porque para eso hay que tener dinero, hacer gestiones, tener funcionarios y embajadas.

Después reclamaron que el voto fuera público, ¡público!, para poder presionar allí, apretarle las tuercas a la gente para que vote por ellos.

¿Ese es el imperio que se propone «cambiar el régimen» —como ellos dicen— en Cuba? ¿Ese es el imperio que pretende derrotar a la Revolución? ¿Ese, que no tiene autoridad moral? Pero no solo autoridad moral, no tiene fuerza para ocupar nuestro país, no tiene; no puede.

Ahora están prometiendo retirar 9000 soldados de Iraq para calmar a los que dicen: «¿Qué hacemos allí y cuándo nos vamos?» Porque no hay un solo soldado norteamericano caído en Iraq hijo de un político o de un millonario, ¿quiénes son los que están allí? Los hijos de familias pobres, los que andan buscando que como premio los dejen entonces estudiar en la universidad.

Los 500000 estudiantes universitarios de Cuba no tienen que ir a ninguna guerra injusta e ilegal, no tienen que ir de mercenarios a ningún país a ocupar otro pueblo, reciben como derecho, conquistado por la resistencia de sus padres y de las generaciones anteriores, el derecho de ir a una universidad; pero en los Estados Unidos tienen que ir de soldados, y aparece todas las semanas una madre que llora con la foto de un hijo, o de una hija; vi a una madre diciendo que la aspiración de su hijo era ir a la universidad; o recibir la residencia permanente o la ciudadanía en los Estados Unidos, y han ido, entonces, en un ejército mercenario, como Roma con sus legiones en la decadencia del Imperio Romano; es lo que estamos viendo. No debemos subestimarlo, porque tiene recursos, fuerza, poder; pero no debemos temerlo, no lo tememos, en efecto, como no le tememos, porque no puede.

Cuando el Comandante en Jefe ha dicho aquí: «Este es ya el colmo, venir a hablar a esta hora, ¿puede haber cosa más trasnochada?», es porque lo es, es porque ellos no pueden. Y esta Asamblea es un desafío, esta Asamblea pública, vista por millones de compatriotas y con la prensa, es un desafío; es la pequeña islita insurrecta diciéndoles: «Ustedes no pueden, no pueden hacer lo que ustedes dicen que nos van a hacer; ustedes han perdido estratégicamente su batalla con Cuba; Cuba es un símbolo y ustedes no van a poder hacer eso aun si lo intentan; pero ustedes no lo van a intentar.»

Y esa es la razón del desafío del paisito que se les planta delante y no retrocede, no se vende, no se rinde, no se cansa, no se confunde y, por tanto, no puede ser derrotado; no se divide y no puede ser derrotado.

Hay mucho odio detrás de esas amenazas y detrás de ese aumento de la retórica, que no es solo por razones electorales ni para conquistar apoyo en la mafia de Miami, es también su manera de pensar, es el odio de una oligarquía corrupta, que llegó de manera ilegal a la presidencia, a sus puestos, y que no puede derrotar el ejemplo, y que mientras más ha hecho más dura es la resistencia y mejor se ve al país saliendo de las dificultades y enfrentando su bloqueo y sus amenazas.

Ahora, finalmente, yo quisiera decir, Comandante y compañeros, sobre el debate que hemos tenido aquí y sobre el análisis que hemos tenido no solo aquí en estos dos días de Asamblea, porque aquí ha quedado claro que hay un intenso debate en todo el país, especialmente a partir de su discurso en la universidad. Ross dijo que había un intenso debate, y Leonel también habló de eso, en las fábricas, en los colectivos laborales; Lugo habló del debate que están dando en los colectivos campesinos, en las cooperativas, hay todo un debate en las calles, en los colectivos, en los barrios. Es decir que el debate no es solo el de la Asamblea, hay un debate a nivel popular sobre todos esos temas a lo largo y ancho de nuestro país.

A mí me parece que es importante recordar que los yanquis apuestan a la idea, no sin cierta razón, de que las revoluciones son eventos cataclísmicos que tienen una energía inicial, pero que después con el tiempo pierden fuerzas, van languideciendo, a partir de la historia de otras revoluciones anteriores y dicen: «Bueno, la que más duró fue la Revolución de Octubre y al cabo de los setenta años logramos derrotarla y todo aquello cambió.» Es decir, su idea está basada en la esperanza fallida del cansancio.

Como se dijo aquí hoy —creo que fue Leonel el que habló de ese tema—, el problema es que la Revolución cubana no ha sufrido ese proceso. No propongo llamarle al año que viene el del ochenta aniversario, pero sí creo que debemos decir que eso no ha ocurrido, especialmente y en primer orden, por el papel del compañero Fidel, de nuestro Comandante en Jefe. Entonces, la Revolución se renueva. Como dijo una vez Gabriel García Márquez: «La explicación de Cuba es que Fidel es al mismo tiempo el Jefe del gobierno y el líder de la oposición»; es el principal inconforme con lo hecho, el principal crítico de la obra y eso le da una peculiaridad a nuestro proceso. El enemigo apuesta a la idea, entonces, de que la Revolución, como ocurrió antes, porque después de la Revolución Francesa hubo una contrarrevolución victoriosa, y así hay procesos que se perdieron, se cansaron, se desviaron, en el nuestro no ha ocurrido y no ha pasado poco tiempo, han pasado más de cuatro décadas y eso no ha ocurrido. Entonces, esa es la idea.

Hemos llegado hasta aquí. El Comandante decía ayer: «Pero debemos ver lo hecho hasta ahora como punto de partida», frase tremenda, que es no regodearnos en lo hecho, no justificar, no hacer lo que nos falta por hacer hablando de lo anterior o intentando justificar, sino proyectarnos, tomar esto de punto de partida, lo cual es un reto mayor cuando uno no está en el empezar, cuando han pasado cuarenta y seis años del momento fundacional inicial en que se dijo la frase: «Esta vez sí los mambises entrarán a Santiago.»

El hecho de haber resistido todos estos años, como hemos resistido y batallado, no da ya garantía de que pueda ser victorioso el futuro por sí solo, porque nuestros patriotas en las guerras de independencia guerrearon y pelearon treinta años, levantaron la admiración del mundo y de la opinión pública en los Estados Unidos, y, al final, desunidos, cansados, desanimados, engañados, terminaron imponiéndoles la Enmienda Platt y nombrándoles un gobernador en Cuba y convirtiendo a Cuba en una neocolonia norteamericana.

Es decir, que la idea de haber resistido todo el tiempo no garantiza la supervivencia de una revolución, y el ejemplo doloroso de la Unión Soviética, un pueblo que luchó de manera ejemplar, que aportó más de veinte millones de hijos en la Segunda Guerra Mundial, que fue capaz de derrotar al fascismo, sin embargo, después fue derrotado y desarmado sin disparar un tiro. La idea de haber logrado los éxitos anteriores en la lucha no justifica la autocomplacencia o la idea de que eso puede ser eterno.

Nosotros tenemos un reto. Desde el año 1990, en que se puede decir que empezaron los primeros momentos del Período Especial, los jóvenes que tenían diez años en aquel momento, eran niños de diez años en el año 1990 —un millón y medio por lo menos de muchachos cubanos tenía en el año 1990 más o menos diez años—, se han hecho adultos en estos quince años, conociendo un país distinto de el que la Revolución construyó y el que el pueblo pudo desarrollar hasta el momento en que comenzó el Período Especial, que no fue el que queríamos, sino el que pudimos hacer, venciendo todas las dificultades que ya conocemos. Ese millón y medio de jóvenes está acompañado de otro millón de jóvenes que en los últimos diez años fue llegando ya a edades de la adolescencia y se han criado en una sociedad en la que se desarrollaron estos vicios, estas tendencias negativas que el compañero Fidel denunció en la Universidad; no se criaron en un país en el que cada cual ha estado recibiendo según su trabajo, han conocido la época en la que en nuestro país se desarrollaron tendencias al individualismo, al sálvese quien pueda, tendencias, eso no quita el ejemplo y no le quita brillo a la resistencia colectiva, al haber resistido aquí como pueblo, cuando desapareció el 35% de nuestro Producto Interno Bruto en apenas cuatro años, cuando nuestras importaciones decrecieron de 8500 millones de dólares anuales a 1500, cuando nuestra ingesta calórica cayó de 3000 a menos de 2000 calorías diarias; cuando nuestro país tuvo que enfrentar esos años que son una proeza que está por escribir y contar, y que no podrá ser olvidada jamás en la historia de nuestro pueblo y de este hemisferio.

Cuando todo eso pasó, sin embargo, se entronizaron esos vicios, esas prácticas, muchas de estas cosas que el compañero Fidel denunció en la Universidad y nos llamó a enfrentarlas.

Por lo tanto, nosotros tenemos un reto, esos jóvenes que tienen más información y más expectativas de consumo que los jóvenes que al principio de la Revolución fueron a alfabetizar; porque al principio de la Revolución ir a una escuela o recibir por primera vez gratuitamente asistencia médica era un privilegio incomparable con la vida anterior; pero para estos jóvenes de hoy esos son derechos conquistados sobre los que no se pregunta de dónde vienen y cómo son posibles, y sobre los que, además, a veces, estoy seguro de que a muchas compañeras y compañeros, cuando han hablado de eso, les dicen: «Oye, pero no vengas aquí ahora con el mismo discurso de siempre, que si la salud y la educación.»

Lo que más cuesta en el mundo, lo que más añoran en otros países; con cuánta gente uno habla en el mundo que la familia ahorra para ver si el hijo puede estudiar, o la familia pide ayuda a Cuba porque se va a morir el familiar y no pueden pagar la operación.

¿Por qué en Venezuela, un país con esos recursos inmensos, un país que diariamente exporta 3 millones de barriles de petróleo, nosotros hemos operado en un año y medio a más de 170000 venezolanos de la vista? ¿Por qué este año vinieron a Cuba a recuperar la visión más de 150000 venezolanos, en un país tan rico, donde sobran los recursos, el dinero? ¿Cómo es posible que tengamos que proponernos operar de la vista a millones de ciegos latinoamericanos?

En Cuba, generaciones completas, porque hay que recordar que 7 de cada 10 cubanos nacieron después de que el bloqueo ya estaba impuesto, han visto eso como algo normal.

Usted oye en otros países la gente diciendo: «Estamos ahorrando a ver si podemos pagarle al muchacho los estudios, porque la universidad...»; pero aquí no, los estudios universitarios, la vivienda... Es verdad que tenemos problemas de vivienda, pero los que la tienen son dueños o pagan poco por ellas; en el mundo entero es la mitad de los ingresos, lograr pagar los alquileres, la ilusión siempre de lograr ser dueño de la vivienda, como era en Cuba antes de la Revolución. Pero, ¿qué ocurre?, que esas cosas a veces se olvidan, no se discuten, no se ponen sobre la mesa en el debate.

Nosotros tenemos un reto aquí, que es el hecho de que cierta memoria histórica se ha perdido, cierta comparación e información con lo que pasa en el mundo se ha perdido.

Ahora, en las reuniones que hicimos con muchas escuelas, centros escolares, en muchos jóvenes se aprecia desconocimiento; claro, no solo en los jóvenes, en todas las generaciones; pero, bueno, los jóvenes han tenido menos experiencia en la vida y pueden tener menos información sobre esto, menos información para comparar qué fue Cuba antes del Período Especial.

Pero periodistas amigos de Cuba, gente de izquierda que ha venido a Cuba nos han dicho que se asombran del nivel de ingenuidad que encuentran en alguna gente en Cuba que se hacen ilusiones con el capitalismo, gente que cree que uno emigra y llega allí y ya; y que creen que a Cuba le toca, el día que los yanquis entren a sangre y fuego aquí, el capitalismo de un país desarrollado europeo, y ellos no se dan cuenta de que a Cuba le toca Haití, República Dominicana, un país pobre del Tercer Mundo que los Estados Unidos convertiría en una neocolonia; para no hablar de los que en Miami todavía hoy piden que de todas maneras hay que dar primero tres días de licencia para matar, porque piensan que será un paseo con las tropas yanquis, y porque no captan la idea de que aquí va a haber que venirnos a buscar, a cada uno de nosotros, por la punta del cañón del fusil, a ver si es verdad que ellos van a hacer en Cuba una transición hacia una colonia norteamericana.

Creo que debemos prestar toda la atención a ese llamado hecho por Fidel en la Universidad, a esa frase no pronunciada públicamente antes en la historia de la Revolución: La Revolución puede ser reversible y no por el enemigo que ha hecho todo lo posible por lograrlo, sino por nuestros errores, si nosotros no somos capaces de enfrentar, combatir victoriosamente contra errores, peligros internos.

Nosotros no debemos ignorar y no debemos subestimar que también entre nuestras filas, en las filas de nuestro pueblo, hay simulación, hay apatía, hay modorra, y ahorita cuando el Presidente de la FEU decía: Tenemos que detenernos a pensar cómo no hay rechazo muchas veces a lo mal hecho, al delito; cómo ha habido cierta impunidad y cierta amplitud, al menos en la convivencia con cosas cuyo origen ha sido delictivo y todo eso; hay un grupo de factores, que pasan no solo por las carencias que hemos vivido, pasan también por la falta de convicciones; porque, bueno, preparando el Moncada se pasó hambre, se andaba con los zapatos rotos, y había dinero en los bolsillos y no se usaba el dinero ni siquiera para comprar una medicina a un hijo.

Entonces, hay lecciones de ética. Martí preparó la Guerra necesaria y se negaba a que le compraran unos zapatos para reponer sus zapatos rotos.

Tenemos muchos ejemplos, y todos los días tenemos ejemplos en nuestro pueblo, y el ejemplo mayor es el resultado colectivo de poder estar aquí discutiendo estas cosas y proyectando y soñando hacia el futuro. Pero no debemos olvidar que el socialismo desapareció en países de Europa del Este, donde había altos niveles de vida material y fue derrotado de un día para otro.

Hoy leí un cable que decía que Hungría llegará este año al nivel de vida que tenía en 1972, todo eso recibiendo ya dinero europeo, que le han prometido, creo, como 3000 millones por año a partir de ahora.

Este ha sido un año tremendo, victorioso. Estoy seguro de que muchos de nosotros no olvidaremos nunca estos días en que hemos disfrutado todo esto y, sobre todo, cuando soñamos y les damos vueltas en nuestra imaginación a lo que viene, a las cosas que podemos hacer, que no son sueños utópicos, que son realidades, cuando dicen: «Y todo eso está ya contratado, todos esos hierros están viniendo y todo eso está almacenado»; es decir, la idea de que nosotros vamos a dar un cambio enorme a muchas de las cosas que hemos hecho, que mejorará nuestro nivel de vida, que mejorará las condiciones de este pueblo que ha resistido aquí ejemplarmente todos estos años de bloqueo, de lucha.

Al principio de los noventa, en Naciones Unidas los diplomáticos se empezaron a despedir de los nuestros y a darles el pésame: «Bueno, ya sabemos que ustedes van abajo también como ocurrió en los demás», y se despedían con admiración, con dolor, y de pronto la islita les siguió flameando la bandera ahí y no hubo manera de derrotarla ni de ahogarla por hambre ni enfermedades.

Este ha sido un debate aleccionador, en el que tendremos que seguir pensando.

Hemos alcanzado la invulnerabilidad militar, se ha dicho con toda la autoridad de los que lo pueden decir.

Alcanzaremos la invulnerabilidad económica. Anoche se hicieron reflexiones aquí de qué implica alcanzar la invulnerabilidad económica, e incluso si siguiéramos bloqueados.

Debemos luchar también —creo yo, modestamente— por conservar la invulnerabilidad ideológica y política, que no es ahora un problema, ahora la tenemos, porque ahora tenemos a la generación que hizo la Revolución, tenemos a Fidel y a Raúl.

Hasta el enemigo reconoce en sus planes que no es posible con ellos, que no hay arreglo; pero basa su ilusión en la idea de que a los que vengan después sí los podrán confundir, derrotar, dividir, comprar o imponer.

La invulnerabilidad militar es meta alcanzada; la invulnerabilidad económica es meta por alcanzar, pero claramente posible, se ha demostrado aquí; la invulnerabilidad en lo ideológico y lo político ahora está, pero después hay que conservarla cuando no exista la voz que llame cuando los demás no se dieron cuenta, los que ven antes de que los demás hayamos podido ver, los que prevean —que es como decía Martí: la política es prever—, los que encarnen la idea de que es posible la victoria, porque si no se cree no se puede alcanzar.

El año que viene, por estos días, estaremos conmemorando el desembarco del *Granma;* en estos meses en que estamos ahora, hace cincuenta años, eran un grupo de hombres en México, pasando hambre, perseguidos y preparándose tras la conquista de un sueño.

Ahora somos pueblo en el poder, Revolución victoriosa, pero que no puede garantizar el socialismo en este país sobre la base de que lo proclamó en la Constitución. En la Constitución se proclamó una convicción, pero en los hechos prácticos hay que defenderla todos los días, porque en la Unión Soviética se aprobó un referendo, donde el 85% dijo que estaba de acuerdo en no desintegrar el país, ¡ochenta y cinco por ciento!, y seis meses después un grupo de hombres decidieron ahí —en una noche tormentosa dicen— desintegrarlo, y ocurrió lo que ocurrió. Y nosotros nos quedamos solos y estamos aquí.

Debemos saber que preservar la Revolución victoriosa en el futuro, cuando esté el hueco que nadie puede llenar y que tendremos que llenar entre todos como pueblo, porque no es repetible en la historia de los pueblos que ocurran eventos de esa naturaleza y porque hay un papel de la personalidad en la historia, que no es solo la suma de los cambios cuantitativos que después van a los cualitativos, está también el papel del liderazgo que ve más que los demás, que cataliza, que contribuye a crear las condiciones sobre la base de audacia y más audacia, porque un análisis conservador decía que en Cuba no se podía dar una Revolución, pero el asalto al Moncada y la muerte generosa de decenas de jóvenes puros crearon las condiciones, con el liderazgo y la aparición de una nueva generación, y el *Granma*, derrota militar a la llegada, no presagiaba precisamente un triunfo dos años después de un pequeño ejército de aquellos mismos jóvenes, campesinos, trabajadores y gente de pueblo que después se sumó.

Por tanto, un tema de fondo aquí —que ha estado planeando en esta Asamblea— es que el enemigo a lo que apuesta su esperanza no es a la derrota ahora, es después; es la idea de que no puede con la generación histórica.

Es un momento de celebración del aniversario de la Revolución, fin de año, estos días tremendos, históricos para nuestro pueblo y para nuestra Asamblea, no son para evocar noticias tristes, ni temas a los que se rechaza nada más de pensar en ellos; pero nosotros todos debemos saber que los planes que el enemigo alienta y que nosotros hoy no solo hemos rechazado sino que le hemos dicho en su cara otra vez, nuestra Asamblea, que no los puede cumplir, son planes reales, no son solo propaganda, son planes que el enemigo quisiera ejecutar si pudiera; lo que pasa es que no ha podido, pero intentaría hacerlo y probablemente intentará hacerlo.

Por lo tanto, hay tres premisas que considero básicas: la primera, esta Revolución no puede ser derrotada, si los que la dirijan lo hacen a partir de la autoridad de su ejemplo como ocurre hoy, como ha ocurrido siempre. La Revolución llegó hasta aquí, en primer lugar, por la autoridad moral de su liderazgo. Se puede tener el poder y no tener autoridad, es lo que le pasa a Bush en su régimen, porque la autoridad no viene de las atribuciones escritas, viene de la ejemplaridad de los actos. Nosotros, la manera en que entendemos esa autoridad es esta: «Yo no lo entiendo bien, pero si Fidel lo dijo, yo estoy seguro de que eso es así.»

Cuánta gente en el pueblo encontramos que dice: «Si Fidel lo dijo, él sabe, ya entenderemos.» Ese valor, ese tesoro, esa confianza, o esta otra: «Si Fidel lo dijo, es porque es así, porque Fidel le habla claro al pueblo.» ¿Cuántas veces nosotros hemos visto eso y nos han dicho eso? Ese tesoro no se puede perder: la autoridad que viene del ejemplo.

Por eso Fidel dijo en la Rectificación, que quedó trunca lastimosamente, porque venía con estos objetivos cuando comenzó el Período Especial y muchas de aquellas cosas no pudieron realizarse en aquel momento, «el socialismo es la ciencia del ejemplo».

Sin embargo, cuando veo que en esta Asamblea hablamos de que el año que viene haremos 100000 nuevas viviendas, pese al bloqueo y todos los obstáculos, veo que rescatamos muchos de aquellos planes, ahora con más experiencia y sobre bases más sólidas y mejores.

Legitimidad basada en la autoridad, autoridad basada en el ejemplo.

Mientras este país tenga un liderazgo basado en el ejemplo, en la autoridad que emana de la conducta austera, de la dedicación al trabajo, de que nuestro pueblo sepa que los que dirigen no tienen privilegios sino el de servir más y el de sacrificarse más, que sus familias no viven distinto que el pueblo, que sus hijos se educan como los hijos de los trabajadores, que en nuestro país no se permite y se combate, y se combate más duro cuanto más alto está el que comete el error o el que se relaja o el que traiciona y se corrompe; mientras este país tenga ese tesoro que ha tenido hasta hoy y que hizo encolumnarse a un pueblo entero tras la epopeya de resistir al imperio por más de cuatro décadas, será invencible; hay ahí una premisa.

La segunda, mientras nosotros conservemos el apoyo de la inmensa mayoría del pueblo, como lo tenemos hoy, no sobre la base del consumo material, sino sobre la base de las ideas y las convicciones. Porque ya dije cómo los pueblos fueron desarmados y no salieron a las calles y no pelearon en los países socialistas cuando les desmantelaban el futuro y, sin embargo, vimos al pueblo pobre de Venezuela salir a las calles a defender el regreso de Chávez cuando le dieron el golpe oligárquico y militar organizado por los yanquis. Aquellos que no tenían nada se lanzaron a la calle, y la mayoría de los que se incorporaron al Ejército Rebelde no tenían nada, eran los campesinos y los trabajadores pobres; es decir, tienen que ser las ideas y las convicciones, y no la idea de que la gente nos va a apoyar más porque tenga más.

Claro que ha habido un desgaste, porque tenemos la gente que dice: «Pero han pasado todos estos años, ya yo tengo tal edad, lo que me queda es tanto, ¿esto siempre va a ser aquí el apagón, el transporte?» Está el que se rinde, está el que se cansa, está el que emigra, dice: «Bueno, me voy, imagínate». Peor: está el que traiciona, el que se presenta al enemigo a contarle, a mentir, a decir lo que le piden que diga. Pero está simplemente el que abandona el esfuerzo colectivo, abandona la epopeya, imperan sobre él otros intereses; y está —porque no debemos equivocarnos— el que piensa eso mismo aunque no lo ha hecho, y simula, pero no es la mayoría. Nosotros tenemos la inmensa mayoría del pueblo, y si no la tuviéramos no podríamos estar aquí, no habríamos podido resistir al imperio. Tener el apoyo de la inmensa mayoría significa que la inmensa mayoría comparta, como ha hecho hasta hoy, las convicciones y las ideas del proyecto. Es una batalla en el terreno de las ideas.

La Revolución no se puede sostener sin el apoyo del pueblo, lo que no quiere decir que no habría que empezarla otra vez; pero sería duro que fuera derrotada la Revolución que ha podido preservarse y que logró hacer la proeza histórica de preservarse aquí, como todos estamos convencidos y le hemos ratificado hoy al Jefe de la Revolución que la defenderemos.

Por último, la tercera premisa que creo clave es que no podemos caer en ingenuidades. Al final, el tema decisivo es quién recibe el ingreso, si las mayorías y el pueblo, o la minoría oligárquica, transnacional y proyanqui. Al final, el tema es de quién es la propiedad, si del pueblo, las mayorías, o si es de la minoría corrupta y plegada a los intereses del único gendarme en el mundo que podría garantizar esos privilegios en Cuba: el imperialismo yanqui.

En Cuba no puede haber una burguesía nacional patriótica como realidades en otros países tuvieron; en Cuba la burguesía fue siempre, y sería otra vez, si la dejamos salir, proyanqui, protransnacional, y necesitaría la guardia rural, el ejército de Batista y los marines yanquis para reprimir e imponerse al pueblo.

Al final, ¿quién garantiza únicamente que la mayoría sea la que disfrute de la mayor parte del ingreso y que la mayoría sea la dueña de la mayor parte de la propiedad? El Estado socialista.

Y el día que en Cuba el enemigo lograra —que no lo logrará— desmantelar el Estado socialista derrotando a la Revolución, aquí se pierde —como se dijo bien ayer— no solo la Revolución y el Estado, aquí se pierde la nación, porque Cuba sería absorbida, Cuba sería convertida en un municipio de Miami.

Eso es lo que dice el plan de Bush, eso es lo que enfrenta nuestro pueblo: la disyuntiva histórica, otra vez ante su historia, de preservar su triunfo, perfeccionar su socialismo, cambiar lo que haya que cambiar dentro de las ideas del socialismo y de la fidelidad a esos principios, y el otro es el camino que hizo que otros no pudieran un día como hoy proclamar que viven en un país libre. Imperfecto como toda obra humana, perfectible con el esfuerzo de todos; pero un país en el que se siente orgullo de vivir; un país que cuando se proclama que se es de ese país se recibe una frase de aliento y admiración; un país que no obliga a sus hijos a andar por el mundo con la cabeza baja, que no obliga a sus diplomáticos a tener que explicar crímenes o ideas no basadas en los principios, que no ha puesto jamás a un diplomático cubano en la disyuntiva de tener que explicar una idea con la que no comulga, que no comparte; un país donde teoría, principio y práctica son la misma cosa.

Eso tiene un gran valor, porque eso no ha ocurrido sino pocas veces, y siempre por períodos limitados, en la historia de otros pueblos. Eso es lo que se juega nuestro pueblo.

Y si se necesitaban —que no necesitamos los que estamos aquí— más argumentos, más convicciones para defender con pasión esas ideas y para estar dispuestos a batirse y morirse por ellas, creo que estos días que arrancaron con el discurso en la Universidad, y antes, de manera más callada, pero ahora con mucho más conocimiento en nuestro pueblo, estos días nos han dado todavía más razones y más convicciones para sentirnos orgullosos de acompañar, modestamente, desde nuestros lugares, al compañero Fidel, al compañero Raúl, a la generación histórica de la Revolución, a nuestros jefes, admirados, queridos, sobre la base de su historia personal y de su contribución a la Revolución en todos estos años, y estamos seguros de que nuestro pueblo tendrá la madurez, las ideas, la moral, la unidad y la fuerza para preservar la obra de la Revolución y legarles a nuestros hijos un país mejor todavía que el que ellos han defendido y preservado para nosotros.

La invulnerabilidad militar, una vez alcanzada, solo podrá mantenerse con su constante perfeccionamiento[15]

Raúl Castro Ruz

Compañeras y compañeros:

Cuarenta y cinco años después de aquel 1961 decisivo para la Revolución, sentimos la doble satisfacción de contar con el Comandante en Jefe de siempre, y de haber sido consecuentes con el principio que resume esta afirmación suya: «No bajaremos la guardia ni un minuto. No descansaremos un minuto en el trabajo de organizar la defensa».

Así afirmó Fidel, el 20 de enero de 1961, ante los miles de milicianos habaneros que regresaban de enfrentar, junto a los del centro y el oriente del país, a las bandas fomentadas por el imperio en las montañas de la región central, en la entonces provincia de Las Villas.

La Revolución ya había dado pruebas palpables de que armar al pueblo estaba lejos de ser una consigna. Era una realidad que crecía ante los ojos del enemigo, como pudo comprobarlo en su propia piel apenas tres meses más tarde.

Playa Girón marca un hito crucial en la decisión de enfrentar al imperio con las armas en la mano. A sus combates se asocian los días del Miliciano, de la DAAFAR y del Tanquista, y poco antes o después de esa gran victoria, nacieron los ejércitos Central, el 4 de abril; el Oriental, el 21 del mismo mes; y el Occidental, el 14 de junio. Unos días antes, el 6 de junio, fue creado el

---

15. La fuente está referida en la nota 3 del «Preámbulo» de este libro.

Ministerio del Interior. Han sido estos, por tanto, meses de muchas y muy justificadas celebraciones.

Están aquí los Comandantes de la Revolución Juan Almeida, Ramiro Valdés y Guillermo García, fundadores de estas instituciones mencionadas y protagonistas excepcionales de aquellos acontecimientos, y el que les habla, que algo hizo por el Ejército Oriental en aquellos días.

También están presentes los jefes actuales, generales de cuerpo de ejército Leopoldo Cintra, Ramón Espinosa y Joaquín Quintas. Pienso que en ellos se sienten representados todos nuestros combatientes, tan firmemente unidos como lo estuvieron en 1961 y lo estarán siempre.

Por feliz coincidencia histórica, también conmemoramos hoy los aniversarios del nacimiento de dos grandes hombres, el 161 del Lugarteniente General Antonio Maceo y el 78 del Comandante Ernesto Che Guevara, por lo que se funden simbólicamente en este acto las tres etapas de un mismo Ejército: el Mambí, el Rebelde y las FAR.

Los cubanos estamos conscientes de que sin el esfuerzo sostenido de nuestro pueblo para consolidar la capacidad defensiva del país, hace mucho tiempo que habríamos dejado de existir como nación independiente.

Consecuente con ese principio, el 15 de julio del 2003 nuestro Partido, representado por el Pleno de su Comité Central, presidido por su Primer Secretario, luego de un profundo análisis del momento en que vivíamos y de los escenarios que podrían presentarse en un corto plazo, nos llamó a todos a incrementar cuanto hacíamos para fortalecer la defensa.

El momento no podía ser más complejo. El gobierno de los Estados Unidos vivía la euforia triunfalista de una supuesta victoria fulminante en Iraq. Esa ilusión, apoyada por una gigantesca campaña de propaganda basada en mentiras, confundió en aquel entonces a buena parte de los ciudadanos norteamericanos y a muchos otros en el mundo.

Aun cuando el movimiento popular contra la guerra se manifestó con fuerza en algunas partes, la política agresiva del imperio contaba en ese momento con el respaldo de su población, y así lo reflejaban las encuestas.

Muchos incautos vieron aquella guerra como parte de la supuesta cruzada contra el terrorismo. No se percataron que en realidad se trataba de una acción coherente con los propósitos imperialistas de hegemonía planetaria, de otro esfuerzo dirigido a controlar fuentes de materias primas esenciales, en particular de combustibles; un nuevo intento, a la vez, de echar mano al viejo esquema de la guerra para superar la crisis económica; y también, no precisamente en último lugar, satisfacer las ansias de utilidades de los grandes consorcios transnacionales.

En esas condiciones favorables a sus intereses, resultaba obvio que los halcones del imperio consideraban la posibilidad de ajustar cuentas a quienes significaban un obstáculo a sus sueños de dominio mundial, y evidentemente Cuba, por razones más que conocidas, podría estar entre los primeros puestos en la lista de los blancos inmediatos.

El respaldo cada vez mayor de esta Administración norteamericana a los grupos de extrema derecha de origen cubano asentados en Miami, así como la multiplicada incitación a sus mercenarios del patio desde la propia Oficina de Intereses de los Estados Unidos en La Habana, junto al incremento de las provocaciones y actos terroristas como el secuestro de embarcaciones y aviones civiles, acompañados por el despliegue de grandes campañas mediáticas, eran claras señales de tales propósitos agresivos.

A lo anterior se unió una coyuntura económica sumamente difícil para el país, al combinarse el aumento de los precios del petróleo tras la invasión a Iraq, con la caída sufrida por el turismo como consecuencia de los atentados del 11 de septiembre del 2001 y el descenso estrepitoso de los precios del azúcar hasta niveles que hacían sencillamente insostenible su producción en muchos lugares de la Isla.

Nada de eso nos amilanó. Siguieron adelante, junto a otras importantes tareas de la Revolución, los programas de la Batalla de Ideas dirigidos a perfeccionar la educación, la salud, la asistencia social, la cultura, el deporte, en fin, la calidad de vida del pueblo.

Los recursos para ese milagro no provinieron de ningún fondo misterioso. Salieron del ingenio creador, el talento y el trabajo organizado y entusiasta de nuestro pueblo. De esa misma fuente proceden los que han permitido fortalecer de manera considerable la defensa del país.

Detrás de la afirmación del Comandante en Jefe de que Cuba es hoy prácticamente invulnerable a una agresión militar, hay muchas horas de análisis desapasionado acerca de las fortalezas y debilidades de nuestro probable enemigo, al igual que de las posibilidades de enfrentarlo mediante las vías y métodos más adecuados para un pequeño país como el nuestro, que no dispone de grandes riquezas naturales, pero sí del extraordinario caudal de moral revolucionaria y conocimientos de sus hijos.

Nuestra seguridad en la victoria se sustenta en la sangre de los compañeros caídos y en los ríos de sudor vertidos por millones de cubanos a lo largo de varios decenios, y particularmente en los últimos años, quienes han trabajado para hacer realidad nuestro principal objetivo de evitar la guerra.

El terrible avispero en que se convertiría cada rincón de nuestro país, repito, el terrible avispero en que se convertiría cada rincón de nuestro país, causaría al enemigo un número de bajas muy superior al que la opinión pública norteamericana estaría dispuesta a admitir.

Justo es recordar que en esas circunstancias extremas, como en tantas otras vividas a lo largo de cuarenta y cinco años de agresiones de todo tipo, no hemos visto ni vemos al pueblo de los Estados Unidos como a un enemigo, todo lo contrario.

El pasado mes de abril iniciamos, por el oriente del país, visitas de varios días de duración a los territorios de los tres ejércitos, en compañía del Comandante de la Revolución Juan Almeida y jefes principales de las FAR, la última de las cuales concluyó la pasada semana en el Ejército Central.

El objetivo fue comprobar directamente en el terreno el cumplimiento de los acuerdos del Pleno del Comité Central al que hice mención al inicio de mis palabras y de las decisiones del Comandante en Jefe derivadas del Ejercicio Estratégico Bastión 2004.

Puedo afirmar con total conocimiento de causa, que si importantes fueron los incrementos logrados en la capacidad defensiva del país hasta esa fecha, desde entonces se multiplicaron apreciablemente el esfuerzo y sobre todo los resultados.

Fue de conocimiento público, hasta donde resultó aconsejable, las largas jornadas que dedicó el Comandante en Jefe a Bastión 2004, las que se extendieron incluso varios días después de la culminación oficial del Ejercicio.

La puesta en práctica de las decisiones derivadas de ese detallado análisis, que permitió resumir las conclusiones a que arribaron cientos de órganos de dirección y mando, significaron un salto cualitativo considerable en la capacidad defensiva del país. Y no me refiero solo a las cuestiones vinculadas directamente con la lucha armada. Tan importantes como ellas son las medidas que ya se venían adoptando en los terrenos económico y político social.

Del gran taller de trabajo colectivo dirigido por nuestro Jefe, surgieron soluciones a la vez racionales, creativas y audaces, que permitieron dar respuestas inmediatas a muchos importantes problemas que nos preocuparon durante un largo tiempo.

Conscientes de que el hombre es el componente fundamental de nuestro poderío defensivo, se ha prestado particular atención a la preparación del personal. No solo se perfeccionó la instrucción de las tropas. En apenas tres años, suman miles los dirigentes y funcionarios civiles que han actualizado los conocimientos sobre sus deberes respecto a la defensa.

Los centros de enseñanza militar, esta Brigada-Escuela donde nos encontramos, y otras similares existentes en todas las regiones militares que conforman los tres ejércitos, siguen desempeñando un decisivo papel en el logro de ese importante objetivo.

También fueron reelaborados todos los planes de defensa, desde la nación hasta la zona de defensa, para ajustarlos a las nuevas realidades y a las particularidades de cada lugar concreto, a partir de los nuevos conceptos desarrollados.

Tal como ha ocurrido invariablemente a lo largo de nuestra historia revolucionaria, y especialmente en los momentos de peligro, al mencionar a quienes hicieron posible estos resultados no puede hablarse por separado de militares y civiles, pues como siempre todos trabajamos estrechamente unidos.

No podía ser de otra forma. La guerra de todo el pueblo está lejos de ser una simple concepción teórica, es una realidad presente cotidianamente en cada tarea dirigida a fortalecer la defensa del país.

Trabajadores del Ministerio de la Construcción y de las entidades del Poder Popular, tropas ingenieras y constructores militares, han construido cientos de kilómetros de túneles y otras obras fortificadas; patriotas con uniforme o sin él, pertenecientes a otros organismos de la administración central del Estado, han unido esfuerzos en el desarrollo de las comunicaciones y en la modernización y producción de medios de combate, tarea esta última que ha permitido, con una racional inversión de recursos materiales, elevar considerablemente sus cualidades combativas y sobre todo hacerlas corresponder con el empleo que prevemos darles, a la vez que permitieron reanimar una parte de la industria nacional y demostrar las importantes potencialidades existentes en esos colectivos obreros.

Ha sido así también en las tareas dirigidas al desarrollo económico y social del país. Me limitaré a mencionar algunos ejemplos notables, como el importante aporte de los combatientes del Ejército Juvenil del Trabajo durante decenas de años, el del numeroso grupo de oficiales de las FAR que han contribuido a agilizar el flujo de mercancías desde los puertos hasta su destino, o el que realizan también en estos momentos las empresas constructoras militares, junto a los trabajadores del Ministerio de la Construcción y del Instituto Nacional de Recursos Hidráulicos, en los grandes trasvases que se construyen en el oriente y más adelante se continuarán en el centro de la Isla, que permitirán mover grandes volúmenes de agua hacia las regiones tradicionalmente más afectadas por la sequía en las provincias de Holguín, Las Tunas y Camagüey.

Los importantes resultados alcanzados en la preparación para la defensa del país son un nuevo punto de partida para continuar avanzando. Esta es una tarea que ha demandado y permanentemente requerirá años de esfuerzo sostenido, máxime cuando la situación internacional puede transformarse radicalmente en apenas unos días. La invulnerabilidad militar, una vez alcanzada, solo podrá mantenerse con su constante perfeccionamiento.

Más que de recursos —de los que también se ha ido disponiendo de forma creciente—, en el fortalecimiento de la defensa han sido decisivos el trabajo creador, la inteligencia, la moral y la conciencia revolucionaria del pueblo y de sus dirigentes en todos los niveles e instituciones.

Los más de cuarenta y siete años transcurridos desde el Primero de Enero de 1959 demuestran fehacientemente que a los millones de cubanos dispuestos a defender la Revolución hasta las últimas consecuencias no los mueve un entusiasmo pasajero ni el fanatismo político, sino una confianza basada en la infalible prueba del tiempo y de los hechos, en la profunda convicción de que el camino escogido es el correcto, y en la imbatible unidad nacional.

Ahí está la clave de nuestro poderío defensivo, de nuestra capacidad de resistir y vencer las mayores adversidades. El enemigo lo sabe, por eso enfila sus golpes a debilitarnos ideológicamente. Y lo hace, sobre todo, con la vista puesta en el futuro, en un escenario que considera más favorable a sus propósitos.

No olvidemos que han diseñado una llamada transición hacia el capitalismo, apostando por el fin de la Revolución cuando ya no esté su dirección histórica. Para ello mantienen la denominada «Comisión para asistir a una Cuba libre», con interventor norteamericano designado y todo al frente, como en los buenos tiempos de las cañoneras yanquis por América Latina.

Enfrentamos un enemigo cuya tozudez y prepotencia lo lleva con mucha frecuencia a cometer errores, pero ello no significa que sea tonto. Sabe que la especial confianza que otorga el pueblo al líder fundador de una Revolución no se transmite, como si se tratara de una herencia, a quienes ocupen en el futuro los principales cargos de dirección del país.

Repito lo que he afirmado en muchas ocasiones: el Comandante en Jefe de la Revolución Cubana es uno solo, y únicamente el Partido Comunista, como institución que agrupa a la vanguardia revolucionaria y garantía segura de la unidad de los cubanos en todos los tiempos, puede ser el digno heredero de la confianza depositada por el pueblo en su líder. Para eso trabajamos, y así será, lo demás es pura especulación, por no decir otra palabra.

Al igual que hemos vencido en todas las batallas, tanto en Cuba como en cumplimiento del deber internacionalista, venceremos al enemigo que intente agazaparse en nuestras filas, consolidaremos cada vez más la Revolución y nos haremos más fuertes en todos los frentes.

Indiscutiblemente las circunstancias han cambiado mucho respecto a las existentes en julio del 2003, cuando se realizó el Pleno del Comité Central que ya mencioné.

Si en aquel entonces entre el 90% y el 55% de la población de los Estados Unidos, en dependencia de la pregunta que se le hiciera o la composición de la muestra, apoyaba la política del señor Bush, hoy esa cifra no supera, en el mejor de los casos, la tercera parte de los ciudadanos, algo que podría poner a temblar hasta un concejal de alcaldía.

La victoria relámpago que hace tres años dieron por «misión cumplida» en Iraq se ha convertido en un laberinto sin salida visible y lleno de atolladeros por todas partes. Incluso Afganistán, que parecía pacificado —al menos las principales ciudades, que fueron realmente las únicas que llegaron a controlar en cierta medida—, comienza a ser otro serio dolor de cabeza para el imperio y sus aliados.

La economía norteamericana pende cada vez más del endeble hilo de los gastos de guerra, y si a ello se suma la desenfrenada impresión de dólares con que tratan de hacer frente al creciente desbalance comercial y presupuestario, cualquier pronóstico imparcial apunta a la debacle tarde o temprano.

Por otra parte, son cada vez más quienes en los propios los Estados Unidos plantean un reanálisis de la política hacia Cuba, incluidas algunas importantes voces dentro de los militares norteamericanos.

Ciertamente, no parece ser el escenario más apropiado para emprender nuevas aventuras militares, pero tampoco pueden olvidarse las enseñanzas de la historia. No sería la primera vez que una potencia imperialista, y en particular los Estados Unidos, acude a la guerra como vía para intentar la salida de una crisis interna de cualquier tipo.

No descartamos tampoco que la prepotencia herida o la desesperación pueda llevarlos a la locura de iniciar una agresión militar contra Cuba, por descabellado que pueda parecer.

Por eso es válido y permanente lo expresado por el compañero Fidel en el Informe Central al Primer Congreso del Partido:

«Mientras exista el imperialismo, el Partido, el Estado y el pueblo les prestarán a los servicios de la defensa la máxima atención. La guardia revolucionaria no se descuidará jamás. La historia enseña con demasiada elocuencia que los que olvidan este principio no sobreviven al error».

Así será, para que siempre podamos gritar en las narices del imperio:

¡Viva Cuba libre!

II.- Los problemas que dan lugar a la pregunta

La continuidad y el cambio necesarios

(Un simposio con Aurelio Alonso, Fernando Rojas, Jesús Arboleya, Juan Valdés Paz, Julio Antonio Fernández Estrada y Luis Suárez Salazar)

El mayor resultado que cabría esperar del debate alrededor del «Discurso de la Universidad» es su traducción en un saber proveniente del debate colectivo y en una actuación política consensuada; esto es, en un programa político actualizado sobre el rasgo de estas soluciones y situado en este contexto específico.

Esta entrevista colectiva (que recoge las respuestas redactadas por escrito de seis intelectuales cubanos residentes en la Isla a un cuestionario de siete preguntas) busca analizar, tanto la naturaleza de los problemas ya identificados, como la existencia de otros no aludidos, así como el género de sus posibles soluciones, en la perspectiva de colocarse, con voz propia, en el debate imprescindible sobre el destino ulterior del país y, con él, de la Revolución, al que convoca aquel discurso.

Un dato confiere singularidad a este material. Por la fecha en que fue concebido el cuestionario, y en la que sería respondido, el texto es anterior al 31 de julio de 2006,[16] fecha en la cual un acontecimiento multiplicaría los vaticinios sobre Cuba: el anuncio realizado por el Comandante en Jefe Fidel Castro de la delegación, con carácter temporal, del ejercicio de sus cargos y funciones de gobierno, a causa de la intervención quirúrgica que lo ha mantenido convaleciente hasta hoy (enero de 2007), fecha esta en que, no obstante, si bien no ha retomado públicamente su mandato al frente de la nación, según declaraciones oficiales se «mantiene al tanto» y «se le consulta» sobre las cuestiones más importantes de gobierno.

---

16. Ver «Proclama al pueblo de Cuba», de 31 de julio de 2006, en http://www.cuba. cu/gobierno/discursos/2006/esp/f310706e.html (fecha de descarga en la web: 28 de septiembre de 2006)

Por esta razón cronológica, ninguno de los entrevistados en el presente capítulo se refiere a dicho evento (como no pueden referirse tampoco, por la fecha en que fue pronunciado, al discurso de Raúl Castro que aparece en este libro). Sin embargo, lejos de desactualizar el texto, su análisis conserva pertinencia: el debate no se propuso, desde su origen, un análisis puntual de la política de la hora, que revelase el mecanismo de ingeniería política por el que tales personas o tales grupos accederían a mayores cuotas de poder, ni a «desentrañar» cuáles serían los rumbos posibles de la «nueva política», según lo que la prensa occidental ha empezado a analizar como «la era Raúl Castro».[17]

El debate se inscribe en un sentido distinto.

Quienes responden lo hacen cuando, desde Cuba, todavía habían sido sumamente escasos los abordajes públicos realizados por intelectuales del país sobre el tema. Por ello, el material reivindica de inicio una responsabilidad intelectual y política que corresponde en primer lugar a los cubanos, amén del beneficio que siempre reporta una discusión «internacional» —por lo cual una de las preguntas de este simposio analiza el debate foráneo sobre el tema.

El conjunto analiza con profusión el significado, la influencia, el carácter impreso a la Revolución cubana por la personalidad extraordinaria de Fidel Castro, pero no se inscribe en la corriente del pensamiento aritmético sobre qué pasará en Cuba «después de Fidel». Antes indaga en el carácter que la Revolución tiene como hecho colectivo, en los desafíos que su renovación y continuidad plantea al conjunto de los individuos particulares que encuentran en la Revolución una manera de vivir.

El debate es una reflexión sobre el socialismo, sobre su presente y sus alternativas hacia el porvenir. Para ello, piensa los desafíos políticos específicos que presenta la problemática de la continuidad y de los cambios revolucionarios. Se trata de una polémica que busca posicionar tanto el lugar del «yo» como el del «nosotros» ante ese porvenir, ahora que ya es el presente mismo. En él responden personas de diferentes

---

17. Asimismo tampoco toma en cuenta puntualmente los cambios operados recientemente en el mapa político de América Latina, como la reelección de Hugo Chávez en la presidencia de la República Bolivariana de Venezuela, la elección de Rafael Correa, en la de Ecuador, y de Daniel Ortega, en la de Nicaragua, a lo que se suma la reelección de Luis Inácio *Lula* da Silva, en Brasil, y la elección, anterior, de Evo Morales en Bolivia. Sin embargo, es posible pensar que estos eventos no introducen cambios radicales al escenario que sirvió de telón de fondo a las discusiones aquí contenidas, pues son expresiones de una evolución que se ha verificado en el continente en los últimos años.

edades, provenientes de diversas especialidades — sociología, derecho, historia, politología —, que discrepan en un buen número de aspectos y construyen, en su escala, un mapa de las posiciones de izquierda existentes al interior del país.

No hay en ellos un discurso homogéneo, aunque tampoco disonancias radicales. La discusión está lejos de agotar el espectro de posiciones de izquierda radicadas en el país, pero ello, en lugar de ser un «problema», constituye sobre todo una esperanza.

De hecho, la selección de los entrevistados tiene carencias de representatividad: todos son hombres y viven en La Habana, ninguno es negro, la mayoría sobrepasa los cincuenta años, casi todos se conocen entre sí, y son «intelectuales» en la acepción letrada del concepto.

Por tanto, este simposio no pretende el absolutismo patético de erigirse en un «más allá», sino más bien en un «apenas». Reconocer con transparencia las propias limitaciones no subvalora el resultado, solo lo abre a discusión. Su aspiración puede entonces hacerse explícita: contribuir a colocar en Cuba el tema en el cauce de un debate marxista y revolucionario en su fondo, e insistir en la necesidad de diversificarlo y de convertirlo en un debate social.

El conjunto «levanta» temas y opiniones diversas, salidas políticas, propuestas; contribuye a articular ideas y a recuperar la imprescindible discusión sobre la naturaleza del socialismo, que es acaso el punto fundamental que pone en discusión esta hora.

Crítica, dialéctica y evolucionismo: los caminos del marxismo cubano

¿Cuáles son los fundamentos ideológicos del «Discurso de la Universidad»?

FERNANDO ROJAS:* El «Discurso de la Universidad» se sitúa en lo mejor de la tradición marxista revolucionaria. La posibilidad de que la revolución fracase por su propia responsabilidad contiene un sesgo dialéctico completamente ajeno a la visión escolástica estalinista de la sucesión ascendente de las «formaciones económico sociales» que culmina de modo inevitable e irremediable en el comunismo. Esa posibilidad, si bien las referencias a las relaciones internacionales parecen abarcar otros temas del discurso, es concomitante con la idea de que la revolución socialista solo triunfará definitivamente a escala planetaria. Aunque no se mencione explícitamente, también asoma la hipótesis de que esa revolución no transcurrirá por los cauces del enfrentamiento bipolar, cualquiera que este sea.

---

*   Fernando Rojas Gutiérrez (Santa Clara, 1962). Historiador. Presidió la Asociación Hermanos Saíz (asociación nacional de jóvenes escritores y artistas) y dirigió la revista *El Caimán Barbudo* a lo largo de la década de los noventa. Actualmente es presidente del Consejo Nacional de Casas de Cultura. Su obra intelectual se centra en la historia de la Revolución rusa, en la historia política e intelectual del marxismo y en la relación entre cultura, ideología y política en Cuba.

JESÚS ARBOLEYA:* No creo que se trate de «un cambio significativo del discurso oficial cubano», aunque asume tonos dramáticos cuando el asunto se vincula con la desaparición física de Fidel y se plantea la posibilidad de la reversión de la Revolución. Más bien se reafirman los fundamentos ideológicos que resaltan el papel de la conciencia revolucionaria en la construcción del socialismo, un problema que ha estado presente a todo lo largo de la Revolución y cuyo énfasis marcó la diferencia entre el pensamiento revolucionario cubano y la doctrina política del antiguo campo socialista europeo.

En algunos analistas extranjeros participantes del debate suscitado por el discurso se percibe una apreciación pesimista que no creo se corresponda con el discurso de Fidel Castro. Tal parece que Fidel ha declarado el fin de la Revolución después de su muerte. Tal visión está relacionada, desde mi punto de vista, con una aproximación teórica no dialéctica de los procesos revolucionarios. En realidad no debiera sorprender a ningún marxista que una revolución pudiera ser derrotada; si tal afirmación nos sorprende es porque, a contrapelo de la historia, nos acostumbramos a pensar en la «irreversibilidad» del socialismo. Entonces, cuando demostró ser «reversible», algunos siguieron el patrón de la reversibilidad inevitable. Para mí, lo más importante del discurso de Fidel Castro es su sentido dialéctico, la afirmación de que la Revolución es un proceso vivo, en constante transformación, que requiere de la voluntad y la inteligencia de los revolucionarios para sostenerse como tal, y que, el día que se considere «definitivamente consolidada», dejará de ser revolución porque habrá dejado de plantearse nuevas metas.

JUAN VALDÉS PAZ:** No logro fácilmente discernir los fundamentos ideológicos del conocido como «Discurso de la Universidad». Algunas de las

---

* Jesús Arboleya Cervera (La Habana, 1947). Politólogo. Doctor en Ciencias Históricas. Profesor titular adjunto de la Universidad de La Habana y del Instituto Superior de Relaciones Internacionales. Sus investigaciones giran alrededor de la historia política de las relaciones entre Cuba y los Estados Unidos a partir de 1959.

** Juan Valdés Paz (La Habana, 1938). Sociólogo. Profesor titular adjunto del Instituto Superior de Relaciones Internacionales y de la Universidad de La Habana. Fue investigador del Centro de Estudios sobre América e investigador del Instituto de Historia de Cuba. Sus investigaciones giran alrededor de la historia agraria cubana, la institucionalidad política revolucionaria y las cuestiones teóricas del socialismo.

ideas expuestas en él recuerdan discursos de los años 60, pero, en un plano más general, se aluden o reiteran ideas o «principios» con los que se ha caracterizado a la llamada «ideología de la Revolución Cubana» y que han tenido por fuentes el nacionalismo radical cubano, el antimperialismo, el internacionalismo, el tercermundismo y el socialismo.

Pero su referente ideológico no debe obviar que se trata de un discurso político bien meditado, pronunciado en un escenario de alta carga simbólica y construido a partir de las ideas dominantes en el discurso revolucionario tradicional, las que ahora acompañan a temas inusitados como el de la Cuba posterior a sus líderes históricos o, como se dice, «posfidelista»; y a otros, como el de la reversibilidad de las revoluciones.

Las interrogantes del discurso sobre estos temas, y su convocatoria a meditar sobre ellos, abren entre nosotros el tema más general de la continuidad y los cambios de la Revolución Cubana.

JULIO ANTONIO FERNÁNDEZ ESTRADA:* El «Discurso de la Universidad» fue el momento culminante de un grupo de actividades que la Federación Estudiantil Universitaria (FEU) realizó para celebrar los sesenta años de la llegada de Fidel a la Universidad como estudiante de Derecho. Este es, por lo tanto, un discurso pensado originariamente para un público joven y estudiantil, aunque su alcance fuera, después, nacional e internacional. Debe recordarse que parte importante de los presentes en aquel acto eran jóvenes involucrados en los Programas de la Revolución y ellos fueron interlocutores de Fidel en algunos momentos del discurso.

Hago esta pequeña introducción porque no podemos analizar los fundamentos ideológicos de un discurso sin ver su contexto, su razón de ser, su destinatario directo y otras cuestiones que lo determinan. Esta fue, a mi entender, una intervención del Comandante en Jefe sorprendentemente histórica porque no parecía un momento en que se dirían cosas tan cruciales. El discurso fue una llamada de atención a los jóvenes cubanos sobre su responsabilidad en la protección y salvaguarda de la Revolución; fue el descubrimiento a la

---

* Julio Antonio Fernández Estrada (La Habana, 1975). Jurista. Doctor en Ciencias Jurídicas. Profesor auxiliar de la Universidad de La Habana. Sus investigaciones giran alrededor de los temas del Estado, la democracia y el Derecho.

opinión pública de que la revolución socialista es destruible desde dentro del país; fue el anuncio de medidas económicas, políticas y sociales para resolver asuntos pendientes; pero fue sobre todo un discurso donde Fidel dejaba claro que él conocía detalles de la vida social del país, y que tenía en mente planes concretos para enfrentarse a dilemas como la corrupción, a todos los niveles de la administración pública.

Fue este un discurso donde Fidel asomó la idea del crecimiento económico que más tarde se materializó y donde, aún cuando se aceptaba públicamente la ineficacia del gobierno para resolver algunos problemas concretos, a la vez se avizoraba una época de mejorías insospechadas. En esta alocución, el Comandante en Jefe denunció responsabilidades, fragilidades, y puso en cuestión al aparato estatal gubernativo, al convertirse en una especie de Tribuno del Pueblo —inviolable como aquellos romanos originales— y alertar a los que en el Estado, el gobierno o el pueblo hicieran cosas indebidas, de que tendrían que afrontar severas sanciones. Todo esto fue dicho en gran medida en un lenguaje y con unos medios comunicativos que dejaban, a quienes escuchaban el discurso, con ciertos elementos de suspenso y misterio.

Considero que el «Discurso de la Universidad» fue la presentación de una postura esperanzada del Comandante en Jefe sobre los destinos socioeconómicos de la nación, pero a la vez dejó ver las condiciones para que esa esperanza proyectada objetivamente fuera posible. Al aceptar el hecho del carácter reversible del proceso revolucionario, sobre todo por errores políticos, económicos o administrativos internos, estaba poniendo en manos de los jóvenes y del pueblo todo una gran parte de esa responsabilidad histórica.

Creo que los fundamentos principales de este discurso están en la detección de zonas de deterioro profundo de la legalidad cubana y de la eficiencia del control económico. Se deja ver también en este discurso una variable tendencia a considerar al sector económico privado como la cara oscura y maligna de la economía cubana, además de culpable de gran parte de nuestros males.

La ideología revolucionaria cubana (o el discurso oficial del Estado cubano) desde hace poco más de un quinquenio se ha concentrado, no tanto en los argumentos políticos o puramente ideológico-partidistas, sino en la organización de planes y programas que han sustituido antiguas directrices político-económicas, sin modificar las estructuras estatales instituidas legalmente para cumplir las gestiones que ahora son esencialmente resueltas por dichos programas. Los grandes cambios en la educación primaria, media, politécnica y superior, son solo un ejemplo de lo anterior.

Es evidente que el «Discurso de la Universidad» muestra otra vez la convicción de Fidel en la superioridad ética, social, económica, política, histórica y humana del socialismo, pero es también la consolidación de una nueva forma de hacer la política y de administrar el Estado en Cuba; es decir, creo descubrir que Fidel poco a poco traslada las altas responsabilidades de la salvación de la revolución socialista hacia las nuevas generaciones, no comprometidas directamente con la dirección del Estado y del gobierno.

En este caso, este sería un discurso que formaría parte del testamento político del Comandante en Jefe. En él hay evidentes legados de un hombre que, a la misma vez, diseña el futuro, como si no le alcanzara más el presente.

LUIS SUÁREZ SALAZAR:* Debo confesar que en mi lectura inicial solo había evaluado el mencionado discurso como uno de los múltiples esfuerzos que Fidel ha venido realizando en los últimos meses con vistas a consolidar el imprescindible consenso político interno que requiere la búsqueda de soluciones a problemas socio-económicos, político-institucionales y ético-axiológicos agudizados, pero, en modo alguno, causados por algunas de las estrategias que se emprendieron para resolver la profunda crisis que vivió el país en la última década del siglo XX. De hecho, como se reconoce en esa alocución, algunos de los problemas identificados tienen antecedentes en los años anteriores al Período Especial.[18]

---

* Luis Suárez Salazar (Guantánamo, 1949). Politólogo. Fue investigador y director del Centro de Estudios sobre América y de la revista *Cuadernos de Nuestra América*. Integra el Consejo Asesor de la revista *Tricontinental*. Profesor auxiliar adjunto de la Universidad de La Habana y Profesor titular adjunto del Instituto Superior de Relaciones Internacionales. Sus investigaciones se centran en la historia de las relaciones interamericanas, la política de los Estados Unidos hacia la región, y en el análisis de la política y la historia cubanas tras 1959.

18. Se refiere al llamado Período Especial en tiempo de paz, nombre oficial asignado a partir de 1990 a la estrategia nacional para sobrevivir a la crisis consecuente de la caída de la Unión Soviética y del recrudecimiento de la política agresiva norteamericana.

En ese orden, Fidel nuevamente asumió lo que algunos llaman «el lide-razgo de la oposición» a su propia obra. Esa actitud frente a lo que otrora se llamó y, en mi opinión, debiéramos seguir llamando «errores y tenden-cias negativas» existentes en la sociedad, la economía y el sistema político cubano ha sido, es y será condición imprescindible para encontrar solucio-nes revolucionarias a las múltiples contradicciones, antagónicas y no anta-gónicas, existentes en nuestra transición socialista; entendiéndola como el largo, complejo, contradictorio, zigzagueante e indeterminado proceso que —si resulta exitoso— le permitirá a nuestra «patria chica», en su inserción virtuosa en el continente y en el mundo, sentar las bases ideológico-cul-turales, político-institucionales y técnico-económicas imprescindibles para continuar avanzando en la edificación de una nueva sociedad, una nueva cultura, una nueva ética, un nuevo sistema político y —vinculado a todo lo anterior— nuevos «hombres nuevos».

En las condiciones de nuestro país, como reiteró Fidel en el discur-so que comentamos, esas metas han viajado, viajan y viajarán unidas a la neutralización o la derrota, según el caso, de la persistente agresividad del imperialismo; en particular, del imperialismo norteamericano. Pero en modo alguno esa agresividad debe ser asumida como «coartada» para mantener una actitud pusilánime frente a todos los problemas que afectan a nuestro país, en tanto muchos de ellos dependen de factores internos, tanto objetivos como subjetivos.

De hecho, en mi relectura del «Discurso de la Universidad» encontré un intento de lograr una nueva síntesis de los múltiples «fundamentos ideo-lógicos» que han animado las facetas más creativas de lo que en algunos de mis textos he denominado «el marxismo cubano», para diferenciarlo del marxismo dogmático y escolástico de «factura soviética» que, en ciertos mo-mentos de nuestra historia prerrevolucionaria y revolucionaria, inadecua-damente se identificó como «el único marxismo» o, si se prefiere, como «el único marxismo-leninismo».

Ese «marxismo cubano» se ha nutrido de lo mejor del pensamiento socio-político universal y latinoamericano, incluido el vigente (y a veces desconoci-do) llamado de José Martí a conocer, sin vendas ni ambages, «los factores reales del país», ya que «el que pone de lado, por voluntad u olvido, una parte de la verdad, cae a la larga por la verdad que le faltó, que crece en la negligencia, y derriba lo que se levanta sin ella…». Y Fidel, inspirado en ese acierto, nuevamente convocó a todo nuestro pueblo a analizar sin vendas ni ambages todas las «verdades» —por muy duras que sean— presentes en la compleja realidad cubana… También lo convocó, sin mediaciones políticas, a participar en la solución de las tendencias negativas existentes en nuestra sociedad.

AURELIO ALONSO:* La intervención de Fidel Castro el 17 de noviembre de 2006 en el Aula Magna de la Universidad de La Habana impresionó a la audiencia porque transmitió preocupaciones que no había hecho públicas. Seguramente algunas de las que asaltan a un gran estadista que se sabe próximo a agotar su tiempo en la Tierra.

El experimento socialista nacido de la Revolución de Octubre se mostró reversible, y esa catástrofe desmanteló el mito de la irreversibilidad. El epicentro de la contención poscapitalista en el sistema-mundo se desarmó y dejó navegando en el océano neoliberal a la segunda potencia nuclear del planeta, depauperada y dependiente.

¿Qué tiene de extraño que la primera preocupación de Fidel gire en torno a la reversibilidad de nuestro propio proceso? Téngase en cuenta que en Europa no solamente fracasó el experimento, su diseño, sino que el fracaso se tragó al rumbo socialista —y a la utopía misma en la cual se cifró el proyecto bolchevique.

De eso se trata la «irreversibilidad». No es que lo tuvieron que hacer de otro modo, sino que lo abandonaron. Una catástrofe que ha dado lugar a una crisis generalizada del paradigma socialista. No porque esté acabado, sino porque, evidentemente, hay que pensarlo de otras maneras, tomando en cuenta, además, que el socialismo se mostró reversible.

---

* Aurelio Alonso Tejada (La Habana, 1939). Sociólogo. Profesor titular adjunto de la Universidad de La Habana. Fue miembro del Consejo de Dirección de la revista *Pensamiento Crítico* e investigador del Centro de Estudios sobre América y del Centro de Investigaciones Psicológicas y Sociológicas. Es subdirector de la revista *Casa de las Américas* y pertenece al Consejo Editorial de *Alternatives Sud*. Sus investigaciones giran alrededor de la historia de las relaciones institucionales Iglesia-Estado, y de la sociedad y la institucionalidad revolucionarias en Cuba después de 1959.

Dogma y conciencia:
la persistencia de «ciertos errores»

¿A qué antecedentes se afilia este discurso en el devenir del proceso revolucionario?

JUAN VALDÉS PAZ: No encuentro antecedentes directos de este discurso, salvo en profundidad reflexiva y estilo pedagógico. En cuanto el discurso se dirige al público invitado y hacia los medios, basa su argumentación sobre principios ideológicos, y propone estrategias avaladas por la legitimidad del régimen revolucionario, nos parece familiar de muchos otros.

No obstante, sí advierto coincidencias entre este discurso y otros anteriores, y entre el momento en que este se pronuncia en relación con otros momentos. Si atendemos a las coincidencias ideológicas, vemos que el «Discurso de la Universidad» fundamenta el curso y destino de la Revolución sobre el factor subjetivo, por ende, la ética de los actores es el núcleo duro de cualquier estrategia legítima; las ideas o «principios revolucionarios» son o deben ser la fuerza que sostengan la voluntad revolucionaria de las grandes mayorías populares, toda estrategia o táctica revolucionaria habrá de subordinarse al objetivo final postulado, la unidad política del pueblo y de la clase política se asumen como condición de sobrevivencia, y el dogmatismo ideológico será rechazado como un impedimento para interpretar las condiciones reales y como un factor de desunión.

Otras coincidencias podemos encontrarlas con aquellos momentos en que se ha propuesto un giro en el curso de la Revolución o un cambio de estrategia, como ocurrió a mediados de la década de los sesenta, a comienzos de los setenta, a mediados de los ochenta y en la década de los noventa.

El discurso reitera la pretensión de un curso propio y original para la Revolución cubana y, más precisamente, para su transición socialista. La experiencia habría probado la inanidad de otros saberes. En este sentido, se reitera el rechazo a todo «método capitalista» como vía para la construcción socialista, evocando las ideas del Che en los sesenta y el momento de la Rectificación en los ochenta.

Las coincidencias apuntadas redundarían tanto en la legitimidad histórica del discurso como en dar la impresión de una continuidad estratégica, lo que no es el caso. Tales coincidencias hasta ahora han dependido más de los actores históricos que de las circunstancias existentes, por lo cual nuevos actores y nuevas circunstancias plantearán el dilema de propiciar los cambios y asegurar la continuidad, o dicho de otra manera: preservar la Revolución y asegurar los cambios necesarios.

LUIS SUÁREZ SALAZAR: En ese sentido, el «Discurso de la Universidad» entronca con la raíz ética y, en particular, con la indisoluble relación existente entre la ética y la política —entiéndase, la política genuinamente revolucionaria— presentes en el pensamiento libertario cubano, desde Félix Varela hasta la actualidad, pasando, obviamente, por los más destacados próceres y mártires de nuestra primera y segunda independencias, así como por el perdurable legado de Ernesto Che Guevara, quien adelantó múltiples y, a veces, incomprendidas críticas a los diversos errores presentes en lo que, en el año 1991, Carlos Rafael Rodríguez llamó «los falsos y deformes» socialismos europeos. Como recuerda Fidel en ciertos pasajes de la alocución que comentamos, algunos de esos errores persisten en el funcionamiento de la sociedad y en el sistema político cubano a causa de una actitud dogmática frente a conceptos y prácticas de nuestra propia Revolución.

JULIO ANTONIO FERNÁNDEZ ESTRADA: Durante el desarrollo de la Revolución cubana han existido varios momentos en que el Comandante en Jefe Fidel Castro ha propuesto pautas hacia las más diversas esferas. Desde el inicio del proceso revolucionario Fidel ha sido el vocero de los cambios, las críticas, los trastornos y de las directrices de los rumbos políticos y las relaciones internacionales de la República de Cuba.

Por esta razón no es raro para los cubanos, como tampoco para alguien fuera de Cuba que conozca el funcionamiento del sistema político cubano, que el Comandante en Jefe haga en un discurso importantes anuncios, radicales críticas o trascendentales preguntas, como los vertidos el 17 de noviembre de 2005.

Sin hacer un análisis histórico detallado, saltan a la memoria momentos como el Proceso de Rectificación de Errores y Tendencias Negativas, (1985–1986); o el de la preparación y realización del Cuarto Congreso del Partido Comunista de Cuba (1990–1991); o antes, aquellas primeras «Palabras a los Intelectuales» (1961) o, también en momento temprano, la labor preparatoria del XIII Congreso de la Central de Trabajadores de Cuba (1975).

Durante la Rectificación se trató de rescatar la moral socialista, contra tendencias consumistas o de utilización de principios y mecanismos económicos capitalistas o propios de su modo de vida. Se quiso rectificar un grupo de errores relacionados con la mala administración económica, el descontrol, el despilfarro, etc.

En el IV Congreso del Partido, que fue en alguna medida la consumación de toda la Rectificación, se programó la futura modificación de la Constitución de 1976 —que finalmente se produjo en julio de 1992— y se consagró un discurso político de unidad y «cierre de filas» ideológicas, después del derrumbe del socialismo soviético y la fractura interna que significaron en Cuba las Causas 1 y 2, de 1989 y 1990, respectivamente, las que pusieron en evidencia focos de corrupción en altas esferas militares cubanas. En todos los casos mencionados se trató de exámenes rigurosos de las situaciones presentes y del trazado de nuevos rumbos estratégicos.

El discurso del Aula Magna es mucho más desenfado y distendido que cualquier otro que Fidel haya escogido para expresar importantes ideas y proyectos, pero no por eso se puede menospreciar o subvalorar. No fue un discurso, creo yo, imaginado por el Comandante en Jefe como programático o polémico, sino que se fue convirtiendo en eso, al calor de la oratoria, el optimismo y la confianza de Fidel en el pueblo y su propia buena fe.

JESÚS ARBOLEYA: El texto induce la apreciación de que fueron causas endógenas las que condujeron a la debacle del campo socialista europeo, lo que nos remite a las viejas críticas del Che, y del propio Fidel Castro, al sistema soviético, y recalca el papel de los dirigentes, más bien de la «vanguardia» en los procesos políticos, un concepto prácticamente desechado por los teóricos de la izquierda, pero que sin embargo funciona en la práctica todos los días. Dado que continúa presente la interrogante con respecto a la posibilidad de construir el socialismo sin la formación de una conciencia diferente a la del capitalismo, así como con respecto al papel del Estado socialista en la formación de esta conciencia, este asunto condiciona todos los aspectos de la política a seguir, y, partiendo de sus premisas, habría que analizar el rumbo de las medidas planteadas por Fidel Castro.

FERNANDO ROJAS: Si se trata de la tradición marxista, se afilia al leninismo, especialmente a su última versión (1923), que contiene la idea de la revolución socialista desde el Tercer Mundo, lo que la hace diferente del estalinismo, de corrientes contemporáneas del marxismo y de otras teorías revolucionarias o progresistas. Si se trata de los antecedentes nacionales, ese discurso contiene lo mejor de la tradición crítica de la historia de las ideas en Cuba, especialmente del período revolucionario. Esta última ha tenido hitos que se suceden cíclicamente (1959–1970; 1985–1992; 1996–2000) y tengo la impresión de que estamos entrando en uno de ellos.

Los peligros «internos y externos»: la necesidad de mirar la realidad «tal cual es»

¿Cuáles son las causas que generan el «Discurso de la Universidad» en esta fecha?

LUIS SUÁREZ SALAZAR: Como científico social, creo que los procesos socio-político-ideológicos siempre están determinados por múltiples y complejas causalidades internas y externas, vinculadas entre sí. Por ello, me resulta difícil identificarlas todas. Sin embargo, entre las causas que, en mi modesta opinión, «generaron» ese discurso creo imprescindible resaltar, sin orden de prelación, la conciencia que han adquirido los compañeros y compañeras de la máxima dirección del país —y, en primer lugar, Fidel— acerca de la persistencia en nuestra sociedad de múltiples problemas que todos los días alimentan descontentos existentes en amplios sectores de la población, incluidos los sectores del sujeto popular activamente comprometidos con la obra de la Revolución.

En particular los continuos descontentos provocados por los comportamientos burocráticos de diversas instituciones político-estatales, los desequilibrios existentes entre los ingresos y egresos de la población, la falta de adecuados estímulos materiales y morales al trabajo socialmente necesario (que no debe confundirse con «el empleo» y mucho menos con el empleo estatal), y los rigores de la vida cotidiana. Esos rigores son mucho más hirientes a causa de los negativos comportamientos éticos de algunos dirigentes político-administrativos, de ciertos militantes del PCC y de la UJC, así como por las diferencias derivadas de las desigualdades existentes en nuestra sociedad que no provienen del trabajo y de otros ingresos obtenidos de forma legítima. A su vez, las estructuras político-institucionales existentes han demostrado una escasa capacidad para identificar y resolver las causas que originan esos descontentos.

De lo contrario, ¿cómo explicar que la prensa, los medios de comunicación social, los órganos del Poder Popular, los ministerios y las empresas estatales, los sindicatos e, incluso, el Partido y la UJC, no hayan podido abordar de manera «preventiva» buena parte de los problemas resaltados por Fidel? ¿Cómo explicar que, años atrás, haya sido necesario acudir a los estudiantes universitarios para conocer los graves problemas que estaban afectando a diversos sectores de la población? ¿Cómo explicar que ahora se haya tenido que acudir a los Trabajadores Sociales para tratar de encontrar solución a esos y otros problemas?

En segundo lugar, creo que hay que incluir la creciente conciencia existente en los compañeros y compañeras de la máxima dirección política acerca de la proliferación en diversos dirigentes y cuadros político-estatales de valores y conductas alejados de la utopía socialista-comunista cubana como el individualismo, el consumismo, el irrespeto a la propiedad social y al ordenamiento jurídico del país, el latrocinio, la «doble moral», la corrupción, el nepotismo, el burocratismo y la resignación o la apatía frente a los diversos problemas que afectan el funcionamiento de algunas estructuras del sistema político-institucional, de los aparatos educativo-ideológicos y de la socio-economía del país.

Por último, en esta nómina incompleta de causalidades del «Discurso de la Universidad», creo necesario incluir la cada vez mayor claridad existente de que nuestra sociedad está abocada a un inmenso cambio generacional. De hecho, por las leyes inexorables de la vida y de la muerte, la generación histórica está saliendo, poco a poco, de la escena política. A su vez, la que algunos llaman «la generación guevarista» (es decir los que, siendo muy jóvenes, casi adolescentes, entramos en la vida política en la década de 1960) ya va quedando para impartir conocimientos o consejos a las generaciones que vienen detrás, incluida la que denomino «la generación del Período Especial». Esas nuevas generaciones ya constituyen más del 70% de la actual población cubana.

Por tanto, a ellas les corresponderá elaborar sus propias visiones acerca del porvenir de la Revolución, sus propias nociones del socialismo del futuro o de lo que —inspirados en una frase de Hugo Chávez— ahora ha comenzado a llamarse «el socialismo del siglo XXI». Creo que esas nuevas generaciones tendrán la responsabilidad de preservar la Revolución y de elaborar y construir, con tal fin, «un socialismo más bonito y mejor» que el que hasta ahora hemos conocido, tanto dentro como fuera de Cuba. A esas generaciones se dirigió Fidel para convocarlas, de manera expresa, a que no asuman los errores cometidos por el liderazgo de la Revolución como pifias intrínsecas al socialismo, sino atribuibles a las diversas pruebas de ensayo-error emprendidas por los hombres y las mujeres que tuvieron la responsabilidad de realizar la Revolución y de cuidar al socialismo «recién nacido» en nuestro país.

¡Ojalá que los representantes de las nuevas generaciones nunca cometan el error de dogmatizar y sacar de su contexto histórico el pensamiento y la práctica de ninguno de esos hombres y mujeres! ¡Ojalá que las nuevas generaciones nunca cometan el error de atribuir al socialismo los errores y las carencias actuales, ya que ello puede abrir el camino a la idealización del capitalismo o a la utilización de sus «armas melladas» para tratar de encontrar soluciones a los complejos problemas de la transición socialista! Solo así se podrá lograr que el aliento crítico-transformador del discurso de Fidel del 17 de noviembre de 2005 encuentre continuidad en la actualidad y el porvenir. De esa continuidad dependerá la constante reconstrucción en el imaginario de importantes sectores de la sociedad cubana de los contenidos de la utopía socialista-comunista; sobre todo si entendemos la utopía —junto a Franz Hinkelammert— como la perenne crítica del pasado-presente a partir de la indeclinable esperanza en un futuro mejor.

JESÚS ARBOLEYA: Las causas que generan la permanencia de este debate en Cuba son, sin dudas, las insuficiencias de la conciencia revolucionaria que se pretende —y se requiere— para el progreso del Estado socialista. Estas insuficiencias se relacionan ahora con algunas secuelas negativas originadas en el llamado Período Especial. Aunque no creo que puedan reducirse a este evento y el propio Fidel recalca que no se trata de fenómenos enteramente nuevos. El Período Especial plantea, al menos, dos situaciones económicas que constituyen la base objetiva de problemas sociales y éticos de gran magnitud que resaltan en la actualidad: primero, las desigualdades generadas por el acceso a las divisas y el trabajo privado —sobre lo cual el propio Fidel ha hablado con bastante amplitud—; y segundo —también tratado, pero con menos profundidad y extensión, por los medios informativos cubanos—, la incapacidad generalizada del salario para satisfacer las necesidades básicas de la población. Como, a pesar de ello, la gente en Cuba no pasa hambre, ni deja de vestirse, ni duerme debajo de los puentes, existe sin duda un margen de ingreso extrasalarial, obtenido por lo general por medios ilegales, que constituye la base de la corrupción y que tendrá que ser resuelto si se espera eliminarla. Esta situación tiene, además, implicaciones en el área productiva —depreciando los estímulos de cualquier naturaleza—, y afecta las aspiraciones, sobre todo de los jóvenes, que muchas veces no ven compensado por la vía del trabajo en la empresa estatal el desarrollo profesional que, para más, se les ofrece de manera creciente mediante la ampliación del sistema educativo. Se trata de contradicciones que, en parte, pueden encontrar solución con la recuperación económica, pero que además requieren una revisión a fondo del sistema económico cubano, toda vez que también radican en su organización.

No obstante, el Período Especial también ha tenido consecuencias ideológicas positivas, demostradas en la capacidad de resistencia en las condiciones más difíciles posibles y en el abandono de patrones importados del antiguo campo socialista europeo, que también tuvieron su influencia negativa en Cuba. En realidad, el problema de la formación de una conciencia revolucionaria que se corresponda con el proceso socialista constituye un problema permanente que nunca estará definitivamente resuelto porque responde a las exigencias de cada momento. Los patrones de los años 60 eran distintos a los actuales y los del futuro tendrán también sus propias condicionantes específicas. En resumen, no creo que exista algo así como una «conciencia revolucionaria» que se parezca a la fe religiosa porque, incluso, la fe religiosa también evoluciona.

AURELIO ALONSO: El modelo del socialismo soviético engendró el germen de su propia destrucción. Cualquier experimento socialista puede engendrarlo. Fidel valora que la Revolución no puede destruirse desde fuera pero que puede destruirse a sí misma, y centra en la corrupción el mal que puede obrar su destrucción. Yo pienso que es cierto, pero que no lo ha dicho todo. Me pregunto además si el derrumbe del sistema soviético fue, en esencia, un efecto de la corrupción, aunque la corrupción estuviera presente en el entramado de las deformaciones. Creo que al socialismo lo puede revertir, junto con la corrupción, el burocratismo y la falta de democracia. No hablo de sistemas electoralistas, de confrontaciones pluripartidistas, de contiendas en campaña, de alternancias en los cargos de poder. Hablo de democracia, de la que no hemos sido capaces de crear sobre la Tierra, aunque todos creamos saber de qué se trata.

Hablo de la democracia que no puede ser creada dentro del capitalismo, porque la democracia que interesa al sistema no es otra que la que históricamente se ha dado: la que sirve de sostén al imperio del mercado y del dinero, a las dinámicas de enriquecimiento; la que hace de lo que nosotros calificamos como corrupción su dinámica sustantiva de reproducción, y que reduce la noción de lo corrupto a la violación de sus propias reglas de juego.

Hablo de la democracia que tampoco pudo ser creada por los experimentos socialistas, porque los avances en propiciar al pueblo una participación efectiva en los mecanismos de decisión, aún en los casos más loables, han sido parcos en ese horizonte. El Che anotó en una ocasión que «las masas deben tener la posibilidad de dirigir sus destinos, resolver cuánto va para la acumulación y cuánto al consumo, la técnica económica debe operar con estas cifras y la conciencia de las masas asegurar su cumplimiento». Este juicio apunta a un esquema a muy largo plazo, al que no se puede llegar, por supuesto, si nos traga la corrupción. Por tal motivo no solo podemos enfrentar la superación de la corrupción como delito, sino como problema ético. El éxito frente al delito no nos garantiza que no se repita y que los corruptos de mañana no sustituyan a los corruptos de hoy.

Solo al ritmo de la construcción de una sociedad enrumbada consensualmente hacia la superación de la desigualdad, la miseria, la sumisión y la tiranía del capital se hará evidente que la democracia, como poder del, por y para el pueblo, es una categoría política compatible solamente con el socialismo, que ya demostró además que no tiene —como tiene el capitalismo— la posibilidad de sostenerse sin ella.

Los cambios institucionales pertinentes en relación con Cuba, o incluso los cambios cuyo marco ya están comprendidos en la legislación vigente, no saldrían de la adopción de ningún implante artificial de los patrones de la democracia liberal, sino de las exigencias propias del sistema, partiendo de una institucionalidad que, por insuficiente que sea, no ha dado todo de sí. Es un área en la cual los «consejos desde fuera», incluidos los mejor intencionados, tienen poco que aportar.

JULIO ANTONIO FERNÁNDEZ ESTRADA: Las causas de este discurso, en esta fecha, han sido más o menos aclaradas en la primera respuesta. Si las delimitamos podríamos resumirlas así:

a) El optimismo que ha despertado en Fidel la alianza político-económica entre la República Bolivariana de Venezuela y Cuba, así como la solidificación de las relaciones entre China y Cuba, que permiten vislumbrar posibilidades de crecimiento económico para nuestro país como hacía mucho tiempo no se esperaba. Recuérdese que Cuba, además, tiene relaciones en ascenso con Brasil, Argentina, Uruguay, el Caribe y ahora Bolivia.

b) El júbilo con que Fidel recibe el cumplimiento de las tareas que forman parte de los Programas de la Revolución encomendadas a los jóvenes, sobre todo a los Trabajadores Sociales. Por eso a esta fuerza se le ha preferido, a partir del discurso, para protagonizar complicadas empresas de control económico, o como sustituta en posiciones laborales sobre las que se ha tenido sospechas o pruebas de corrupción.

c) El conocimiento del aumento de la corrupción en áreas de los servicios y la administración, entre otras.

d) El convencimiento de que la Batalla de Ideas y sus planes concretos en la cultura, la educación y la salud pública no son suficientes para consolidar el consenso político-social. Solo complementando los planes espirituales con los sociales materiales (alimentación, energía eléctrica, efectos electrodomésticos relacionados con el ahorro, inyección de inversiones en el transporte, entre otras) es posible hacer viable un discurso de conservación a toda costa de la soberanía nacional, la independencia y el proyecto socialista.

e) La palpable esperanza de poder realizar el sueño de un crecimiento económico basado en los servicios y el aumento del capital humano —calificado y solidario— en Cuba y puesto a disposición del mundo necesitado. Esta esperanza se sustenta en la primera causa explicada aquí, y permitiría momentos muy esperados por Fidel, como el de la autonomía monetario-financiera y la disminución del sector privado que labora por cuenta propia.

f) La necesidad histórica de declarar que el socialismo puede destruirse si se le abandona a la inercia del supuesto progreso ineludible.

g) El interés de dejar claro, una vez más, el ánimo y la idea de que la juventud es imprescindible y determinante para construir la revolución de ahora y soportar la revolución de mañana.

JUAN VALDÉS PAZ: Esta pregunta parece más adecuada si se refiere a las condiciones y no a las causas. La situación en que se genera el discurso obedece a un escenario complejo en el cual se combinan condiciones de distintos niveles, algunas de las cuales explicita el propio discurso. Por mi parte, quisiera destacar algunas de estas condiciones, agrupándolas según mi percepción sobre dicho escenario:

a) *Internacionales:* Los procesos de globalización neoliberal en curso; la estructura de dominación vigente en el sistema internacional; la intensificación de los llamados «problemas mundiales»; la hostilidad de los Estados Unidos hacia la Revolución cubana.

b) *Estructurales:* El nivel de desarrollo económico y social alcanzado en el país y sus ineficiencias; la estructura social derivada de ese accidentado proceso de desarrollo; las restricciones para alcanzar un nivel más alto de desarrollo; el bloqueo económico de los Estados Unidos.

c) *Coyunturales:* La demanda social insatisfecha; la insuficiencia energética; las restricciones alimentarias; las políticas y acciones agresivas de la Administración de George W. Bush hacia Cuba.

d) *Existenciales:* La eventual salida del escenario político del liderazgo histórico y de su generación; las diferencias generacionales; la diferenciación al interior del consenso social.

Como se observa en todos los grupos de condiciones, la política de los Estados Unidos hacia la Revolución cubana representa una ineludible amenaza a nuestra seguridad nacional, independencia, soberanía y autodeterminación, lo que la convierte en la condición determinante de cualquier estrategia de continuidad y cambios, cualesquiera que sean los actores si estos sostienen el proyecto revolucionario. Estas condiciones pueden expresarse como un escenario lleno de desafíos y resumirse como un gran desafío al modelo cubano, real e ideal, de transición al socialismo. El «Discurso...» da cuenta de estos escenarios adversos y trata de influir en ellos mediante un compromiso de futuro.

FERNANDO ROJAS: Las causas del discurso se encuentran en circunstancias a la vez complejas y singulares:

a) El incremento de la hostilidad imperialista en condiciones de una hegemonía mundial estadounidense sin precedentes.

b) En el subtexto, según mi opinión, está la preocupación de que los esfuerzos de los últimos años por la realización de un profundo cambio cultural no estén dando los resultados esperados. Más aún, en esos mismos años se han producido nuevos déficit en el campo ideológico.

c) El comienzo de la superación del Período Especial se produce mientras todavía persisten, en algunas áreas sensibles de la vida económica y social, retrocesos que no han sido contenidos.

d) Se ha complejizado el entramado institucional, con la sana intención de movilizar mejor las fuerzas sociales. No puede afirmarse aún que se haya logrado ese resultado y existe el peligro de una escalada en la burocratización. El repunte del formalismo en determinadas zonas de la vida política e ideológica puede ser una señal de aviso.

El «por qué», el «para qué» y el «desde quién» en la definición de los problemas y sus soluciones

JESÚS ARBOLEYA: Un discurso que plantea la posibilidad de la reversión de la Revolución lo cuestiona todo. De hecho, todo es cuestionable, ya que el hombre construye su historia día a día y la perfección no funciona en la política. Como dice Armando Hart, la política no es una ciencia exacta. La vitalidad de un sistema político se sostiene sobre su capacidad para adecuar constantemente los mecanismos que le sirven para la construcción del consenso por el cual se rige; dicho de otra manera, para articular la hegemonía, siguiendo los postulados de Gramsci. En el caso de un Estado socialista ello significa la formación del consenso popular, lo que se alcanza de múltiples maneras, en correspondencia con imperativos históricos concretos. No creo que la búsqueda del consenso consista en hacer asambleas por cualquier cosa, ni que el patrón de democracia socialista pueda asentarse en la imitación de la democracia burguesa, sino que radica en la legitimidad del Estado socialista frente a sus ciudadanos. Es difícil dudar de la legitimidad del Estado revolucionario cubano cuando el consenso se expresaba levantando los fusiles en una plaza pública, como también es cierto que ello no sería suficiente en la actualidad. Creo que el Estado y las organizaciones políticas cubanas requieren revisar algunos de estos mecanismos, ya sea para hacerlos funcionar como están concebidos, despojándolos de vicios burocráticos, o para actualizarlos a partir de las exigencias que le imponen los cambios. Ello tendrá mayor importancia cuando no esté presente el líder popular, que hasta ahora ha suplido las deficiencias y limitaciones del sistema político cubano. No obstante, también considero que muchos de estos cambios no pueden ser impuestos desde el presente, ya que tendrán su lógica a partir de la nueva realidad y las apreciaciones de los nuevos actores, que en definitiva serán los responsables de adecuarlos a la coyuntura correspondiente.

AURELIO ALONSO: La conducción de nuestro proceso revolucionario (no me voy a permitir generalizaciones aquí) se sostiene en una doble legitimidad: La legitimidad carismática (categoría bien definida en el plano teórico desde Max Weber), basada en las capacidades y el consenso de un liderazgo histórico, personificado en la figura de Fidel, intransmisible e irrepetible por razones diversas, incluida la del genio o el talento de conductor. Por otra parte, la legitimidad institucional, basada en instrumentos políticos y jurídicos que se adoptaron desde mediados de los años setenta y que tuvieron una parcial renovación en los comienzos de los noventa, aunque retienen en medida apreciable el signo visible del diseño estructural y funcional de la burocracia soviética, con componentes positivos pero probablemente también con algunos de los defectos que hicieron que el socialismo sucumbiera en un país tan poderoso.

En la concurrencia de esas dos legitimidades en los órganos de poder, el liderazgo carismático ha prevalecido, por razones obvias, sobre el institucional. Dicho sin rodeos: hoy la autoridad del Comandante en Jefe (único título que abarca todos los poderes y que, desde su formalización al reestructurarse los grados militares, se acordó —creo recordar— que desaparecería con Fidel) es decisiva e incuestionada en el Buró Político del PCC, en la Asamblea Nacional del Poder Popular y en el Consejo de Estado. También, por supuesto, en las Fuerzas Armadas, en las cuales, en todas las latitudes del Mundo, el Jefe de Estado deviene Comandante en Jefe en situación de guerra. Esto hace que los máximos órganos de decisión (intencional y explícitamente colegiados —fueron concebidos así—) se subordinen al liderazgo personal.

Recuerdo, entre paréntesis, que no falta quien haya cedido a la equívoca apariencia de que en la esfera del poder civil predomine un canon de estado de guerra cuando el país vive en estado de paz —aún si el país se ha visto forzado a vivir en situación de paz como si fuera una situación de guerra.

Tal concentración del liderazgo puede haber dado lugar a algunos desaciertos (estoy muy distante de la posibilidad de juzgar), pero ha permitido una coherencia al proyecto revolucionario, la continuidad de un consenso en torno a la soberanía, y la vitalidad de ideales de justicia social y solidaridad, que después de un azaroso itinerario han encontrado al fin el eco apropiado en nuestro continente. La retención de esos logros y el desarrollo de nuevos niveles de realización requerirán, a mi juicio, de un cambio en los dispositivos de poder.

En el plano ideal yo diría que la salida de la generación del liderazgo histórico del mapa político debe implicar un tránsito de esta conjunción de liderazgos a una nueva relación, en la cual los esquemas colegiados se superpongan a la voluntad individual en la toma de decisiones y en el diseño de estrategias. De hecho, es lo que se desprende de la Constitución: que el Presidente no lo es del país sino de un Consejo de Estado, y que cuando su propuesta no logra mayoría, se debe someter a la decisión colectiva. Algo similar debiera acontecer con relación a las facultades del Jefe de Estado dentro de la Asamblea Nacional.

JULIO ANTONIO FERNÁNDEZ ESTRADA: El «Discurso de la Universidad» divulgó ineficiencias económicas, descontrol, corrupción, y alertó sobre lo enérgicas que iban a ser las medidas que se tomarían con los responsables de cualquiera de los problemas que se descubrieran, incluidos en estas responsabilidades los dirigentes que pudieran estar involucrados.

El Comandante en Jefe dejó ver áreas de descontrol económico, muchas de ellas conocidas popularmente, sobre todo, relacionadas con el sector privado y el mixto, aunque también se refirió al robo y al desvío de recursos en la economía administrada directamente por el Estado.

Como antes señalaba, en este discurso el jefe de la Revolución retomó anteriores criterios suyos sobre el mal necesario que había significado la economía del dólar en Cuba, y en varias ocasiones fue severo en el tratamiento de algunos sujetos económicos privados pero legales.

Fidel aseguró en esta alocución que, en futuros movimientos internos de las finanzas cubanas, la institución bancaria sería la garantía para los ciudadanos, elemento este que le otorga un presupuesto de seguridad jurídica y de legalidad a su intervención.

Por último, y relacionado con la economía, fue concluyente el ánimo de que todas las políticas económicas de autogestión que se venían desarrollando dentro del llamado perfeccionamiento empresarial, serían si no sustituidas, sí al menos remodeladas, para convertirlas en políticas planificadas y controladas desde principios reputados como nuevamente socialistas, pero que en el pasado, debemos decirlo, tampoco habían resultado eficaces.

En este discurso Fidel no se ocupó propiamente del sistema político, pero se vislumbró su intención de darle una nueva cara a la política cubana, como ya dije antes, por el optimismo que despiertan en el Comandante en Jefe los programas de la Revolución y todo el gran reacomodo cultural que se dio después del regreso del niño Elián González.[19]

Estamos ante una época diferente de la política cubana. Si nuestra economía dejó de ser azucarera para convertirse en una de servicios, turística y reproductora de capital humano, también la política se basa ahora más aún, en una especie de carrera contra reloj para arribar a una deseada conciencia revolucionaria, socialista, internacionalista, humanista, y antes, antimperialista, antineoliberal, anticapitalista, etc., sin la cual no es conservable ni la Revolución ni el sueño de que un mundo mejor es posible.

Sobre la moral socialista debemos decir que el 17 de noviembre de 2005 se rescató el antiguo discurso de los valores del dirigente comunista y Fidel declaró que no bastaba con la crítica y autocrítica, sino que había que hacer pública la crítica y encontrar las responsabilidades y las formas de reparación de lo dañado.

Fue este un discurso en el que se puso en precario equilibrio la posibilidad de una moral socialista basada en la desigualdad, aunque a mi entender quedó en tela de juicio el Derecho y la legalidad. Si es «inmoral» vivir de las remesas del extranjero sin trabajar, entonces ¿dónde queda el ordenamiento jurídico que legitima esta forma de ingreso económico? Fidel destacó las contradicciones que se dan por la desigualdad entre personas con altas responsabilidades sociales y utilidad pública y personas que nada o muy poco

---

19. La batalla nacional por la devolución del niño Elián González, secuestrado contra la voluntad de su padre en los Estados Unidos (1999–2000), fue un evento que provocó cotas de extraordinaria tensión política entre Cuba y los Estados Unidos. A su vez, fue el punto de partida del proceso en curso conocido como Batalla de Ideas.

ofrecen a la sociedad, donde los primeros no necesariamente tienen más nivel adquisitivo que los segundos, sino todo lo contrario.

Es evidente que lo que se pone en juego aquí es la moral socialista, o la relación antiquísima entre lo útil y lo ético. Es trascendental que se tome en cuenta en este discurso la necesidad histórica de poner en su lugar la escala de valores sociales que resulta del trabajo, la productividad, el salario y el prestigio que algunas actividades y oficios o profesiones tradicionalmente han tenido.

Mientras lo útil y lo ético se encuentren tan distantes, ni la moral socialista será convincente, ni la corrupción en todas sus manifestaciones podrá ser erradicada.

FERNANDO ROJAS: El «Discurso...» pone en cuestión, con respecto a la organización económica, el diseño político y la moral socialista en Cuba, precisamente *su eficiencia*. En el caso específico de la organización económica, más que el inventario superficial que han hecho algunos amigos nuestros fuera de Cuba, lo que verdaderamente me preocupa es no comprender el lugar que le conferimos a la producción de bienes materiales. Pareciera a veces que por primera vez una revolución socialista no otorga a esta el lugar de mayor privilegio en la organización económica. Si así fuera, ello merecería al menos una discusión.

LUIS SUÁREZ SALAZAR: Con independencia de mis juicios con respecto a las soluciones (algunas de las cuales no comparto) que se están ensayando en la actualidad, creo que el discurso de Fidel puso en cuestión diversos aspectos de «la organización económica» —como dice la pregunta— que asumió el país a partir de la segunda mitad de la década de 1990; en particular, aquellos aspectos de la resolución económica del V Congreso del PCC (1997) que impulsaron la descentralización administrativa y la autonomía relativa de las empresas socialistas vinculadas al perfeccionamiento empresarial, así como de las estructuras estatales encargadas de controlarlas. Creo que a ellas —y a los ministerios a los cuales están subordinadas— se refiere Fidel cuando habla de las 3000 empresas que tenían capacidad para decidir sobre buena parte de los ingresos en divisas del país.

Igualmente creo que el «Discurso de la Universidad» reveló los problemas que están afectando el funcionamiento del «diseño político» y que yo prefiero llamar «el sistema político». Desde mi punto de vista, es imprescindible profundizar en ese tema, ya que aunque Fidel lo mencionó de manera implícita, no se detuvo en todas sus aristas. Por ejemplo, hay que meditar qué debe hacerse para que las instituciones políticas y estatales cubanas funcionen de acuerdo con el espíritu y la letra de las normativas que le dieron origen. También hay que meditar qué debe hacerse para elevar la calidad de la participación de la ciudadanía en todos los asuntos que le incumben y le afectan; o, lo que es lo mismo, para que la participación de los diferentes sectores de la población —o de sus representantes— no quede constreñida a las dimensiones ejecutivas de directrices y orientaciones elaboradas por otros, sino que se proyecte hacia los mecanismos que tienen que ver con la adopción de decisiones en diferentes instancias de la sociedad.

Y, desde mi punto de vista, esas dimensiones de la participación no son ajenas a «la moral socialista», pues los contenidos actuales de esa «moralidad» solo podrán redefinirse mediante un complejo proceso educativo-participativo en el cual, mediante la inacabable dialéctica entre lo nuevo y lo viejo, entre los mecanismos ideológico-culturales formales e informales y la «autoeducación», se vayan delimitando y afirmando constantemente las nuevas nociones éticas que demanda esta etapa de la transición socialista cubana. Por muy importantes que sean, tales nociones no pueden reducirse a la lucha contra el latrocinio y la corrupción. La nueva «moral socialista» también debe incluir —como apuntó Fidel— una relación filial con la naturaleza, una relación fraternal con la biosfera y una nueva actitud frente a las injusticias y discriminaciones de todo tipo que afectan a la Humanidad y, en particular, a nuestra «Patria grande»: América Latina y el Caribe, incluido, claro está, el archipiélago cubano. En nuestro contexto todavía hay que eliminar muchas intolerancias, surgidas de viejas o, mejor aún, rancias nociones acerca de los contenidos de «la moral socialista».

JUAN VALDÉS PAZ: El «Discurso...» hace pocas alusiones directas al contenido de esta pregunta, aunque queda claro que su referente es la sociedad cubana emergente del Período Especial, conformada por el modelo de transición socialista de los años 80, impactada por la crisis de los 90 y, en parte, transformada por las medidas implementadas en esos años de salida de la crisis.

El «Discurso...» no evalúa el modelo de los ochenta ni el emergente en los noventa, a pesar de la fragmentación de la opinión pública —y de sus correlativas propuestas de futuro— alrededor de esa evaluación. De hecho, las reformas de los años 90 se interpretan de modo contrapuesto: por unos, como adecuadas pero insuficientes; por otros, como necesarias pero indeseables.

El discurso parece correlacionar los problemas económicos, sociales e ideológicos actuales con las aperturas de los años 90. Las numerosas medidas en curso o las en él anunciadas sugieren una reorientación de esta situación, una «superación de errores».

A la vez que inciden en el debate de qué debe continuar y qué debe cambiar en el actual régimen revolucionario, el discurso trasmite la percepción de los escenarios que se sucederán en adelante: en lo inmediato, de medidas rectificadoras; en lo mediato, de reformas acorde al modelo de transición socialista propuesto; y, en el largo plazo, de continuidad o perfeccionamiento. Todo ello supone una estrategia abarcadora de la cual el «Discurso...» parecería ser la puesta en escena.

Sin embargo, el discurso, lejos de cerrar, reabre el debate sobre qué debe ser cambiado y cuánto conservado con respecto al actual modelo de transición, en la medida en que no ofrece una crítica histórica acabada de la experiencia pasada y reciente del régimen revolucionario. En ausencia de un debate socializado de estos temas, se hace difícil estimar la incidencia que tendrá este discurso en la opinión pública, así como el grado de consenso sobre las estrategias esbozadas.

Aunque el «Discurso...» menciona aspectos de las distintas esferas de la sociedad cubana actual, quisiera comentar de modo específico lo que en él se dice sobre la economía. De hecho, el discurso explicita rasgos de un modelo económico en ciernes que recuerda, en parte, las estrategias implementadas en los años 60 basadas en: pretensión de originalidad, predominio absoluto del sector estatal, minimización del mercado, definición de las prioridades mediante Programas, dirección económica altamente centralizada, ingreso basado en el trabajo personal, prioridad del gasto social, subsidio generalizado, limitaciones al consumo en favor de la acumulación, distribución regulada, incentivos morales, etc.; a los que se adicionan otros nuevos rasgos, tales como: acumulación basada en el sector de los servicios, persistencia —aunque minimizada— de algunas de las aperturas de los años 90, mayor peso de las políticas sociales en el gasto público, reconversión del sector azucarero, nuevo diseño energético del país, circulación de dos monedas nacionales, supresión eventual del consumo racionado, entre otros.

Este modelo híbrido supone, de manera expresa o no, la delimitación o supresión de muchas de las reformas económicas de los años 90 y, con ello, abre a discusión temas objeto de la mayor polémica y el menor consenso, tales como: las políticas en curso, las medidas económicas avaladas en el discurso, y el comportamiento real de la economía nacional.

En un sentido más profundo, el debate se refiere al grado de autonomía que el sistema económico y sus agentes deben tener respecto de la dirección política y en el marco de las estrategias de transición socialistas. En mi opinión, esta es una cuestión crucial para la continuidad de la Revolución.

La «fortaleza» proviene del debate político y de la construcción ciudadana

¿Cuál es el alcance de este discurso, esto es, qué abarca, hasta dónde se dirige en relación con el futuro del sistema político revolucionario?

JESÚS ARBOLEYA: Parece claro que el discurso de Fidel se refiere tanto al momento actual como al futuro. Ambas cosas son inseparables, dado que existen problemas que, de no resolverse, influirán inevitablemente en el porvenir del país. Sin embargo, creo que el discurso trasciende el tema de la «reversibilidad del socialismo» para abordar asuntos muy actuales relacionados con las cualidades del movimiento revolucionario y la construcción del socialismo. Un aspecto pasado por alto por la mayor parte de los analistas es la visión colectiva de la ética planteada por Fidel Castro. En esa concepción, la ética no resulta solo una cualidad individual de los revolucionarios, sino que es entendida como componente de la acción colectiva. El fin no justifica los medios, dice Fidel Castro, y pone ejemplos de los costos políticos que ha tenido para el movimiento revolucionario violar este principio. Además, considera la ética como un factor de encuentro de los revolucionarios con otras fuerzas sociales —como ciertos sectores religiosos—, reafirmando un principio que ha marcado la política cubana a lo largo de la historia de la Revolución: «ninguna táctica o estrategia que desuna sería buena». Esta búsqueda de la unidad a toda costa ha tenido, en ocasiones, el subproducto negativo de reducir los márgenes del debate político interno y servir de excusa a las deficiencias de la burocracia, pero visto en términos de sus consecuencias globales, ha sido la base de la capacidad de supervivencia demostrada por la Revolución cubana.

LUIS SUÁREZ SALAZAR: El «Discurso de la Universidad» tiene muchas facetas. Algunas de ellas habían sido abordadas, con lujo de detalles, en otras intervenciones. Por ende, para mí, en esta ocasión lo «trascendente para el futuro del sistema político revolucionario» es el reconocimiento de que el porvenir de la Revolución y de la transición socialista en Cuba no está predeterminado. Este dependerá de la capacidad que tenga el sujeto popular, las actuales y, sobre todo, las futuras generaciones, las instituciones y sus principales dirigentes, para enfrentar los problemas que afecten a nuestra sociedad, a la ideología y la cultura, al sistema político y a la economía. Por tanto, el discurso cuestiona las afirmaciones precedentes acerca de la «irrevocabilidad» del socialismo y acerca de que la revolución «es indestructible» o «invulnerable». Para alcanzar esa «invulnerabilidad» político-ideológica es imprescindible superar constantemente los errores que se cometan. También es imprescindible la continua búsqueda de soluciones revolucionarias a las contradicciones, antagónicas y no antagónicas, endógenas y exógenas, inherentes a la transición socialista. Esto coloca el futuro del sistema socio-económico y político cubano en el lugar donde debe estar: en la capacidad del sujeto popular cubano, de sus organizaciones y dirigentes para garantizar, de manera sistemática y consciente, la irreversibilidad de los logros pasados, actuales y futuros de la Revolución y el Socialismo.

JULIO ANTONIO FERNÁNDEZ ESTRADA: Al afirmar la posible reversibilidad de la revolución socialista como consecuencia de errores internos, Fidel está poniendo sobre la mesa algo que no creo haya sido ni suficiente ni profundamente analizado hasta ahora. No lo han hecho las instituciones públicas, ni el pueblo en cualquiera de sus formas de organización social.

En esta intervención se coloca al futuro de la Revolución como un derrotero al que se llega solo si se la conserva, con unidad política, igualdad social, eficiencia y control económico, humanismo y trabajo ideológico.

Cuando Fidel acepta que ninguno de ellos (los primeros líderes de la Revolución) sabía cómo construir el socialismo, nos está diciendo que nosotros también tendremos dudas sobre qué caminos en el futuro serán los mejores, pero que tendremos que asumir la responsabilidad de continuar la Revolución aún sin estar seguros de todo lo que pasará.

Las revoluciones son también un enorme laboratorio, donde experimentamos con la historia y el destino de los pueblos. En este discurso, Fidel reconoce innumerables errores de todos los que lideran el Estado cubano, pero está convencido de que esos errores no han sido suficientes para afectar la esencia del proyecto socialista en Cuba.

Lo más interesante que trasluce en este discurso, si mis ojos no están yendo más lejos que mi razón, en relación con el futuro del sistema político revolucionario cubano, es que si se salva la esencia de la revolución socialista, entonces la forma del Estado cubano o la organización estructural e institucional del sistema político no importarán tanto, porque es inevitable que, después del paso fundador de la generación histórica, algo va a cambiar. Por lo tanto, nuestro trabajo consiste en asegurarnos de que lo que cambie sean las formas, los estilos, los líderes, pero no los principios ni los valores ni la historia de la emocionante odisea socialista.

AURELIO ALONSO: La construcción revolucionaria socialista en Cuba ha sido conducida por Fidel Castro durante casi medio siglo; y, por obvias razones biológicas, las figuras de la generación que protagonizó la lucha por el poder y sentó las bases de una nueva sociedad abandonarán el escenario en un plazo relativamente corto. No podemos contemplar el problema de la sucesión como posibilidad, sino como un hecho inexorable que acontecerá en un futuro cercano.

Hasta hace muy poco tiempo el tema de «el futuro» se eludía entre nosotros, considerado como tabú, tal vez por la sospecha del morbo que pudiera rondar esa especulación. Cuando se nos preguntaba qué va a pasar en Cuba el día en qué Fidel no esté (una elipsis para no mencionar la muerte), nos solíamos limitar a buscar respuestas ingeniosas, también elípticas, o a emitir juicios rotundos hasta el ridículo para asegurar que todo va a marchar igual, que nada cambiará, que la sociedad cubana está totalmente preparada, que «el relevo» está ahí, que el Partido es inmortal.

Lo cierto es que pareciera que no nos hemos detenido suficientemente a reflexionar, y mucho menos a debatir públicamente sobre ese futuro —nosotros los cubanos, que vivimos esta realidad y vamos a tener que vivir la venidera—, y dejáramos que el debate se quede en manos externas. Manos no siempre adversas, claro está, y a menudo preocupadas por el porvenir del socialismo, dentro y fuera de Cuba. La cosa es que otra vez —en este tema como en muchos— un debate, claramente cubano por su contenido, nos entra de rebote.

La importancia del asunto radica en el impacto que tendrá el hecho mismo de la desaparición del liderazgo histórico para los cubanos, para el trayecto de construcción de una sociedad de equidad y justicia, de solidaridades intensas, proclamada socialista, que, al cabo, Fidel habrá dirigido durante medio siglo con un sello marcadamente personal, tanto en el ámbito de las coordenadas del proyecto como en el de las decisiones coyunturales. Un camino forzado, por un bloqueo implacable, a zigzagueos estratégicos para asegurar la supervivencia, resistiendo en condiciones apreciables de austeridad para la población, bajo una permanente amenaza de agresión que se potencia en momentos críticos, restringido en la aspiración de dar al pueblo satisfacción de buena parte de sus necesidades básicas. No obstante, es superfluo continuar este rosario para dibujar el paisaje socioeconómico que ha atravesado el país. A lo que intento aludir es a la realidad vivida, no a juicios de valor.

No habría motivos ni argumentos para pronosticar que el proyecto socialista cubano se vaya a hacer inviable cuando falte Fidel. Sin embargo, su salida del espacio de la toma de decisiones políticas significará la sacudida más intensa que deba experimentar la conducción del socialismo cubano. Creo que esa es una verdad de la que nadie debería dudar ni extrañarse, y que sería suficiente, aún sin entrar en otras consideraciones, para no hacer espacio a respuestas que hagan devenir «banal» el hecho mismo.

JUAN VALDÉS PAZ: Aunque el «Discurso de la Universidad» trata aspectos de la realidad cubana actual y de políticas específicas del Gobierno, es, por sus temas y por su proyección, un discurso sobre el futuro. En este sentido responde a temas de actualidad, pero se abre a la incertidumbre con sus inesperadas preguntas: ¿Puede ser reversible o no un proceso revolucionario? ¿Cuáles serán las ideas que harían imposible su reversión, si no existe un modo seguro de construir el socialismo? ¿Qué «ideas bien claras» nos permitirán preservar en el futuro el socialismo? ¿Qué condiciones propiciarían que destruyamos a esta Revolución? Estas, entre otras interrogantes.

En gran medida, todo el pensamiento del liderazgo de la Revolución —y en particular los del Che y Fidel— se ha desarrollado en respuesta a estas preguntas, de una manera tan reiterada como categórica: mediante los principios, la voluntad revolucionaria, la unidad política, el apoyo popular, etc. Esta certeza se explicaba porque las interrogantes se dirigían al mismo sujeto histórico, a las mismas generaciones. Ahora, el discurso se dirige a una generación nueva y distinta, que no tendría a la generación histórica a su lado para asegurar la continuidad y que tendría que enfrentar por sí misma las necesidades de cambios.

En el discurso tales preguntas quedan sin respuestas expresas, pero ello no supone que estas no existan. De hecho, Fidel ha expresado muchas de ellas en otros discursos, las generaciones mayores han tendido a creer que sus prácticas exitosas son parte de las respuestas, y las nuevas generaciones no se hacen preguntas que parecen estar vinculadas al ejercicio del poder.

Precisamente un tema omiso en el discurso es cualquier referencia al orden institucional y a la estructura de poder bajo las cuales el futuro bloque generacional podría garantizar la continuidad del proyecto revolucionario y el socialismo. El sistema político no es mencionado, no se proponen medidas para fortalecerlo o cambiarlo, no se le hacen críticas a su funcionamiento. Todo ello a pesar de que al Partido Comunista de Cuba, su institución suprema, le corresponde «dirigir la sociedad y el Estado» así como proponer y realizar el proyecto de transición socialista. Esto es particularmente importante en una situación en la que el sistema político cubano presenta un notable grado de desviación de su norma institucional y encuentra en el liderazgo de Fidel su principal estratega, su fuente de legitimación y el árbitro entre las tendencias existentes.

En mi percepción, la problemática de continuidad y cambio enfrenta desafíos políticos específicos, tales como: la reproducción de un consenso ampliamente mayoritario; la legitimidad del sistema político y de su liderazgo, en circunstancia de un peso decreciente de sus fuentes históricas; la continuidad de su desarrollo democrático, mediante una mejor representación y una mayor participación de la población en las instituciones políticas; la integración de la nación mediante la incorporación de la comunidad cubana en el exterior; y otros.

Algunos de estos desafíos ya están presentes y otros cobrarán toda su fuerza en el mediano y largo plazo. En este sentido, algunas de las interrogantes del «Discurso de la Universidad» se entrelazan con estos desafíos.

FERNANDO ROJAS: Creo, y me alegraría profundamente que así fuera, que el «Discurso de la Universidad» nos conduce, sobre todo, a pensar *colectivamente*.

El saber del socialismo
y el socialismo del saber

El «Discurso de la Universidad» ha provocado un debate en una zona de la izquierda internacional desde antiguo plenamente identificada con la Revolución, y que desde esa misma posición, en la mayor parte de los casos, ha abordado de manera problémica, crítica, en su sentido marxista, los temas de la institucionalidad socialista cubana, el liderazgo del pueblo como sujeto de la Revolución, la necesidad de un debate político colectivo sobre el futuro del Socialismo en la Isla, entre otras cuestiones de importancia trascendental. ¿Qué valoración le merecen las posiciones solventadas en tal debate?

JESÚS ARBOLEYA: Es cierto que los intelectuales cubanos hemos intervenido poco en el debate internacional que generó este discurso y ello es lamentable, ya que nada nos impedía hacerlo. También es cierto que, salvo la intervención del canciller Felipe Pérez Roque, el manejo público de la cuestión ha adolecido de la profundidad requerida en Cuba, aunque tal actitud no refleja el interés que despertó dentro del país donde, ya sea promovido por las organizaciones políticas o de manera espontánea, se ha discutido ampliamente su contenido.

En lo que respecta a las preocupaciones generadas en «una zona de la izquierda internacional» —digamos, la intelectualidad de izquierda—, vale decir que se trata de una preocupación legítima, toda vez que la Revolución cubana es un referente ineludible del movimiento revolucionario internacional y razones políticas, incluso sentimentales, vinculan de manera orgánica a muchas de estas personas con el proceso revolucionario cubano. O sea, lo grave sería que los intelectuales de izquierda no se preocuparan por la Revolución cubana al nivel que lo hace la derecha. Por demás, es sano que ocurra de esta manera, tanto porque refleja una revitalización del pensamiento progresista en todo el mundo, como por aportar una visión internacional que nutre la ideología revolucionaria cubana. En tal sentido, las valoraciones han sido muy diversas, desde las apologistas hasta las sumamente críticas, por lo que quisiera referirme solo a las que más han llamado mi atención por sus implicaciones teóricas y sus posibles consecuencias prácticas.

Cuando hablamos de varias generaciones de revolucionarios cubanos estamos hablando de una tradición revolucionaria que antecede a la propia Revolución y que en muchos casos es totalmente desconocida por los analistas. La historia es acumulativa y nunca se parte de cero, cada experiencia revolucionaria —incluso las fracasadas— aporta a la conciencia colectiva y sirve al desarrollo de nuevos procesos. No creo que se pueda comprender la Revolución cubana, ni analizar su futuro, sin tener en cuenta estos condicionamientos históricos.

El problema del enfrentamiento con los Estados Unidos a veces se ignora o se menciona de manera tangencial, casi como una anécdota, sin tener en cuenta que ello condiciona una filosofía de comportamiento de los revolucionarios cubanos, explica muchas medidas revolucionarias y consume buena parte de las energías del país. La propia naturaleza de la Revolución cubana tiene su origen en este enfrentamiento, y en ello encuentra su trascendencia estratégica toda vez que la dependencia de los Estados Unidos condicionó los perfiles de la sociedad cubana desde el siglo XIX. Cuba fue la primera neocolonia norteamericana y el laboratorio social de un régimen que después se expandió por todo el mundo. La Revolución cubana fue entonces la primera revolución antineocolonialista de la historia, por lo que se define a partir de su oposición a un régimen que hoy día constituye la esencia de la dominación imperialista. Desde mi punto de vista, tal insuficiencia en la aproximación al caso cubano refleja el éxito de la maquinaria ideológica imperialista, capaz de enajenar del debate sus aspectos fundamentales, y también es el resultado indeseado de la banalización del asunto por parte de la propaganda cubana, que tiende a convertirlo en consignas vacías de un contenido convincente. No obstante, ello no es excusa para los científicos sociales que pretenden comprender el fenómeno de la Revolución cubana y están obligados a analizarla con la profundidad requerida.

Por otra parte, junto con insuficiencias y errores, la Revolución cubana ha acumulado éxitos y experiencias que constituyen sus fortalezas para enfrentar el futuro. A veces se mencionan los éxitos en la educación, la salud pública y la asistencia social como logros parciales de la Revolución cubana y no como virtudes del sistema, olvidando que ello solo es posible en el socialismo y constituye la esencia del nivel de justicia práctico que el socialismo pretende alcanzar, lo que lo convierte en la base estructural del consenso político que sostiene a la Revolución misma. En definitiva, son problemas que ninguna otra sociedad ha podido resolver al nivel de Cuba y que están en el centro de las aspiraciones de los pueblos del Tercer Mundo, determinando sus metas revolucionarias, lo que explica la influencia natural que ejerce la Revolución cubana sobre estos procesos.

Otro aspecto que me llama la atención en algunas apreciaciones es la falta de organicidad del análisis. Se puede estar de acuerdo con ciertas críticas al sistema económico o político cubano y no coincidir con el diagnóstico ni con las premoniciones respecto al futuro de la Revolución cubana, ya que se desconocen otros elementos de suma importancia y la propia evolución natural de estos procesos. No creo en la fiabilidad de la «construcción de escenarios posibles a la Cuba pos Castro», simplemente porque nadie sabe cuándo va a ocurrir y la variable tiempo es determinante en este caso. Basta revisar el entorno político internacional para comprender las diferencias que pueden generarse en una década. En resumen, algunos dicen que nos falta el Carlos Marx del siglo XXI y ello es innegable, pero, ya que no tenemos al sabio, debiéramos al menos aprovecharnos del método y rescatar la dialéctica en nuestros análisis.

Tampoco ha sido tenida en cuenta por la mayoría de los analistas de este discurso una afirmación que define el pensamiento de Fidel Castro con respecto a un tema de máxima preocupación para el marxismo, «el más importante error era creer que alguien sabía de socialismo, o que alguien sabía de cómo se construye el socialismo», dice Fidel, colocándose en el debate con respecto a la teoría del socialismo posible.

Otro aspecto vigente en el debate es el supuesto de que la Revolución cubana ha seguido el patrón del socialismo real europeo y, por tanto, está condenada al fracaso si no sustituye su «modelo» por otro modelo supuestamente mejor. Tal criterio no solo desconoce las evidentes especificidades de la Revolución cubana, sino que nos conduce al mismo error que animó a los teóricos soviéticos a defender la existencia de un modelo único de socialismo, mediante la aplicación mecánica de los principios básicos del marxismo. Como dice Pablo González Casanova, se confunde el «proyecto» con el «proceso», y yo agregaría que se pretende sustituir un modelo inventado por otro modelo inventado. En mi criterio, el socialismo no se ajusta a modelos únicos a escala nacional, sino que se trata de una tendencia histórica que se define por el desplazamiento de la burguesía de su papel hegemónico en la sociedad, lo que ahora implica su desplazamiento a nivel mundial, o sea, el debilitamiento del sistema de dominación global imperialista o, como dice Fidel en su discurso, la transformación del «mundo real, que debe ser cambiado». Al menos, esta aproximación nos permite comprender mejor el impacto revolucionario de ciertos procesos políticos que nunca se presentan químicamente puros, pero afectan el dominio imperialista en su conjunto.

FERNANDO ROJAS: En la mayoría de los casos el tono de la polémica parece levantarse por encima de nuestros hombres, mujeres y problemas reales. Quizá es nuestra culpa, por no estar discutiendo todos los días nosotros mismos.

LUIS SUÁREZ SALAZAR: La pregunta me obligaría a distribuir elogios y críticas, acuerdos y desacuerdos con todos los cubanos y foráneos que hasta ahora han participado en ese debate, lo que me colocaría en el indeseable papel de «juez y parte» de un debate sobre el futuro de la transición socialista cubana que, desde hace muchos años, iniciamos en el Centro de Estudios sobre América (CEA). Por razones que no vienen al caso tratar aquí, ese debate se «sumergió» en los últimos cuatro años de la década de 1990. En un modesto intento por «reflotarlo» y antecedido por un par de artículos publicados en Cuba, en el año 2000 publiqué un libro titulado *El siglo XXI: Posibilidades y desafíos para la Revolución cubana* (Editorial de Ciencias Sociales). En él abordé —a partir del aporte de diversos colegas cubanos y no cubanos, así como de mis propias reflexiones— un diagnóstico del mundo, de la América Nuestra y de la sociedad cubana finisecular. También levanté algunas hipótesis respecto al porvenir. Lamentablemente, aunque el libro se agotó, la imprescindible discusión de esas tesis e hipótesis solo se realizó en algunos medios académicos y nunca trascendió al público.

Por ello —más allá de mis coincidencias y discrepancias con los enfoques que se han publicado luego del «Discurso de la Universidad»— celebro que nuevamente haya «emergido» ese debate. Lo único que lamento es que la participación de los científicos sociales y los intelectuales cubanos haya quedado constreñida a unos pocos artículos y que, desde el punto de vista general, ni los cubanos ni los foráneos que han participado en ese debate hayan utilizado los mejores hallazgos de las ciencias sociales cubanas respecto a las diversas contradicciones que en la actualidad caracterizan a nuestra sociedad, al sistema político y a la socio-economía.

Aspiro a que en el debate colectivo que algún día se tendrá que producir, la sociedad y, en particular, las nuevas generaciones, de alguna manera se apropien críticamente de esos conocimientos para realizar su deber y su derecho de pensar «con cabeza propia» —como demandaba el Che— la utopía socialista; ya que sin el procesamiento de esos hallazgos científicos es y será muy complicado discutir con propiedad las disyuntivas del futuro. Este, por definición, es un campo de batalla donde los diferentes «actores» que actúan en la sociedad cubana tratarán de lograr el cumplimiento de sus correspondientes propósitos. Y dentro de esos «actores» siempre habrá que incluir a los que, desde adentro o desde afuera, quieren destruir la Revolución y el socialismo.

Como se demostró en la URSS y en Europa oriental, en ciertas circunstancias históricas esos «actores» pueden trascender con mucho a los llamados «disidentes», ya que en esos países la contrarrevolución se incubó en las propias filas de sus correspondientes «vanguardias políticas» y de sus aparatos tecno-burocráticos, o sea, en el Estado y en lo que Gramsci llamó la «sociedad política». Todos los discursos que le atribuyen al imperialismo y a «la sociedad civil» un lugar protagónico en esas contrarrevoluciones desconocen, al menos, esa parte de la verdad.

JUAN VALDÉS PAZ: Como ya dije, el «Discurso de la Universidad» abrió diversos temas e interrogantes sobre el futuro de la Revolución y del socialismo en Cuba; en él se alude a condiciones que deberán ser tenidas en cuenta para garantizar su continuidad, tales como:

a) la invulnerabilidad militar, económica e ideológica del orden revolucionario;

b) los Estados Unidos como el enemigo estratégico de la independencia de Cuba y del proyecto de sociedad promovido por la Revolución, sean cuales sean el escenario y las relaciones establecidas;

c) un proyecto basado en la justicia y la igualdad;

d) el tránsito de la Revolución por un escenario de creciente lucha antimperialista y anticapitalista, particularmente en América Latina y el Caribe;

e) la capacidad institucional y la voluntad política de superar sus errores y desviaciones;

f) una cultura hegemónica conformada por valores alternativos a la dominación cultural burguesa;

g) un desarrollo orientado al enfrentamiento de los actuales y futuros problemas mundiales, como son: la dependencia, el atraso tecnológico, los cambios climáticos, la crisis energética, la escasez y el deterioro de los recursos naturales, la falta de recursos humanos, las pandemias, etc.

Pero, en un sentido más general, en el discurso del propio Fidel y en los análisis de quienes lo han comentado quedaron abiertos al debate otros temas relacionados con el futuro de la Revolución, como son:

a) el escenario interno y externo que se creará con la desaparición física de Fidel, su sucesión y las eventuales acciones de los Estados Unidos;

b) la sucesión generacional de la actual generación histórica;

c) la continuidad de las estrategias políticas, económicas sociales y culturales en curso, como es el caso de la llamada Batalla de Ideas;

d) el modelo de transición socialista que se promoverá en el corto y mediano plazo.

La intervención de Felipe Pérez Roque en la última sesión de la Asamblea Nacional amplió esta agenda al insistir en el tema del «posfidelismo» y en aspectos del mismo que no estaban expresados en el «Discurso de la Universidad». Partiendo de que el pasado no es garantía suficiente de continuidad, Felipe llamó la atención sobre desafíos del presente, como el comprometimiento de la nueva generación, la preservación de la memoria histórica, el estrechamiento del apoyo activo al régimen, el logro de la invulnerabilidad ideológica de la Revolución, y otros. Él se interrogó concretamente por la continuidad del régimen una vez concluido el liderazgo de Fidel y de Raúl, y la basó en tres premisas: la autoridad moral de la dirigencia; el apoyo de la «inmensa mayoría» del pueblo, basado en las ideas y «convicciones»; y la preservación de la propiedad pública y el Estado Socialista. Esta enumeración, inevitablemente incompleta, no hace referencia al sistema político, particularmente al Partido; no se refiere al modelo de transición socialista; no sugiere las vías para integrar a las nuevas generaciones o mantener el consenso; y no menciona posibles cambios.

En una entrevista posterior que le hiciera Ignacio Ramonet, Fidel se refirió a su sucesión de una manera más explícita, descartando a la generación histórica y adjudicándola a la nueva generación, la que, en su recuento, sería la cuarta generación política del período revolucionario.[20] Esta escueta formulación plantea, en el corto y mediano plazo, un problema de representación legítima en el sistema.

Sobre la intervención de Felipe, más que sobre el discurso de Fidel en la Universidad, ha intervenido Heinz Dieterich desde un enfoque sistémico, rebasando los temas abiertos y colocando en la discusión problemáticas propias de los sistemas económico y político que se harían patentes en el futuro, pero que demandan estrategias adecuadas desde ahora.[21] La discusión sobre el patrón de consumo socialmente aceptable, sobre el carácter alienado de la propiedad estatal, y sobre la necesidad de una mayor participación popular en el sistema económico y en el político, así como de la

---

20. Fidel Castro: «Mi relevo no supondrá ningún problema porque la revolución no se basa en ideas caudillistas» (entrevista realizada por Ignacio Ramonet), en http://www.rebelion.org/noticia.php?id=29311 (fecha de descarga en la web: 27 de diciembre de 2006). Se trata de un fragmento del libro *Fidel Castro. Biografía a dos voces* (Ignacio Ramonet, Debate, Madrid, 2006), que en sus ediciones cubanas ha aparecido bajo el título *Cien horas con Fidel. Conversaciones con Ignacio Ramonet* (Oficina de Publicaciones del Consejo de Estado, La Habana, 2006).

21. Son dos los trabajos de Heinz Dieterich aquí aludidos: «Cuba: tres premisas para salvar la Revolución a la muerte de Fidel», en http://www.rebelion.org/noticia.php?id=25012 (fecha de descarga en la web: 27 de diciembre de 2006), y «La disyuntiva de Cuba: capitalismo o nuevo socialismo», en http://www.rebelion.org/noticia.php?id=28402 (fecha de descarga en la web: 27 de diciembre de 2006).

reestructuración de una esfera pública socialista, me parece una importante contribución al debate, aunque en su enfoque Dieterich no parta de un examen concreto del proceso revolucionario cubano, sino de referentes tales como el «socialismo real» o el «paradigma del socialismo del siglo xxi».

En su excelente comentario a Dieterich,[22] Jesús Arboleya presenta una versión sofisticada de la ideología convencional de la Revolución Cubana y señala la subestimación por aquel de la especificidad de cada proceso revolucionario, de la importancia del factor subjetivo, de la determinación ética de la política, y de la influencia del liderazgo, en general, y de ciertas personalidades históricas, en particular, en la conducción exitosa de los procesos revolucionarios, así como en la creación de un legado legitimador. Sin embargo, me parece que el colega Arboleya subestima de modo innecesario el tema de la democraticidad de los procesos revolucionarios.

A mi entender, la legitimidad del régimen revolucionario —y, por ende, del socialista— tiene una de sus fuentes en el desarrollo democrático alcanzado. El ideal comunista incluye la aspiración a una democracia más plena en todas las esferas de la vida social. La democracia es un derecho del pueblo y las restricciones impuestas a su desarrollo por la lucha de clases y la agresión externa deben ser consensuadas, de manera que la población perciba que, a pesar de ellas, el orden político realmente existente no solo es más democrático que los anteriores de su historia y que el de muchas sociedades de su tiempo, sino que tal orden se orienta, invariablemente, a la realización de su propio ideal democrático.

Por otro lado, y también partiendo del discurso de Felipe, Manuel David Orrio[23] introduce el tema de la institucionalidad —orgánica o normativa— que garantizaría la continuidad de la Revolución, y el de su grado de desviación actual, como una debilidad del régimen. Particular importancia le otorga, entre estas instituciones, a la Constitución de la República, con la cual se contradicen prácticas de gobierno, legislaciones y disposiciones

---

22. Jesús Arboleya, «Heinz Dieterich y la "salvación" de la revolución cubana», en http://www.rebelion.org/noticia.php?id=25732 (fecha de descarga en la web: 27 de diciembre de 2006).

23. Manuel David Orrio, «Cuba: Constitución vs. ¿Socialismo reversible?», en http://www.insurgente.org/modules.php?name=Content&pa=showpage&pid=484 (fecha de descarga en la web: 27 de diciembre de 2006).

administrativas. La relevancia de esta entre las demás instituciones se debe a que, en su opinión, sobre ella se erige el mayor consenso actual y futuro del régimen. La importancia de estos temas está en que llaman la atención sobre el hecho de que las ideas dominantes y las conductas requeridas han de transitar en un marco institucional específico y en que este deberá ser igualmente interrogado sobre su continuidad y cambio.

Al periodista Orrio le ha respondido Malime, aduciendo que la actual institucionalidad cubana no aseguraría la continuidad si no es cambiada por otra que permita la democracia directa de los trabajadores.[24] Este intercambio de Orrio y Malime levanta el tema del desarrollo institucional que acompañará a la transición socialista en Cuba en el corto y mediano plazo.

Esta y otras intervenciones, más o menos serias, sobre la agenda abierta por el «Discurso de la Universidad», dejan claro que, nos refiramos tanto a la continuidad del régimen revolucionario como a sus posibles cambios, los aspectos de la sociedad cubana a considerar son muchos más que los propuestos, y que todas las esferas de la sociedad cubana confrontan viejos y nuevos desafíos.

JULIO ANTONIO FERNÁNDEZ ESTRADA: Dada la amplitud y heterogeneidad del debate mencionado, quisiera concentrar mi análisis en dos artículos conectados: uno, comentario del otro, o especie de respuesta, y ambos relacionados con una interpretación de una zona del discurso del Comandante en Jefe, no tan abordada en el debate. Se trata de un análisis de la institucionalidad política cubana, el Estado, la Constitución, al que yo adiciono el Derecho.

Los artículos que me sirven de punto de partida son: «Cuba: Constitución vs. ¿Socialismo reversible?», del periodista cubano Manuel David Orrio, y «Cuba: Constitución y peligros», de un articulista que firma Malime.

Los puntos que me han movilizado de estos dos artículos son el interés en la defensa de la Constitución formal del Estado y su supremacía dentro del Ordenamiento Jurídico cubano, así como la importancia que se le atribuye a la democracia directa y a la organización de la sociedad civil, frente a

---

24. Malime, «Cuba: Constitución y peligros», en http://www.lahaine.org/index.php?blo g=3&p=13037&more=1&c=1 (fecha de descarga en la web: 27 de diciembre de 2006).

otra tendencia de sobreestimación del Estado como ente casi divino del que únicamente podrían producirse las soluciones y la salvación del proyecto socialista cubano.

Es muy interesante el análisis que hace Orrio sobre el núcleo que él considera la prueba irrefutable del consenso político en Cuba: La Constitución de la República.

El citado periodista considera que es extraño que en el año 2002 se modificara la Constitución para hacer irreversible el sistema político socialista cubano, como reacción al intento de presentación de un proyecto de ley que hubiera modificado al texto magno, conocido como «Proyecto Varela» y que tuvo la singularidad de haber sido impulsado mediante vía jurídica inusitada, aunque de rango constitucional: la iniciativa legislativa popular avalada por diez mil o más firmas individuales.

Este proyecto fue presentado pero no llegó a pasar el filtro de la Comisión de Asuntos Jurídicos y Constitucionales de la Asamblea Nacional del Poder Popular por (razones supuestas y propagadas, pero que un servidor nunca ha oído exponer de forma oficial) no existir la validación notarial de la autenticidad y autonomía de las firmas. ·

Es conocido el hecho de que el carácter del proyecto de ley era solapadamente capitalista y que sus impulsores eran miembros de organizaciones políticas cubanas de la oposición.

La rareza es, según Orrio, que pocos años después, Fidel y Pérez Roque acepten que el socialismo puede ser destruido por nuestros errores y problemas.

Sobre esta supuesta paradoja es necesario aclarar que una cosa es que el pueblo de Cuba con capacidad electoral suscriba su intención de conservar el socialismo, y que las organizaciones de masa, después, presenten un proyecto de modificación de la Constitución para hacer irreversible, desde el punto de vista constitucional, el socialismo —avalado por aquella suscripción popular que no debemos confundir como muchos hacen como un referendo—, y otra cosa es que los líderes políticos con altas responsabilidades expresen sus criterios sobre el futuro del socialismo, más allá de lo que la Constitución regule.

Es posible que no haya sido correcto cambiar la Constitución para dar una respuesta política, pero también es necesario considerar que las opiniones de los políticos no son una fuente formal de Derecho.

Por otro lado el mismo periodista considera, también, que existe una fragilidad institucional cubana, expresada en la ductilidad que va desde el hecho de declarar que el socialismo no se puede cambiar en Cuba, hasta aceptar el posible fin del mismo.

Creo que Manuel David Orrio confunde un proyecto constitucional con un discurso político; es decir, confunde al Derecho con una manifestación coyuntural de un político.

Lo que la Constitución cubana consagra en su artículo tercero es la imposibilidad jurídica de su transformación en una Constitución no socialista. Lo que Fidel declaró el 17 de noviembre fue que, aún con esa rígida Constitución, podemos quebrantar el socialismo desde adentro.

Al mismo tiempo, es trascendental que el propio articulista considere que las formas de inconstitucionalidad son ataques contra el consenso social en Cuba.

Creo que esta idea no es solo oportuna, sino que pone en su lugar a la vilipendiada legalidad socialista. Ciertamente, resulta imposible hablar de socialismo sin defender a la Constitución socialista, a la Constitución del pueblo. No se trata de convertir en un fetiche jurídico a la Constitución, como regularmente ha hecho el Estado burgués, sino de rescatar a la soberanía popular que late en el corazón de la Constitución de la República de Cuba de 1976.

El comentario que Malime hace del artículo hasta aquí comentado se concentra en una crítica al carácter estatalista y partidista —en el sentido institucional del término— de las soluciones que Orrio da a los problemas del socialismo cubano.

La cuestión está, según Malime, en «bajar» al Estado del «cielo», en no creer que el Partido es más importante ideológicamente que la sociedad civil, y en lograr la verdadera socialización de los medios fundamentales de producción. En efecto, todo ello, viabilizado a través de vías democráticas directas, con los obreros a la cabeza de la administración y de la producción económica, es mucho más coherente con el socialismo que la magnificación de lo estatal.

De igual manera, al referirse a las premisas que Pérez Roque creyó necesarias para conservar el Socialismo, denota que una moral como la que el ministro cubano enarbola, alejada del consumismo, es imposible de alcanzar sin la existencia de mecanismos materiales de canalización política y económica que respondan de modo *estructural* al «mandato imperativo» del pueblo.

Es tanto como decir que sin democracia no hay socialismo, algo tan elemental como el más simple algoritmo.

Al igual que el comentarista, yo también sostengo que si el pueblo administra, decide, controla, manda, organiza y construye, su moral será palpable y tomará cuerpo en un Socialismo viable y verdadero.

Lo que finalmente adiciono a este rápido estudio de una parte del debate que nos convoca es una referencia a la importancia del Derecho en y para el Socialismo.

Otra de las tendencias del «socialismo real» —y que, con algunos matices, también existe en Cuba— es la de subestimar, esquivar, incomprender o violentar el Derecho, desde el Estado.

El Derecho no es solo un producto social inevitable del tipo de decurso seguido hasta hoy por la civilización humana, sino que se convirtió rápidamente en la historia, en una Ciencia y en un reservorio de los principales valores humanos.

El socialismo no ha podido desatarse completamente del Derecho burgués (derecho que contiene una axiología no desechable por el socialismo pero que está atravesado, por supuesto, por principios que sirven a la explotación del ser humano) y, por lo tanto, todavía se debate si posee o no un Derecho propio.

Mientras nuestro Derecho no pueda construirse como una alternativa total al Capitalismo y a sus doctrinas político-jurídicas, debemos al menos ir amasando una filosofía del Derecho socialista, llamada a ser la sustancia vital del Derecho Socialista.

Todo lo que se haga políticamente contra o de espaldas al Derecho (como considerar que la legalidad es un engorro para la supuestamente «buena» solución política) se convierte, más temprano que tarde, en un problema de deterioro de la credibilidad del discurso oficial porque, en la modernidad de la que somos parte, la Ley y el Derecho son vistos todavía como el ámbito de lo justo y lo seguro.

No podemos olvidar que la corrupción no es solo una consecuencia de la pérdida de algunos valores sociales o la desesperada solución que la supervivencia pone delante de la gente cuando las maneras de vivir honestamente se reducen, sino que también, y hasta sobre todo, se trata de una anulación del Derecho como normatividad del orden y de la concordia.

De los síntomas que existen para reconocer la enfermedad del Derecho, podemos recordar los que al inicio de este análisis anoté, más otros como la hiperregulación, la burocratización de lo jurídico y la lógica comprensión popular de que al Derecho debe hacérsele «un rodeo» en la búsqueda de la felicidad.

Todo lo anterior puede resumirse de la siguiente manera: si el Derecho no contiene el universo ético de la moral media de la sociedad que quiere regular, entonces será desechado o burlado, por ineficaz e ilegítimo, más cuando el Estado no lo coloca en el discurso oficial como marco o presupuesto de su actuación.

En fin, cuando los pueblos comprendan que la Democracia solo es posible si el Derecho es creado y realizado por el pueblo, entonces podremos soñar con un Derecho que contenga los valores universales de la humanidad y la moral media que cada sociedad reproduzca.

La legitimidad del Derecho y su aceptación como la organización normativa de la felicidad son un corolario natural de la Democracia que debemos fundar.

Hacer la Revolución contra el capital y contra los dogmas propios

¿Cuáles serían los contornos de una respuesta revolucionaria a la afirmación de la posible reversibilidad de la Revolución?

FERNANDO ROJAS: En primerísimo lugar, comprender que el capitalismo no tiene absolutamente nada que ofrecernos. Para colmo de males, se encamina a la destrucción de la especie humana y de la naturaleza. Tan solo eso bastaría para entender que debe ser superado.

Si queremos ser capaces de consolidar esa convicción, estamos obligados a encontrar soluciones a todos nuestros problemas. No pocas de ellas tendrán que ser, por fuerza, audaces, heterodoxas y poco convencionales. Lo esencial es que sean colectivas. Seguramente el camino transita por asentar la práctica revolucionaria en la participación y en la cultura popular.

Para ello habrá que asumir el inevitable riesgo —porque es difícil asegurar que la premisa inicial se acepta en todos los casos mayoritariamente— de comenzar a analizar, entre todos, todo lo que nos preocupa. Se trataría de evitar los cauces espectaculares —tipo llamamientos o debates espontaneístas— y de insuflar más vida a las múltiples organizaciones sociales que abarcan, por distintas vías y perspectivas, al conjunto de la población.

Tendremos que enfrentar el desafío de resolver nuestros asuntos sin olvidar la prioridad fundamental de derrotar al fascismo letal de nuestros días. Pudiera parecer que se repite la inveterada contradicción —imprevisible para Marx— entre la necesidad de construir el socialismo en marcos nacionales y los imperativos de la solidaridad frente a la eventualidad de la destrucción.

Un matiz imprescindible: ninguna elucubración, por brillante que sea, sustituye la realidad concreta. Ella es la causa primera y el objeto inmediato de la clarinada de Fidel.

Me permito una paráfrasis: la historia se repite, a veces como sucesión de tragedias y farsas; pero también como historia nueva.

JESÚS ARBOLEYA: Ya en 1962 la «Segunda Declaración de La Habana» nos advertía que «el deber de todo revolucionario es hacer la revolución», lo que quiere decir que debe existir correspondencia entre pensamiento y acción, pero también que la Revolución se hace a partir de la «voluntad» de los revolucionarios, o sea, que para hacer revolución, hay que «querer» hacerla. Han cambiado mucho los tiempos, pero de esa responsabilidad no está liberado nadie que se considere revolucionario, y ello es válido para el presente y para el futuro. Creo que mientras presida esta voluntad, la continuidad de la Revolución cubana está asegurada, aunque esa revolución se desarrolle a la «imagen y semejanza» de sus nuevos actores y nuestras actuales disquisiciones resulten anacrónicas para nuestros hijos, nietos, bisnietos, y así sucesivamente. En resumen, que la historia tampoco termina con nosotros; creo que eso es lo que quiere decirnos Fidel Castro.

LUIS SUÁREZ SALAZAR: Me resulta difícil abarcar todos «los contornos» que debe tener una «respuesta revolucionaria» a los planteamientos de Fidel. Pero en lo personal le atribuyo mucha importancia a la búsqueda de soluciones revolucionarias a los problemas que están afectando el funcionamiento de la democracia socialista cubana y, por consiguiente, de las principales instituciones político-estatales del país. Sin desmeritar ninguno de los demás problemas que en las últimas semanas se han colocado en el debate, tanto por los cubanos como por los foráneos, creo que de la calidad del funcionamiento de nuestra democracia participativa-representativa mucho dependerán la «legitimidad de origen» y la «legitimidad político-jurídica» de los dirigentes que sustituyan al actual liderazgo político y estatal del país.

Sin desconocer el lugar que les corresponde a los líderes, a los dirigentes y a «los cuadros» en el devenir histórico, sin las legitimidades antes referidas (me refiero a la legitimidad de origen, a la legitimidad político-jurídica, así como al adecuado funcionamiento de las instituciones político-estatales del país), será muy difícil abordar de manera eficaz los demás problemas que afectan la ideología, la cultura, los valores, la socio-economía y la proyección externa de la Revolución Cubana. Y de esas soluciones dependerá la «legitimidad por rendimiento» de la futura dirección política-estatal; ya que —como adelantó el Che en su célebre ensayo *El socialismo y el hombre en Cuba*— la confianza de «la masa» en sus dirigentes depende y dependerá, cada vez más, de la capacidad de estos de interpretar cabalmente los legítimos deseos y aspiraciones del sujeto popular; en particular, aquellos deseos y aspiraciones vinculadas a un incremento de la calidad de la vida cotidiana, que nunca debe confundirse —como a veces se hace— con las insostenibles «aspiraciones de consumo» que —como parte de sus «ilusiones necesarias»— el capitalismo constantemente genera en amplios sectores de la población.

Lo antes dicho implica la búsqueda de soluciones revolucionarias a las contradicciones —en el sentido filosófico del término— que constantemente se producen entre «el liderazgo» y «las masas», entre «el centralismo» y «la democracia», entre «la representación» y «la participación», entre «la centralización» y «la descentralización», entre «el discurso político-ideológico» y «la realidad», así como entre las normativas político-jurídicas existentes y el funcionamiento real de las instituciones del país. Parafraseando a Mariátegui, he ahí una misión «digna de una nueva generación».

AURELIO ALONSO: Tenemos que acostumbrarnos a pensar que a Fidel no le quedará tiempo para hallar solución práctica a problemas que requieren de un plazo evidentemente largo. Quizás las generaciones que vengan lamentarán su ausencia al tener que encarar estos problemas. A los que convivimos su tiempo también nos hubiera gustado, pienso yo, encontrar respuestas prácticas a muchas de las inquietudes que hoy nos planteamos. Estoy seguro que a él también, y que esta justa ansiedad se trasluce en ocasiones en el discurso de estos años.

Pero lo más importante, a mi juicio, es que no se puede pasar por alto el escenario actual. Dicho de manera muy breve: el derrumbe socialista dejó, en el Imperio, ilusiones que se han desmoronado, y rápidamente el mundo comienza a vivir otra marea de transformaciones. Esta marea, que puede y debe ser más promisoria que la conducente a la aparición del mundo que conocimos como bipolar, ha comenzado por América Latina, con resortes en los cuales el proyecto cubano se inscribe armoniosamente. Es el escenario que se le ha abierto a la Cuba de Fidel, y que de muchas maneras la Cuba de Fidel ha ayudado a que se abra en América. La frase famosa de Margaret Thatcher para justificar la aplicación del modelo neoliberal: «No hay alternativa», se ha vuelto contra sus voceros. Ahora no hay alternativa para el imperialismo, y para los centros de poder se podría hacer muy difícil aceptar un capitalismo distinto, y no solo ya el avance de un socialismo recreado.

La reconstrucción de paradigmas permite que emerjan ya nuevos signos. Ningún diseño tendría que copiarse, ninguna soberanía tendría que someterse, ningún interés tendría que subordinarse, ningún liderazgo tendría que imitarse. Heredamos un aprendizaje para un socialismo distinto a todo lo visto hasta hoy, y Fidel, con más experiencia en salir de reveses y hostigamientos que ningún estadista conocido, puede tener todavía cosas que aportar.

Fidel Castro no podría perdonarse vivir esta realidad como un jubilado, como un simple testigo; ni el mundo que comienza a alzarse querría que lo hiciera.

Es cierto que por muchos años pecamos —y a lo mejor seguimos pecando— de creernos que sabemos qué es el socialismo. Y también de creernos que sabemos qué es la democracia. Además es verdad que la economía dista mucho de ser una ciencia exacta. «Economía política» es un término que no nació por gusto, y que el cientificismo economista tiende a olvidar cuando, incluso, menosprecia la pertinencia del debate del criterio econométrico con el extraeconómico. No es una enfermedad local entre los cubanos, ni exclusiva del socialismo. John Kenneth Galbraith, fallecido recientemente a los noventa y siete años, no fue siquiera propuesto para el Nobel de Economía porque sus teorías hurgaban demasiado fuera del ámbito puramente económico, a pesar de la cantidad y la importancia de lo que escribió y de haber sido escogido como asesor por tres presidentes de los Estados Unidos. Por suerte parece que vamos llegando al consenso de que el socialismo del siglo XXI hay que inventarlo.

Con todas sus insuficiencias, la sociedad cubana, socialista —aunque esta palabra exprese todavía lo que quiere ser más que lo que es—, cuenta con un caudal de inteligencia, con un *know how* («capital humano», se ha puesto de moda decir) excepcional y decisivo para los cambios que se están dando en el continente. Y también para pensar el futuro desde una perspectiva política, económica, sociológica y ética.

Nada de esto sirve para que dejemos de preocuparnos por la coyuntura que se va a producir cuando no esté Fidel. Nunca, sin embargo, como lo miran los enemigos de la Revolución, a quienes lo que realmente les preocupa no es que algún día muera, sino que pudiera seguir viviendo.

JULIO ANTONIO FERNÁNDEZ ESTRADA: Cuando Fidel le preguntó al público presente en el Aula Magna el 17 de noviembre de 2005 si la revolución socialista podía perderse en Cuba, todos corearon la respuesta negativa; pero Fidel creía, en cambio, que sí era posible, si se la dejaba —digo yo— flotar sin rumbo, dirección, fundamentos, control, fiscalizaciones, transformaciones, adaptaciones, modernizaciones, desparasitación, desinfecciones, desacralizaciones, etc.

Los proyectos socialistas no son por sí mismos portadores de la perdurabilidad y la infalibilidad. Ya sabemos hace mucho tiempo que el progreso no es ineluctable y que el mal gobierno, la corrupción y el alejamiento de los sentimientos populares no son males privativos del capitalismo.

El llamado «socialismo real» —y su democracia irreal basada en la petrificación dogmática de las burocracias que dirigían el partido, el Estado y el gobierno— llevó en la Unión Soviética, pionera en el sueño socialista, a que todos contemplaran como se aproximaba al abismo, estando al mismo tiempo imposibilitados de poner frenos a la reversión.

El socialismo cubano, hijo de una heroica y larga epopeya libertaria, nació como los seres mitológicos, con distintas formas y a partir de estímulos diversos.

La ideología revolucionaria que lideró sus primeros momentos después del triunfo de 1959 no era mayoritariamente socialista, pero esta doctrina estaba presente con fuerza y prestigio alrededor de la dirección de la Revolución. El socialismo cubano se concibió en el agravamiento de la lucha de clases y la profundización de las contradicciones con el imperio norteamericano en los tres primeros años de la Revolución. Frente al gobierno imperialista yanqui, la radicalización del proceso revolucionario, democrático y agrario cubano se convirtió, casi naturalmente, en el socialismo que debía ser, al otro extremo de la prepotencia y la agresividad de los Estados Unidos y en un mundo donde la Unión Soviética se presentaba como una estrategia imprescindible, una acogedora, cómoda y poderosa aliada y, más tarde, una compañera de lucha y una garantía de seguridad.

El socialismo cubano se alimentó ideológica e institucionalmente de una historia donde convivían esencias filosóficas, políticas, jurídicas y culturales en general —sobre todo de España, los Estados Unidos y la Unión Soviética—, en el propio horno de lo cubano, diverso, pero cubano al fin. El proyecto socialista cubano tiene, por lo tanto, malformaciones propias, y otras adoptadas de experiencias políticas ajenas que «la vida» o el error humano impusieron entre nosotros. Este socialismo se caracteriza, más que nada, por ser un proyecto-laboratorio mundial, referencia salvadora para los que todavía creen en una alternativa no capitalista frente a la globalización inevitable.

El sistema político cubano, en todas sus posibles dimensiones, solo es comprensible como parte de una tensión llevada al límite con la política del Estado norteamericano imperial. El diferendo entre Cuba y los Estados Unidos es el caldo de cultivo donde se debate un proyecto socialista que quiere ser otra verdad en la verdad única que propaga la hegemonía capitalista.

El socialismo cubano y la revolución que lo sustenta, y que lo fundamentó, aparecen hace ya mucho tiempo como un solo fenómeno, junto al liderazgo del Partido Comunista y el de la generación histórica que protagonizó la lucha revolucionaria final. Este socialismo-revolución-liderazgo-ideología-pueblo es sólido por su múltiple y poderosa conformación y por su núcleo de unidad dirigente, pero en eso radica, a su vez, su fragilidad, su punto débil. Cualquiera de los elementos históricos e institucionales que construyen el socialismo en Cuba puede ser dañado o destruido cuando otro de esos elementos sufra un embate.

El pueblo podría percibir, por ejemplo, la corrupción administrativa, no como corrupción del gobierno (o sus agentes) o del Estado (o sus funcionarios), sino como corrupción del ideario político o del proyecto social total, porque así unidos son reconocidos por la sociedad.

En la lucha por la unidad y otros valores básicos prioritarios para conservar la soberanía y la independencia nacional, sufren muchas veces otros valores que también son imprescindibles para mantener la Revolución. Es conocido, por ejemplo, el retraimiento de algunas nociones o instituciones democráticas porque estas «puedan ser nocivas» a la «monolítica unidad» que necesitamos.

La pregunta, sin embargo, sigue siendo: ¿El socialismo se mantendrá solamente porque el pueblo lo reconoce como un sistema socio-económico superior al capitalismo en todos los sentidos, o es necesario que ese pueblo encuentre razones, que no sean solo las históricas y patrióticas, para construir su felicidad dentro de un proyecto socialista? ¿Puede mantenerse el socialismo en un pueblo que ha confiado hasta el punto de la incondicionalidad en un liderazgo político que no es eterno? ¿Puede sobrevivir el socialismo a la invasión ideológica neoliberal, sin usar medios autoritarios y antidemocráticos para la conservación de la unidad? Posicionándome en mi generación, podría responder estas preguntas del modo siguiente:

Está claro que los que creemos en un socialismo perdurable y liberador para el futuro de Cuba encontramos en la Batalla de Ideas la única y verdadera batalla de donde podemos salir vencedores. Crear una sólida ideología en las masas para que se reproduzcan los valores del socialismo en el pueblo es indispensable para aspirar a un socialismo cubano, posterior a la caída inevitable del bloqueo económico norteamericano y a la posible distensión de las tiranteces históricas entre los gobiernos de Cuba y los Estados Unidos. Por lo tanto, el socialismo debe ser una alternativa viable para los seres humanos, tanto material como espiritualmente.

Contra lo que suelen argumentar los dogmáticos, casi siempre falsamente extremistas, uno de los caminos más firmes hacia la solidificación de una hegemonía política es la democracia. ¿Qué democracia? Una democracia no lastrada por los principios constitucionales del modelo anglosajón; por lo tanto, sin tripartición de poderes, sin representación política, sin falso pluripartidismo ni sucio electoralismo. Deberá ser una democracia sin apellidos. Ni representativa ni participativa, sino democracia a secas, con un pueblo soberano creando y controlando sus destinos políticos y económicos.

Cuba tiene ganado un trecho amplísimo en el camino hacia la democracia sumadora de pueblos, esa democracia que se debe educar y se debe convertir en un principio, desde pedagógico o familiar, hasta político y económico. Nuestra educación y la experiencia del pueblo cubano en la convivencia con la política intensa de la Revolución nos hacen idóneos para la asunción de instituciones y mecanismos de participación política popular cada vez más democráticos.

El peligro de la cercanía del Imperio no puede ser una justificación contra la democracia porque la democracia, en cambio, podría ser una trinchera inexpugnable que el imperialismo no está preparado para vencer, sobre todo porque es cada vez más antidemocrático.

En fin, la participación del pueblo, movilizado y movilizador, disciplinado y radical, culto y revolucionario hasta la temeridad, puede hacer que la revolución socialista se reconstruya desde adentro, como hasta ahora ha sido. Para que la Revolución no sea «fisiológica», para que se mantenga mejorada después de la generación histórica, debemos creer en la apuesta que Fidel ha hecho, en la juventud del presente, pero sobre todo debemos entender la responsabilidad que se avecina en la próxima encrucijada, la de convertirnos, nosotros los jóvenes, en la próxima generación histórica, la de la historia del siglo xxi.

JUAN VALDÉS PAZ: Habría que comenzar por precisar la pregunta y algunas afirmaciones del propio Fidel. Efectivamente, casi todas las revoluciones de la historia han sido reversibles; lo ha sido siempre el poder revolucionario y, en parte, su proyecto de transformación social. También es cierto que antes de la defenestración del antiguo campo socialista ya se habían producido, al interior de los procesos revolucionarios, los cambios que llevaron a su reversión.

En el caso de las revoluciones anticapitalistas de nuestra época, comprometidas con proyectos de «construcción socialista» o de «transición al comunismo», solo han quedado en pie tres experiencias en el lejano oriente —Corea, Vietnam y China— y la de Cuba en el hemisferio occidental. El hecho que estas experiencias transiten bajo diferentes «modelos de socialismo» ha dado lugar a la definición de «socialismos con características propias»; de hecho, estas «características» los diferencian enormemente, como en el caso del papel otorgado al mercado. Al respecto, el discurso cubano es algo ambiguo: unas veces se define en términos de un modelo universal de socialismo y otras, como un modelo socialista adecuado a nuestras condiciones nacionales. El «Discurso de la Universidad» muestra esta ambigüedad. Creo que Arboleya está en lo cierto cuando, en su comentario sobre el texto de Dieterich, dice que toda experiencia socialista será ecléctica por definición.

Una afirmación importante en el discurso de Fidel es que la Revolución cubana no puede ser destruida desde fuera —cosa que también confirman otras experiencias—, sino desde dentro, es decir, por sus propios actores políticos y sociales. Al respecto, la experiencia histórica muestra que algunos actores por sí solos, como el caso de los dirigentes, no son una garantía definitiva de la continuidad de la Revolución y que solo una población consciente, *empoderada* y permanentemente movilizada, puede ofrecer la seguridad de su permanencia. Esta es en gran medida la experiencia cubana.

Tras la desaparición física de la generación histórica en Cuba, se creará un nuevo escenario de continuidad y cambios, y no, como se pretende, de continuidad o cambios. La incertidumbre alegada para ese escenario es, en verdad, de dudas sobre la primera y no tanto sobre los segundos.

La Revolución cubana es uno de los hechos históricos más trascendentales en la historia de Cuba y del mundo contemporáneo. No solo por haber sido una lucha popular triunfante, sino por su fidelidad a los principios, por la resistencia de su pueblo y por sus realizaciones nacionales e internacionales. Este proceso histórico de la Isla ha estado marcado por lo impredecible, por la desmesura y por la tenacidad de su liderazgo. Estas cualidades y la sobrevivencia de la Revolución nunca estuvieron más puestas a prueba que durante la crisis de los años 90, de la cual ha emergido consolidada. Cualquiera que sean los criterios que se tengan sobre esta experiencia de más de cuatro décadas, habrá que convenir que su decurso ha sido un ejemplo de continuidad y cambios. Muchos han sido los factores favorables a su permanencia y muchos más los adversos, pero un balance de la mayor o menor incidencia de todo ello en su evolución revela el peso determinante de los factores subjetivos en sus éxitos. De aquí que sea una muestra de realismo el papel que se le otorga en la continuidad de la Revolución a factores como la identidad nacional, la voluntad política, la legitimidad, la creatividad, el espíritu de sacrificio, los valores solidarios, el compromiso y otros, que han constituido su principal «fuerza material». No obstante, solo la cultura y el *empoderamiento* de los sujetos sociales impedirán la manipulación de esa subjetividad hacia otros fines, razón por lo cual debe existir y funcionar un orden institucional que compense las asimetrías sociales y favorezca la participación de los sujetos y los actores.

Los actores responsabilizados con la continuidad de la Revolución —y también con sus cambios—, los actuales y sus sucesores, deberán asegurar en primer lugar la orientación que seguirá el proceso revolucionario, pero teniendo en cuenta los problemas que la realidad actual de la sociedad cubana plantea en el corto, mediano y largo plazo a la transición socialista, a saber:

a) Una reevaluación del concepto de socialismo que permita su aplicación teórica y práctica a la experiencia cubana, así como la recreación de un imaginario socialista entre las distintas capas de la población.

b) Una definición expresa de lo que deberá ser continuado del régimen revolucionario y de lo que podría y debe ser cambiado, como consecuencia de su adecuación al entorno, de la realización de las metas del programa de transición o de los objetivos finales del proyecto. Las reformas han de verse como parte constitutiva del proceso de transición socialista y no como desafíos a la continuidad.

c) Los criterios en que se basen las decisiones de continuidad y las decisiones de los cambios no deben ser solo atribuciones de la dirección, de la vanguardia política o del funcionariado, sino el resultado de la más amplia participación popular posible. Cuando esta participación directa no sea factible, las decisiones deben ser consensuadas por distintas vías. Los resultados de las consultas a la población, como lo fue el Llamamiento al IV Congreso del Partido, deben ser asumidos en el tiempo, por las instancias de dirección, como un mandato imperativo.

d) El desarrollo democrático de la Revolución debe ser evaluado con base en criterios que permitan medir la democraticidad alcanzada por el régimen. Un posible criterio sería el grado de libertad, de equidad y de participación alcanzado por la población en el régimen socialista. Este criterio abarca aspectos constitutivos del desarrollo democrático que no se compensan entre sí, por lo que una mayor equidad no suplantaría la falta de libertades ni una participación insuficiente de la población.

La continuidad de la Revolución, como señalan los discursos de Fidel y de Felipe, tiene como condición última el apoyo mayoritario de la población, lo que supone la construcción y reconstrucción permanente del consenso. Este consenso se encuentra repartido, en distintos grados, desde temas más generales como la independencia y la soberanía de la Patria o la alternativa anticapitalista —los de mayor consenso—, hasta otros más particulares como las condiciones de la vida cotidiana —los de menor consenso—, pasando por las políticas actuales. De hecho, el consenso alrededor de muchos de estos temas se ha estrechado y existen diferentes niveles de disenso entre generaciones y grupos sociales como efecto de la crisis de los años 90, del curso seguido por la experiencia revolucionaria y de las estrategias en curso. En mi opinión, el fortalecimiento del consenso nacional es la primera condición de la continuidad. Esta reconstrucción abarcaría numerosos temas, entre los que podemos mencionar:

a) La redefinición del modelo de transición socialista del país en las nuevas condiciones nacionales e internacionales.

b) Una reforma institucional basada en una mayor descentralización, autonomía y participación de los ciudadanos.

c) La definición del modelo económico capaz de asegurar el desarrollo sustentable del país, incluidas la política social de la Revolución, la seguridad y soberanía alimentarias, así como el incremento del consumo de bienes y servicios, la seguridad nacional, etc.

d) La creación de un sistema empresarial autónomo, eficiente y bajo control social.

e) Una adecuada inserción en la economía internacional.

f) El fortalecimiento del Poder Revolucionario mediante: el perfeccionamiento del sistema político a favor de un mayor desarrollo democrático; una política de cuadros que garantice la circulación y renovación generacional de los dirigentes; y la expansión de la ciudadanía.

g) Mayor desarrollo de la esfera pública, democratización de los medios masivos de comunicación, y mayor control democrático de los aparatos ideológicos del Estado.

h) Lucha frontal contra la corrupción, el burocratismo y las actividades delictivas.

i) Desarrollo cultural basado en la libre información, la libertad de pensamiento, la defensa de la identidad nacional, el ecumenismo, la creación intelectual y artística y el consumo universal de bienes culturales.

En mi opinión, estos temas objeto de disenso, principalmente entre las capas medias del país, imponen que la agenda social y la agenda política coincidan en mayor medida que lo que actualmente lo hacen. Concuerdo con quienes postulan que la continuidad de la Revolución y el socialismo en Cuba siempre dependerá de que advirtamos a tiempo los cambios necesarios y convenientes.

III.- El ayer y el hoy, o qué es necesario continuar

La memoria como política

Decía Inmanuel Kant que una Revolución no se olvida jamás en la historia, pues ha puesto de manifiesto una disposición y una facultad hacia el bien en la naturaleza humana, como ningún político la hubiera podido sonsacar del curso que llevaron hasta hoy las cosas.

Sin embargo, la Revolución, en cuanto hecho general, mantiene una tensa relación con la memoria. Al confiar sinceramente en la idea de la «hora cero», muchas veces se entiende como el más «puro» nacimiento, como el punto desde el cual es preciso partir para refundarlo todo. Por ello, en sus inicios casi siempre le declara una guerra sin cuartel a los archivos.

Al mismo tiempo, tan preocupada por transformar el mundo, se preocupa menos por entenderlo. Pasado el entusiasmo liminar, que todo lo absorbe, el hecho revolucionario va entendiendo mejor sobre qué pilares se basa la profundidad histórica que funda su presente: la entera intelección de la vida vigente y los usos revolucionarios de la memoria.

El triunfo de 1959 se afianzó en la refutación del pasado, y, por ello, en el desmontaje del período republicano burgués (1902–1958). Una subversión de esa magnitud no se hace en medio de un piélago de serenidad, pues se trata de un estremecimiento sobre lo considerado como «posible», que entraña una carga imprescindible de negaciones.

Las revoluciones son, o deben ser, además, cambios en la comprensión. Los cubanos que fraguaron el triunfo revolucionario de 1959 eran hijos de aquella república, en ella se formaron su cultura política y su educación cívica, lo que no fue óbice para que luego se prestaran en masa a negarle el pan y la sal durante un buen número de años.

Fundada la comprensión del presente sin contar apenas con el estatuto del ayer, la nación y la Revolución han devenido, para nosotros los cubanos «más jóvenes», acaso órdenes naturales. *Muchos las entienden como surgidas por imperativo categórico de las circunstancias, como consecuencia de las necesidades «fisiológicas» del país.*

No obstante, es preciso recordar que ello no hace más fuerte ni a la Revolución ni a la nación. Si fuesen «naturales», estarían inscritas en la naturaleza de las cosas, y *situadas en esa sede seguirían, impertérritas, por los siglos de los siglos sin necesitar nuestro concurso. Si la nación y la Revolución habitan, como en efecto, en el mundo de los valores, en el mundo de los sentidos, entonces es preciso crearlas y recrearlas cada día, pues ninguna causalidad asegurará su «destino».*

Cuando alguien entiende que todo — o casi todo — lo que es está en lo que fue, y que todo «lo nuevo» —por radical que parezca o por novedoso que sea de veras— tiene siempre conexiones con el pasado, no se convierte en un descreído, en un sospechoso ciudadano de la República de Nihilo, sino apenas en alguien que intenta dilucidar la razón dentro *de los entusiasmos históricos que aseguran que las «revoluciones no tienen necesidad de sabios», tal cual se afirmara en la Francia de 1794.*

Las entrevistas que siguen, hurgan en la historia cubana para fortificar la comprensión de los problemas tratados con la perspectiva de su evolución. De hecho, hacen que, de cierta manera, este libro esboce ensayos sobre historia de Cuba.

Además, estas entrevistas (y las que aparecen en el siguiente capítulo) se realizaron después de julio de 2006, tras el anuncio de la delegación temporal de sus funciones realizada por el Comandante en Jefe. Ello confiere otra cualidad a estos análisis, si se les compara con los del capítulo anterior.

Ninguno de los textos comparte la vocación del anticuario. No hacen la crónica maravillosa del pasado sobre la base de libros hace tiempo convertidos en polvo. Las opiniones de los entrevistados desembocan en el presente y tienen siempre relevancia para el futuro.

La lealtad a la verdad

(Entrevista con Roberto Fernández Retamar*)

Roberto Fernández Retamar, uno de los mayores pensadores cubanos y latinoamericanos, encarna la tipología del intelectual orgánico en la extensión de ese concepto. Desde la poesía, el ensayo, la docencia y la promoción cultural, ha habilitado un espacio intelectual —ideológico— para interpretar la Revolución cubana en su autenticidad, en su ámbito latinoamericano, a partir del debate con la tradición y el permanente diálogo con las ideas producidas en cualquier latitud.

A sus setenta y seis años, el poeta de «Nosotros, los sobrevivientes» sabe que el futuro es tan largo como puede serlo un instante. Quien es un reconocido exponente de la tradición intelectual descolonizadora, presenta batalla en estas respuestas contra las estrecheces del dogma, afirma que debe «dársele voz» a nuevas generaciones para responder a los problemas del intelectual en la Cuba de hoy, defiende la compleja diversidad de la tradición socialista cubana como la fuente de donde surgieron las ideas de 1959, y asegura que la crítica revolucionaria es nada menos que la salud de la Revolución.

En un horizonte de intelección dialéctica, ¿qué idea le merece la posibilidad de que un sistema político sea «reversible»? ¿Qué antecedentes del tipo de formulación contenida en el «Discurso de la Universidad» encuentra en el discurso ideológico

---

* Roberto Fernández Retamar (La Habana, 1930). Poeta, crítico y ensayista. Premio Nacional de Literatura en 1989. Presidente de Casa de las Américas. Miembro del Consejo de Estado de la República de Cuba. Profesor titular de la Universidad de La Habana. Profesor honorario de la Universidad de San Marcos en Lima, Perú, y doctor Honoris Causa de las Universidades de Sofía y Buenos Aires. Colaboró con la revista *Orígenes* (1951–1956). Fue director de *Nueva Revista Cubana* (1959–1960), y fundador y director de la revista *Unión* (1962–1964). Es director de la revista *Casa de las Américas* desde 1965.

*de la Revolución cubana? ¿Qué causas determinan, según su criterio, que haya sido
enunciado en este momento?*

La idea de que un sistema político sea reversible está corroborada por la
historia, aunque el «etapismo» dogmático pretendió hacer creer que se pasa
de un sistema a otro de modo inexorable y definitivo. El capitalismo, pongamos por caso, no se instauró de una vez para siempre sobre las ruinas
del feudalismo, sino que forcejeó a lo largo de siglos, desde finales del
Medioevo, avanzando y retrocediendo. En Europa, el corte se hizo visible,
sucesivamente, en los Países Bajos, en Inglaterra, en la Francia de 1789. En
esta última ocurrió la revolución burguesa por excelencia, mucho después
de haber brotado en Italia los gérmenes del capitalismo. Pero, desde luego,
un ejemplo espectacular de regresión lo hemos tenido ante los ojos con la
involución del socialismo europeo entre finales de la década del ochenta y
principios de la del noventa del siglo pasado. Y el *desmerengamiento* (como lo
llamó Fidel) del experimento socialista iniciado heroicamente en la Rusia de
1917 ocurrió, en las fechas mencionadas, por errores internos, sin minimizar
la labor de erosión realizada por gobiernos de los países de capitalismo
desarrollado (prefiero nombrarlo subdesarrollante), en especial los Estados
Unidos. No hay que olvidar que muchos de esos gobiernos agredieron
militarmente a la recién nacida Revolución de Octubre. Se suele atribuir
a la *perestroika* el final inglorioso de los proyectos socialistas de la Unión
Soviética y los países europeos vecinos. Pero en la carta a Fidel de abril de
1965 que este año ha sido publicada como prólogo a los *Apuntes críticos sobre
la Economía Política* que el Che redactara entre 1965 y 1966 (es decir, entre sus
combates en el Congo y sus combates en Bolivia), él escribió: «los cambios
producidos a raíz de la Nueva Política Económica (NEP) han calado tan
hondo en la vida de la URSS que han marcado con su signo toda esta etapa».
Y luego, de modo tajante: «los conflictos provocados por la hibridación que
significó la NEP se están resolviendo hoy a favor de la superestructura; se
está regresando al capitalismo».[25] Insisto en estas últimas palabras: *se está
regresando al capitalismo*. Es decir, que más de dos décadas antes de la caída

---

25. Ernesto Che Guevara, *Apuntes críticos a la Economía Política*, Ocean Sur-Centro de
    Estudios Che Guevara, 2006, p. 31 (edición cubana: Editorial de Ciencias Sociales, La
    Habana, 2005).

del muro de Berlín, el Che previó que el socialismo era reversible no ya en países de la Europa central y oriental donde aquel entró en la punta de las bayonetas soviéticas (suelo repetir la observación de Lezama Lima según la cual a esos países el socialismo les cayó encima como una carpa de circo), sino en la propia URSS. La previsión del Che, en cierta forma anticipada en su «Discurso en Argel» de febrero de 1965, fue sancionada por la historia, como sabemos de sobra.

Me parece que pueden considerarse como antecedentes del tipo de formulación a que usted se refiere, aunque el tema no haya sido el mismo, numerosos discursos, en especial de Fidel. Pienso, por ejemplo, en el que pronunciara en el campamento de Columbia (que pasaría a ser llamado Ciudad Libertad) el 8 de enero de 1959, fresca todavía la victoria. En tal discurso, entre otras cuestiones, Fidel anunció, a una audiencia en su mayor parte sorprendida, que la Revolución, lejos de haber concluido, estaba prácticamente empezando, y que las tareas que tenía por delante eran más arduas que las ya realizadas. Cito de memoria, así que no se busque literalidad en lo anterior.[26] Lo que me interesa subrayar es que en esas palabras aurorales Fidel decía verdades con la finalidad no de halagar, sino de enseñar. Por algo Sartre calificó de pedagógicos tales discursos. Numerosos ejemplos más podrían ser aducidos. «Nos casaron con la mentira», dijo una vez Fidel, «y nos obligaron a vivir con ella.» Frente a esa realidad ominosa, es imprescindible acudir a la verdad, que es revolucionaria, como postuló Lenin. Y esa lealtad a la verdad es lo que se muestra en el discurso del 17 de noviembre de 2005 que usted ha evocado. El tema era otro, pero similar el propósito: afrontar una cuestión candente y plantearla con crudeza al pueblo.

El que se abordara en ese discurso la posible reversibilidad del socialismo en Cuba y la también posible derrota de la Revolución a manos de «errores propios» está relacionado con la intervención del compañero Felipe Pérez Roque un mes después, el 23 de diciembre de 2005, ante la Asamblea Nacional del Poder Popular. En ambos casos, el telón de fondo era simi-

---

26. Este discurso puede consultarse de modo íntegro en http://www.cuba.cu/gobierno/ discursos/1959/esp/f080159e.html (fecha de descarga en la web: 27 de diciembre de 2006)

lar. Muchos de los dirigentes históricos de la Revolución Cubana no viven ya: piénsese en Camilo, el Che, Celia o Haydée, para solo mencionar a unos pocos. Y los que sobreviven, pertenecen a la tercera edad, son adultos mayores, como se dice ahora para eludir el término vejez. Representan un momento cenital de nuestra historia, pues hay en ellos heroísmo probado, un enorme caudal de experiencias y un prestigio ampliamente reconocido. Pero no pasará mucho tiempo sin que ellos desaparezcan también. Ante esa realidad innegable, es imprescindible plantearse si, con la desaparición de aquellos, también se extinguirá el proceso revolucionario que han encabezado brillantemente, con muchos más aciertos que errores, durante medio siglo. La involución experimentada por los países europeos que se decían socialistas implica la fuerte lección de que las revoluciones son reversibles. Pueden ser aplastadas por las armas, como la Comuna de París o la España agredida por el fascismo hace ahora setenta años. Pero también pueden serlo por errores internos, como ocurrió en el llamado campo socialista europeo. Fidel dijo que en Cuba contamos ya, o estamos a punto de contar, con la invulnerabilidad económica y la militar. Pero cuestiones internas, como la corrupción, pueden dar al traste con las conquistas alcanzadas. De ahí la urgencia de plantearse el problema, nada conjetural.

Poco antes de recibir yo este cuestionario, habían ocurrido la enfermedad de Fidel y la temporal delegación de sus cargos. Los enemigos se frotaron las manos desvergonzadamente. Pero el pueblo cubano dio y está dando una magnífica prueba de orden, serenidad y esperanza. Creo que, sin proponérselo, tuvo lugar un ensayo general de lo que ocurrirá un día. Y la respuesta no pudo haber sido más estimulante. Por mucho que duela, inexorablemente Fidel desaparecerá, pero la Revolución que él contribuyó como nadie a hacer nacer, a crecer y a alcanzar un horizonte mundial, pervivirá, y ello será el mejor homenaje que se rinda a su centelleante memoria.

La reversión al capitalismo del llamado «socialismo real» provocó una discusión en varios planos. Es un criterio aceptado que el «socialismo real» no resultó una alternativa cultural al capitalismo, o acaso sí una alternativa pero no una antípoda —si entendemos que es precisamente eso: una antípoda, lo que debe ser el socialismo con respecto a la «lógica cultural» del capitalismo—. Ese tipo de socialismo compartió con el capitalismo sus presupuestos culturales —civilizatorios— básicos, al punto de que la derrota del «socialismo real», más que una victoria del capitalismo, implicó, para diversos autores, una crisis de la civilización occidental. Según su criterio, observando aquella derrota y esta «victoria» del actual capitalismo, ¿cómo queda «parado» en ese escenario el proyecto de la modernidad?

El concepto de modernidad es harto polisémico. O dicho de otra manera: no significa lo mismo para diferentes observadores. Me cuento entre aquellos para quienes las bases de la modernidad fueron echadas a raíz de 1492, con la segunda llegada azarosa de europeos al continente que iba a ser llamado América. La primera vez, la de los vikingos, fue intrascendente; pero la segunda, la que empezó a finales del siglo xv, llevaba en sí las semillas del capitalismo, que se desarrollaría a partir de entonces, en detrimento de numerosas comunidades humanas extinguidas o gravemente dañadas. Desde esta perspectiva, modernidad es sinónimo de capitalismo. Y también de civilización occidental, que se proclamó la sola civilización posible, por lo que sus portavoces han considerado que el resto de la humanidad constituye la barbarie, aunque ahora se valgan también de otras denominaciones. Quiero recordar que, en el siglo xx, pensadores de nuestra América como José Carlos Mariátegui y Leopoldo Zea sostuvieron que el mundo occidental es el capitalismo desarrollado (al que ya dije que he propuesto llamar subdesarrollante). Por su parte, en 1884, Martí había rechazado «el pretexto de que la civilización, que es el nombre vulgar con que corre el estado actual del hombre europeo, tiene derecho natural de apoderarse de la tierra ajena, perteneciente a la barbarie, que es el nombre que los que desean la tierra ajena dan al estado actual de todo hombre que no es de Europa o de la América europea». Siendo así las cosas, un auténtico socialismo tiene que plantearse una modernidad otra, distinta de la que encarna el capitalismo. Sin duda el llamado «socialismo real», para usar palabras de usted, «no resultó una alternativa cultural al capitalismo». Es algo que, entre otros, postuló Fredric Jameson. Pensando en nuestra América, pero la observación es válida más allá de nuestras fronteras, Mariátegui planteó que nuestro socialismo no debía ser calco ni copia, sino creación heroica. Observación tanto más válida por cuanto lo que se estuvo calcando o copiando en el seno del llamado «socialismo real» era el capitalismo, como dijo con toda claridad el Che.

Edmund Burke, padre-fundador del pensamiento conservador, afirmó que 1789
solo sería capaz de convocar la barbarie y, con ella, la destrucción del orden mo-
ral y las tradiciones civiles y políticas de Francia. A la luz de hoy y, en este caso,
sobre la Revolución cubana, ¿qué opone usted a los actuales seguidores del autor
de Reflexiones sobre la Revolución Francesa? *¿Qué balance hace usted de la*
experiencia revolucionaria de Cuba en relación con este país, con nuestra América
y con respecto al capitalismo como sistema?

Es significativo que la vindicación del libro de Edmund Burke haya sido
hecha, entre otros lugares, en la importante revista de derecha que fue
Vuelta. Las opiniones contrarrevolucionarias de Burke en aquel libro venían
como anillo al dedo a quienes objetaban no ya la añosa Revolución Francesa,
sino la vigente Revolución cubana. Un ingenioso amigo mexicano me dijo
en una ocasión que cuando una entrega de *Vuelta* no traía un artículo contra
Cuba es porque traía dos. A los actuales seguidores del autor de *Reflexiones*
sobre la Revolución Francesa se le oponen las contundentes realidades de la
Revolución cubana. El balance de la experiencia revolucionaria de Cuba en
relación con nuestro país es altamente positivo. Se conocen de sobra realidades suyas como la independencia del país, la completa alfabetización
del pueblo, su pleno empleo, sus niveles de educación, salud, su horizonte
científico y cultural en el más amplio sentido de la palabra. En cuanto a
nuestra América, hubiera sido impensable la nueva situación que vive sin la
existencia y la solidaridad de la Revolución cubana. Naturalmente, ello le ha
acarreado a esta la más feroz hostilidad del gobierno de los Estados Unidos
y de aquellos otros países capitalistas que se le someten. Cuba demuestra
que es viable una alternativa no capitalista, socialista, a noventa millas del
imperio más prepotente de la historia. Esa es su gloria y su riesgo.

Usted ha afirmado que Cuba nunca fue un satélite de la antigua URSS y que menos
podría serlo una vez desaparecida esta, en respuesta a criterios que buscaban paralelos
«normativos» entre la experiencia soviética y la cubana. La viabilidad del socialismo
hacia el futuro debe suponer la necesidad de constituirse en una alternativa explícita,
declarada, tanto al capitalismo como a lo que resultó ser el socialismo soviético.
Siendo usted un socialista, formado en su juventud en las páginas de Bernard
Shaw y que luego ha continuado con un largo y erudito tránsito por la historia

y la filosofía —aunque se declare no más que «un poeta metido en camisa de once varas»—, de los «socialismos» que conoce, ¿qué dejaría usted atrás, y con qué continuaría hacia delante?

Si en otra entrevista me declaré un poeta metido en camisa de once varas,[27] fue por respeto a los auténticos historiadores y filósofos, de los que necesitamos tener más. Y en ejercicio de aquella condición, he escrito ensayos y respondido cuestionarios como el que usted me hizo llegar: cuestionarios que obligan a producir ensayos intermitentes. Añado que no conozco sino unos cuantos «socialismos», lo que no me permite generalizar. Pero, a partir de lo que sé, dejaría atrás la pobreza intelectual encarnada en dogmatismos y burocratismos, y, por supuesto, las violaciones de toda naturaleza, crímenes incluidos, que se conocen con el nombre de estalinismo. Aprovecho para decirle que el sintagma «culto a la personalidad» oculta más de lo que aclara. No es propio del materialismo histórico limitarse a decir que Stalin era un hombre muy malo que obligó a que se le rindiera culto. Es menester *explicar* cómo fue posible que, tras la muerte relativamente temprana de Lenin, se llegara a las monstruosas deformaciones que se hicieron pasar por propias del socialismo. En este sentido, me siguen pareciendo atendibles las explicaciones que aportara Isaac Deutscher.[28] Así se lo dije en una ocasión al Che (tras preguntarme él a qué atribuía yo que la URSS se hubiera ido a la mierda), pero él no estuvo de acuerdo, pues pensaba, como ya he mencionado, que el origen de las deformaciones estaba en la NEP y en el hecho de que la muerte de Lenin impidió tomar medidas que hubieran hecho posible una rectificación del rumbo asumido por la URSS a partir de la NEP.

---

27. Se refiere a la entrevista que concedió a Goffredo Diana y John Beverley, aparecida en español con el título «Un poeta metido en camisa de once varas», en *Cuba defendida*, Ediciones Unión, La Habana, 1996, pp. 9–52.

28. Historiador, escritor y político polaco (1907–1967). A los 19 años se afilió al Partido Comunista polaco, del que fue expulsado en 1932 por sus críticas al estalinismo. Alcanzó justo renombre como uno de los más autorizados especialistas en sovietología. Su amplísima obra biográfica e histórica comprende, entre otras, las biografías de León Trotsky, José Stalin, y una inconclusa sobre Vladimir I. Lenin. Sus muy acertados análisis sobre el régimen estalinista, y sobre lo que este significó con respecto al proyecto bolchevique, conservan vigencia para comprender la experiencia soviética.

Por otra parte, continuaría hacia adelante con el arrojo de las auténticas revoluciones socialistas, con su desafiante esfuerzo por oponerse a una historia milenaria (mejor es llamarla, como propuso Marx, prehistoria) y abrirse a un porvenir en que sea posible la plena hominización del ser humano. Esto, según sabemos, no ha resultado nada fácil. El socialismo no surgió, como habían pensado Marx y Engels, en países de capitalismo avanzado, sino que, por la realidad del imperialismo, que ellos no llegaron a conocer, pero sí Lenin, surgió en la atrasada Rusia zarista. Y aunque, a raíz de la terminación del segundo período de la Guerra Mundial, se expandió por naciones colindantes con la Unión Soviética, varias de las cuales habían conocido desarrollo capitalista (Alemania oriental, Checoslovaquia), tanto en la URSS como en aquellas se extinguió unas décadas después. Pero se mantuvo (se mantiene) en países que eran también atrasados, como China, Corea, Vietnam y Cuba. Ese atraso nos ha obligado a acometer tareas que hubiera debido realizar el capitalismo maduro, además de las propias del socialismo.

Continuaría adelante, también, con el heroísmo desplegado, en defensa de sus respectivas revoluciones socialistas, por tales países, y desde luego por la URSS, a la cual se debió en inmensa parte la derrota del nazismo. Y siendo, como soy, un escritor, un artista, permítame mencionarle que continuaría adelante, igualmente, con el hermoso florecimiento que conocieron las artes de vanguardia en la flamante Revolución rusa, hasta que fueron sofocadas por la creciente osificación que sufrió el país. Para decirlo con una expresión que fue frecuente hace años, continuaría adelante con una revolución, esta vez socialista, sin Termidor.

En Cuba hay una intensa tradición de polémicas culturales e ideológicas. Para no recurrir a una larga historia, podemos recordar cómo a partir de la década del veinte del siglo pasado muchos intelectuales, algunos de los cuales se encuentran muy cerca de usted en sensibilidad poética y en idea revolucionaria, protagonizaron polémicas en diversos campos que todavía hoy son de gran valor no solo para la historia de las ideas en Cuba, sino para el debate sobre temas que, formulados desde entonces, alcanzan este presente. Después de la Revolución fue también significativo el espacio cultural y político abierto a polémicas de variado signo. Dentro de ellas hay una en particular que, según entiendo, no ha sido retomada en toda su hondura: la tradición ideológica y cultural del socialismo en Cuba configurada antes del triunfo de 1959. ¿Qué encuentra usted en esa tradición que, con sus diferencias, abarca nombres notorios como los de Julio Antonio Mella, Rubén Martínez Villena, Raúl Roa, Blas Roca, Carlos Rafael Rodríguez, así como los nombres menos estudiados y menos «reconocidos» de Jorge Vivó, Sandalio Junco, Aureliano Sánchez Arango o Juan Ramón Brea? Dando un salto en el tiempo, ¿cómo valora usted el pensamiento que hoy se produce en Cuba, en cuanto a sus alcances y sus límites?

Aunque conozco bastante bien los aportes de la mayor parte de las figuras que usted menciona (y de otras que les están emparentadas, como Juan Marinello, Antonio Guiteras, Pablo de la Torriente, Leonardo Fernández Sánchez o José Antonio Portuondo), ignoro, y ello querrá decir algo, los que se deben a Jorge Vivó y Sandalio Junco.[29] Supe de Aureliano Sánchez Arango cuando era ministro de Carlos Prío, y había dejado atrás su valiosa insurgencia juvenil.[30] En cuanto a Juan Ramón Brea (a quien, según me habló de él Portuondo, que lo conoció, llamaban *Neneno*), estoy algo familiarizado con su poesía, que habrá que rescatar, así como a la labor del santiaguero Grupo H sobre el cual escribió Mary Low en *Orígenes*, pero no

---

29. Más allá de la significación de un nombre u otro, el objetivo de la pregunta apunta a la necesidad de recuperar la complejidad y diversidad de la tradición socialista cubana. (A este respecto, ver la entrevista con Ana Cairo Ballester en el presente libro). Jorge Vivó ocupó la secretaría general del primer Partido Comunista, fue uno de los corredactores del ensayo «Cuba: factoría yanqui», escrito junto a Rubén Martínez Villena. A partir de 1936 emigró a México, allí «perteneció al claustro de la Universidad Nacional Autónoma de México donde desarrolló una brillante carrera hasta el punto de que una biblioteca lleva su nombre». Sandalio Junco, dirigente obrero comunista, «compartió el exilio con Mella en México. Fue enviado a estudiar a Moscú. A su regreso, fundó el Partido Bolchevique Leninista Cubano (septiembre de 1933), filial cubana de las agrupaciones trotskistas». Las citas están tomadas de Ana Cairo, «Los otros marxistas y socialistas cubanos. 1902–1958», en *Mariátegui*, Centro de Investigación y Desarrollo de la Cultura Cubana Juan Marinello, La Habana, 2002, p. 246.
30. Aureliano Sánchez Arango, militante comunista del Directorio Estudiantil Universitario de 1927. Integró el claustro universitario, se especializó en Derecho Laboral y escribió *Legislación obrera*. Fue ministro de Educación bajo la presidencia de Carlos Prío Socarrás, gobierno este sacudido por continuos escándalos de corrupción. En 1949 Eduardo Chibás acusó públicamente de corrupción a Aureliano, en un debate muy sonado que llevó a Chibás al suicidio, al no poder documentar con pruebas su denuncia.

con sus aportes políticos.[31] Con tanta ignorancia a cuestas, creo que carezco de autoridad suficiente para responder de modo adecuado su pregunta. Pero para no dejarla en blanco, diré que esa compleja tradición nos ha sido vital. En ella se formaron los conductores de la actual Revolución cubana (y, como es bien sabido, en la prédica moral del rebelde Eddy Chibás,[32] prédica sintetizada en la fórmula «Vergüenza contra dinero»). Un aspecto muy importante de tal tradición fue la actualización del pensamiento martiano, que inició Julio Antonio Mella en 1926 y fue seguida por muchos, dando lugar a lo que Cintio Vitier ha llamado un marxismo martiano: el que desembocó en la actual Revolución Cubana.

En cuanto a la otra pregunta, me parece que seguimos contando con un pensamiento valioso en varios dirigentes políticos (en primer lugar, desde luego, Fidel); y en lo que toca a otros, según espero, se está saliendo de la etapa infeliz en que coincidieron, en lo mundial, el desprestigio de buena parte de la izquierda por la decadencia de la URSS y sobre todo a raíz de la caída del campo socialista europeo; y en lo interno, el manualismo primitivo que tanto daño hizo al ofrecer una versión caricaturesca del materialismo dialéctico e histórico, y las consecuencias en la vida intelectual del Período Especial. Admiro a quienes, como Fernando Martínez Heredia y varios de sus cercanos compañeros,[33] prosiguieron elaborando un pensamiento revolucionario genuino, y a quienes, por lo general agrupados en torno a revistas (como *Temas* y *Marx Ahora*, para solo nombrar un par de ellas) o a centros de investigación, hacen aportes serios en este campo. Los alcances de ese pensamiento en elaboración son enormes, y sus límites están impuestos solo por la necesidad de no hacerse eco de un enemigo que nos ha hostigado bárbaramente durante

---

31. Juan Ramón Brea, dirigente estudiantil, poeta surrealista y militante revolucionario trotskista.

32. Eduardo Chibás fue miembro del Directorio Estudiantil Universitario de 1927. Elegido diputado en 1939 y senador en 1944, fundó el Partido del Pueblo Cubano, llamado «partido ortodoxo» (1946). Luchó contra la corrupción política, atacando especialmente la administración de Carlos Prío Socarrás. Captó el fervor popular con su programa de adecentamiento cívico de la política cubana en medio de una corrupción generalizada.

33. Se refiere a la obra intelectual y a la posición de quienes se iniciaron en el Departamento de Filosofía de la Universidad de La Habana (1963-1971). Fernando Martínez Heredia fue director de dicho Departamento a partir de 1966. En su seno se gestó un cuerpo de pensamiento de inspiración descolonizadora y abierto en temáticas y enfoques,

casi medio siglo. Pero sin olvidar que sobre esto último hay más de un criterio, pues los dogmatismos tienden a estrechar hasta el ahogo esos límites. Es una de las consecuencias laterales del bloqueo. Confío en que generaciones más jóvenes, a una de las cuales pertenece usted mismo, enriquezcan nuestro pensamiento en forma que en muchos casos no podemos prever.

En su ensayo «Hacia una intelectualidad revolucionaria en Cuba» usted escribió: «Hace poco me preguntaba en México Víctor Flores Olea por qué los intelectuales cubanos no participaban sino excepcionalmente en las discusiones sobre problemas de tanto interés como las referidas al estímulo material, a la ley del valor, etcétera.» Usted aseguraba que aquella pregunta «rozaba» el siguiente punto: «los intelectuales cubanos, que han debatido lúcidamente sobre cuestiones estéticas, deben considerar otros aspectos, so pena de quedar confinados en límites gremiales.» Respecto a la participación de los intelectuales cubanos en el debate sobre el «Discurso de la Universidad», ¿hasta dónde se parece aquella situación a la actual? Siguiendo su línea de análisis de entonces, ¿cuáles serían hoy los «problemas de un intelectual revolucionario» en Cuba?

El ensayo que usted menciona lo escribí y publiqué en 1966.[34] Es decir, que está cumpliendo cuarenta años. Sería imposible que en tan dilatado lapso no se hubieran producido cambios a menudo gigantescos. Pienso en el asesinato del Che y la postergación del proyecto que encarnaba, en el angostamiento intelectual durante el llamado por Ambrosio Fornet «quinquenio gris», en la voluntad de rectificar errores desde mediados de los ochenta del siglo pasado, en la mentada caída del campo socialista europeo que tanto afectó a

---

el cual, desde una perspectiva marxista, tercermundista y latinoamericana se hizo crecientemente crítico del «doctrinalismo marxista» proveniente de la URSS. La revista *Pensamiento Crítico* (1967–1971), editada por el Departamento, representó el órgano teórico de esa posición. El Departamento y la revista fueron cerrados en 1971, pero la inmensa mayoría de sus miembros permanece en Cuba y se mantiene consecuente con aquella perspectiva. Tales son los casos de Juan Valdés Paz y Aurelio Alonso, participantes del debate que conforma el segundo capítulo de este libro, y del propio Martínez Heredia, cuya entrevista aparece como epílogo de este volumen.

34. El texto fue incluido por su autor en *Ensayo de otro mundo*, Instituto del Libro, La Habana, 1967, y ha sido reeditado en numerosas ocasiones, la más reciente de ellas en *Cuba defendida*, Letras Cubanas, La Habana, 2004. Publicado en 2007 por Ocean Sur.

la izquierda en todo el mundo, en el Período Especial... Además, los cubanos que viven hoy nacieron, en su mayoría, después de enero de 1959, o eran niños entonces. Nuestro pueblo es el mismo y es otro. La situación en 2006 no es, no puede ser igual a la que existía en 1966. Por añadidura, escribí tal ensayo desde la perspectiva de mi generación, que entonces andaba por los treinta y tantos años, y ahora tengo setenta y seis. Para hablar hoy de los «problemas del intelectual revolucionario», debe dársele la palabra, sobre todo, a una generación joven.

¿Cómo entiende usted la crítica revolucionaria hacia la Revolución?

En su fundamental, inagotable texto «Nuestra América», Martí dijo con toda claridad: «Los pueblos han de vivir criticándose, porque la crítica es la salud; pero con un solo pecho y una sola mente.» Y el Che, de regreso en Cuba, donde se preparaba para ir a pelear a Bolivia, añadió que «si se negara el derecho a disentir en los métodos de construcción (lucha ideológica) a los propios revolucionarios se crearían las condiciones para el dogmatismo más cerril. Debemos convenir en que los criterios opuestos sobre métodos de construcción son el reflejo de actitudes mentales que pueden ser muy divergentes en ese punto, pero planteándose honestamente el mismo fin».[35] La Revolución necesita la crítica, *porque la crítica es la salud.* Tal crítica supone señalar los que se consideren errores cometidos en nombre de la Revolución, y también *disentir en los métodos de construcción.* En el muy citado discurso de Fidel que se publicó con el título «Palabras a los intelectuales», él pronunció la famosa frase «dentro de la Revolución, todo; contra la Revolución, nada». Entiendo que *dentro de la Revolución* se incluye la crítica hecha a medidas o aspectos que no parezcan positivos si tal crítica es ejercida por *los propios revolucionarios.* Es lo que Martí se adelantó a decir cuando postuló que la crítica que es la salud implica *un solo pecho y una sola mente.* Sería absurdo confundir la crítica *dentro de la Revolución* con la que se hace *contra la Revolución.*

---

35. Orlando Borrego, *El camino del fuego,* Imagen Contemporánea, La Habana, 2001, p. 371.

¿Cuándo entrará a imprenta aquel ensayo prometido en Cuba defendida, *que versaba sobre un país imaginario llamado «Haipacu»? ¿Cómo lo escribiría ahora en relación con el nuevo mapa político existente en América Latina?*

Me temo que ese ensayo no irá nunca a imprenta, y no pasará de ser, como es, un breve capítulo de mi ensayo *Cuba defendida*. Al escribir este último y abordar el tema en cuestión, procedí según el criterio de Borges de acuerdo con el cual no era necesario producir un grueso volumen cuando se le podía dar por existente y sintetizar su idea central en unas cuantas líneas. Ahora bien, en el nuevo y esperanzador mapa político de nuestra América, hemos visto cómo, más allá del acrónimo «Haipacu»,[36] les han sido descerrajadas por el imperialismo sendas leyendas negras a la Venezuela de Chávez y a la Bolivia de Evo mientras en otros países del área existen gobiernos, digamos, decorosos. Nuevas leyendas negras les son y les serán propinadas a cuantos gobiernos latinoamericanos y caribeños se opongan frontalmente al imperialismo y a su arma del momento, el neoliberalismo. Y esos gobiernos han venido y otros vendrán. Hacía tiempo que la situación de nuestra América no era tan promisoria. No coincidieron en el tiempo el gobierno chileno de la Unidad Popular y el sandinista nicaragüense. Hoy la situación es bien distinta. Con la resistencia y la solidaridad de la Revolución Cubana, y con el ALBA, amanece un mundo mejor para nuestros sufridos países. Que el imperialismo y sus secuaces intenten escarnecer a quienes se les opongan hace recordar el viejo decir castellano «Ladran, luego cabalgamos».

En su momento, usted encontró en Diálogos sobre el destino, *de Gustavo Pittaluga, «una voz de confianza, asentada en nobles sabidurías» que «alimentaba una esperanza». Aquel «pueblo con poca ilusión» fue luego actor y testigo de una gran Revolución. A casi cincuenta años de 1959, y después de haber vivido estos años, e interpretado la experiencia cubana del modo tan hermoso y lúcido co mo lo ha hecho a lo largo de varias décadas, ¿cuál es hoy su esperanza sobre el «destino» de Cuba y de los cubanos?*

---

36. En el ensayo «Cuba defendida», Haipacu es un país imaginario, pero su nombre está formado por las sílabas iniciales de Haití, Paraguay y Cuba, países que, en diversos momentos y en diferentes condiciones, han sostenido procesos de independencia nacional de gran significado para la historia latinoamericana.

Es incomparable la Cuba de hoy con la de 1954, fecha en que Pittaluga publicó su notable libro. En cuanto a la esperanza, le recordaré que cuando en 1959 publiqué un cuaderno de poemas escritos en su mayoría en los meses finales de 1958, y dos de ellos en el propio 1959, titulé a ese cuaderno, creo que el primero de su género en abordar la naciente revolución, *Vuelta de la antigua esperanza*. Esa esperanza era antigua porque remitía a los treinta años de lucha por la independencia y ciertamente a Martí, a la revolución del treinta, y en general a los intentos hechos durante la República mediatizada por convertirla en una República libre y soberana. Cuba es hoy esa República libre, soberana, justa y solidaria. (Por lo cual, dicho sea entre paréntesis, me extraña leer a veces que solo se llame República de Cuba a la mediatizada.) El destino de Cuba y los cubanos es amenazado pero grandioso. No obstante los errores que hayamos cometido en la forja de una nueva República, los aciertos son inmensamente mayores, e incluyen colaboraciones esenciales con otros países, en especial de nuestra América y África. Más que nunca antes tenemos el derecho y el deber de alimentar la esperanza.

Antiguas preguntas cubanas, siempre renovadas

(Entrevista con Ana Cairo*)

Ana Cairo cumple dentro del ámbito intelectual cubano varias funciones de primer orden, pero la que más aprecio, en el plano personal, es la de constituir un archivo de la memoria cubana.

Quien la ve recorrer, siempre a pie, el trayecto comprendido entre la Facultad de Artes y Letras de la Universidad de La Habana — a cuyo claustro pertenece desde 1973 —, la Biblioteca Nacional José Martí, una de sus casas verdaderas, y el barrio periférico de Santos Suárez, donde vive «agregada» en casa de su madre, con su cabello siempre en agreste desafío contra el orden y cargando ad aeternam *con bolsas de diferentes linajes, no puede concebir la calidad de la imaginación histórica ni el alcance de la sensibilidad de esta mujer «mestiza», como rezaría el lenguaje de un censo de población.*

La entrevista que sigue es una indagación sobre la genealogía de los temas que se encuentran en la base del «Discurso de la Universidad». Recoge cómo los asuntos hoy tratados aparecieron y se reeditaron en la historia nacional, en la creencia de que ese tipo de abordaje, esa búsqueda de orígenes y conexiones, es imprescindible para completar la calidad de cualquier análisis sobre el presente.

---

* Ana Cairo Ballester (La Habana, 1949). Doctora en Ciencias Filosóficas y Profesora titular de la Universidad de La Habana. Miembro de la Unión de Escritores y Artistas de Cuba y de la sección cubana de la Asociación de Historiadores de América Latina y el Caribe. Dirige el colectivo profesoral encargado de la docencia de Literatura Cubana en la Facultad de Artes y Letras. Integra los consejos científicos de su facultad y del Centro de Estudios Martianos, y la Junta Directiva de la Fundación Fernando Ortiz. Forma parte de los consejos editoriales de las revistas *Temas, Universidad de La Habana, Debates Americanos* y *Revista de la Biblioteca Nacional José Martí*. Dirige la colección Letras y Cultura en Cuba.

¿Por qué cree usted que Fidel haya escogido la Universidad de La Habana para pronunciar este discurso?

Fidel tiene una relación emocional de mucha cercanía con la Universidad de La Habana. En 1994 aseguró en el Aula Magna que en la Colina «se había hecho revolucionario»,[37] pues su actividad política comenzó durante su estancia allí. Pero algo similar ya había afirmado en 1959. El 11 de mayo de ese año, al hacer la apertura del curso académico, manifestó sentirse «raro» en esa condición, porque la mayor parte de sus discursos hasta esa fecha habían sido pronunciados a los amigos en los bancos de la Universidad.

La Universidad ocupa un momento importante, muy querido, en su vida personal. Es el espacio donde él siente que se conformaron sus ideas hasta alcanzar la organicidad de un proyecto político.

El «Discurso de la Universidad» es, pues, propio de tal sensibilidad, aunque también de su forma de trabajar. Se trata de un discurso donde él va haciéndose preguntas, en voz alta, a sí mismo y a sus interlocutores. Esta es una variante interesante de su método de análisis: él se formula las interrogantes sobre las cuales trabajará en los próximos años. Además, se las hace en la Universidad, de modo similar al que se las hacía cuando era estudiante.

Creo que el hecho de estar en la Universidad recordando sus tiempos de estudiante desencadenó un «discurso de la memoria» que funciona en dos planos: la memoria de un estado emocional y la memoria de los problemas para los cuales quiere encontrar nuevos interlocutores.

Al mismo tiempo, para entender el discurso y el escenario escogido para pronunciarlo, es necesario recordar una antigua práctica de Fidel en relación con la Universidad. Desde 1959, él acostumbraba a venir sistemáticamente a la Colina a dialogar, a escuchar ideas, a someter a consulta temas de la hora. Hay infinidad de recuerdos, anécdotas, de momentos difíciles en que Fidel vino a la Plaza Cadenas a discutir —a veces terminaba a las dos, a las tres de la mañana—, sobre todo durante la década del 60 e incluso todavía hasta 1974.

---

37. El discurso puede leerse en http://www.cuba.cu/gobierno/discursos/1995/esp/f040995e.html (fecha de descarga en la web: 27 de diciembre de 2006).

En los bancos de la Plaza Cadenas tuvieron su origen muchos discursos, pero sobre todo Fidel convirtió esos encuentros en un método de trabajo para intercambiar con un público conocedor, con cierta experiencia política, donde podía encontrar diversidad de opiniones.

Antes de 1959, la Plaza Cadenas —repito el nombre antiguo porque pienso que nunca debió cambiársele[38]— era un foro muy intenso de discusión. Después de la Revolución se multiplicó y Fidel lo aprovechó muchísimo. Una gran cantidad de proyectos surgieron de esos diálogos en la Plaza Cadenas. En la Universidad se experimentaron muchos de ellos: las líneas de producción de yogurt —yo creo que nunca se tomó tanto yogurt en la Universidad como en aquellos tiempos—, o cuando se hicieron los primeros zapatos plásticos, que le fueron repartidos a las estudiantes para comprobar su calidad. La Universidad era una especie de laboratorio social, de foro político, y una fuente para reclutar cuadros y voluntarios para los más disímiles planes.

Entonces, el discurso debe ser remitido también a esta historia. La Universidad es un espacio que él usa para aventurarse y sugerir determinados riesgos en el ejercicio fascinante de pensar.

¿Qué antecedentes de un discurso como el de 17 de noviembre de 2005 encuentra usted en la historia de la Revolución?

Para responder esa pregunta, debo remontarme a la historia de Cuba, y comenzar de hecho por su etapa colonial.

El tema de la corrupción como factor destructivo de la sociedad se puede localizar en la *Memoria sobre la vagancia en Cuba* [1831], de José Antonio Saco [1797–1879], o en «Cuba en 1836», de Domingo del Monte [1803–1853], o en las denuncias reiteradas de Enrique José Varona [1849–1933] y de Manuel Sanguily (1848–1925), contenidas en sus discursos de la década de 1880. El narrador Ramón Meza [1861–1911] repite como un *leit motiv* la frase «¡País de pillos!» en su famosa novela *Mi tío el empleado* [1887]. Se soñaba que, con el fin de la dominación colonial española, terminaría la historia de la corrupción.

---

38. El nombre actual de la Plaza es Ignacio Agramonte, prócer de la guerra de liberación de Cuba contra la metrópoli española en el siglo XIX. El nombre de Plaza Cadenas se debe a que fue construida bajo el período del rectorado de José Miguel Cadenas y Aguilera, en cuya memoria fue nombrada con su apellido.

El sueño republicano no solo era un ideal emancipador, sino también purificador, regenerador de la vida social y política.

El pasado 26 de septiembre [de 2006] se ha cumplido el centenario de la Segunda ocupación norteamericana en el país [1906-1909]. Me preocupa que apenas se haya escrito sobre ese suceso en la prensa cubana, porque el hecho fue muy traumático.

La Segunda ocupación otorgó nuevamente relieve en Cuba a la corrupción. De ese momento provienen los mitos de Tomás Estrada Palma como gobernante honrado y del resurgimiento de la corrupción institucional en Cuba bajo el régimen del interventor Charles Magoon.[39] Con la Segunda ocupación se comienza a hablar de la corrupción como un factor de la nueva degradación moral, como un elemento retardatario del desarrollo de la sociedad cubana moderna.

La corrupción siguió aumentando en los gobiernos de Mario García Menocal y de Alfredo Zayas. En este lapso [1913-1925] comenzaron los llamados movimientos de reforma cívica, de reforma pública, de remedios para un buen gobierno, como el proyecto de Enoch Crowder[40] para imponer a Zayas un «gabinete de la honradez».

El discurso anticorrupción estaba en el centro del movimiento político cubano. Desde la reelección de Mario García Menocal [1917], se empezó a hablar de la necesidad de una regeneración, de una refundación de la vida republicana, precisamente porque el factor de la corrupción se convertía en una especie de «cáncer» —es una metáfora que ya está en la época— que corroía la sociedad. En 1924, Fernando Ortiz pronunció la conferencia —publicada luego como folleto— *La decadencia cubana*,[41] que ilustra muy bien este problema.

---

39. El 29 de septiembre de 1906, William Taft, secretario norteamericano de Guerra, asumió el gobierno de Cuba, dando inicio a la llamada Segunda ocupación norteamericana. El 13 de octubre de 1906 nombró como su sustituto a Charles Magoon, quien fungió como gobernador militar de la Isla hasta el 28 de enero de 1909, en que el nuevo presidente electo, José Miguel Gómez, tomó posesión de su cargo.

40. Participó en la Primera ocupación militar yanqui de 1898. Durante la Segunda ocupación fungió como secretario de Justicia y Asuntos Extranjeros. Ana Cairo se refiere aquí a su período como embajador norteamericano durante el período de gobierno de Alfredo Zayas (1921-1925), en el cual ejerció con transparencia su labor ingerencista.

41. Fernando Ortiz, *La decadencia cubana* (conferencia de propaganda renovadora pronunciada en la Sociedad Económica de Amigos del País la noche del 23 de febrero de 1924), Imp. y Papelería La Universal, La Habana, 1924.

En 1930, Ortiz decía que el Machadato[42] era una «cacocracia». El discurso cívico contra Machado recogió la lucha contra la corrupción a favor del adecentamiento público y por la creación de mecanismos institucionales de control que garantizaran un funcionamiento transparente del Estado. Con la Constitución de 1940, el tema regresó a un primer plano. En el gobierno de Carlos Prío Socarrás [1948–1952], por la misma razón, se crearon instituciones de control como el Tribunal de Cuentas.

Todo ello giraba en torno a una realidad muy escandalosa: La política era la «segunda zafra» del país, por los dividendos que reportaba. No fue por gusto que Ramón Grau San Martín, en un acto demagógico, antes de tomar posesión del cargo de presidente de la República [octubre de 1944] hizo un inventario jurado ante notario de sus bienes, y anunció que haría otro al término de su gobierno [1948] como prueba de su honestidad —lo que, a propósito, nunca realizó. Antes de Grau, el caso de Fulgencio Batista había resultado extraordinariamente notorio. Batista, sargento taquígrafo en 1933, era poseedor ya, en menos de una década, de una cuantiosa fortuna —como probó primeramente la liquidación de la comunidad de bienes tras su divorcio con Elisa Godínez.[43]

En 1945, cuando Fidel ingresa a la Universidad, se cumplía el primer año del mandato de Grau y ya explotaban los escándalos de su gobierno. En mayo de 1947 se creó el Partido del Pueblo Cubano (Ortodoxo), denunciando el desenfreno adquirido por la corrupción. La Ortodoxia impulsaba un discurso de austeridad económica, de lucha contra la corrupción, el robo y otros vicios de igual especie, que luego se reiteró en el discurso político revolucionario. Ese tópico se encuentra, por ejemplo, en *La Historia me absolverá* [1953, publicado como folleto en 1954] y en los documentos del Movimiento 26 de Julio [a partir de su constitución en 1955].

Por tanto, la lucha contra la corrupción es una de las preocupaciones centrales de la Revolución, por su compromiso con la regeneración moral de la

---

42. Período de gobierno de Gerardo Machado y Morales, iniciado legalmente en 1925, prorrogado ilegítimamente en 1928 y clausurado en 1933 tras una revolución popular.

43. Para el inventario de las propiedades de Fulgencio Batista, quien accedió por primera vez al poder en 1933 y fue el dictador expulsado del país por la Revolución en 1959, ver Guillermo Jiménez, *Las empresas de Cuba*, Editorial de Ciencias Sociales, La Habana, 2005.

sociedad y la política. En sus primeros años incluso se usaba una frase muy famosa: «aquí se puede meter el pie,[44] pero no la mano».

El discurso anticorrupción reaparece también en la década de 1960 bajo la crítica a la «dulce vida». Pero ello no expresaba una forma de corrupción estatal —como fue el caso de Luis Orlando Domínguez en los años ochenta, quizás el primer gran escándalo de ese tipo—, sino una tendencia muy fuerte a la práctica política transparente sin concesión alguna a las desviaciones, por pequeñas que fuesen.

El Proceso de Rectificación de Errores y Tendencias Negativas, de 1986, con su énfasis en el control económico, es la adaptación a las nuevas coyunturas de ese antiguo contenido.

La Revolución recibe el discurso anticorrupción como legado, y permanece fiel a él en la construcción de su imagen. Un dirigente corrupto no cabe en el imaginario de la Revolución. Por ello, el primer acto de gobierno de Fidel como Primer Ministro fue reducir su propio salario y el de los miembros del Consejo de Ministros [16 de febrero de 1959], de ahí la recurrencia al valor de la austeridad, de la crítica al poder del dinero, de la virtud asociada al origen clasista de «haber nacido en el seno de una familia humilde», o de la decencia y honradez familiar, que atraviesa el discurso revolucionario.

Ahora, en lo que respecta a otro contenido de ese discurso —el de los «peligros internos» y los «errores cometidos por los propios revolucionarios»—, ¿dónde localiza usted ese problema en la historia posterior a 1959?

Ese es también un viejo tema, cuyo origen podemos rastrear antes del triunfo de la Revolución. Su expresión se encuentra en las zonas de debate y de negociación política entre las organizaciones revolucionarias, que se hallan, por ejemplo, en el año 1958.

Se trata de una larga y compleja historia que pasa por hechos diversos como la crítica al Pacto de Miami,[45] el Pacto de Caracas,[46] o el Pacto del Pedrero,[47] entre otros muchos esfuerzos de concertación.

---

44. Variación de la frase «meter la pata», que en Cuba significa cometer un grave error.

45. El Pacto de Miami fue rubricado el 1 de noviembre de 1957 por el Partido Revolucionario Cubano (Auténtico), la Organización Auténtica, el Directorio Obrero Revolucionario, la Federación Estudiantil Universitaria, el Directorio Revolucionario, el Partido del Pueblo

En los primeros días de enero de 1959 hubo diferencias que devinieron públicas entre el Movimiento 26 de Julio y el Directorio Revolucionario 13 de Marzo. El 13 de enero, en el Rectorado de la Universidad, Fidel se reunió —a puertas cerradas— con los miembros del Directorio durante varias horas. Probablemente allí se establecieron los compromisos de ambas organizaciones y las bases del grado y el tipo de participación de cada fuerza en el desarrollo ulterior de la Revolución. Con dicho acuerdo se creaban las premisas para evitar, o al menos disminuir, los peligros derivados de los conflictos entre los revolucionarios.

Cubano (Ortodoxo) y el Movimiento Revolucionario 26 de Julio (M–26–7). Las tres primeras organizaciones respondían a los Auténticos, que conseguirían el control sobre la Junta de Liberación (entidad creada por el pacto). Al cabo de pocos días de darse a conocer el Pacto de Miami, la respuesta de Fidel Castro al documento fue una declaración contundente que frustró la maniobra del Autenticismo, formuló la estrategia revolucionaria de toma del poder, siguiendo la tesis de la huelga general insurreccional, y se opuso terminantemente a la ingerencia imperialista. En el texto, conocido como «Manifiesto a la Nación», Fidel declaró que el M–26–7 era la única fuerza actuante en la isla y era a quien correspondía la dirección de la Revolución, que era en Cuba donde esta se decidía y que el M–26–7 asumiría «la función de mantener el orden público y de reorganizar las instituciones militares de la república». Asimismo declaraba que la persona encargada de asumir la magistratura provisional del país sería Manuel Urrutia Lleó. El documento, con fecha 14 de diciembre de 1957, puede consultarse en *Selección de Lecturas de Historia del Pensamiento Político Cubano II*, cuarta parte, introducción y compilación de Miriam Fernández Sosa, Universidad de La Habana, La Habana, 1989, pp. 192–212. Para ampliar sobre el tema, ver Jorge Renato Ibarra Guitart, *El fracaso de los moderados en Cuba. Las alternativas reformistas de 1957 a 1958*, Editora Política, La Habana, 2000.

46. El 20 de julio de 1958, a punto de obtener el Ejército Rebelde el triunfo en el Jigüe, batalla que marcaría el inicio del fin de la última ofensiva de Batista, se firmó en Venezuela el documento «Al pueblo de Cuba», también conocido como Pacto de Caracas, que unió a las fuerzas opositoras en el Frente Cívico Revolucionario. El documento reconocía que el M–26–7 ocupaba el plano central de la insurrección y ratificaba la responsabilidad de Fidel Castro como Comandante en Jefe de las fuerzas militares.

47. El Pacto del Pedrero, firmado el 1 de diciembre de 1958 entre el Directorio Revolucionario 13 de Marzo y el M–26–7, definió la unión de las acciones combativas entre las tropas al mando de Ernesto Che Guevara y las del DR, que operaban en el Escambray. Como consecuencia del Pacto, ambas fuerzas participaron juntas en la toma de Santa Clara, y Faure Chomón —secretario general del DR— ocupó la ciudad de Trinidad, en el curso de la ofensiva que, con la toma de Santa Clara, significó la derrota militar de la dictadura.

Por supuesto, hoy se sabe que también hubo reuniones en lugares más discretos con los dirigentes del Partido Socialista Popular. La solución idónea de las diferencias provendría de cultivar las alianzas y de respetar íntegramente el cumplimiento de los acuerdos.

No debería olvidarse, por otra parte, que entre 1935 y 1938 todas las fuerzas políticas antibatistianas debatieron insistentemente los problemas de la unidad.[48] La memoria histórica, transmitida sobre todo por las vías de la oralidad entre los revolucionarios, contribuía a un consenso al respecto.

Los pactos entre las organizaciones revolucionarias han funcionado con gran responsabilidad política. La serenidad y la inmediatez han caracterizado la toma de decisiones. Podría comentarse aquel suceso terrible ocurrido en 1962 durante la conmemoración del 13 de Marzo en la Escalinata de la Universidad de La Habana. Aquella noche un joven orador leía el testamento político de José Antonio Echeverría[49] y suprimió, en su lectura, la invocación a Dios presente en ese documento. Fidel, en su propio discurso, inmediatamente censuró la gravedad de aquel hecho.

Es el primer incidente de lo que después fue denunciado por Fidel como «sectarismo».

El proceso contra el «sectarismo» quizás fue la cara pública de un problema más complejo. Probablemente, quien suprimió la mención a Dios del testamento de Echeverría no obró por iniciativa personal. Dicha acción podría evidenciar una tendencia de pensamiento.

---

48. Son extremadamente escasos los abordajes de este tópico en la literatura histórica nacional. Ver Yolanda Díaz Martínez, «Las organizaciones nacionalistas y el problema de la unidad entre 1935 y 1938», tesis de grado para la obtención del título de Licenciatura en Historia, con tutoría de la Dra. Berta Álvarez, Facultad de Filosofía e Historia, Universidad de La Habana, 1989; y Berta Álvarez, «La Constituyente del 40 es una lección de madurez nacional», en Julio César Guanche, *La imaginación contra la norma. Ocho enfoques sobre la República de 1902*, Centro Cultural Pablo de la Torriente Brau, Ediciones La Memoria, La Habana, 2004.

49. Presidente de la Federación Estudiantil Universitaria (desde 1954) y Secretario General del Directorio Revolucionario (desde la fundación oficial de este, en 1956), caído durante las acciones armadas del 13 de marzo de 1957, que intentaron derrocar la tiranía batistiana.

Quizás el estudio de los testimonios en las sesiones del juicio a Marcos Rodríguez en la instancia del Tribunal Supremo (Palacio de Justicia, marzo de 1964) podría iluminar cómo se concibieron las estrategias para alcanzar una unidad duradera entre las fuerzas revolucionarias.

Marcos Rodríguez había delatado a cuatro dirigentes del Directorio Revolucionario, quienes fueron asesinados en un apartamento de la calle Humboldt [20 de abril de 1957]. En la primera instancia del juicio hubo desencuentros. Entonces se decidió que las audiencias en el Tribunal Supremo de Justicia tuvieran el máximo de divulgación pública. Se transmitieron por radio y televisión y la prensa difundió las versiones taquigráficas de las declaraciones de los testigos.

Fidel hizo una extensa declaración en el juicio [26 de marzo de 1964] sobre la delación y todo lo acontecido ese día. En sus conclusiones diría:

«Y claro, la Revolución debe luchar por la unidad. La Revolución debe luchar por sumar cada vez más. Y esa fue siempre nuestra norma, fue siempre nuestra divisa; nunca nos ha parecido suficientemente grande la fuerza de la Revolución para que la malbaratemos y siempre todos recordarán desde el primer día cuál fue nuestra conducta hacia todos, hacia todas las organizaciones —cuando éramos distintas organizaciones—, hacia todos los compañeros, de unir […].

«Y ninguna cosa más satisfactoria para nosotros que ver a todos los revolucionarios juntos, todos trabajando, todos como hermanos, todos confiando, unos a otros. Mas, eso no es solo un deseo idealista, eso es una demanda del pueblo, eso es un deber, eso es un mandato de la Revolución, que todos nosotros debemos acatar y que todos nosotros habremos de acatar.

«Repito que hemos hecho algo más grande que nosotros. ¡Estamos haciendo una Revolución mucho más grande, y, por supuesto, mucho más importante que nosotros; […]

«Y que esos amagos de la Ley de Saturno sean rechazados! ¿Y cuál es la Ley de Saturno? Aquella ley clásica, o dicho clásico, o refrán clásico que dice, que la Revolución, como Saturno, devora sus propios hijos. ¡Que esta revolución no devore a sus propios hijos! ¡Que la Ley de Saturno no imponga sus propios fueros! ¡Que las facciones no asomen por ninguna parte, porque esos son los amagos de la Ley de Saturno, en que unos hoy quieren devorarse a los otros!

«Y debe haber una voluntad firme, fuerte y resuelta del pueblo contra eso, como fue siempre nuestra voluntad, como es hoy la voluntad del pueblo».[50]

La metáfora utilizada por Fidel era muy eficaz.* Él entendía que se debía hacer lo máximo para evitar que los revolucionarios y sus organizaciones se atacaran entre sí y de este modo se pusiera en peligro la propia existencia de la Revolución; la unidad estratégica siempre sería imprescindible y debería prevalecer en cualquier circunstancia. El apotegma de Fidel contrario a la «ley de Saturno» sigue vigente. En el presente y en el futuro, donde pudieran existir zonas de conflictos, estos se deberían posponer, o cancelar, o controlar en su expresión discursiva, en aras de no afectar los acuerdos garantes de la unidad estratégica.

El 3 de octubre de 1965 se constituyó el Comité Central del nuevo Partido Comunista de Cuba, cuya membresía ilustró el principio de representatividad de las fuerzas y tendencias revolucionarias que lograron construir una unidad entre 1959 y 1965.

Los acuerdos para la unidad tienen una dimensión historiográfica que debería estudiarse también como un problema académico. Tú recordarás, de tus años de preuniversitario, el «salto» en los programas de Historia de Cuba. Cuando se llegaba a la Huelga de Marzo y a la muerte de Antonio Guiteras [8 de mayo de 1935], todo se «aceleraba» para llegar al Golpe de Estado de Batista [10 de marzo de 1952]. Los silencios sobre el período 1935–1952 quizás podrían entenderse como una de las formas «pactadas» para no «encender» las discusiones. Cada organización decidía cómo se estudiaba a sí misma, qué documentos publicaba, y qué imaginario se construía sobre sí misma.

Una parte de la historia real del Primer Partido Comunista, del Directorio Revolucionario y del Movimiento 26 de Julio no ha recibido la sistematicidad de estudios que se necesitaría, puesto que constituye un problema historiográfico relevante para legitimar una historia, ya muy necesaria, de

---

50. Fidel Castro Ruz, «Este juicio demuestra que frente a las fuerzas disolventes son mucho más poderosas las fuerzas aglutinadoras de la Revolución», en *Bohemia*, 3 de abril de 1964, pp. 60–77 (cita en p. 77).

* Saturno era el Dios de los griegos que devoraba a sus propios hijos. En su serie de las «pinturas negras» Francisco Goya, el genial pintor español, tiene un cuadro aterrador para ilustrarlo. (Nota de Ana Cairo)

la Revolución Cubana. Al menos en cuanto a lo publicado el déficit de obras resulta muy notorio.

Otra variante, o consecuencia, de esos «pactos» ha sido la publicación de libros sospechosamente incompletos, puesto que la información existe. Piénsese en el caso de Julio Antonio Mella [1903–1929] y la edición de sus textos en 1975. En ese libro, Mella aparece como si estuviera en camino hacia un «cielo de los revolucionarios». ¿No hubo discusiones violentas en torno a la huelga de hambre? ¿Por qué fue sancionado? ¿No tuvo contradicciones con los dirigentes del Partido Comunista mexicano?*

El contraste entre la información ofrecida sobre Mella, una personalidad canónica, entre 1975 y 2003 puede precisar mejor el sentido de este comentario. Y conste que todavía no se ha publicado en Cuba el acta de la discusión en torno a la sanción contra Mella por la huelga de hambre, aunque sus exegetas en el extranjero ya disponen de las fotocopias, provenientes de los archivos de la Tercera Internacional en Moscú. Se repite por ejemplo, una y otra vez, que Mella y Carlos Baliño [1848–1926] fundaron el primer Partido Comunista de Cuba [1925]. ¿Y por qué no se mencionan a los otros fundadores?

Todo eso es muy interesante pero, ¿qué relevancia observa usted en ello para nuestros días? Sobre todo pienso en las generaciones que no tuvieron relación alguna con esa historia y han crecido sin conocerla.

Ese problema no está cancelado hoy. El criterio de «no afectar la unidad» establece fidelidades y límites. Otra problemática, relacionada con esto, y cuyo análisis corresponderá al futuro, fue el de la «cercanía laboral». El compromiso de la unidad supuso esfuerzos personales de trato para construir el presente y ayudar al olvido de las contradicciones del pasado. Cualquiera que conozca algo de la historia del marxismo en Cuba tiene que sentir gran admiración por la coordinación laboral y el trato unitario entre Blas Roca y Raúl Roa, respectivamente presidente y vicepresidente de la Asamblea Nacional del Poder Popular. La generación de ambos cumplió con el pacto

---

* Para consultar varios trabajos sobre estos temas, remito a Varios autores, *Mella: 100 años*, dos tomos, Ediciones La memoria-Editorial Oriente, 2003. (Nota de Ana Cairo)

de la unidad de manera ejemplar.[51] En ese sentido, el modelo continúa vigente.

En otra dirección, ¿qué idea le merece la posibilidad de que un sistema político sea «reversible»?

Algunos imaginarios revolucionarios se construyeron sobre la base de una lectura teleológica de inspiración cristiana. El fundamento de esos imaginarios se encuentra en una lectura laica de la hagiografía religiosa.

Por ello, la vida de los héroes se parece bastante a la vida de los santos. La construcción del discurso sobre el martirologio revolucionario abreva directamente en la hagiografía católica romana.

El lenguaje revolucionario está lleno de imágenes al estilo de «el altar de la patria». Morir por la patria podría resultar el equivalente de ir al cielo. En la mitología se construye un discurso teleológico, que fue seguido por el imaginario revolucionario: toda revolución es un paso de avance, un escalón superior en el camino de la perfección, del progreso social. Sin embargo, ese es precisamente el ideal de la «edad positiva» de Augusto Comte.

La sociedad revolucionaria arcádica se considera un punto de llegada a la cima. Después, solo se debería experimentar con los cambios necesarios para mantener dicha perfección. El neopositivismo soviético se asentó firmemente en tales bases. El socialismo en la URSS era un «modelo perfecto», con lo que su pensamiento solo lograba producir una variante de la teoría de Comte (mal) revestida con el discurso de Carlos Marx.

No obstante, cuando Marx analiza la sociedad española, o el golpe de estado de Luis Bonaparte en Francia, habla de las desviaciones, de los retrocesos, de las pérdidas de los procesos revolucionarios. Por supuesto, estos pueden ser reversibles, aunque esto no es sinónimo de puro fracaso. La restauración

---

51. Blas Roca fue secretario general del Partido Socialista Popular (Comunista) desde 1934 hasta 1962. En 1962, ese partido, el Movimiento Revolucionario 26 de Julio y el Directorio Revolucionario 13 de Marzo constituyeron las Organizaciones Revolucionarias Integradas, entidad que abrió paso en 1963 al Partido Unido de la Revolución Socialista de Cuba y, finalmente, en 1965, al actual Partido Comunista de Cuba. Roa solo perteneció a este último, ya bajo el liderazgo de Fidel Castro. En toda la etapa republicana, Roa fue abiertamente crítico de las posiciones soviéticas, defendidas por Blas Roca y su partido.

en Francia nunca significó un regreso completo al *ancien régime*. La Revolución de 1848 se hizo para tratar de hacer irreversible el 1789, para tratar de impedir una nueva restauración en aquellos puntos que resultaban conquistas centrales.

Sin embargo, la tesis de que una vez producido el salto se ingresa a la edad positiva comtiana pasó al movimiento revolucionario, y este la enarboló como si le fuese propia.

En mi opinión, esa es una comprensión específica del «marxismo soviético» y de todo lo que resulta causa y consecuencia de él, pero usted me está diciendo que lo considera un rasgo general de los discursos revolucionarios.

Sí, creo que podría verse como algo más extendido. La segunda república francesa pensó lo mismo. Siempre se alcanza el «estadio superior». Por supuesto, el marxismo soviético contribuyó a canonizar la idea del encuentro de un paraíso. La momificación de Lenin no es accidental. Para ello, Stalin enfrentó a Nadiezhda Krúpskaia [1869–1939], la viuda de Lenin, que estaba opuesta frontalmente a hacerlo. ¿Por qué debía convertirse a Lenin en un nuevo padrecito zar? Es un razonamiento parecido al que llevó a Maximiliano Robespierre a pensar en la creación de una «nueva religión».

Podría tratarse de un discurso que repite el antiguo enunciado: solo alcanzarás el cielo si sufres en tu vida terrenal. El discurso religioso de la purificación pasa al discurso político.

El socialismo soviético era un «estado del paraíso», en una elaboración muy primitiva. Esa comprensión tan primaria fue una entre las muchas causas que enfrentaron a las múltiples tendencias socialistas.

¿Y en Cuba, más concretamente, ¿qué antecedentes tiene el tema de las consecuencias de los errores de los propios revolucionarios?

Hay una serie de discursos e intervenciones de Fidel en esa línea, aunque una zona de ellos se produjo en eventos y reuniones que luego no fueron publicados en su totalidad.

En 1968, en plena confrontación con la Unión Soviética, Fidel afirmó: «El marxismo necesita desarrollarse, salir de cierto anquilosamiento, interpretar con sentido objetivo y científico las realidades de hoy, comportarse como una fuerza revolucionaria y no como una iglesia seudorrevolucionaria».[52]

En ese sentido, debe sugerirse la lectura de algunos discursos de Fidel como los de su entrada a La Habana el 8 de enero de 1959, el del centenario de Lenin en abril de 1970, el del fin de la zafra de 1970, el del 26 de julio de ese mismo año, o la explicación por televisión de por qué se invitaba a Cuba al Papa Juan Pablo II [enero de 1998], entre otros muchos. Todos ellos iluminan mejor que otros textos la complejidad de las situaciones vividas en Cuba y de las tomas de posición ante los distintos hechos.

En el discurso donde anuncia el incumplimiento de los objetivos de la Zafra del 70, afirma: «Creo que nosotros, los dirigentes de esta Revolución, hemos costado demasiado caros en el aprendizaje. Y desgraciadamente nuestro problema —no cuando se trate de sustituir a los dirigentes de la Revolución, ¡que este pueblo los puede sustituir cuando quiera, en el momento que quiera, y ahora mismo si lo quiere! [...exclamaciones de: "¡No!" Y "¡Fidel, Fidel, Fidel!"]—, uno de nuestros más difíciles problemas es precisamente, y en eso estamos pagando una buena herencia, la herencia en primer lugar de nuestra propia ignorancia».[53]

De este modo, Fidel asume personalmente toda la responsabilidad por los errores cometidos en esa fecha y pone su cargo a disposición del pueblo.

¿Cuáles considera usted las fuentes del socialismo en Cuba? ¿Cómo podría contribuir una discusión sobre esas fuentes a recrear las formas en que se concibe hoy el socialismo?

Las ideas socialistas en Cuba deberían ser rastreadas primero en el siglo XIX. La intelectualidad cubana desde finales del siglo XVIII —y hasta el presente—

---

52. Fidel Castro, «Discurso de clausura del Congreso Cultural de La Habana», en *Documentos de Política Internacional de la Revolución Cubana*, Editorial de Ciencias Sociales, La Habana, 1972, pp. 42 y 43.

53. Fidel Castro, «Discurso pronunciado por el Comandante Fidel Castro Ruz, Primer Secretario del Comité Central del Partido Comunista de Cuba y Primer Ministro del Gobierno Revolucionario, en la concentración conmemorativa del XVII aniversario del asalto al Cuartel Moncada, efectuada en la Plaza de la Revolución, el 26 de julio de 1970», en http://www.cuba.cu/gobierno/discursos/1970/esp/f260770e.html (fecha de descarga en la web: 31 de octubre de 2006).

está formada según los cánones del mundo más desarrollado. Se trata de una intelectualidad constituida según los referentes más modernos y que, en el caso del siglo XIX, debía enfrentarse al análisis de un país colonial. Dentro de este mecanismo de formación ilustrada, que está al día en cualquier esfera, entran por igual las ideas socialistas. Muchos cubanos vivieron en Europa en el siglo XIX. Diego Vicente Tejera, por ejemplo, conoció en Francia lo que era un partido socialdemócrata. Los emigrados cubanos en los Estados Unidos debatían sobre las ideas socialistas. Ese hacer era equivalente a discutir hoy día —digamos— sobre la teoría de la complejidad. Las ideas socialistas entraron también como novedades obligadas si se aspiraba a demostrar la tenencia de una alta cultura, si se compartía una filosofía del progreso material y espiritual.

Los intelectuales situados a la derecha en el espectro político cubano también leyeron a Marx y conocían de las tendencias socialistas: Leopoldo Cancio Luna[54] fue quien implementó la circulación de la moneda cubana en 1915. Pero antes, en 1907, había propuesto «apoyarse en la vigencia de la prioridad del factor económico» (argumentando que se basaba en las ideas de Marx) para avalar, como primer punto del programa del Partido Conservador, la necesidad de una redefinición de las relaciones económicas y políticas con los Estados Unidos. En la revista *La Reforma Social*, el liberal Orestes Ferrara divulgaba artículos sobre las ideas socialistas.

Las tendencias socialistas en Cuba, como en todas partes, son tan numerosas como diversas. De ningún modo surgieron todas del movimiento obrero, ni compartían las mismas tesis sobre el cambio social, ni sobre su necesidad misma, ni sobre las formas de alcanzarlo. Algunos intelectuales cubanos simpatizaban con ideas socialistas, pero no estaban para nada de acuerdo, por ejemplo, con una revolución proletaria.

A propósito, aquí se ha realizado una construcción reduccionista sobre el movimiento obrero que puede causar preocupación. En ese movimiento hubo tendencias como en todo el mundo. La prensa obrera cubana reflejó la pluralidad existente en el interior del movimiento: anarquistas, reformistas, socialistas, anarcosindicalistas, comunistas, así como la prensa de las corporaciones con sus demandas específicas por sector, entre otras muchas posiciones.

---

54. Político autonomista, abogado y catedrático de la Universidad de La Habana.

Hay todo un movimiento de ideas debatido entre tendencias diferentes. Por ejemplo, a mí me interesa mucho el tema de la educación popular.[55] Esa es una vieja conquista, que supone los temas conexos de la calificación, la alfabetización y las escuelas para adultos. Eso se discutía en Cuba con anterioridad a Julio Antonio Mella.

Después de la emancipación de los esclavos, se crearon sociedades benefactoras. En la Sociedad de Cocheros, por ejemplo, se impartían clases, bajo el patrocinio de su protectora, la esposa de Raimundo Cabrera. Pero ese no era un caso muy aislado, pues se trataba de un problema general: para conseguir trabajo era necesario saber firmar. Como consecuencia, existió un movimiento de calificación de diversos grupos de personas, llevados a cabo por empeños individuales y colectivos.

¿Alguna vez has visto el programa de La Liga de Nueva York, donde Martí también daba clases? Allí se enseñaba inglés práctico, y otras cuestiones pertinentes para el mundo del empleo y la vida cotidiana de los trabajadores. Esa preocupación estaba presente por igual en los Estados Unidos. Ya Peter Cooper había organizado una universidad obrera en Nueva York. (Entre paréntesis, Martí tiene un artículo sobre esa personalidad). Con todo, ese espíritu existe hoy: un tipo de centro para que la gente que requiere calificación pueda integrarse mejor al mundo del trabajo y a la sociedad. Ese movimiento de ideas de contenido social, que también se expresó en la caridad y la beneficiencia, fue reputado en la época en no pocos casos como socialista.

Otro proceso que influye mucho en este campo es el movimiento de la reforma universitaria [iniciado en diciembre de 1922]. La reforma impactó estos problemas: quién va a la Universidad, quién educa en la Universidad, qué papel juega la Universidad.[56] Ahí se lee en Cuba a Anatoli Lunacharski [1875-1933], primero un revolucionario sin partido y luego comisario de los

---

55. Ana Cairo no se refiere aquí a la concepción pedagógica que tiene su mayor expositor en Paulo Freire (ver entrevista con Esther Pérez en este libro), sino, en los términos de la época, a la posibilidad del acceso popular a la educación. En este último sentido es que se crea, entre otros proyectos, la Universidad Popular José Martí, en 1923, bajo la inspiración de Julio Antonio Mella.

56. Ver Julio Antonio Mella, «El concepto socialista de la Reforma Universitaria», en *Mella. Documentos y artículos*, Editorial de Ciencias Sociales, La Habana, 1975, pp. 455-457.

bolcheviques para la educación y la cultura. También entran en ese momento las ideas del peruano Manuel González Prada.*

Muchas de esas doctrinas, como puedes apreciar, son socialismos «suaves», no guardan relación con el socialismo marxista. Pero, como hizo el propio Carlos Marx, se trata de conocerlas, debatirlas, refutarlas o tomar de ellas lo que todavía resulte útil, pero no de olvidarlas o decir que solo existió una, aquella fundadora del primer Partido Comunista.

Dentro del socialismo marxista existe por igual esa pluralidad: ahí se encuentran Mella, Rubén Martínez Villena, Raúl Roa, Blas Roca, Aureliano Sánchez Arango, Jorge Vivó, Sandalio Junco, Juan Ramón Brea, Gabriel Barceló, Leonardo Fernández Sánchez y muchísimos otros.

El aprismo peruano, por ejemplo, influyó en varios campos. Algunos partidos políticos cubanos, surgidos después del Machadato, tomaron, para su organización, la tesis del funcionalismo presente en los apristas. José Bernardo Goyburo llegó a Cuba como representante de Víctor Raúl Haya de la Torre en 1928, pero se quedó en este país quizás hasta 1948 y se ha dicho que fue asesor privado de Ramón Grau San Martín. Goyburo fue una de las últimas personas que se entrevistó con el también socialista Antonio Guiteras, y se había ofrecido para facilitar su entrada a México en 1935. El partido aprista no era solo lo que Mella escribió en su famoso trabajo.[57] Guiteras tenía relación con ellos, iba a participar en uno de sus congresos. Los apristas también movieron ideas…

Existía un socialismo marxista sin partido, paralelo al del partido Comunista. Raúl Roa y Pablo de la Torriente Brau [1901–1936] podrían ilustrar esa tendencia. El primero solo perteneció al Partido Comunista de Cuba, encabezado por Fidel, cuando este se constituyó en 1965, y Pablo se hizo miembro ya estando en la Guerra Civil Española, donde murió en combate.

En el interior del Partido también había diferencias. Jorge Vivó, antes de entrar en él, transitaba por aquellas ideas socialistas. Vivó primero fue secretario de la Universidad Popular, y después llegó a ser secretario general

---

*   Este tema está muy bien documentado en el libro *De Ingenieros al Che. Ensayos sobre el marxismo argentino y latinoamericano*, de Néstor Kohan, Editorial Biblos, Buenos Aires, 2000. (Nota de Ana Cairo)

57.   Ver Julio Antonio Mella, «¿Qué es el APRA?», en *Mella. Documentos y artículos*, Editorial de Ciencias Sociales, La Habana, 1975, pp. 370–403.

del PC. Sandalio Junco era un dirigente obrero que el Partido promovió, lo mandó a estudiar, y tras su paso por la URSS y España, donde conoció a Andrés Nin, se afilió al trotskismo. Antes, Junco había compartido el exilio y las tareas revolucionarias en México con Mella —había pertenecido también a la Asociación de Nuevos Emigrados Revolucionarios Cubanos (ANERC)— y había sido dirigente del Socorro Rojo Internacional para América Latina (documentos suyos aparecieron en *Amauta*, la revista de Mariátegui).

Juan Ramón Brea era un revolucionario marxista del Directorio Estudiantil Universitario (DEU) de 1927, un santiaguero muy alocado, poeta surrealista, que en París se hizo trotskista.

Aureliano Sánchez Arango,[58] militante comunista del propio DEU, abandonó al PC por no suscribir su política. Quien mejor entendió la personalidad de Aureliano fue Pablo de la Torriente Brau.[59] Aureliano, que era muy capaz, tenía ansias de poder y de protagonismo.

Gabriel Barceló[60] era el más brillante entre los jóvenes estudiantes e intelectuales miembros de aquel Partido, y su estatura opacaba a la de Aureliano.

Leonardo Fernández Sánchez [1906–1964] era amigo íntimo de Mella, y su segundo en el proyecto de crear una confederación estudiantil (para interrelacionar permanentemente a los estudiantes universitarios con los del bachillerato y normalistas). Está entre los jóvenes fundadores del primer Partido Comunista, cuando dirigía el movimiento estudiantil en el Instituto

---

58. Ver nota 30 en la entrevista con Roberto Fernández Retamar en este libro.

59. «Su carrera [la de Aureliano] es una de las más limpias en el movimiento revolucionario de Cuba y sería una lástima que fuera a caer en mal lugar. Si se mezcla a la gente de la Joven Cuba, por su capacidad y por su historia, pronto será el Jefe. Y esta organización está propensa a relaciones demasiado íntimas con el APRA y demás de su especie. No me gusta esto. Pero él tiene talento sobrado, y lo que haga lo hará deliberadamente. Una vez Rafael Suárez Solís me dijo que él creía que Yeyo [Aureliano] estaba destinado a representar papeles de gran importancia en Cuba y siempre he pensado así también. Solo que es irregular, con escasa capacidad de trabajo, un poco desilusionado ya». Pablo de la Torriente Brau, «Del diario de Pablo de la Torriente Brau» (30 de junio de 1935)», en *Pensamiento Crítico*, No. 39, La Habana, abril de 1970, p. 318.

60. Gabriel Barceló Gomila (1907–1934). Miembro del Directorio Estudiantil Universitario de 1927. Uno de los fundadores marxistas del Ala Izquierda Estudiantil. Preso político antimachadista.

de La Habana. Leonardo abandonó las filas de ese partido en 1938, porque entendió que él no podía aceptar un pacto político con el asesino de su hermano.[61] Toda su vida se mantuvo fiel a su elección ideológica. Ingresó en el Partido del Pueblo Cubano (Ortodoxo) y escribió la fundamentación teórica, sobre bases marxistas, de ese partido.

El chibasismo[62] aglutinó a marxistas y a socialistas. Es muy necesario profundizar en los análisis sobre este tema. Eduardo Chibás fue amigo de Gabriel Barceló, admiraba al socialista Antonio Guiteras, aceptó a marxistas famosos como Fernández Sánchez y a dirigentes obreros como Isidro Figueroa. Chibás se enfrentó, en realidad, a una de las líneas de las tendencias marxistas en Cuba. Y sigue en pie la pregunta: ¿por qué actuaba así?[63]

Con esta enumeración, reitero que el universo de tendencias socialistas en Cuba debería ser mejor estudiado.*

Dando un salto en el tiempo, ¿cómo valora usted el pensamiento socialista que se produce en estos momentos en Cuba?

Yo comenzaría el análisis por la década de los ochenta. En ese momento, empieza lentamente a retomarse el alto nivel de reflexión intelectual existente en los sesenta, cuando existió un diálogo con el mundo, una actualización muy amplia y fecunda.

---

61. Ivo Fernández Sánchez, estudiante revolucionario asesinado el 31 de agosto de 1934 (junto al también estudiante Rodolfo Rodríguez Díaz), bajo la primera dictadura de Fulgencio Batista.

62. Se refiere a la línea representada por Eduardo Chibás. Ver nota 32 en la entrevista con Roberto Fernández Retamar en este libro.

63. Se refiere a la aureola de «anticomunista» que en la historia cubana posee Eduardo Chibás, una generalización extraída de sus polémicas con Blas Roca, Lázaro Peña y con el Partido Comunista de la época (entonces llamado Partido Socialista Popular). El anticomunismo de Chibás es necesario entenderlo en un doble plano: en el general, participa de la ideología del «mundo libre» contra el «comunismo» (soviético), propio de la Guerra Fría; en el particular, discute contra la ideología estalinista y su presencia en Cuba. En los términos de esa época, Chibás representaba un «nacionalismo democrático».

* Hace algunos años incursioné en el tema con «Los otros marxistas y socialistas cubanos. (1925-1958)», en *Mariátegui*, Centro de Investigación y Desarrollo de la Cultura Cubana Juan Marinello, La Habana, 2002. (Nota de Ana Cairo)

Yo recuerdo perfectamente, por ejemplo, cuando Isabel Monal,[64] mi excelente profesora de Filosofía marxista, explicaba todo sobre León Trotsky. Estudié un marxismo muy plural, para el cual te mandaban a leer siempre las obras clásicas; y circulaba una bibliografía de consulta que problematizaba la historia y el presente. Creo que esto fue lo mejor de aquel momento, porque la apertura intelectual generó modos diversos de pensar. Y, por supuesto, de nuevo el interés por (y el conocimiento de) lo que sucedía en el mundo resultó fundamental.

El declive, «la cerrazón», que se produjo en los setenta, tuvo que ver con muchos factores, por desgracia, todavía no estudiados. Creo que las consecuencias del fracaso de la Zafra del 70 y los costos culturales del ingreso de Cuba al Consejo de Ayuda Mutua Económica (CAME), deben examinarse. Estimo que hubo intentos —por suerte— fallidos de homogeneizar a la sociedad cubana en función de las características del CAME, por parte de los «místicos» de la sovietización cultural. Aquí en la Universidad se había trabajado en la llamada línea investigativa «estudios sobre la sociedad cubana». Creo que fue en 1976, o un poco después, que hubo algún adepto a la idea de suprimirla, porque no estaba en los parámetros y líneas del CAME. Por supuesto, lo que hicimos fue seguir estudiando a Cuba «de a porque sí».

La Rectificación de 1986 evidenció un amplio estado político de insatisfacción. De ello derivaba el lema de «rectificar errores y tendencias negativas». No obstante, algunas rectificaciones habían comenzado lentamente después del Primer Congreso del Partido Comunista de Cuba [1975]. Hasta donde conozco, Juan Marinello fue uno de los redactores de las «Tesis sobre la cultura artística y literaria», que ya desechaban algunos de los extremismos asociados a la «Declaración final del Congreso de Educación y Cultura» [marzo–abril de 1971].[65] La creación del Ministerio de Cultura y la elección de Armando Hart para organizarlo [diciembre de 1976] pueden avalar esta opinión.

---

64. Filósofa cubana. Premio Nacional de Ciencias Sociales en 1998. Directora de la revista *Marx Ahora*.

65. En carta a Juan Marinello Alfredo Guevara escribió lo siguiente sobre este documento: «Querido Juan, sé bien que este texto no es producto literariamente de tu mano, aunque hayas puesto tu mano en él. Lo conozco de hace mucho. Y aunque remozado, mejorado, ajustado, y firmable, tiene algo de aquella vieja primera versión que lo lastra y condena a no levantar vuelo como debió hacerlo». Alfredo Guevara, «Una Carta a Juan Marinello», en *Revolución es lucidez*, Ediciones ICAIC, La Habana, 1998, p. 295.

En la Rectificación de 1986 se produjo un regreso a la actitud de los sesenta. Se restableció un clima más favorable para el ejercicio del pensamiento propio, de la crítica (entendida como lo que es etimológicamente: exégesis). Menciono como ejemplos los números de la revista *Casa de las Américas* de entonces, así como los libros de Carlos Tablada y de Fernando Martínez sobre el Che Guevara.[66] Antes de producirse el Período Especial contábamos con alguna recuperación del debate teórico, del intercambio de puntos de vista entre diversas concepciones revolucionarias.

El Período Especial contribuyó también a una reflexión sobre las alternativas posibles a los desafíos que se presentaban. Recuerdo el congreso de la Casa de las Américas [1994] sobre el centenario de José Carlos Mariátegui. Allí se terminó discutiendo sobre la posmodernidad. Un italiano decía que él no entendía cómo en un país socialista hubiera gente «partidaria» de la posmodernidad. Lo que salió a relucir allí era qué significaba lo posmoderno en Cuba y la importancia de discutir con el mundo. Una mayor pluralidad y búsqueda de consensos entre distintas perspectivas nos caracteriza hoy. En ese sentido, creo que existe verdaderamente cierta recuperación.

¿Cómo valora la participación de los intelectuales en la política cubana?

En la historia cubana no se puede obviar la vocación tendiente hacia la participación en la vida social que está en el centro del pensamiento de muchos intelectuales.

José María Heredia [1803–1839] y Domingo del Monte [1804–1853], más allá de sus diferencias tienen algo muy importante en común: la conciencia de su función como intelectuales, de lo que debían hacer. En el caso de Heredia: lograr el surgimiento de una nación, y en el de Del Monte, que no la comparte, el desarrollo de una sociedad colonial cubana más culta. Es decir, en ellos está la conciencia de un deber social, de un servicio público, de mejoramiento social, que se expresa en el caso de Heredia —y de Félix Varela— en la clara intencionalidad republicana del surgimiento de una nación.

---

66. Se trata de *El pensamiento económico de Ernesto Che Guevara* (Casa de las Américas, La Habana, 1987) y *Che, el socialismo y el comunismo* (Casa de las Américas, La Habana, 1989), respectivamente.

Las tareas del movimiento intelectual cubano se fueron transmitiendo como un patrimonio cultural. Este es un tema muy interesante. Se puede ver sobre todo en el tránsito de la intelectualidad que sobrevive a las Guerras de Independencia que resulta, digamos, la intelectualidad canónica al surgimiento de la República en el siglo xx.

Un caso paradigmático fue Enrique José Varona, por la clara conciencia de sus funciones en el contexto de la vida republicana. En su caso, algunas de las tareas que se planteó fueron más allá de sus propias creencias y acciones. No fue por gusto uno de los líderes intelectuales de los jóvenes del 30 y les sirvió de guía para hacer una revolución. Su proyección fue más allá de su voluntad y de sus concepciones sobre la violencia. Pudo ser el adalid de una revolución en la medida en que eligió convocarla.*

De igual manera está el caso de Emilio Roig de Leuchsenring [1889–1964], quien desde los años 30 estuvo tratando de salvar el patrimonio de las ciudades cubanas y de conseguir recursos para ello. Una cosa es que no lo haya podido resolver y otra que haya tenido la idea de hacerlo, creando conciencia del valor de ese legado para el futuro del país. Eusebio Leal reconoce siempre todo lo que se le debe a Emilito, como le llamaban sus más allegados.

El movimiento intelectual cubano tiene funciones importantísimas en la construcción de un programa de desarrollo, en la formulación de la política de la memoria, y para construir una cubanía más universal, enriquecida permanentemente y mejor fundamentada a partir de las diversas formas en que se concibe y se construye la memoria del país.

Pero hay otra función que tiene el movimiento intelectual cubano, y es la de analizar los múltiples problemas en los diferentes momentos de la sociedad cubana. Hay que estudiar todas las reflexiones que estuvieron asociadas al cambio político que generaría la Revolución del 30. Esa generación y ese proceso no pudieron hacer mucho, pero sí dejaron una capacidad de análisis, meditación y reflexión sobre distintas variantes y acciones de cómo cualificar en una medida superior la sociedad cubana. De hecho, muchas de

---

* Ese mismo Varona que tiene funciones en la política fue quien concibió el primer plan de educación pública en Cuba. Una cosa es que Varona no lo haya podido ejecutar, y otra, que el diseño de este proyecto sea algo trascendente para la República. Quien realizó este sistema de educación pública fue, luego, la Revolución. (Nota de Ana Cairo)

las ideas de los años 30 pudieron realizarse solo con el período revolucionario posterior a 1959.

En 2002 se realizó un evento científico para evaluar el proceso de la reforma universitaria [1962]. En las discusiones se demostró que, en un porcentaje alto, lo que se realizó en la reforma universitaria fueron soluciones a problemas que se estaban debatiendo desde las décadas del treinta y el cuarenta.

Entonces existía una clara conciencia de que para resolver ciertos problemas tenían que activarse proyectos plurales. Por ejemplo, hay Sociedades, como la de Estudios Afrocubanos que creó Fernando Ortiz en 1936, donde se unieron artistas y científicos. José Luciano Franco, Emilio Roig de Leuchsenring, Fernando Ortiz y Nicolás Guillén participaron de conjunto en el desarrollo de los estudios sobre la problemática racial en Cuba y la contribución de la raíz africana en la Isla. Ellos previeron acciones culturales específicas.

Se requiere meditar y reconocer la deuda que se tiene con muchas figuras de esa cultura. Por ejemplo, la Universidad está en deuda con un decano tan excepcional como fue Raúl Roa, quien es uno de los creadores de la Facultad de Ciencias Sociales y libró batallas importantísimas por desarrollar ese campo. En la raíz de las iniciativas llevadas a cabo por Roa cuando fue Director de Cultura, estuvieron algunas de las que promueve hoy el programa de masividad cultural que lleva adelante el proceso revolucionario.

La Revolución, como el hecho extraordinario que es, y ha sido, tiene, entre otros muchos, el mérito de haber llevado a vías de hecho, de haber podido desarrollar en la práctica, medidas que estaban pensadas, meditadas, y valoradas en sus distintas opciones, pero que se encontraban imposibilitadas en su realización por las anteriores estructuras republicanas. Ello no obsta, sin embargo, para considerar esa capacidad, ese instrumental de análisis de la sociedad que entonces se creó como una de las construcciones más importantes del período republicano burgués.

Por otro lado, y desgraciadamente, aún conserva mucha fuerza el enfoque que considera a los intelectuales como las partes «blandas» de la sociedad. Esa tesis, según la cual «las revoluciones son una cosa y los intelectuales otra», tiene también larga data en Cuba. Cuando Julio Antonio Mella hace la crítica de La zafra, el poema-libro de Agustín Acosta, entiende que el poeta es un intelectual, pero no se aplica ese calificativo a sí mismo.[67] A Rubén [Martínez Villena] le pasaba algo parecido. Ese antiguo prejuicio asegura que los intelectuales no hicieron la Revolución porque no subieron a la Sierra Maestra. La influencia que ejerció el modelo soviético en la Isla, por su parte, contribuyó también a la imagen de que el intelectual debe estar bajo alguna sospecha, por la mala fama de su «conflictividad».

Alfredo Guevara, en el discurso que leyó en la despedida de duelo de Tomás Gutiérrez Alea, definió muy bien esta cuestión: «quedará también entre nosotros como el revolucionario difícil, sí, pero por eso, más y más revolucionario; los simplones, lo aseguro, no lo son, y menos aún si creen serlo».[68]

Estoy convencida de que los intelectuales cubanos cuentan con sobrada competencia ideológica, científica y cultural como para *participar* mucho más en los asuntos políticos, y para contribuir en mayor medida, desde su especificidad, al proyecto revolucionario de cara a su presente y, sobre todo, a su futuro.

---

67. Julio Antonio Mella, «Un comentario a *La zafra* de Agustín Acosta», en *Mella. Documentos y artículos*, Editorial de Ciencias Sociales, La Habana, 1975, pp. 493–498.

68. En el párrafo precedente al que cita Ana Cairo se lee: «Cómo decir de Titón artista revolucionario, si el artista resulta revolucionario por definición, enriquecedor del mundo con mundos que como un Dios crea. Pero quiero decirlo y subrayarlo para este artista que enriqueció el mundo con sus mundos. Y decirlo quiero porque desde sus años juveniles marcó su adhesión a la Revolución Cubana con acciones precisas; la idea en Titón fue también acto. Y es así que su cine, riguroso y profundo, tiene virtud de transferencia y expresa, una y otra vez, de un modo o de otro, la conflictual relación entre la realidad y quien quiere cambiarla; la conflictual relación entre rutina y desafío, desafío burlón, el que demuele». Alfredo Guevara, «Titón siempre en nosotros» (discurso leído el 17 abril de 1996 en la despedida de duelo de Tomás Gutiérrez Alea, *Titón*), en *Revolución es lucidez*, Ediciones ICAIC, La Habana, 1998, p. 321.

Salvar un legado de memoria colectiva

(Entrevista con Graziella Pogolotti*)

Graziella Pogolotti, a quien es mejor llamar «estudiosa de la cultura» antes que emplear algún otro calificativo profesional más reductivo, ha reflexionado en profundidad sobre el proceso revolucionario cubano. Si bien su campo de estudios ha sido la crítica cultural, y por igual ha ejercido docencia durante más de tres décadas en la Facultad de Artes y Letras, y ha escrito libros como Examen de conciencia, El camino de los maestros, Oficio de leer *y* Experiencia de la crítica, *su aporte a la formulación de la política cultural cubana de los últimos años no ha sido menor que su entrega a la ensayística cubana sobre artes plásticas, teatro y arquitectura.*

Su quehacer y sus ideas impugnan constantemente aquella frase de Lord Acton según la cual «a través de sus auténticos exponentes la Revolución del último siglo (XVIII) repudia la historia. Sus seguidores renunciaron a relacionarse con ella, y estaban preparados para destruir sus archivos y documentos y a prohibir a sus inofensivos profesores». Por el contrario, la también vicepresidenta de la Unión Nacional de Escritores y Artistas de Cuba (UNEAC) se ha empeñado en restituir el sentido de continuidad con el pasado, recuperar las advertencias que él ofrece hacia el presente, así como en indagar sobre el significado de la revolución en cuanto «comprensión cultural» y en sentar su dimensión con respecto a su propia historia y a su futuro.

---

* Graziella Pogolotti (París, 1932). Ensayista y crítica. Profesora titular de la Universidad de La Habana. Premio Nacional de Literatura en 2005. Vicepresidenta de la Unión Nacional de Escritores y Artistas de Cuba. Es una de las figuras tutelares de varios proyectos esenciales de la cultura cubana: desde sus investigaciones de campo sobre la experiencia del Teatro Escambray, en los años setenta, hasta su actual colaboración con revistas como *La Gaceta de Cuba* y *Revolución y Cultura*, pasando por su participación en muy diversos eventos políticos y académicos. Ha recibido, entre otros, el Premio Félix Varela, otorgado por la Sociedad Económica de Amigos del País.

¿Cuáles son, para usted, las causas que dan origen al «Discurso de la Universidad»?

Para entender ese discurso, en primer lugar es necesario colocarse en la perspectiva de Fidel. Por razones obvias, de pura cronología, en este momento se plantea de manera muy dramática el tema de la continuidad de la Revolución. Ese tema es el gran telón de fondo del discurso.[69]

Desde luego, el discurso responde a un análisis que Fidel ha venido realizando desde hace años. En nuestra realidad, el antecedente más inmediato se encuentra en la crisis económica de los años 90. Como bien sabemos, las consecuencias de esa crisis se hicieron sentir con fuerza extraordinaria sobre la vida cotidiana de las personas.

Esa crisis impuso la aplicación de una serie de medidas, que si fueron inevitables para salvar el proceso, también remiten a los problemas planteados por Che Guevara sobre el papel de la ley del valor en el socialismo y la presencia del mercado dentro de él. Esas medidas incluían el ejercicio de la actividad privada, la presencia de inversión extranjera, la dependencia de un amplio sector de la población con respecto a las remesas provenientes del exterior, todo lo cual arrojaba repercusiones en el plano de los valores.

Por otra parte, la desaparición de la Unión Soviética y del campo socialista no acarreó solo consecuencias económicas. Para muchos cubanos — muchos de ellos militantes «ingenuos» — significó una profunda sensación de desilusión y desamparo. Muchas de esas personas se acostumbraron a pensar que aquello era irreversible, sólido y seguro, la garantía de nuestro futuro. Ese factor político influyó en el plano subjetivo en muchísimas personas.

¿Qué criterio tiene entonces sobre la idea de la reversibilidad de un sistema político?

---

69. Por referirse a temas muy similares, y estar inspirados por la misma intención, en la redacción de esta entrevista se han utilizado pasajes de la conferencia pronunciada por Graziella Pogolotti en el evento «La intelectualidad cubana piensa el siglo XX», convocado por la Casa de Altos Estudios Fernando Ortiz, celebrado el jueves 9 de mayo de 2002 en la Universidad de La Habana, y fragmentos de su contribución al debate «Miradas sobre el socialismo y el hombre: un simposio» (compilación de Daybel Pañellas Álvarez), en *Temas*, No. 44, octubre–diciembre, 2005, pp. 93–121.

Para empezar, el Che Guevara consideró la posibilidad de que el socialismo fuera reversible. Esa idea está en diversas zonas de su obra, pero aparece con mayor nitidez en los inéditos que han sido publicados recientemente.[70]

En su crítica al *Manual de Economía Política de la Academia de Ciencias de la URSS* el Che trata con mucha insistencia el carácter *histórico* del proceso soviético, determinado por circunstancias particulares internas y externas, que en caso alguno podía ser considerado como «el modelo» a seguir.

El análisis del Che sobre la Nueva Política Económica (NEP), y sobre las consecuencias que arrojaría, está en el centro del tema que para él es fundamental: el desarrollo de la conciencia *socialista*. Es conocido como, en esa dirección, protagonizó el célebre debate alrededor de los estímulos morales y materiales, y sobre la adecuada combinación entre ellos, en función del desarrollo simultáneo de la conciencia en relación con la transformación de las bases económicas y sociales.[71]

El socialismo ha sido reversible en circunstancias específicas. La historia de la Unión Soviética no es la historia de las que se denominaron «democracias populares», allí donde el socialismo llegó de la mano del Ejército Rojo y era más transparente la existencia de factores de resistencia interna. En el fondo de esta cuestión se encontraba también una enorme subestimación de los valores culturales y de la historia cultural específica de cada uno de esos países.

A propósito, ¿usted considera que se hizo la lectura necesaria de la experiencia soviética entre nosotros los cubanos?

Yo creo que no. Desconozco si se ha hecho en algunos sectores muy específicos de la sociedad, en alguna instancia política, en determinado centro de investigaciones. Ahora, si ese análisis se ha realizado, no se ha traducido en

---

70. Se refiere a la publicación reciente por Ocean Sur y la Editorial de Ciencias Sociales de diversos textos, algunos de ellos inéditos, de Ernesto Che Guevara. Ver *El gran debate sobre la economía en Cuba* (Ocean Sur, 2003, y Editorial de Ciencias Sociales, 2004) y *Apuntes críticos sobre la Economía Política* (Ocean Sur, 2005, y Editorial de Ciencias Sociales, 2005).

71. Además de los libros de Ernesto Che Guevara ya mencionados, y de los textos sobre él ya citados, ver además: Néstor Kohan, *Ernesto Guevara: otro mundo es posible*, Editorial Nuestra América, Buenos Aires, 2003, y Michael Löwy, *El pensamiento del Che Guevara*, Editorial Siglo XXI, México, 1971.

un saber común, en una cultura asimilada. Ese hecho a mí me parece muy grave. Yo no me dedico a ese tipo de investigaciones, y no he estudiado en profundidad la historia de la Rusia soviética, pero cualquiera sabe que un sistema político no se derrumba como un castillo de naipes a partir de una conspiración de la CIA. Allí existían problemas muy profundos, que deberían ser analizados en función de nuestro contexto, así como el resultado de dicho análisis debería convertirse tanto en un saber compartido como en una actuación política.

¿Qué temas abordados en el discurso le parecen, aunque ya tratados en la historia revolucionaria, renovados en su formulación y con gran relevancia hacia el futuro?

Fidel retoma en ese discurso algo que últimamente ya había estado en su análisis: no se pueden modificar las ideas estratégicas a favor de la táctica. Es en ese sentido que menciona el pacto de los comunistas cubanos con Fulgencio Batista [1938].

A escala internacional, el pacto Molótov-Ribbentrop provocó una crisis en los partidos comunistas europeos y en la izquierda europea en general. La posición del militante comunista frente al fascismo había quedado puesta de manifiesto en ocasión de la Guerra Civil Española. Allí la lucha se había planteado en términos de batalla frontal contra el nazismo.

Al producirse ese Pacto, ante la inminencia de la guerra los comunistas europeos se quedaron, como se dice en el ámbito popular cubano, «colgados de la brocha». De la forma en que quedó planteado, se trataba de un conflicto insalvable. Los comunistas tendrían que organizar la resistencia en los territorios invadidos por el fascismo, pero al mismo tiempo ello entraba en contradicción con la línea seguida por la URSS a partir del Pacto.

Los partidos comunistas estaban dirigidos a nivel mundial a través de la Internacional. En el caso cubano, el pacto de los comunistas fue con Batista. En ello estaba también implicada una decisión táctica, pues ponía en juego la legalización del Partido y su participación en la Asamblea Constituyente de 1940. No obstante, en ese espacio, el Partido Comunista cubano de la época pudo ciertamente desempeñar un papel importante en la defensa de nuevos principios a favor del mejoramiento de la clase trabajadora. El Partido contaba con el espacio de acción de los sindicatos, una zona de influencia muy importante. Sobre todo en una época en que ellos llegaron a contar con dirigentes sindicales de talla, como Lázaro Peña, Jesús Menéndez y Aracelio Iglesias.

No obstante, para muchos sectores, incluidas zonas situadas dentro del Partido, el pacto significó una transacción oportunista.

Ese hecho dejó una huella profunda en la cultura política cubana. A mí me parece que plantear el problema comporta una reflexión muy importante sobre la necesidad de no sacrificar las líneas estratégicas a favor de necesidades tácticas inmediatas. Considero que es muy interesante que Fidel esté analizando esos temas.

En su opinión, ¿cómo entiende el tema de la continuidad y el cambio revolucionarios?

En todo proceso histórico hay continuidades y rupturas. Entre la etapa de la República que yo concuerdo en llamar neocolonial y la etapa de la República Socialista, hay muchos elementos de continuidad. Hay muchas cosas que nosotros hemos ido realizando y desarrollando en estos años que siguieron a 1959, que de algún modo se habían ido preparando antes en ese largo proceso de lucha, abierta en ocasiones y en otras soterrada. Un proceso en el cual, en el caso particular de los intelectuales de la cultura, se tuvieron que ir diseñando sucesivamente estrategias para la supervivencia, buscando caminos hacia la acción necesaria, para seguir fundando cuando la República se había inaugurado bajo el signo de la degradación.

Recuerdo que mi padre [el pintor y escritor Marcelo Pogolotti] decía con frecuencia que le parecía admirable en el pueblo cubano su capacidad de recuperación de energías, de esperanzas y de la voluntad de lucha, porque después de treinta años de guerra, en el momento en que parecía que se iba a alcanzar la independencia, se produjo la intervención norteamericana. Y vino ese 20 de mayo [de 1902] tan contradictorio. Yo conocí a muchas personas que recordaban ese día y que tenían la memoria de una sensación confusa, de contradicciones. Por un lado, experimentaban la alegría de ver izar al fin la bandera cubana, pero, por el otro, no ignoraban que esta era una independencia coartada, una independencia a medias, que quedaba otra etapa por delante y por cumplir. Después de esa defraudación, después de sobrepasar una etapa en que el país tuvo que coser sus heridas, que hacer cicatrizar todo lo que había dejado la larga lucha, tuvo que asumir otra vez el espíritu de combate y se produjo la Revolución del 30. Se volvió a aglutinar fuerzas, se radicalizaron programas, y sin embargo, nuevamente esa Revolución se frustró, y como dijo Roa en una frase célebre, «se fue a bolina». Ahora, de todo aquello fue quedando una memoria que permanecía y que iba alimentando el imaginario popular.

En el año 1960, en una noche inolvidable en el Estadio del Cerro,[72] Fidel Castro anunció la nacionalización de la riqueza nacional. Esa decisión recayó en un terreno respaldado por la memoria, por un imaginario, por un proyecto que se venía haciendo desde antes y donde algunas de esas propiedades extrajeras nacionalizadas, como la Compañía Cubana de Electricidad —conocida en la etapa de la República neocolonial como el «pulpo eléctrico»— pasaban por fin, después del empeño de Antonio Guiteras,[73] a manos cubanas.

Fue una etapa de preparación en la que fue preciso admitir muchas derrotas. Una etapa en la cual la cultura cubana no pudo contar con el apoyo de una auténtica burguesía nacional. En esa zona de la sociedad que llamamos burguesía había de todo. Estaban los entreguistas, los anexionistas, y estaban también los de la pequeña burguesía que conservaban un ideal patriótico y que estaban dispuestos a defenderlo hasta las últimas consecuencias. Pero lo que hubiera podido sustentar económicamente la cultura

---

72. El nombre actual es Estadio Latinoamericano.

73. Líder revolucionario, ministro de Gobernación, Guerra y Marina del llamado Gobierno de los Cien Días (septiembre de 1933–enero de 1934), gobierno que tomó, entre otras, las siguientes medidas: la creación de la Secretaría de Trabajo, el establecimiento de la función arbitral del gobierno en las relaciones obrero-patronales, la institucionalización del sindicato, el salario mínimo, la protección de la mujer y del niño, la ley de accidentes de trabajo, la jornada diaria de ocho horas, la contratación colectiva, la ley del 50% de los empleos para los cubanos nativos; el seguro y el retiro obrero, la reglamentación de la usura, la incautación de bienes y propiedades de los machadistas, y el sufragio femenino. Asimismo ese gobierno, presidido por Ramón Grau San Martín y en el cual Guiteras fungió en la práctica como un primer ministro, repudió la deuda contraída con el Chase National Bank por los empréstitos anteriores, incautó los centrales Chaparra y Delicias, nacionalizó la Compañía Cubana de Electricidad y destituyó al norteamericano Thomas Chadbourne como presidente de la Corporación Exportadora Nacional de Azúcar.

era esa gran burguesía que gastaba en viajes, en paseos, en objetos de lujo comprados en el exterior, pero que no brindaba apoyo al desarrollo de la cultura nacional.

En lo que se refiere al gobierno de la República, se fue malversando cada vez más el espacio destinado a sustentar el desarrollo de una cultura. Hubo apenas brevísimos períodos en que con muy escaso presupuesto algunos intelectuales, siguiendo una estrategia muy hábil, lograron insertarse en el aparato estatal y establecer algunos lineamientos, algunas prácticas de lo que debía ser un proyecto de política cultural. Fue el caso de José María Chacón y Calvo [1892–1969],[74] Director de Cultura [del Ministerio de Educación] en los años 40, que entre otras cosas dejó para nosotros la publicación de la excelente serie *Cuadernos de cultura cubana*, en los que empezaron a circular muchos de los textos fundamentales de nuestro siglo XIX. Posteriormente Raúl Roa asumió la Dirección de Cultura y, con una dinámica verdaderamente impresionante, desencadenó proyectos de publicaciones, continuó los que había iniciado Chacón, abrió otros, publicó monografías de arte como no las hemos hecho después, sacó textos imprescindibles como el de Fernando Ortiz sobre Lam o el de José Lezama Lima sobre Arístides Fernández [1904–1934],[75] creó las brigadas culturales en las que se comprometieron los jóvenes que emergían en aquel momento y que aspiraban a llevar un mensaje cultural al resto de la Isla. En un período muy breve, formó algunos aspectos esenciales de un programa que solo podría ejecutarse más tarde y en otras condiciones, ya con la Revolución de 1959 en el poder.

---

74. Abogado y escritor. Fue director de la Sociedad de Conferencias (1923), en la que desarrolló una intensa actividad, sobre todo en su segunda época, en la organización de conferencias sobre literatura cubana. Fue además cofundador de la Sociedad de Folklore Cubano (1923). En 1934 se le designó Director de Cultura de la Secretaría de Educación, cargo que desempeñó, con una breve interrupción, hasta 1944. Tuvo una amplia labor como compilador, prologuista y conferencista.

75. Pintor y escritor. Cultivó la pintura durante poco tiempo, a pesar de lo cual ganó cierto renombre. En 1934, después de su muerte, en el Lyceum se hizo la primera exposición personal de su pintura. En 1950 se exhibió en el Capitolio Nacional su segunda exposición personal. Ese año la Dirección de Cultura del Ministerio de Educación editó su obra pictórica en uno de sus *Cuadernos de Arte*, el número 2, con el estudio introductorio de José Lezama Lima. Sus cuentos, publicados póstumamente, aparecieron en *Mensuario*, *Espuela de Plata* y *Orígenes*.

Se trataba de toda una estrategia intelectual de resistencia cultural e intervención política.

En efecto. Este intento de intervenir desde el Estado fue una estrategia seguida por los intelectuales cubanos para abrir un campo para la cultura en circunstancias extremadamente difíciles. Para subsistir de esta manera y para poder cumplir además una vocación de servicio, los intelectuales cubanos tuvieron también una vocación que yo llamaría institucional, la de crear organismos dedicados al fomento y a la difusión de la cultura. Una de esas fórmulas institucionales fue la publicación de revistas que marcaron distintas etapas de esos años republicanos —*Cuba Contemporánea* primero, *Revista de Avance* después, *Orígenes* más tarde, y también, en otra perspectiva política y cultural, la brevísima aparición de *Gaceta del Caribe*, que fue un órgano de la izquierda—, de tal modo que nosotros podemos reconstituir el proceso del arte, la literatura y el pensamiento en Cuba a través de esas revistas.

No obstante, ello es posible no solo a través de las revistas propiamente «culturales» —y esto formó parte también de la misma estrategia—, sino a través de revistas que tenían una finalidad «recreativa» y que fueron utilizadas con mucha inteligencia por los intelectuales cubanos. Así ocurrió con *Social*, que estaba diseñada y concebida para el agrado de la «buena sociedad» cubana y en la que, de la mano de Emilio Roig, los intelectuales cubanos tuvieron una presencia significativa; o más tarde la revista *Grafos*, que también tenía un perfil general pero en la que los intelectuales cubanos se hicieron sentir. También se crearon instituciones para la discusión de la cultura, como lo fue en su momento la Sociedad Hispano–Cubana de Cultura o la Sociedad de Estudios Afrocubanos, ambas dirigidas por Fernando Ortiz.*

---

* Asimismo, hubo otras instituciones que se vertebraron colateralmente con el movimiento intelectual cubano, como el Lyceum, sociedad femenina por la que pasaron todas las exposiciones importantes de la vanguardia cubana entre la década del 30 y el año 1959, y que es imprescindible para el estudio de la plástica en Cuba. En sus proyectos participaron intelectuales cubanos de primera importancia. Recuerdo a José Antonio Portuondo, a Cintio Vitier, que dictó allí la primera versión de *Lo cubano en la poesía*; intelectuales exiliados de América Latina que desfilaban a veces por aquí para seguir hacia los Estados Unidos, Puerto Rico o México —tierras que tenían mejores oportunidades de trabajo—, e intelectuales españoles que también pasaron por Cuba. (Nota de Graziella Pogolotti)

Otra institución utilizada para ganar espacio en este vacío creado por el Estado y la burguesía fue la Universidad de La Habana. Ella fue un espacio histórico de las artes plásticas en Cuba. Por primera vez se tomó conciencia de que las artes plásticas tenían tras sí un proceso de trescientos años. Por allí pasaron también muchos de los que habrían de ser posteriormente protagonistas de la escena cubana. Estuvo también en la Universidad José Manuel Valdés Rodríguez, hijo de un ilustre pedagogo cubano, un intelectual progresista, crítico de cine, que no solamente impartió los primeros cursos sobre cine que se dieron en este país, sino que mantuvo en el seno de la Universidad una especie de cine club en el que iba dando a conocer aquellas películas que permanecían al margen del mercado dominado totalmente por Hollywood. En vísperas del triunfo de la Revolución, durante la dictadura de Batista, la Sociedad Nuestro Tiempo formuló, desde una izquierda integrada por comunistas y no comunistas, las bases de un programa que habría de cristalizar y desarrollarse a partir de 1959.

A lo largo de cincuenta años se fue creando un conjunto de instituciones destinadas a dar vida a esta cultura que también iba surgiendo. Pero si hablamos de tareas, habría que resaltar bien cuál fue la obra de creación de los intelectuales cubanos a lo largo de este medio siglo. Hubo un empeño notable por ir fundando y refundando la historia, una labor de acopio de información en términos de reconstituir nuestro pasado para entender de algún modo el presente de entonces. Hubo una labor editorial importante no solamente en la propia Universidad de La Habana, que dio a conocer casi todo el pensamiento clásico cubano, sino también por don Fernando Ortiz, que publicó una imprescindible serie de libros de cultura e historia cubanas. Se realizó además el primer empeño por recuperar y sistematizar la obra de José Martí, y esto fue algo tan importante que no solamente se dio a conocer buena parte de sus textos, sino que a lo largo de ese período se escribieron importantes trabajos sobre José Martí y lo hicieron figuras y personalidades diferentes, ubicadas en diversas y muchas veces contradictorias ubicaciones políticas, como Jorge Mañach y Juan Marinello, ambos íntimos amigos, casi hermanos en sus años de juventud, distanciados después por razones de índole política, pero uno y otro fervientes martianos que dedicaron al estudio del Maestro buena parte de sus vidas y de sus obras.

Este conjunto de acciones en el orden de la creación intelectual se vinculaba con la necesidad de recuperar la nación cubana a través de un conocimiento más profundo. Una recuperación que pasaba por la creación literaria y musical y que, en el fondo, reformulaba el concepto mismo de cultura. Todavía a finales del siglo XIX y principios del XX la noción de cultura estaba generalmente reducida a la creación artística y literaria, estaba reducida a lo que Mañach en su momento llamó «la alta cultura cubana».

Con la presencia de Fernando Ortiz en esa etapa el concepto de cultura se moderniza, se abre y se crea un espacio para el entendimiento de nuestro complejo proceso histórico de formación nacional, proceso que fue naciendo sobre la base de la interacción entre la «alta cultura» y la cultura popular. Es la cultura que Ortiz nos ayudó a todos a entender y a afrontar en su justo signo.

En esta etapa, en que se abrió la investigación histórica, también se intentó historiar las distintas etapas del saber y de la cultura cubanos. A ella se debe la historia de la arquitectura de Joaquín Weiss, el estudio de la pintura cubana de Guy Pérez Cisneros, el estudio sobre las ideas en Cuba de Medardo Vitier, y se deben también las primeras historias de la literatura cubana, con los trabajos de Max Henríquez Ureña, Raimundo Lazo y José Antonio Portuondo. Todo esto era un acarreo que se estaba produciendo con vistas al presente, pero también con vistas a un futuro posible que se iba delineando.

Todo ello en el campo de la cultura en general, ahora, en el territorio de la política en un sentido más estricto, ¿qué recogió la Revolución de ese período que está describiendo?

Esa imprescindible aportación del pensamiento cubano se vincula al crecimiento de la conciencia antimperialista. He escuchado a Alfredo Guevara hablar de lo que significó para su familia, y para él mismo en su formación, haber contemplado el «espectáculo» de la Armada norteamericana situada aquí frente a nuestras costas. Eso fue así, como lo fue la presencia irrespetuosa de los marines norteamericanos cuando agredieron la estatua de José Martí en el Parque Central.

Yo vivía entonces en la calle Peña Pobre en La Habana Vieja, en la esquina de la Avenida del Puerto, donde había en aquel momento un club de oficiales del ejército norteamericano. Por las noches esos oficiales andaban borrachos, amenazaban a las mujeres y uno sentía sus pasos en la calle frente a las puertas…

Este era un país sometido a un estatus de neocolonia. En esos años tiene lugar el crecimiento de la conciencia antimperialista. En ese sentido quizás, se le debe reconocimiento a una figura reverencial. Me refiero a Emilio Roig. Es uno de los altos nombres que se mencionan pero que no se estudian, que carecen todavía de una monografía que les rinda justicia. Emilito, como le decían siempre todos, fue un militante antimperialista. Cuando el incidente de los marines sobre la estatua de José Martí, recuerdo perfectamente, como si hubiera sido ayer, a Emilito hablando por la radio y respondiendo a esa agresión con un insulto en inglés que me voy a permitir repetir. Les decía a los marines: «*You are sons of a bitch.*» Ese mismo Emilito también reivindicó la custodia y la defensa del patrimonio cultural.

Por todo ello, volviendo a tu pregunta inicial, si pensamos en la etapa de la Revolución, en la etapa del socialismo, debemos considerar el valor de esa continuidad, de la preparación, del acumulado que significaron todos estos antecedentes. En ese período están los puentes para una continuidad posible que pienso que, en lo fundamental, se ha reconocido y mantenido en la práctica de nuestra política cultural actual.

Sin embargo, también debo decir que nosotros, queriendo salvar en primer lugar la unidad de las fuerzas históricas que intervinieron en el proceso revolucionario, y con ello queriendo «preservar» determinados procesos y/o personalidades, también hemos provocado una tendencia, que a mí me gustaría hacer extirpar, a considerar los errores con un sentido de «culpabilidad».

Si lográramos asumir la historia, y el presente, con un espíritu más crítico sería muchísimo más constructivo. A lo largo de mi vida he conocido a muchas personas pertenecientes a una u otra tendencia, y he podido percibir cómo determinados rencores, provenientes de antiguas discusiones, permanecen supervivos. Esos rencores no contribuyen en nada a entender la complejidad de situaciones en las cuales los participantes ciertamente cometieron errores, pero cuyo análisis es necesario abordar desde una perspectiva histórica y haciendo un balance general de la trayectoria de dichos participantes.

En primer lugar, es necesario rescatar la verdadera historia de nuestro proceso, e iluminar las zonas de silencio presentes en ella. El Partido Socialista Popular, por ejemplo, aún con todos los errores por él cometidos, tomó una decisión fundamental al triunfo de la Revolución: entregar las banderas de su partido a Fidel Castro, cosa que no ha hecho ningún otro partido comunista.

En el fondo, no se trata solamente de salvar errores —lo que, desde luego, es una necesidad—, sino también de mantener la coherencia en la comprensión tanto de los objetivos a largo plazo como de los más inmediatos. En primer lugar, se trata de entender por qué y para qué se hacen las cosas, cuáles son las circunstancias que están presentes en cada momento, y de qué manera se pueden ir adaptando estos propósitos generales, y se pueden ir, también, venciendo los obstáculos.

Doctora, la tradición marxista es tan diversa como compleja. Una vez ocurrido el derrumbe del campo socialista, ¿qué piensa usted que debió cambiar necesariamente con respecto a la compresión sobre esa tradición?

Ese problema, como el anterior que mencionaba, es preciso abordarlo desde un punto de vista *histórico*. Yo experimento mucho rechazo hacia el pensamiento abstracto. Una de las grandes lecciones del marxismo clásico es precisamente el haber llevado las ideas al terreno de lo concreto, de convertirse en un modelo de análisis de situaciones concretas.

De las circunstancias concretas de una época se derivaron confusiones generales que persisten hasta hoy. Eso sucedió con el trotskismo. Para entender ese problema debemos situarnos en la perspectiva de los años 20 y 30. No solo los partidos comunistas, sino la zona mayoritaria de la izquierda consideraba como el primer deber la defensa del bolchevismo.

Usted se refiere a la defensa del poder soviético, pero ya bajo el poder de Stalin, porque Trotsky pertenece al bolchevismo.

El período estalinista es una consecuencia del hecho de haber sido construido el socialismo «perentoriamente» en un solo país, del hecho de que no se hubiera podido desencadenar la revolución mundial, o por lo menos la revolución en Alemania. En esas condiciones, se entendió como el único camino posible la construcción de la Unión Soviética como una «fortaleza». Con todo, ese país después de la muerte de Lenin quedó en manos de Stalin, con las consecuencias conocidas.

Sin embargo, muchas personas que en aquella época podrían haber tenido opiniones críticas con respecto a las características de la conducción estalinista, dejaban esa crítica en un segundo lugar y priorizaban la necesidad de defender la URSS.

Por todo ello, como consecuencia de todo lo que pasó en la URSS, entre otras muchas cosas se hace necesario un análisis riguroso de la obra de Trotsky, en la doble perspectiva del momento en que se produjo el conflicto y el momento actual, a partir de todo el proceso histórico que hemos vivido.

Usted, con su pensamiento y con su trabajo como vicepresidenta de la UNEAC, ha sido esencial en la formulación de la política cultural cubana en los últimos años. Al mismo tiempo, ha trabajado largamente el tema de la relación entre los intelectuales y la política. ¿Cómo valora usted hoy esa relación?

Es necesario primero definir qué entendemos por «intelectualidad». Pensando en los años 60, nosotros éramos los «intelectuales de la cultura». Sin embargo, a fuerza de ser sinceros, debo decir que somos muy ignorantes en determinados temas. En aquella década muy pocos se sentían en condiciones de participar en un debate como el del Che Guevara sobre la economía política del socialismo.

Intervenir en ese debate con un criterio fundamentado equivalía a disponer de herramientas teóricas, conceptuales, que la mayor parte de la gente que trabajamos en el mundo del arte y la literatura no poseemos.

En cambio, esos fueron años en que se verificaron polémicas de gran nivel en el terreno que le era propio a los «intelectuales de la cultura», por ejemplo,

---

76. Estas son algunas de esas polémicas: 1.) La que enfrentó en 1963 al presidente del ICAIC, Alfredo Guevara, con Blas Roca, el máximo dirigente del antiguo PSP. Polémica que surgió inicialmente a partir del rechazo de este último a que en Cuba se exhibieran las películas *La dulce vida*, de Federico Fellini; *Accatone*, de Pier Paolo Pasolini; *El ángel exterminador*, de Luis Buñuel; y *Alias Gardelito*, de Lautaro Murúa; y que luego se amplió hacia los problemas de la cultura revolucionaria, la posibilidad o no de la crítica dentro de la Revolución, la viabilidad o no de prescribir normas

en torno al realismo socialista. Y esa discusión, por supuesto, implicaba una crítica a la política cultural que entonces comenzaba a gestarse.[76]

En los momentos actuales, esa situación se repite, pero en grado aún mayor. La vida intelectual se ha ido compartimentando, bajo la forma de la «especialización», mucho más que entonces. Ese problema se advierte tanto en la formación universitaria de las nuevas generaciones, hasta en el grado de información del que podemos disponer. He insistido durante mucho tiempo en la necesidad de vincular a los «intelectuales de las ciencias sociales» con los «intelectuales de la cultura», pues es imprescindible el vínculo entre ambos.

En el mundo contemporáneo se ha ido extendiendo una impronta academicista. Muchas veces los lenguajes profesionales entorpecen la comunicación. Yo trato de leer textos que se publican en el terreno de las ciencias sociales y a veces siento una gran incomodidad. Se maneja un aparato académico lleno de referencias implícitas, o a textos especializados que uno

---

estéticas a los artistas, el «revisionismo», el «idealismo» y otros lugares ideológicos semejantes. 2.) La que en 1963 tuvo como protagonistas a veintinueve cineastas cubanos firmantes del documento «Conclusiones de un debate entre cineastas» y a Mirta Aguirre, Edith García Buchaca, Alfredo Guevara, Tomás Gutiérrez Alea, Julio García Espinosa y Jorge Fraga, entre otros. Esta discusión volvió a enfrentar —como en la de Blas Roca con Alfredo Guevara— a los partidarios del realismo socialista, de la teoría del arte como conocimiento reflejo y del rechazo a toda experimentación de las formas expresivas por su supuesta condescendencia con el «idealismo» y la burguesía, con los que rechazaban el «culto a la personalidad» (como por entonces algunos llamaban al estalinismo) y toda estética normativa. Al año siguiente continuaron esta discusión Juan J. Flo, Jorge Fraga y Tomás Gutiérrez Alea. 3.) El debate de 1964 entre José A. Portuondo y Ambrosio Fornet sobre el arte de vanguardia, la estética revolucionaria, el realismo, el snobismo, el populismo, G. Lukács y R. Garaudy y la división cultural en Cuba entre La Habana y el Oriente. 4.) La discusión de 1966 entre Jesús Díaz y Ana María Simo, por un lado, con Jesús Orta Ruiz, *el Indio Naborí*, por el otro. Ambas discusiones giraron en torno al problema de las generaciones literarias en Cuba revolucionaria, las ediciones El puente y su vínculo con la política, y también sobre la relación entre la literatura revolucionaria, la «alta cultura», la vanguardia y la literatura populista. 5.) Ya no en el terreno estético, sino en el pedagógico, en 1966 Lionel Soto, Félix de la Uz y Humberto Pérez se enfrentaron con Aurelio Alonso en torno a la utilidad o no de emplear manuales en la enseñanza del marxismo. 6.) En 1967 Aurelio Alonso se enfrenta con Lisandro Otero por las opiniones de este último en el primer editorial de *Revolución y Cultura*. Ver Néstor Kohan, *Pensamiento Crítico y el debate por las ciencias sociales en el seno de la revolución cubana*, en http://www.rebelion.org/docs/28556.pdf (fecha de descarga en la web: 30 de octubre de 2006).

no conoce, o que, peor aún, le es imposible consultar. Hay que hacer un gran esfuerzo en aras de la comunicación entre campos diversos.

Según entiendo de lo que dice, se trata para usted sobre todo de un problema de competencia profesional. Pero, tales «diálogo y espacio de comunicación» no se circunscriben al ámbito de lo profesional, pues se trata también de un campo de actuación política.

Existe de veras un problema de competencia profesional, que creo podría salvarse con la búsqueda de un lenguaje común, de un diálogo inter-disciplinario. Es el problema del llamado «academicismo», que se encuentra en el mundo del arte y de la literatura, así como en el de las ciencias sociales. Es algo que se ha ido imponiendo, en gran medida bajo la influencia de la academia norteamericana.

No obstante, también existe una responsabilidad política. En Cuba, y es un problema muy grave, se escribe y se difunde muy poco, por ejemplo, so-bre la historia revolucionaria. Me refiero a la historia en su complejidad, en sus avatares, en su contradictoriedad. Ella está siendo contada desde otras perspectivas, la mayor parte de las veces llenas de falsedades. Y no se trata solamente de «puntos de vista diferentes», sino del puro desconocimiento de acontecimientos y hechos. Contra esa tendencia, nosotros tenemos el de-ber de salvar un legado de memoria colectiva.

El Estado socialista tiene que entender que para el desarrollo del arte y la cultura como bienes esenciales para la sociedad, el espacio de la experimen-tación tiene que estar garantizado y protegido. En los momentos actuales, esta garantía puede encontrarse solamente en el marco de una sociedad so-cialista, en la medida en que esta asuma plenamente el proyecto de cons-trucción humana como su propósito último y esté orientada a la viabiliza-ción del crecimiento de un hombre pleno, verdaderamente desenajenado y desalienado. La plenitud se encuentra en la máxima potenciación de la crea-tividad humana en todos los planos de la vida. La libertad está también ahí, en esa plenitud. Cuando hablo de creatividad humana, no estoy pensando en creatividad artística, sino en la posibilidad que tiene el ser humano de transformar su entorno, tanto en términos materiales como espirituales.

¿Cuál sería, para usted, el balance de la experiencia revolucionaria desde 1959 hasta nuestros días? ¿Y cuál sería en relación con su proyección hacia el futuro?

Acaso el principal logro de la Revolución, partiendo siempre de que ha debido sostenerse en medio de durísimas confrontaciones, está en haber reivindicado, entre otras muchas cosas, un nuevo sujeto histórico. Un sujeto histórico acorde a nuestras circunstancias concretas. Con respecto al marxismo clásico, es una revolución sumamente heterodoxa, pues se hizo contando con el obrero, pero también con el campesino, con la pequeña burguesía y con determinados sectores de la clase media. Todo ello posee una vigencia extraordinaria, en un momento como el actual, en el cual el centro de la posibilidad de una transformación revolucionaria se ha situado en el Tercer Mundo.

La perspectiva abierta por el nuevo sujeto histórico de la Revolución cubana se proyecta hacia el futuro, pues es fundacional en la comprensión sobre cómo incorporar sectores excluidos y sobre la capacidad de movilizarlos en circunstancias específicas.

Todo ello se relaciona, por ejemplo, con el tema de la «cuestión indígena» en América Latina y los actuales empeños por la reivindicación del «indio» como sujeto de la política en la condición de ciudadano que hasta hoy le ha sido negada.

La Revolución cubana también aporta la comprensión que otorgó al concepto de cultura, de la cultura en su dimensión antropológica. Es algo que vi subestimado siempre por el marxismo tradicional.

El socialismo, en el caso de Cuba en específico, y también creo que para América Latina en general, es una necesidad ineludible como contrapartida del capitalismo. Esa necesidad está a su vez sustentada por una tradición antimperialista. Una alternativa capitalista en este continente no significa otra cosa que la dependencia económica, política y cultural con respecto al imperialismo, en un momento en que se ha convertido en la fuerza más peligrosa del mundo contemporáneo.

No seré yo quien predique prudencia

(Entrevista con Alfredo Guevara*)

El pensamiento de Alfredo Guevara, sus polémicas, dudas, equivocaciones, discusiones, aciertos, desavenencias y adhesiones — expresadas siempre de un modo muy personal—, verifican la complejidad de la evolución ideológica de la Revolución, de la dialéctica de sus conflictividades internas, de las determinantes de su política exterior, del cómo y del por qué devino socialista, de la naturaleza actual de su régimen político, de qué es «lo revolucionario» dentro de la Revolución, y de cuál es el legado inscrito por ella en la historia.

Si bien el discurso de Alfredo Guevara expresa los rasgos comunes a las tendencias ideológicas centrales de la Revolución cubana — el rechazo del pasado político republicano burgués, el nacionalismo revolucionario, el antimperialismo militante y la inspiración socialista—, es muy distintiva su manera de concebir el socialismo y, sobre todo, la cultura del socialismo.

---

* Alfredo Guevara Valdés (La Habana, 1925). Cineasta y ensayista. Fundador y durante treinta años presidente del Instituto Cubano del Arte e Industria Cinematográficos (ICAIC). Dirigió la elaboración teórica, la instrumentación práctica, el diseño cultural, organizativo y tecnológico para el desarrollo del cine cubano. Gestor y actualmente Presidente del Festival Internacional del Nuevo Cine Latinoamericano de La Habana y de la revista *Nuevo Cine Latinoamericano*. Fundador y Miembro de Honor del Comité de Cineastas de América Latina. Miembro del Consejo Superior de la Fundación del Nuevo Cine Latinoamericano.

Ni liberal ni dogmático

En 1967 usted escribió: «La opción antiliberal de la Revolución no es una opción dogmática». ¿Cómo entiende hoy ese marco de comprensión del problema?

Hoy día ser liberal ya no significa lo mismo que en aquellos años. Si se trata de un liberalismo entendido como apertura, estaría de acuerdo en ser calificado de liberal, siempre que tal apertura no me conduzca a cruzar hacia la acera contraria. En el caso de la Revolución, la acera contraria es la contrarrevolución. No es la no revolución. A la contrarrevolución no se le puede dar oportunidad porque sería aceptar el suicidio del orden social y de nuestro concepto de la vida. Si la liberalidad lleva a la tolerancia con la contrarrevolución, no la puedo aceptar.

El dogma persiste, pero no se encuentra aupado. No tiene aquel sostén político ni jardineros que lo rieguen con agua limpia y abono, mas continúa actuante. Si antes veía la pervivencia del dogma como resultado de una voluntad, descubro ahora —afortunadamente tarde, si no tal vez no hubiera tenido la pasión que he tenido al impugnar el criterio dogmático— que es capaz de revivir quizás involuntariamente, o indirectamente, como resultado de elementos de educación en las personas que empujan hacia el simplismo.

Al respecto, usted ha asegurado: «Yo prohibiría el político ignorante»…

Una ley constitucional debería exigir, como requisito indispensable para ocupar un cargo, aprobar un examen de integridad política y de formación cultural. El peor enemigo de las revoluciones es la ignorancia.

El poder, las cuotas de poder no se ceden sino como un acto de voluntad política. Toca a los políticos decidir si la sociedad que dirigen podrá estar asistida o no por los intelectuales. Les corresponde enamorarse del trabajo intelectual ejercido en otros campos que no son exactamente el político y comprender la especificidad del trabajo intelectual.

Al triunfo de la Revolución, cuando era difícil formar el equipo para dirigir las grandes tareas, se logró dar pasos capitales: la alfabetización y la universalización de la educación superior. El resultado se aprecia hoy en los cientos de miles de graduados universitarios. A estas alturas del desarrollo de nuestra sociedad, no es permisible la ignorancia. No se puede ser ignorante sin más, quien lo sea merece ser acusado con razón, como se denuncia a un ladrón. No obstante, tampoco se puede contribuir a la ignorancia, y hay fuerzas en nuestra sociedad que contribuyen a la ignorancia, así como a la vulgaridad y a la indecencia.

Cuando se creó el Ministerio de Cultura [1976], a pesar de que yo no tenía un entusiasmo especial —porque el ICAIC perdía su carácter de organismo nacional autónomo—, reflexioné y acepté la situación, y me incorporé a la creación del Ministerio y trabajamos con intensidad, en primer término en preparar las estructuras de dirección. Entendí que la responsabilidad del político no es reclutar para cargos, como hicimos en esa época —pues ningún gran artista al que asignamos funciones de dirección quería detener su obra—, sino para decisiones. La clave está en no tomar una decisión en el campo intelectual sin la participación de los intelectuales.

El «Caso Padilla», el socialismo soviético y las jerarquías de la historia

La palabra reclutar *evoca una nefasta tradición, asociada entre los intelectuales cubanos, como epítome, al «Caso Padilla»,[77] pero que no se reduce en modo alguno a él. ¿Ello no le recuerda un tipo de reclutamiento (más o menos forzoso) sufrido por parte de la intelectualidad de izquierda, que traía consigo la expropiación de su discurso para ser sustituido por otro —el del reclutador— con el cual nada tenía que ver en espíritu e ideales?*

Si median el respeto y el talento no hay por qué temer a esa palabra para calificar la necesidad de los políticos de obtener la adhesión de los intelectuales.

Que tu reflexión conduzca al «Caso Padilla» me prueba, una vez más, que vivimos en la trampa de hablar de ese evento como si fuera el centro de la vida cultural y política cubana de una época. Desgraciadamente, hemos

---

77. Se conoce como «Caso Padilla» la serie de episodios y declaraciones originadas por la detención del poeta cubano Heberto Padilla, en abril de 1971, acusado de actividades contrarrevolucionarias. El hecho ha trascendido hasta hoy como el incidente que ocasionó la ruptura del apoyo que la Revolución cubana recibía de la intelectualidad de izquierda a nivel mundial, pues una parte de esta argumentó que el «Caso Padilla» se inscribía en la práctica política propia del estalinismo. Para un análisis general de las relaciones entre política y cultura en aquella fecha, ver María Eugenia Mudrovcic, *Mundo Nuevo. Cultura y Guerra fría en la década del 60*, Beatriz Viterbo Editora, Rosario, 1997.

contribuido a edificar esa trampa, y si me lanzo a contestar de alguna manera la pregunta ahora es porque creo en la necesidad de romper ese silencio. En *Tiempo de fundación* inicio, aunque no exhaustivamente, la ruptura del silencio, que en mi caso nunca ha sido tal: lo he dicho todo o casi todo.

Esa trampa la hemos construido nosotros mismos y la reproducimos con el silencio y las respuestas de rutina, fabricadas por nuestros mecanismos ideológicos. Poseemos una gran fábrica de respuestas fáciles que quieren ser ortodoxas y deben haber sido elaboradas en cada caso con la mejor buena voluntad. Sin embargo, son respuestas que, en lenguaje callejero, se podrían resumir en la frase: «nadie quiere salirse del plato, nadie quiere correr riesgos». A fuerza de silencio y lenguaje rutinario, se ha impuesto la imagen fabricada por el enemigo y por aquellos que han fungido como aliados del enemigo: los que le sirven con sus prejuicios o con la necesidad de escribir la historia a su modo. Todos ellos, juntos, han elaborado una imagen de lo que pasó en Cuba, y de las circunstancias en que pasó, que ha acabado por imponerse en las nuevas generaciones.

No digo que ese haya sido el propósito: afirmo que es el resultado de una errada política y de un mal enfoque que ha durado demasiado y que convierte a quienes no quieren serlo, en cómplices de todo el lenguaje impuesto por los medios de comunicación imperiales. De ese modo, la banalidad contenida en los medios de comunicación de masas, por una parte, y el vacío y la rutina de nuestro discurso, por otra, se convierten en cómplices al vaciar la conciencia. El vacío termina llenándose con los mensajes estructurados por los que quieren o calumniar o mentir para autojustificarse. No es que no hayamos cometidos errores en la época, que no se hayan cometido errores garrafales, solo que no se trataba de una guerra entre ángeles y diablos. Los ángeles jamás se presentaron, permanecieron ausentes de todas las batallas.

El «Caso Padilla» fue un incidente gravísimo, pero no por lo que fue en sí mismo, pues pudo evitarse, sino por lo que ha significado. Pero en ningún caso ese evento es lo más importante en el desarrollo de la vida cultural cubana de esos años. Me tocó ir a Europa a hablar con muchas de las personalidades que se alejaban de la Revolución y nos condenaban, para explicar y tratar de convencerlas y atraerlas de nuevo al proceso de la Revolución cubana, que era muy complejo y muy trascendente como para reducirlo a un caso que llamaremos aislado.

En la España franquista yo mantenía relaciones estrechas con [Fernando] Claudín y [Jorge] Semprún. Ellos eran dirigentes del Partido Comunista Español, precisamente de una zona del Partido que simpatizaba con Cuba cuando desarrollábamos la línea de la guerra de guerrillas en América Latina, y recuerdo con dolor, con tristeza, como una de las experiencias más duras de mi vida, la conversación con Claudín, a quien admiraba y seguí luego admirando y queriendo.

«Alfredo, me equivoqué con el estalinismo, no puedo equivocarme dos veces», me dijo. Aquello fue terrible porque comprendí que él no podía liberarse de su experiencia con el estalinismo, como otros tampoco podían desprenderse de lo que significó para ellos la defensa de las políticas soviéticas sin conocer —como sabrían por el «Informe Krushev» y otras acciones— de las realidades de los partidos del Este, de los fusilamientos tras conspiraciones falsas o verdaderas, de los asesinatos, de la masacre virtual y política que cometió el estalinismo.

Entendí que no lograban pensar la historia contemporánea a partir de la realidad, sino que continuaban prisioneros de aquellos esquemas de pensamiento. Si antes habían sido leales a los esquemas del estalinismo, ahora debían lealtad al esquema del antiestalinismo. Con esta tábula, redujeron otras situaciones políticas y otras realidades bien diferentes, que tenían lugar en mundos geográficos y culturales diversos. Desde su circunstancia, no podían comprender a Cuba, a nuestra sociedad y a la Revolución que se producía en medio de coyunturas altamente complejas, dificilísimas, y que buscaba soluciones para situaciones inesperadas, para las cuales nadie estaba preparado.

Me tocó a mí descubrir que ellos solicitaban el suicidio de la Revolución en nombre de su propia tranquilidad. Nos pedían la rendición por su necesidad de romper con la URSS y con el estalinismo y para, así, quedar en situación de poder «querernos». Muchos sabían ya que el campo socialista tenía muy poco de socialista, que el intento de construir una sociedad socialista en la URSS había quedado destruido en el campo de la cultura, por el estalinismo en 1934 —y desde antes, y después—, por el asesinato entrecruzado de dirigentes del PCUS. Pero sucedía que la URSS era nuestro proveedor de armas, de energía, de materias primas y de cierta seguridad política. De modo que nos pedían que nos echáramos al mar, que rompiéramos con el único sostén que teníamos y que, de hecho, cayéramos en manos de quién estaba esperando, esperó siempre y sigue esperando la «fruta madura». Lo decían sin comprender que su sueño de romper con el horror de ser aliados indirectos de la URSS significaba para los cubanos, y para ese joven con quien estaban hablando que era yo, la realidad de Puerto Rico. Sabíamos bien que el sueño americano era convertirnos en colonia enmascarada, si no en colonia total.

Ese era el ambiente de la época. No era Padilla. Era Padilla y el derrumbe de la imagen del socialismo del Este. Los ex prosoviéticos no analizaban el «Caso Padilla» como un error, su reacción era el resultado de la obligación moral que les imponía el haber sido cómplices de una gran mentira.

Sin embargo —y hablo de mi persona, pero creo que reflejo el sentimiento que tuvo mucha gente de mi edad en el momento de la desaparición del falso campo socialista—, en ese momento sentí con mucha fuerza la necesidad de replantearnos todo, porque si el socialismo era aquello, el socialismo no valía la pena y, por lo tanto, si el socialismo valía la pena en nuestro país, si nuestra dirección fue capaz, luego, de reformular una estrategia para la supervivencia, para seguir avanzando y defendiendo las ideas que habían inspirado nuestras vidas, yo sentía que era necesario reformularlo y creo que mi generación y las generaciones que nos seguían sentían esa necesidad. Yo me pregunto hoy por qué no hemos llegado, *nosotros*, al punto de reformularnos nuestro modelo. De ahí tanto pesimismo que invadió como una marea el mundo entero, y yo diría que a nosotros también, aun cuando hayamos salido airosos de la peor prueba.

La complejidad de la política cultural

Puestos a resumir, de PM *a* Cecilia, *a* Alicia en el Pueblo de Maravillas, *a* Fresa y Chocolate, *hasta* Suite Habana, *la política cultural cubana ha experimentado una manera —laberíntica, es cierto— de ir acumulando solidez y, con ella, capacidad de inclusión e integración. Aún cuando resulta más o menos conocido el origen de los rechazos, posposiciones u ocultamientos que pesaron, o pesan, sobre determinadas figuras y espacios históricos cubanos, y que existe un consenso alrededor de la necesidad de reincorporarlos a nuestras historia y cultura, ¿no resulta sintomático que el significado ideológico de esos «rescates» convoque sucesivas polémicas?, ¿qué y a quiénes le interesaría «rescatar»?*

Lo primero que me preguntaría es sobre la autenticidad de esa vocación de «rescate», o si no es otra manifestación de un fenómeno que conozco y que es el pre-poscastrismo; si es la preparación para vivir, desde el pre, en el poscastrismo, o si es una urgencia real por admiración y respeto a la obra de otros autores.

Claro que es posible apasionarse con la republicación de Lydia Cabrera, cuya obra es un aporte indiscutible (amén de la contribución primera de Fernando Ortiz), como mismo ignorar la poesía de Gastón Baquero es un absurdo y me satisface poder reencontrar su obra publicada en Cuba. Pero me preocupa que al mismo tiempo que se rescata a unos, se olvida a otros. No deja de inquietarme que se olvide a Raúl Roa, como igualmente me inquieta que las autoridades de nuestro país no perciban rápidamente estos fenómenos y no decidan, también rápidamente, no ocultar o no oponerse a la revalorización y publicación de Gastón Baquero. Pero no puede pasar que por una parte se revalorice y por otra se olvide.

Cuando se «rescata» a un autor es preciso tener en cuenta muchos factores. A las generaciones todavía en formación no se les puede obligar a leer a Roa o a Baquero, pero tampoco se les puede privar de la posibilidad de hacerlo y, más aún, cuando lo hagan deben saber qué y a quiénes están leyendo. La publicación de ambos debe ir acompañada de un conocimiento de quiénes fueron y qué hicieron y qué es lo salvable de uno y de otro. No puedo aceptar que Baquero sea «rescatado» sin mencionar su actitud ética ante la sociedad cubana, y cómo se sumó, como instrumento del *Diario de la Marina* y de la Falange, a las posiciones más reaccionarias de la derecha cubana. Si él fue capaz, a pesar de eso, de salvar en su alma zonas de transparencia que le permitieron hacer la poesía que hizo, entonces su obra merece aplausos, no olvido.

Pienso particularmente en Raúl Roa, en Samuel Feijóo, en Pablo de la Torriente, como figuras a quien me interesaría «rescatar», porque significan mucho para mí, y por lo que sus personas, ejemplo ético y obra pueden aportar a las nuevas generaciones.

También debo decir que en otros que podría mencionar hay valores que no son tan *valorables*. Ahora, esos «otros» no son las únicas criaturas con defectos. Los «nuestros» no son siempre personajes *beatificables*. Considero que nada tiene que ocultarse, ni acciones ni posiciones, a veces no estaremos de acuerdo, o no estamos, pero tampoco debemos olvidar que no somos ni papas ni jueces, y que a veces complejas circunstancias envuelven a los que las protagonizan.

Fidel y el futuro de la Revolución

¿Cómo se imagina la continuidad de la Revolución cuando ya no esté presente su generación histórica?

Habría que preguntarse primero qué es la Revolución. Ella puede ser enfocada desde varios ángulos, pero lo más importante para mí es que el hombre piense y se piense con autenticidad. La garantía, siempre relativa, de la continuidad de la Revolución es precisamente que ese hombre, el joven cubano, piense sobre sí y sobre la sociedad a partir de un debate interno en su conciencia. Si lográramos que a este impulso, a la inquietud por la cultura —que no ha permeado a toda la juventud, pero sí a una parte—, le sigan una apertura, una provocación del debate, un estímulo a pensar las contradicciones, de cierto modo estaría garantizada la continuidad de la Revolución. El gran logro de la Revolución es que muchas conciencias sean activas; haría falta que todas lo fueran.

Lo que está haciendo Fidel ahora[78] es lo que debe hacer. Yo no lo siento suficientemente acompañado, y aunque la vida nos ha demostrado que las tareas que se imponen suelen tener éxito, esta es muy compleja y exigiría una intensa contribución intelectual.

Sería necesario que, proveniente de todas partes y no solo de él, existiera un flujo de ideas y de contradicciones que animaran el debate intelectual en cada persona. No basta con estimular la cultura, hace falta un debate intelectual rico, agotador, permanente, en cada cabeza. Tendría que proceder de todas partes; también la intelectualidad en su conjunto tendría que tomar conciencia del deber de aportar con su obra y de otros mil modos. Yo no sé cómo es la universidad hoy, pero debiera ser una protagonista fundamental. Hablo de un debate no uniforme, permanente y sobre muy diversos temas.

---

78. Se refiere a los programas contenidos en la «Batalla de Ideas». Ver nota 9 en el discurso del presidente cubano Fidel Castro Ruz en este libro.

Esa voluntad de debate interno de la conciencia no se ha desencadenado todavía, y sin embargo, resulta imprescindible.

Si esta pregunta: cómo imagino el futuro de los cubanos dentro de diez, quince o veinte años, me la hubieras hecho hace una década, te habría dicho: «vendrá una época negra, horrible, en que seremos devastados, en que supuestos o reales investigadores trabajarán con papeles y archivos y juzgarán según su voluntad y su gusto. Unos tratarán de conservar limpia la memoria y otros no, pero una generación después seríamos revalorizados, sería revalorizada la Revolución, y, como el ying y el yang, se construiría nuevamente la Revolución».

Entonces, ¿usted creía que la Revolución sería derrotada?

Hablo de la Revolución como hecho espiritual, no del arribo de ciertos habitantes de Miami a tomar posesión del país. Me refiero al espíritu de la Revolución.

Esto es, hasta aquí, lo que yo hubiera dicho en la mayor intimidad hace diez años. Yo creo que Fidel lo comprendió, y sintió el paso del tiempo y comenzó a medir el lapso que le quedaba.

Ni Fidel ni nadie es eterno. Nuestra Revolución es la Revolución más cercana a nosotros, pero es parte de una Revolución de una dimensión mucho mayor, dimensión que tiene porque es —en nuestra época— revolución en la mente de la gente, revolución en el saber, revolución en el conocimiento, revolución en el dominio-no dominio del mundo, revolución en la conciencia de si somos y seremos o si no seremos. Las revoluciones y los procesos históricos —y el nuestro no escapa a esta condición— son de un carácter tan laberíntico, tan complejo, tan sujeto a incidencias de diversidad casi infinita, que dejar para el futuro, es decir, para las nuevas generaciones, oscuridad en algunas zonas de nuestra historia y de nuestras acciones no era justo.

Aquí jugó un papel importante el caso de Elián González, como antes había incidido, por supuesto, el derrumbe del campo socialista. Creo que Fidel comprendió que había demasiada hojarasca y demasiados problemas de los que se podía prescindir, aunque fueran terribles, y que lo primero eran el hombre y el futuro. Así lleva ya años inmerso en esta tarea, y mientras más permanezca, más seguro es el futuro en ese sentido. La continuidad de la Revolución depende del tiempo que podamos darle a la tarea que se ha impuesto Fidel, de la profundidad que alcance, y de que resulte más acompañada, no en cuanto a número de personas, sino en cuanto a cómo se impregna ese espíritu donde quiera que se esté formando un joven.

El replanteamiento que ha faltado —replantearse no es renegar, replantearse es revisar todas las ideas y ver qué es lo válido, por qué han pasado las cosas que han pasado, por qué el socialismo llegó a tal nivel de deformación, por qué llegó al nivel de debilitamiento que le hizo desmoronarse— acaso necesitaba primero que Fidel acabara de comprender que tenía que hacer su propia autobiografía, su propia memoria, y en el espíritu en que se ha estado remarcando, que él mismo lo ha ido declarando: de la verdad, la verdad, la verdad. La verdad con análisis, porque la verdad sin análisis a veces no es la verdad.

Fidel comprendió, releyendo y releyendo el libro, que algo como ese texto, o más que el libro, era necesario, porque no somos eternos; y que su mensaje tenía que quedar estructurado y elaborado del modo más coherente posible.

Sin refundar el socialismo sobre la base de la autenticidad, el socialismo no vale la pena. Fidel ha abierto ya la compuerta a partir de la sistematización de la experiencia que en el libro aparece, de saltar a esa etapa porque, sin ese mensaje, su obra no estará conclusa.

El arco de la vida nos ha puesto juntos a Fidel y a mí entre los diecinueve y los ochenta años, y yo creo que aquel muchacho —porque era un muchacho, éramos unos muchachos—, que todo lo tomaba en serio, ha tomado en serio de verdad la vida, y cuando la vida se toma en serio de verdad es cuando uno es de verdad un ser humano. Y esa calidad de ser humano es, aunque parezca un salto conceptual, ser un revolucionario. A Fidel le falta cumplir un deber con todos nosotros y con las futuras generaciones, y es dejar claro que el socialismo es socialismo de veras y no caricatura del socialismo.

Y en esa búsqueda de autenticidad, ¿qué riesgos habrá que afrontar? ¿Hasta dónde la prudencia es necesaria y cuándo comienza a ser conservadora —y hasta reaccionaria?

En los primeros años del triunfo de la Revolución le presenté a Fidel un asunto y le dije: «si hacemos esto, las consecuencias pueden ser peligrosas porque si no nos sale puede pasar tal cosa; esto otro es más seguro pero menos «rentable». Hay que decidir entonces». Y Fidel me respondió: «¿Cuándo tú has visto que algo importante se haya logrado sin riesgos?» Eso me dijo Fidel, pero es también mi criterio desde hace mucho tiempo. Si hay que correr riesgos, se corren, pero ni la palabra prudencia es deleznable ni los riesgos pueden ser demenciales. No hay modo de hacer algo importante sin asumir riesgos, pero mientras más inteligente y hábil es uno, los riesgos son menores. No obstante, con la cantidad de locuras que he cometido en mi vida, no seré yo quien predique prudencia. No soy el más indicado.

IV.- El hoy y el mañana, o qué es necesario cambiar

Recrear el socialismo

La forma en que el «Discurso de la Universidad» puede encontrar su máxima utilidad es considerarlo un presupuesto: un punto de partida. La idea tiene el raro privilegio de la obviedad: pretender que en ese texto estén contenidos todos los problemas con todas sus soluciones es negar el gesto dialéctico que el propio discurso defiende.

Desde este lugar están construidas las entrevistas que conforman el presente capítulo. Todas dialogan con la totalidad de problemas que entrevistados y entrevistador fuimos capaces de alcanzar.

El lector no encontrará exégesis del discurso, aunque todos lo recorren. Las entrevistas parten de él, lo «usan», y expanden su sentido por caminos paralelos. El conjunto pretende armar un análisis sobre Cuba que vaya más allá de una dimensión —la política—, y arroje el perfil de cierta totalidad.

Estas entrevistas no se sitúan «detrás» del discurso para insinuar sus aseveraciones. Hacen visible desde la primera línea su intención de pensar a Cuba. Pero como la Isla no es una galaxia en sí misma, en la búsqueda por alcanzar una mayor comprensión sobre los problemas y alternativas que afronta el país, los textos transitan diversos campos: la teoría marxista, la propia historia de Cuba, la teología, la educación popular, la crítica del legado del modelo soviético, la economía política del capitalismo, la cuestión generacional en Cuba y la necesidad de recrear las formas del ejercicio del poder desde la revolución.

Más allá de las diferencias temáticas, de los que parecen desvíos del tema, de la propia diversidad de enfoques, un hilo de sentido unifica este conjunto: la idea de que la revolución es tanto una forma de comprender el poder político como una cultura de la vida cotidiana.

Convencidos de que el socialismo no es solo el cambio de la propiedad de los medios de producción y la distribución de bienes y servicios, sino todo un régimen moral, cultural, económico, político, un régimen de totalidad en fin, estos entrevistados *entienden que el cambio de las relaciones sociales generales, de las relaciones entre las personas y de las personas mismas, es el socialismo propiamente dicho.*

En ese sentido, el diálogo que sigue propone discutir la naturaleza de las soluciones a los problemas del presente, desde la doble perspectiva del debate sobre los medios, y de su pertinencia desde el punto de vista socialista, y sobre los fines, en el horizonte de la emancipación humana.

La realidad no desaparece porque no hablemos de ella

(Entrevista con Esther Pérez*)

La práctica política de Esther Pérez, su hontanar intelectual y su experiencia en el campo de la educación popular no la convirtieron, no podría haber sucedido, en una intelectual a través de cuya voz hablan «hombres, mujeres, pueblos y países» —ese espécimen de intelectual habitante de la opinión pública—, sino en adherente de otro tipo de «intervención revolucionaria»: la de luchar por ampliar la calidad y la cantidad de los «protagonistas», de los «participantes» de la política, para que estos puedan decir su palabra y conquistarse a sí mismos, en la idea de Paulo Freire.[79]

Esther Pérez integra la primera generación socializada ya en la Revolución. Esa experiencia vital es fundamental en su comprensión de hoy sobre el proceso cubano. Es el tipo de persona —en lo que se siente acompañada por muchas otras— que representa la «condición normal» de lo que debería significar ser revolucionario: disconforme radical y radicalmente leal, todo a la par.

---

* Esther Pérez (La Habana, 1950). Editora, traductora y educadora popular. Ha sido maestra, secretaria, investigadora social, traductora e intérprete y vicepresidenta de la Casa de las Américas. Actualmente es editora de la revista *Caminos*, del Centro Memorial Martin Luther King Jr.

79. Paulo Freire (1921–1997). Educador y pedagogo brasileño. Diseñó una pedagogía de la liberación, en concordancia con la visión de los países subdesarrollados y de las clases oprimidas. Según su visión, cualquier educación es, en sí misma, política. Freire llamó Pedagogía Crítica a su educación para adultos.

¿Qué antecedentes del «Discurso de la Universidad» encuentra usted en la historia del proceso revolucionario? ¿Cuáles considera sean sus causas?

Ese discurso se inscribe en una tradición: la de las formas de hacer política en la Revolución. En muchas ocasiones Fidel ha recabado en un discurso público, en momentos de inflexión política, el apoyo a y/o la participación popular en medidas adoptadas por la Revolución. Recuerdo, así, al vuelo, el discurso sobre la Zafra de los Diez Millones [de toneladas de azúcar, 1970], o varios discursos posteriores que fueron la señal de inicio para el Proceso de Rectificación.

La causa específica de este discurso se encuentra en la percepción de que ha llegado el momento de crear conciencia sobre la necesidad de apoyar medidas y acciones encaminadas a acotar, limitar, revertir actitudes y re-laciones creadas durante estos años de Período Especial. En particular, la corrupción, término con el que, a mi juicio, se engloba fenómenos distintos, la mayoría nacidos de la crisis.

Si el «Discurso de la Universidad» se sitúa en la corriente del Proceso de Rectifica-ción, ¿en qué se diferencia esta nueva política de aquel proceso?

Las diferencias se encuentran en varios planos. En primer lugar, el contexto: en esa fecha salíamos de un período de aumento y estabilización de los con-sumos y de diseminación muy general en el seno de la población de una ideología de corte soviético. Eso determina también, entonces, diferencias de forma: no hay *un* discurso de la Rectificación, sino varios, y numerosos otros documentos y eventos situados en esa línea. Había que rearmar la ideología masiva con elementos nacionalistas y del proyecto original de la Revolución, en medio de una confusión considerable. El punto de partida no se trataba, entonces, de una «conducta impropia», como la corrupción, con la que, en principio, nadie puede estar de acuerdo.

El espacio de discusión pública reabierto en 1986 fue el más importante habido en Cuba hasta esa fecha desde los años 60.

Así es. Para mi grupo generacional, que no participó activamente en las discusiones de los años 60, fue un momento muy estimulante, más que de análisis y de percepción sobre lo que se nos venía encima. Yo creo que entre algunos sectores y grupos trascendió sus propósitos iniciales y, a medida que se percibía la crisis terminal del «socialismo real», se convirtió en una búsqueda, muy centrada en la realidad cubana, de cómo podía y debía ser nuestro socialismo. El Llamamiento al IV Congreso [del Partido Comunista de Cuba, 1990], uno de sus puntos más altos, fue también el principio del fin de un proceso que resultó profundamente educativo para miles de cubanos y cubanas. Después vino la crisis.

¿El proceso actual representa una recuperación de aquel debate público?

En rigor, no han sido recuperados ni los llamados a la participación ni la vibrante discusión de aquel tiempo. Yo no me atrevo a decir que esto sea una recuperación de aquello. Son dos momentos, dos asuntos diferentes. Han cambiado muchas cosas en estos años, desde las organizaciones de masas hasta cuestiones importantes sobre la percepción de la vida por parte de los cubanos y cubanas.

¿Cuán «fuerte» cree usted que se haya hecho ese cambio cultural —ideológico— en la «percepción de la vida» al interior de la sociedad cubana?

Muy fuerte, sin duda. No podría ser de otra manera. Es preciso tener en cuenta que hay al menos una generación cuyos miembros, incluso los que tuvieron la escolarización más larga, ya está incorporada al trabajo, y que solo tiene experiencias de la crisis, algunos de cuyos efectos y realidades han sido muy prolongados. Hay actitudes y percepciones que los diferencian marcadamente de las generaciones anteriores.

Por otro lado, esas generaciones anteriores también hemos estado sometidas a experiencias y eventos muy diferentes a los de todas las décadas previas de la Revolución. Te pongo algunos ejemplos que me vienen a la mente: el apelativo de «señor», supongo que traído con el turismo, sustituyó —de manera que me resulta muy molesta en lo personal— al de «compañero», que era el que nos dejaron los enfrentamientos revolucionarios de principios de los sesenta, y denotaba una pertenencia común al país y al proyecto. Supuestamente, «señor» perdió su carga connotativa de «burgués» o de «no compañero» y se convirtió en la norma hasta en la televisión. Al mismo tiempo, las percepciones hacia la emigración y las consiguientes actitudes ante ella cambiaron más que nunca antes, a pesar de todos sus avatares en la historia previa. El dinero y las relaciones mercantiles —hecho agravado por la desvinculación relativa entre el salario y la satisfacción de necesidades y deseos— empezaron a ocupar un lugar mucho mayor que antes, tanto en la práctica de la gente como en sus aspiraciones, gustos, apreciaciones acerca de qué rumbo seguir...

¿Qué ponen en juego estos cambios culturales con respecto al contenido de la Revolución?

El contenido de la Revolución no es una abstracción: está integrado por lo que se vive, por las relaciones sociales que median lo que se vive y los ideales de cómo se debe vivir. Ese conjunto está afectado por esos cambios que te mencionaba y otros. También lo componen muchas otras cosas: la realidad y la percepción de haber resistido, como pueblo, esas pruebas tan duras, sin ceder a la imposición y la geopolítica; los obvios avances en el terreno de la recuperación económica; los golpes a la cristalización de los estratos sociales —que no fueron generados por la crisis, sino por los «dorados años ochenta»— con la incorporación al estudio de contingentes de jóvenes de los estratos más pobres de la sociedad.

Todo ello, y las maneras en que se percibe y se interpreta, integra el contenido de la Revolución.

En su libro sobre la experiencia de la educación popular en Cuba, Freire entre no-*sotros, usted afirma que Cuba fue un lugar problemático para los teólogos de la liberación y para los educadores populares en la década de los setenta y ochenta del siglo pasado, por la forma en que la Isla se vinculó a la URSS. ¿Qué referente pueden encontrar hoy en Cuba las nuevas expresiones de izquierda del continente? Si, antes, las «nuevas expresiones de la izquierda» eran, entre otras, la teología de la liberación y la educación popular, ¿cómo valoran a Cuba las ideologías políticas que encarnan hoy en fenómenos como el (neo) zapatismo mexicano, el Movimiento de Trabajadores Rurales Sin Tierra de Brasil, los diversos movimientos autónomos, entre tantos otros?*

Debo empezar a responder por la primera parte de tu pregunta, que se refiere sobre todo a los años 70 y la primera mitad de los 80. En el libro digo que Cuba en esa época era, efectivamente, un lugar incómodo para una izquierda intelectual que estaba tratando de pensar y actuar en América Latina —como los teólogos de la liberación o los educadores populares—, justo por la identificación cubana con el marxismo-leninismo de tipo soviético y con conceptos propios de él, como el ateísmo científico, la educación política doctrinaria y sectaria, etc. Al mismo tiempo, les resultaba imposible no reconocer en Cuba sus logros sociales y su internacionalismo —ni querían, además, dejar de reconocerlos. La Isla era un referente poco conocido en sus realidades, pero presente en la simbología de los pueblos latinoamericanos. De ahí que, si se revisan sus obras de esos años, lo que se encuentra son declaraciones generales de apoyo a las intenciones más generales del proceso cubano, o el silencio.

Esa situación empezó a cambiar en los años 80 con la Revolución sandinista, porque aumentaron los contactos entre algunos de esos intelectuales, muy comprometidos con el proceso nicaragüense, y los cubanos. Después, los cambios mundiales modificaron todo el panorama: la resistencia cubana durante el período más negro y de más desaliento para la izquierda latinoamericana se hizo poco a poco emblemática de algo muy importante: el hecho de poder resistir al poder del imperio, e incluso salir adelante sin ceder en lo fundamental. Recientemente, los zapatistas enviaron a Cuba un simbólico cargamento de maíz, como muestra de solidaridad, y el subcomandante Marcos ha hecho referencias a Cuba en muchos de sus pronunciamientos desde hace algunos años. En el Movimiento Sin Tierra de Brasil, Cuba es un símbolo siempre presente. Y los educadores populares latinoamericanos, desde mediados de los ochenta, nos han acompañado de mil maneras.

A esto se suma la nueva coyuntura latinoamericana —impensable en aquellos tiempos—, con su interesantísima dinámica entre movimientos sociales y gobiernos de izquierda, y el reconocimiento de que la política social de esos gobiernos sería imposible sin la retaguardia de la Revolución cubana.

Todo eso hace que Cuba sea un referente muy importante para lo que podríamos calificar, en sus líneas gruesas, de nueva izquierda latinoamericana. Más que América Latina para los cubanos; aunque ese, con sus causas diversas, es otro problema.

Ahora, esos valores son los mismos que reconocían en Cuba en aquellas décadas de los setenta y los ochenta. Sin embargo, en el plano de las ideas, de la discusión sobre las formas de hacer una revolución, de cómo entender la propia Revolución, hay considerable distancia entre las tesis del discurso cubano con respecto a esas expresiones. En ese plano de la teoría revolucionaria, de la reflexión sobre la revolución, ¿qué encuentran en Cuba?

Me parece que en lo que dices hay dos problemas implicados. Uno tiene que ver con qué puede ofrecerle Cuba hoy en día a los revolucionarios latinoamericanos como «modelo» —y ya sabemos todos los problemas de esa palabra—, y otro, con el debate de ideas en Cuba acerca de los caminos del socialismo y, más específicamente, de la transición. Son dos problemas diferentes.

En cuanto al primero, creo que Cuba le ofrece al movimiento revolucionario latinoamericano algunos enunciados centrales. Destaco tres que me parecen de la mayor importancia: El primero, la necesidad de todo proceso de cambio de defenderse. El segundo, la práctica consecuente —y adecuada a las circunstancias— del internacionalismo. El tercero, la necesidad de contar, en las condiciones actuales del mundo, con un Estado fuerte, no solo para las tareas de la defensa que ya mencioné, sino también para realizar el conjunto de tareas que plantea una revolución en un país subdesarrollado. Esas tres me parecen de la mayor importancia, y Cuba es ejemplar en las tres.

En cuanto al otro problema, obviamente hay muy poca discusión en Cuba de las elaboraciones de otros, e incluso —y quizás es más grave— de las propias. Por tanto, da la impresión de que no las entendemos, o no las oímos, o no discutimos con o sobre ellas seriamente. Hay poca discusión y menos socialización, incluso, repito, de las ideas propias. Siendo así las cosas, es claro que muy poco podemos influir en el debate de ideas latinoamericano o de cualquier lugar del mundo. Es curioso que, siendo Cuba un referente tan importante para las revoluciones y los cambios, nunca se haya podido remontar lo suficiente el antintelectualismo como para entender que el debate de ideas entre los revolucionarios no debilita, sino que fortalece el proceso revolucionario. Entre otras cosas porque el socialismo no es un fruto «espontáneo» y «natural», sino el resultado de una intencionalidad, y eso exige su constante revisión en todos los planos, incluido el teórico.

La concepción de la educación popular, en la que usted ha trabajado en Cuba por más de una década, no consiguió abrirse espacio en las políticas seguidas en el país. ¿Cómo interpreta usted esa situación a la luz de hoy?

Tu pregunta apunta a la cuestión de cuál porosidad ha tenido el sistema político cubano de estos años a los cuestionamientos —de buena o mala leche— hechos desde la izquierda latinoamericana, y a las iniciativas de la propia sociedad cubana. Experimento cierta esquizofrenia al contestar esta pregunta. De un lado, la reacción a flor de piel es a decir que muy poca. Del otro, he participado en una práctica de formación en educación popular por la que han pasado miles de cubanos en estos años, sin aval alguno del sistema de educación o de formación política del Estado cubano, y sin encontrar demasiadas resistencias. Quizás se trate, al menos en relación con ese ejemplo específico en el que he participado, de que el viejo aparato ideológico sectario ya no tiene la fuerza que tenía, pero tampoco ha desaparecido del panorama; o de que el arañazo que hemos hecho en la piedra con nuestra educación popular es menor de lo que pensamos en nuestros momentos de mayor optimismo.

La discusión suscitada alrededor del Llamamiento al IV Congreso del PCC convocó a una revisión del diseño de las organizaciones sociales creadas al calor de la Revolución. Quien lea el resumen de los planteamientos «levantados» por el Llamamiento encuentra un programa de extraordinaria importancia y de gran actualidad hoy día, pues muchos de los problemas sobre los que se pronunciaron se mantienen vigentes.[80] Con todo, la dilucidación de esta cuestión —que es, al fin, la de la relación entre el Estado y el ciudadano, inexactamente mostrada como la relación entre el Estado y la sociedad civil— no es exclusivamente un problema «cubano». Usted se ha preguntado, refiriéndose a la política popular en América Latina, acerca de «cómo vivir, desde los sectores populares, la relación con el Estado». En resumen, ¿cómo entiende usted la circunstancia específica de la relación entre el Estado y las

---

80. Para un resumen analítico de esas propuestas de cambios, ver Juan Valdés Paz, «La transición socialista en Cuba: continuidad y cambio en los 90», en *La transición socialista en Cuba. Estudio sociopolítico*, Editorial de Ciencias Sociales, La Habana, 1994.

organizaciones sociales en Cuba, y, en el plano más general, la relación entre el Estado y la política popular y ciudadana?

Las organizaciones de masas cubanas fueron mucho más de lo que se ha llegado a conocer con la taquigráfica y peyorativa designación de «correas de transmisión», y aun con sus limitaciones y defectos, al nivel de la base fueron importantes agencias educativas de la sociedad en las que más de una generación de cubanos aprendimos a debatir de manera organizada, consensuar puntos de vista, plantear iniciativas, y otras muchas cosas, además de organizarnos para cumplir tareas específicas. Pero esas organizaciones fueron también afectadas por dos fenómenos sucesivos. El primero fue la burocratización de los setenta y primeros años ochenta. Eso las hizo más rígidas, más «institucionalizadas», menos porosas a las iniciativas y a los cambios que ellas mismas y otros factores habían generado en la sociedad cubana. Creo que a eso apuntaban en lo fundamental las críticas de que fueron objeto en las discusiones del Llamamiento al IV Congreso y en otros eventos de esa época.

Después vino la crisis, y pareció, en el primer momento, que a partir de aquellas críticas y las nuevas realidades iba a surgir un modelo más participativo para esas organizaciones. Ahí se produjeron algunas iniciativas interesantes, como las Casas de la Mujer originales, gestadas por la Federación de Mujeres Cubanas. Ese fue también el momento en que algunos comenzábamos con la educación popular y sostuvimos intercambios y emprendimos acciones muy interesantes con algunas organizaciones de masas y el Poder Popular. No ocurrió lo que pensábamos, sino que el curso que se escogió para enfrentar la crisis y la amenaza a la seguridad nacional fue el de una mayor centralización. Al final, esas organizaciones son hoy mucho más débiles y, sí, creo que requieren un repensamiento desde las circunstancias actuales, que ya no son las de la época del Llamamiento.

Como te imaginarás, para los que actuamos en la educación popular —no quiero decir que solo para nosotros, sino para muchos más— ha sido una cuestión central lo que llamamos el «problema de la participación». Una de las ideas centrales de la educación popular es la de que la gente necesita adueñarse de los procesos de cambio en los que participa, y que adueñarse significa tomar conciencia de la realidad, apropiarse de los instrumentos para «leer» su realidad social y actuar sobre ellos desde esa comprensión, en una relación de diálogo, de poder incidir en su curso y su forma. Es, visto desde la educación, el viejo problema de que el socialismo es más que la continuada repartición de la riqueza social, y que incluye el cambio de las personas y del tipo de relaciones que establecen entre ellas para eliminar *todas* las opresiones.

Ese es un problema que enfrentan todos los sistemas que quieren hacer cambios profundos: Cuba, Venezuela, Bolivia... Cada uno tiene que enfrentarlo desde sus tradiciones: la forma que adquiere el Estado tiene que ver también con una historia, con las formas que históricamente ha adoptado y son legítimas y reclama cada pueblo. Pero el problema está ahí —el Che, por ejemplo, lo identificaba muy claramente en el caso cubano— y los que creemos en el socialismo tenemos que pensarlo y actuar en él. En el caso de Cuba ha adquirido características nuevas debido a lo que hablábamos de la crisis, las medidas para enfrentarla y los efectos de ambas, y también porque ninguna sociedad —esta tampoco— es igual a sí misma a lo largo del tiempo.

¿Cómo aprecia usted la comprensión que existe en Cuba sobre América Latina?

A mi juicio hay una situación muy paradójica con América Latina. Por un lado, hay miles de cubanos y cubanas prestando servicios diversos en varios países, conviviendo con otros pueblos latinoamericanos y, sin dudas, aprendiendo muchísimo. Del otro, a pesar de que hay una presencia importante de algunos elementos de la actualidad latinoamericana en los medios, hay otros que no están —¡el noticiero de Telesur compite con el espacio de la novela!— o están mal reflejados (aprovecho para decir que estoy hasta el pelo de que en los noticieros cubanos les llamen dialectos a las lenguas indígenas de América, porque eso no ayuda ni un poquito a entender nada). En cuanto a los medios intelectuales, me parece que, con honrosas excepciones, son pocos los que dialogan con el pensamiento latinoamericano, no está muy representado en nuestras publicaciones y no se enseña lo suficiente en nuestras escuelas y universidades. Y hablo del pensamiento de los «grandes intelectuales», como decía Gramsci. La situación es todavía peor con respecto a la praxis de los movimientos diversos que están elaborando ideas a partir de sus realidades en el continente. En el Centro Martin Luther King Jr. hemos hecho un esfuerzo para difundir ese pensamiento entre nosotros.[81]

A propósito de la línea de trabajo —podría decirse, de la cosmovisión— del Centro Martin Luther King Jr., quería hacerle un comentario. El Centro ha dado cauces de expresión al pensamiento socioteológico preocupado por conseguir una teología cubana y socialista. Lo que me interesa de este hecho no es la labor teológica en sí, si no la actitud con que se plantea la necesidad de reelaborar la teología en función de establecer un nexo más orgánico con su destinatario. Dicho en otras palabras, es una reflexión sobre el «cómo» acortar cada vez más la distancia entre la «teología profesional» y el creyente (para que el verbo se haga efectivamente carne) desde un punto de vista revolucionario. Partiendo de ese punto, entiendo que hay en dicha actitud un modelo crítico para recrear la relación entre la «ideología oficial» y el ciudadano, lo que es extraordinariamente importante cuando la distancia entre una y otro ha crecido al día de hoy en magnitud muy considerable en Cuba. En esas expresiones socioteológicas que mencionaba, lo que aprecio es una reelaboración cotidiana de lo que llamo «ideología», aunque allí le llaman —y así lo sea— «teología», que es admirable por su vocación crítica, autocrítica, y por su enfoque popular.

El Centro es un ejemplo de lo que puede dar un diálogo más intenso con América Latina. Todas las cuestiones que has mencionado —la pedagogía del oprimido, la teología de la liberación, la lectura popular de la *Biblia*— son reelaboraciones del Centro para nuestra lectura de la situación cubana a partir de aprenderlas en América Latina, que, por cierto, ha producido algunas de las concepciones más interesantes en las últimas décadas en ese terreno específico, el de la elaboración de teoría con el campo popular. Y sí, yo soy una de las convencidas de que hay en todo ese pensamiento,

---

81. La Editorial Caminos, del Centro Memorial Martin Luther King Jr., cuenta con un catálogo único en su tipo en Cuba. Ha publicado libros sobre teología de la liberación, pedagogía popular, filosofía de la liberación, movimientos populares en América Latina (entre ellos, sobre el zapatismo y el MST), feminismo, problemas históricos de la raza, participación popular, desarrollo rural autogestionario, comunicación, historia oral, ecología política, entre otros temas, amén de la reflexión específicamente teológica que anima este Centro, nacido del seno de la Iglesia Bautista Ebenezer de Marianao, en 1987.

todas esas elaboraciones, todas esas maneras de hacer, pistas importantes acerca de cómo debe ser la reproducción ideológica en un proceso de transición socialista.

En esa misma línea, quería formularle otro problema. El marxismo soviético entendía la revolución como una sucesión de etapas (recuérdese la «etapa democrática popular agraria antimperialista» de la revolución de 1959 en relación con su «etapa socialista»). Por ese camino, entendía que la revolución debía dar respuesta a los problemas «principales», pues las soluciones «generales» irían arrastrando escalonadamente, en su globalidad, las necesidades «particulares o sectoriales», como es el caso, por ejemplo, de la discriminación por motivo de género o raza. Desarrollos más recientes, como el feminismo marxista o la teoría socialista sobre el racismo —así como las teologías feminista, hispana y negra, para seguir con el ejemplo de aquella reflexión socioteológica que mencionaba—, han reafirmado que la totalidad que es la cultura no puede ser entendida como «un antes hay que hacer esto para poder luego hacer esto otro». Quiere decir, se ha impugnado la idea según la cual la liberación de la economía de su sujeción al capital extranjero y las modificaciones revolucionarias en la política y la estatalidad, por ejemplo, arrastrarán indefectiblemente, como un curso natural, la liberación de los negros, de las mujeres, etc. Esas expresiones afirman que la totalidad puede ser construida solo desde la afirmación de la especificidad y no en la posposición o desconocimiento de ella, y siempre como una contienda multidimensional que abarque la economía, la cultura, la educación y todos los espacios de socialización. Hago esta digresión para llegar a un punto concreto: ¿cómo entiende usted —mujer— la cuestión de la diversidad?

Para empezar, eso que describes es apenas una mala elaboración teórica, jamás corroborada por la realidad. Las grandes transformaciones que hace una revolución de verdad, como la cubana, desde su propio inicio, conciernen a todos los sectores y grupos de la sociedad y afectan también a la diversidad social misma, que se vuelve otra. Pero la verdad es que la situación que dio origen a todas esas opresiones introyectadas de matriz cultural —racial, de género, de clase, de preferencia sexual...—, por las que una gente se asume superior y otra inferior, comienza a cambiar, y las maneras en que se juegan esas relaciones comienzan a ser otras. ¿Cómo no va a ser así, si la gente más humilde comienza a administrar y dirigir, las mujeres se convierten en la fuerza más calificada del país y se van de internacionalistas junto a los hombres, por solo mencionar un par de cosas? Así que lo de las etapas podrá estar en algunos libros y algunas cabezas, pero en la realidad no es así. Ahora, eso no quiere decir que esas relaciones de opresión desaparezcan, porque ya sabemos que tienen que ver con más cosas que con el cambio de las «condiciones materiales de existencia». Entre otras cosas tienen que ver con que no se reconozca socialmente que han cambiado, con que no se discutan, con que no se acepte, sencillamente, que son fuente de conflictividad social y se aborden desde ahí.

Por otra parte, una unidad mal entendida puede hacer creer que esa conflictividad social que ellas producen es «mala» para la causa de la unión del pueblo. El problema es que la realidad es tozuda y no desaparece porque no hablemos de ella. Yo opino que hay que hablarla, hay que ventilarla, hay que debatirla con todos y todas los afectados y las afectadas, que somos todos, porque en ese tipo de relaciones nos portamos todos como oprimidos u opresores. Y hay que verlas en su decursar, porque todo lo que sucede en la sociedad las afecta. Para solo poner un ejemplo, como te habrás dado cuenta, el racismo cubano ha sido incrementado por la crisis. Hay que estudiar el problema y, sobre todo, educar y educarnos sobre el problema, concientizarnos sobre el problema, lo que según Freire no es solo tomar conciencia, sino actuar en consecuencia.

Usted habla de la importancia de recrear el proyecto popular, la política popular. ¿Qué significa lo popular en la Cuba de hoy? Si el «pobre» es el lugar teológico de reflexión de la teología de la liberación, ¿cuál sería el «lugar ideológico» de reflexión de la política cubana? ¿Los humildes, los trabajadores, el pueblo? ¿Dónde queda el viejo sujeto histórico de la teoría marxista —el proletariado— en su reflexión sobre los nuevos sujetos del cambio?

Como tú sabes, hubo una larga discusión acerca de si el proletariado sigue siendo la clase que conduce, o de si ya no es el proletariado, o al menos no solo él, porque el proletariado clásico se acabó o se está acabando, o en los países subdesarrollados nunca lo hubo, etc., etc. Fidel, en *La historia me absolverá*, habló de «pueblo», e incluso lo detalló en sus componentes. En efecto, la teología de la liberación ha hablado de «los pobres». En ambos casos se referían no a gente definida por su ocupación o por sus ingresos, sino a gente que estaba potencialmente dispuesta a acabar con la explotación y la opresión. Si se quiere, se puede usar la palabra proletariado, siempre en el entendido de que no nos estamos refiriendo solamente a obreros fabriles, o ni siquiera a empleados —hoy en día, en ese sentido, los campesinos sin tierra de Brasil serían parte del proletariado de ese país—, y quizás el concepto de bloque histórico sea el más adecuado.

En Cuba hoy la cuestión merece un debate que sería muy interesante. Quizás Mayra Espina pueda definir mejor la cuestión desde un punto de vista socioclasista.[82] Yo, al hablar de pueblo, me refiero a la parte de la población cubana que no quiere «avanzar» hacia el capitalismo, sino que apuesta a relaciones más solidarias y humanas entre las personas —socialismo es el nombre por el que identificamos tal apuesta—, y que actúa para que eso se produzca. No quiero decir con esto que sepamos cuál es exactamente el rumbo y el contenido del socialismo, y, por supuesto, deberíamos debatir constantemente su contenido concreto en general y el del nuestro en particular. Pero por ahí va la cosa.

En ese sentido, la crisis ha sido un terremoto, pero también un purgante, porque hubo su «clase media» de la Revolución en los ochenta, que dio origen en los noventa a mucho resentimiento en todo aquel que creía que ya no «le iba a tocar» lo que entendía que «le tocaba».

¿Qué significa para usted ser «revolucionaria» hoy?

Esa definición se dirime tanto en el ámbito de lo social como de lo personal. No responde a recetas. En líneas generales, te diría que hay que ser, ante todo, anticapitalista. Y fíjate que no digo solo antimperialista —que claro que está incluido—, sino anticapitalista. No solo hacia «afuera», sino también hacia «adentro».

En mi caso particular, es contribuir a que cada vez seamos más los que podamos pensar el contenido y las formas de ese anticapitalismo.

---

82. Ver la entrevista con Mayra Espina en el presente libro (sigue a continuación de esta entrevista con Esther Pérez).

Pero yo soy de una generación determinada. Creo que cada generación se lo tiene que plantear —como lo estás haciendo tú, obviamente— y actuar en consecuencia. Que la de los más jóvenes —la tuya y la siguiente— lo haga, creo que dependerá en mucho de que pueda tener una actuación política —en todo el sentido de la palabra— en el curso de los próximos años, de que se sienta protagonista del socialismo cubano. A eso contribuiría que sepamos y podamos superar algunos de los problemas de los que hemos hablado, como el de las organizaciones y el más general de la participación.

La solución está en socializar la agenda del cambio

(Entrevista con Mayra Espina*)

Puesta a considerar, en un plano general, las alternativas del socialismo en Cuba, Mayra Espina recrea las ideas propias de la tradición marxista «ortodoxa» —que contradice palabra por palabra al marxismo dogmático.

Si bien larga, la entrevista vale lo que su longitud. En ella la doctora en Sociología coloca a Cuba en el escenario global de cambios en el cual el país se desenvuelve, define los nuevos rasgos característicos de la sociedad cubana, analiza la relación entre proyectos de vida, estructura económica y discurso político, abunda en el tema —al que se ha dedicado con mayor énfasis en los últimos años— de «la desigualdad», y a partir de una teoría marxista de la justicia integra en su análisis los temas del Estado, las clases sociales y la diversidad social, todos en su relación con las políticas socialistas.

Así, legitima la diversidad de las formas de concebir la propiedad y la producción, reafirma la necesidad de socializar efectivamente el poder político, llama a actualizar el análisis sobre la naturaleza del trabajo y sobre la enajenación al interior de los procesos de construcción socialista, piensa el vínculo esencial entre democracia y socialismo, y postula la necesidad de un socialismo con vocación permanente de reformarse a sí mismo.

---

* Mayra Espina Prieto (La Habana, 1956). Investigadora del Centro de Investigaciones Psicológicas y Sociológicas (CIPS), adscrito al ministerio cubano de Ciencia, Tecnología y Medio Ambiente, y coordinadora del Grupo de Desigualdades y Política Social de dicho centro. Ha publicado a lo largo de dos décadas sus investigaciones sobre estructura social cubana, ciencia y tecnología y problemas teóricos de la sociología.

Cuba en un escenario global de cambios

Si «la Revolución es una transformación social fundamental» y consideramos la impronta causada por ella sobre la sociedad cubana de las últimas cuatro décadas, ¿se parece la sociedad cubana de hoy, de alguna forma, a configuraciones sociales del pasado reciente o de otro pasado más distante?

Lo distintivo de la sociedad cubana de hoy es la diferencia. Por supuesto, algunos rasgos la harían semejante a escenarios gestados en el pasado, e incluso a situaciones anteriores al triunfo de la Revolución. En Cuba existe hoy un conjunto de grupos poblacionales cuyos medios de vida dependen casi con exclusividad del mercado, de su propia producción autónoma. En ese sentido, la sociedad cubana actual puede poseer algunos caracteres propios de las sociedades capitalistas periféricas.

No obstante, la proporción en que esa cualidad se presenta representa un rasgo apenas secundario en la descripción de la sociedad cubana. El signo actual más característico de ella es el del cambio, el de su reconfiguración hacia un nuevo perfil.

Ahora bien, si hablamos en propiedad, todo el sistema mundo está colocado en un escenario de cambio. La perspectiva de las ciencias de la complejidad contribuye a entender cómo asistimos, a nivel planetario, a un momento de elevación de la complejidad en los ámbitos de lo económico, lo social y lo político. No hablo, por supuesto, de *complejidad* en el sentido elemental de «complicación» —según el cual a más población, más problemas—, sino en el sentido teórico de la *complejidad como emergencia*, como aparición de un conjunto de posibilidades *extrañas* a lo que había sido tradicional, o, lo que es lo mismo, como irrupción de nuevos rumbos no inscritos necesariamente en la historia de una sociedad específica.

En un escenario global de interacción, atravesado por una gama de relaciones comunicadas entre sí, la materialidad de la *emergencia* no hace sino multiplicarse. Esa irrupción de nuevos rasgos, caracteres, conceptos, rumbos, no siempre previsibles con respecto a una historia específica, se asocia a lo que en la Teoría de la Complejidad se conoce como *fractalización*. Esta idea describe con exactitud la realidad del mundo cambiante, modificado sin arreglo a datos fijos, bajo el impulso de caracteres no regulados que fracturan el curso de los caminos «pactados» por la tradición, la política, la estructura social, la historia y otras tantas instancias.

Cuba, dentro de ese escenario global de complejidad, posee un conjunto de particularidades propias. La fuente de buena parte de ellas se encuentra en la forma de entender la relación entre reforma y socialismo. Ese, todo un conflicto de larga data, yo creo que puede y debe plantearse en términos de reforma socialista, del socialismo como un sistema cambiante en sí mismo para el cual la reforma no es una vocación sino una necesidad.

Por supuesto, este juicio trae a la memoria el debate reforma *versus* revolución. En consecuencia, la palabra pareciera ya contener un reproche: un socialismo autodefinido como reformador, podría ser sospechoso de haber renunciado a la revolución.

La novedad de la sociedad cubana actual

La política cubana de «reforma» en la década de 1990 se presentó como «reforma económica». Aunque transitaba hacia los ámbitos político-institucionales y sociales en general, ella no se identificó como una «reforma» en general.

Sin embargo, se trataba de una reforma en general. De hecho, la limitación mayor de esa reforma acaso se encuentra en no haber sido planteada como tal: como una reforma del socialismo, de un socialismo que se reforma ante condiciones internas y externas.

Frente a quienes piensan que la oportunidad de una reforma general se perdió en los noventa, yo creo que la sociedad cubana sigue teniendo en el cambio su reto fundamental, en el camino hacia un «socialismo alternativo posible», como le hemos llamado en algún texto. Obviamente, esa oportunidad no es eterna, hay un límite temporal para poder aprovecharla.

Y en ese contexto, ¿qué es lo específicamente nuevo que ha ido apareciendo, como para conferir singularidad al escenario actual?

En cualquier proceso social nada es enteramente nuevo. Un conjunto de elementos, existentes desde hace mucho tiempo, resulta alterado: unos se conservan, otros experimentan retrocesos y se rescatan elementos anteriores. Con todo, yo creo que lo definitorio de la situación actual en Cuba es su novedad. Cuando digo «situación actual» entiendo el lapso comprendido desde 1989 hasta la actualidad, pues, si bien se podrían periodizar, de modo diferenciado, etapas al interior de ese período, creo que las ondas gruesas del cambio continúan siendo, en lo fundamental, las mismas.[83]

Las políticas sociales adoptadas bajo la rúbrica oficial de Batalla de Ideas a partir del año 2000, en cuanto significan una lógica particular de intervenir sobre la sociedad, con seguridad han producido niveles de cambio en la configuración de los actores sociales.[84] Pero todavía es temprano para evaluar tendencias resultantes de dicho proceso, pues, entre otras cosas, se hace necesario contar con un conjunto de datos aún no disponibles y con estudios de evaluación de impactos, imprescindibles para valorar los efectos de las políticas y para modificarlas o mantenerlas. Por eso aún utilizo en mis trabajos esa periodización de larga onda [1989–la actualidad] que hemos considerado como una etapa de «reestratificación en la estructura socioclasista cubana». Aunque los nuevos programas sociales implican un manejo diferente de la desigualdad, y por lo tanto una cierta barrera a la reestratificación, este proceso no se ha detenido. No solo permanecen muchas de las causas de la reestratificación, sino que han aparecido nuevas fuentes o, al menos, nuevas expresiones de ella.

Cuando puedan analizarse los resultados de los nuevos programas sociales —su impacto sobre los ingresos medios y per cápita de los grupos sociales, territorios, etc. y, más importante aún, su efecto real sobre el acceso al bienestar por parte de estos—, podrá probablemente valorarse el curso de una cierta, específica nivelación.[85]

---

83. Sobre este tema ver los trabajos de Mayra Espina: «Reajuste ecónomico y cambios estructurales» (coautoría con Lucy Martín y Lilian Núñez), en *Los cambios en las estructuras socioclasistas*, Editorial de Ciencias Sociales, La Habana, 2003; «Reproducción de la estructura socioclasista cubana: cinco tesis acerca de sus rasgos generales» (coautoría con Lucy Martín, Lilian Núñez y José M. Blanco Siré), en *La transición socialista cubana*, Editorial de Ciencias Sociales, La Habana, 1994; «Cuba: la hora de las ciencias sociales», Rafael Hernández (comp.) *Sin urna de cristal*, Centro de Investigación y Desarrollo de la Cultura Cubana Juan Marinello, La Habana, 2003. Ver también los trabajos de Juan Valdés Paz: «La Transición socialista: continuidad y cambio», en Juan Valdés Paz et al., *La transición socialista en Cuba. Estudio sociopolítico*, Editorial de Ciencias Sociales, La Habana, 1994, y «Cuba en el Período Especial: de la igualdad a la equidad» (Santo Domingo, ponencia presentada al Seminario «Cambios en la sociedad cubana desde los 90 hasta el momento actual», Facultad Latinoamericana de Ciencias Sociales, FLACSO, 2003).

84. Ver nota 9 en el discurso del presidente cubano Fidel Castro Ruz en este libro.

También es necesario considerar el impacto de esas políticas, en lo que respecta a la estratificación, a partir de la capacidad adquisitiva de la moneda, y tomar en cuenta entonces el estado de los precios de los productos y de los servicios, y ponerlos en relación, por ejemplo, con el modo en que aumentaron los salarios.

Exactamente. En este tema un solo dato, salario o ingresos, por ejemplo, puede resultar engañoso. Se requieren evaluaciones integrales de la situación socioeconómica efectiva de las familias y los diversos grupos sociales. Por otra parte, esta larga etapa de reestratificación configuró nuevos actores, nuevas relaciones, nuevos perfiles subjetivos. Todo eso está «vivo» todavía. Las medidas para hacerle frente pueden tener efecto directo en los sectores más carentes, por ejemplo, los ancianos y los discapacitados. Esas expresiones extremas de desigualdad encontrarán, sin duda, soluciones inmediatas a algunos de sus problemas acuciantes. Asimismo, el acceso masivo a la educación superior, junto a las demás políticas sociales, generará en poco tiempo ampliaciones efectivas de la capacidad de inclusión del sistema. No obstante, como ya he dicho, el núcleo duro de esa reestratificación no se ha movido. Aurelio Alonso valora estas estrategias sociales de la transición socialista cubana con lo que él ha llamado «políticas de amparo», es decir, políticas muy efectivas para atender situaciones extremas y dotar de mínimos sociales (evidentemente un gran avance en el entorno de la periferia del sistema mundo), pero que no alcanzan a superar la pobreza y proveer de niveles más avanzados de satisfacción de necesidades, y que se expresan entonces como una especie

---

85. Osvaldo Martínez, presidente de la Comisión de Asuntos Económicos de la Asamblea Nacional, resumió el balance del año 2005 de esta forma: «los resultados económicos y sociales han sido de alto calibre y podrían sintetizarse —con los riesgos que implica la síntesis— en la terminación de unas 700 obras de la Batalla de Ideas, en una profundización de la justicia social mediante la elevación del salario mínimo, de las pensiones y prestaciones de la asistencia social que beneficiaron directamente a 5 millones 111 mil 267 compatriotas; en la rápida puesta en práctica de nuevas concepciones sobre el desarrollo del sistema electroenergético basadas en el ahorro y la eficiencia; en una batida frontal contra la corrupción y el delito apoyada en los valores éticos y morales sembrados por la Revolución; en un crecimiento económico de 11,8% del PIB que, tratándose de Cuba y medido en la forma adecuada a nuestra realidad, expresa verdadero desarrollo volcado hacia el pueblo y no un simple crecimiento de cualquier tipo de transacciones mercantiles». *Granma*, 23 de diciembre de 2005. Puede consultarse también en http://www.rebelion.org/noticia.php?id=24668 (fecha de descarga en la web: 27 de diciembre de 2006).

de homogenización hacia abajo, que demora mucho o tiene una efectividad sectorialmente asimétrica en la homogenización hacia arriba.

Podría describir «lo nuevo» de la sociedad cubana a través de indicadores *duros*, los habitualmente llamados «objetivos–estructurales»: la polarización de los ingresos, el aumento de las distancias sociales entre la base y la cúspide de la pirámide de reestratificación, el asomo de una franja nada despreciable de 20% de pobreza urbana*—cifra documentada por el Instituto de Investigaciones Económicas.

Todo ello configura un escenario relativamente nuevo y complejo. Sin embargo, a mí me parece más preciso describirlo con dimensiones de otro tipo, con aquellas vinculadas de modo directo con la reproducción de la vida cotidiana.

Me gusta valorar, sobre todo, el universo de las llamadas «estrategias de sobrevivencia»: el mundo de las búsquedas «no oficiales» de ingresos y de incremento del acceso al bienestar. Para quien no está familiarizado con él, ese territorio provoca un asombro continuo. Por ejemplo, el caso del bicitaxista[86] guantanamero que transporta el bicitaxi en un tren de carga, previo negocio con el maquinista, y viene para La Habana, duerme en la calle acostado en el bicitaxi, a los cuatro o cinco días es detectado por la policía, y es devuelto a Guantánamo, tras ser o no multado. Al poco tiempo, esa persona regresa a la capital, pues con el dinero ganado en tres o cuatro días consigue mucho más que si permanece en su provincia. Al unísono, busca casarse con quien posea un cuarto desvencijado en cualquier lugar de La Habana, para poder alcanzar así la residencia en la capital, o alquila un camastro por horas en un solar de San Miguel del Padrón.*

Estamos en presencia, entonces, de un entramado social muy rico, diverso, y muy descentrado respecto al discurso oficial sobre qué es esta sociedad, sobre cuáles son sus mecanismos de inclusión y de integración social.

---

* La pobreza rural no está evaluada según la misma metodología que la urbana, y no es posible contabilizarla de la misma manera. (Nota de Mayra Espina)

86. Un «bicitaxi» es una especie de vehículo con dos asientos, adosado al engranaje de una bicicleta. Brindan servicio de taxi a corta o media distancia. Un texto sobre este tema puede encontrarse en Miriam Herrera Jerez y Daniellis Hernández Calderón, «¡A pulmón!: los bicitaxistas en La Habana. Supervivencia, conflictos y solidaridades», *Catauro. Revista cubana de antropología*, Año 4, No. 7, enero–julio de 2003, pp. 102–127.

Sin embargo, este discurso sigue funcionando en determinado ámbito y es utilizado siempre en lo que ofrece, porque el hijo de ese bicitaxista asiste a la escuela en Guantánamo y, si está enfermo, tiene acceso a atención médica, al igual que su padre.

Para mí, lo nuevo se encuentra en que, si en los años 70 y 80 el ámbito de integración formal de la sociedad constituía el espacio fundamental en que se delineaba la vida cotidiana, después de los noventa la centralidad de ese espacio comenzó a perder fuerza en niveles significativos. El discernimiento del grado en que tal descentramiento resulta esencial con respecto a la reproducción de la vida cotidiana, y en la configuración del significado mismo de la vida, es hoy esencial para el proyecto político cubano.

Con la crisis de los años 90, aunque los espacios de igualdad continuaron vigentes, también se debilitaron mucho, pues no basta con asegurar el acceso a la educación si la calidad de esta desciende en gran medida, como podría decirse por igual de la salud pública, de la alimentación básica, etc. De esa manera, los espacios de igualdad, creados y consolidados por la Revolución, aunque aún provean integración, lo hacen con un perfil más bajo.

El descentramiento con respecto al discurso oficial entre otras cosas significa que, al margen de la provisión estatal de productos y servicios, se pueden conseguir ofertas alternativas de mejor calidad, y que, además, es imprescindible buscar en ellas complementos a productos y servicios no ofrecidos por el Estado, o no ofrecidos con suficiencia y precios accesibles para las mayorías. Aquí radica uno de los rasgos definitorios del nuevo estadio: el surgimiento de espacios mercantilizados de satisfacción de necesidades, que lo son de modo formal o informal, legal o ilegal. Estos espacios constituyen un reto cotidiano a los ámbitos socializados encargados de cumplir con tales funciones. Los nuevos programas sociales desarrollados a partir del año 2000 intentan responder a ese reto, pues buscan revitalizar la oferta de servicios sociales provistos por el Estado en un marco de calidad, aunque creo que cometen de nuevo el viejo pecado homogenista, el diseño centralizado, la ignorancia de la diversidad, la baja sensibilidad

---

* Existe un submundo de tipos de arrendamiento para personas que no cuentan con residencia en La Habana, en el cual es posible alquilar un cuarto o un camastro, lo mismo por una noche que por dos horas al día, en las más disímiles condiciones. (Nota de Mayra Espina)

para captar la heterogeneidad de necesidades e intereses, su irradiación desde un único centro-cima que sabe qué necesitamos todos y no deja lugar a la elección.

Proyectos de vida y cambio de paradigmas

¿Usted se refiere a las llamadas «conquista básicas de la Revolución» —salud, educación, alimentación básica—, que la crisis de los años 90 dejó en estado de gran deterioro?

Sí, pero eso contiene otra disyuntiva. El hecho es que las «conquistas básicas» fueron en ocasiones alcanzadas sobre la base de dejar «asignaturas pendientes», como es el gran tema de la elección de proyectos de vida, integrados estos también por necesidades tan básicas como la vivienda y «la calidad el y costo de la vida». En ese ámbito de lo individual-familiar, el grado de satisfacción se encuentra en un nivel muy bajo. En el caso de la educación, tú puedes decidir, hasta cierto punto, qué quieres estudiar, cuál proyecto profesional te trazarás, pero en el ámbito más general, de todo aquello que abarca un proyecto de vida, el nivel de elección individual y familiar se encuentra muy reducido.

Entonces, ello coloca en entredicho una cuestión de paradigmas. Una zona de pensamiento en Cuba entiende que la respuesta a los problemas materiales es la clave de todas las demás soluciones —desde la emigración, a la malversación de los recursos públicos, pasando por los baches en las calles— pero, por lo que usted analiza, esa forma de entender las cosas estaría cuestionada, porque el horizonte al cual aspiran diversos grupos sociales no cabría dentro del mismo modelo, aunque este contase con más recursos materiales, sino que las aspiraciones irían por otro camino, desbordando lo que puede ofrecer positivamente ese modelo.

De acuerdo, pero hace falta, para explicar mejor ese complejo tema, ir hacia atrás en la historia. Tras su triunfo en 1959, el hecho revolucionario se enfrentó a la exclusión y al abandono de amplias franjas poblacionales. La Revolución demostró poseer un repertorio muy eficaz para integrar en tiempo record esas desigualdades afincadas, lo que se debió a la radicalidad del hecho revolucionario y también, como un factor asociado, a la escala geográfica del país y a sus características demográficas.

Con la victoria revolucionaria, la aplicación de medidas sociales de corte radical se hizo posible por la existencia de la voluntad política capaz de conseguirlo, y por el rango de la operatividad, de la coordinación que pudo ejercer el Estado en una escala más o menos manejable. Con respecto a países como Brasil, o como la propia antigua Unión Soviética, ese es un rasgo favorecedor para la política cubana, a lo que se suma el factor de una nacionalidad con elementos culturales de integración muy consolidados.

Pero, al mismo tiempo, la República burguesa cubana [1902–1958] exhibía un conjunto de elementos de la cultura, y de la vida nacional, que nos colocaba muy por encima de otras naciones de nuestra escala. De hecho, la significación de Cuba en el mundo siempre ha estado sobredimensionada para su proporción territorial, por las funciones que cumplió durante el período colonial, luego en la etapa capitalista, y finalmente como resultado de la relación con la antigua URSS. El rasgo impreso a la cultura e idiosincrasia cubanas por ese cosmopolitismo económico y cultural, experimentado a lo largo de su historia, no puede obviarse en la comprensión del horizonte al cual aspiran los diversos grupos poblacionales en Cuba.

La Revolución puso en práctica, como decía, un repertorio muy eficaz para conseguir de modo expedito la incorporación social de grandes franjas que, debido a causas diversas —incluidas las que se remontaban hasta el régimen de la esclavitud—, vivían en estado de exclusión. El proceso de incorporación social llevado a cabo por la Revolución se realizó a través de instrumentos homogenizadores y logró fundar un fuerte consenso político, pues produjo un tránsito efectivo desde un estadio de desamparo y exclusión hacia otro de vivir en dignidad ciudadana.

Todo ello generó impactos, a veces insuficientemente considerados, no solo en los grupos sociales directamente beneficiados, sino en todos aquellos que compartían esa impronta humanista y de necesidad de cambios para el país.

Ese proceso, como todos, debió enfrentarse tras el paso del tiempo a sus propias limitaciones. A partir de los trabajos sobre política e integración social que he realizado en los últimos años, encuentro que tales limitaciones venían anunciadas desde momentos anteriores a la crisis de los noventa. La matriz de ellas se encuentra en el hecho de haber prorrogado indefinidamente el uso de esos mecanismos homogenizadores, colocados en relación antitética con la diversidad social.

A ese perfil homogenizador le es subyacente el discurso según el cual las diferencias son heredadas y resultan injustas. Por tanto, la nueva política social se encamina a eliminar las diferencias en un contexto de justicia y de aseguramiento de la inclusión social. El centro de esta política se sitúa en los derechos sociales, en lo que hoy se llama en el mundo «ciudadanía social», tema escasamente trabajado desde el punto de vista teórico entre nosotros.

La Revolución busca ampliar hasta los límites de lo posible el contenido de esa «ciudadanía social», y lo hace *para todos*, tras formular una política social basada en la universalidad de derechos. Pero esa política, que comprende factores muy sólidos de integración, si bien construye y renueva el consenso, a partir de cierto momento de su trayectoria comienza a volverse contra sí misma, donde todavía genera integración, pero lo hace ya en medio de fuertes tensiones, de grandes contradicciones.

Ese «cierto momento» a partir del cual se torna el proceso contradictorio, ¿corresponde con el análisis de la estructura socioclasista cubana que usted ha periodizado, por sus diferencias, en tres etapas: desde el triunfo de 1959 hasta la década de los setenta, desde esa fecha hasta 1989, y a partir de entonces hasta la actualidad? De ser así, ¿ese agotamiento del modelo homogenizador tuvo lugar con el fin de la segunda etapa, o sea, a partir de finales de la década de los ochenta?

Así es. En el primer período esas políticas homogenizadoras encuentran su mayor expresión exitosa y generadora de consenso. En el segundo siguen siendo importantes, continúan ejerciendo un efecto de extraordinaria magnitud sobre la ciudadanía, pues otra generación comienza a socializarse en esos marcos de igualdad e integración social. Ahora, ya en ese segundo período dicha concepción comienza, si no a agotarse, al menos a exigir un desplazamiento, bien desde políticas universalistas hacia políticas más individualizadas, bien conservando tales políticas universalistas pero articulándolas a su vez con políticas específicas afirmativas de la diversidad social.

La crisis que desemboca en el llamado Período Especial estalla, como es sabido, a finales de los años ochenta y principios de los noventa, como consecuencia de la desaparición del campo socialista europeo y del recrudecimiento del bloqueo norteamericano contra la Revolución cubana. Si entendemos por *crisis* el cambio en los patrones de reproducción del sistema de la vida cotidiana, coincido en que el comienzo de la crisis se sitúa en esa fecha. No obstante, me parece muy importante analizar el período de «pre crisis», gestado a mediados de esa década. Puestas a dialogar las investigaciones realizadas en esa época en la economía, en la sociología, en la psicología, observamos la realidad de un escenario de precrisis: la productividad general del trabajo decrece, así como aumentan los grupos vinculados a la propiedad estatal, cuya productividad disminuye, la calidad de la producción y los servicios se estanca, la dependencia y el endeudamiento externos de la economía nacional se hacen más fuertes, y la industrialización con eficiencia no se concreta con la amplitud requerida.

Socialismo e igualdad

¿El llamado Proceso de Rectificación de Errores y Tendencias Negativas es también una respuesta a ese diagnóstico?

Yo creo que la Rectificación tiene en su base, como dices, *también* esa realidad, aunque no lo reconozca de modo explícito. Si la dirección política del país no consideró la existencia de una precrisis, con ese proceso sí reconoció que el modelo aplicado no estaba dando los resultados esperados.[87] No obstante, en mi opinión las políticas puestas en práctica con la Rectificación resultaron más bien una vuelta al ideal homogenizador. Ellas no visibilizaron cómo las soluciones más eficaces hacia el futuro podrían venir no de retrotraerse hacia aquel ideal igualador, sino de una nueva construcción política que partiese, esta vez —dado el tipo de sociedad existente en esa fecha—, de estrategias de diferenciación, que reconocieran

---

87. Para un análisis en profundidad sobre el Proceso de Rectificación de Errores y Tendencias Negativas», ver Fernando Martínez Heredia, *Desafíos del Socialismo Cubano*, Centro de Estudios de América, La Habana, 1989. Textos más recientes han abordado ese proceso en relación con el «Discurso de la Universidad», ver Martín Latorraca y Hugo Montero, «Los valores que la Revolución ha defendido han sobrevivido en las condiciones más adversas» (entrevista con Iroel Sánchez Espinosa), *Sudestada*, No. 49, junio de 2006, versión digital en http://www.revistasudestada.com.ar/web06/article.php3?id_article=307 (fecha de descarga en la web: 27 de diciembre de 2006).

y afirmaran la diversidad social.

El discurso revolucionario, por *demonizar* la desigualdad, de alguna manera *demoniza* también la diversidad. La desigualdad surge como un problema allí donde se estructura sobre la base de la injusticia social, pero la desigualdad no es un conflicto en sí misma, en el sentido de ser hombre o mujer, o blanco o negro, en su sentido de diversidad. El conflicto está en el acceso desigual, injusto, a los bienes y a las oportunidades, a la consideración social, a una ciudadanía de derecho. Es en este punto donde la desigualdad connota injusticia.

La lucha contra la desigualdad está en el corazón mismo del socialismo. La Revolución no podría haber renunciado a ese horizonte, ni cuando triunfó en 1959 ni en un escenario complejizado como el actual. Pero el hecho de diferenciar cuándo la desigualdad resulta sinónimo de injusticia equivale a reconocer que no toda desigualdad es injusta, o que al menos existe un margen de desigualdad *históricamente* aceptable, e incluso de necesaria aceptación.

Un grupo de investigadores sociales de la antigua República Democrática Alemana (entre ellos, los más conocidos: Rudi Weidig y Manfred Lotsch; y los cito por reconocerles en rigor la paternidad de la idea, según la voy a desarrollar más adelante), ya en la última etapa que vivió ese país estaban trabajando este tema de una forma muy interesante. Acaso por manía sociológica, constreñían los análisis a indicadores operacionalizables, pero estaban desarrollando la tesis de las diferencias sociales *injustas* que las políticas sociales debían proponerse eliminar y, al mismo tiempo, consideraban la existencia de una segunda clasificación de diferencias llamadas «necesarias». Estas últimas eran aquellas que, considerando el momento histórico específico en que se encontraba una sociedad, no laceraban ningún derecho fundamental del ser humano, pero establecían un vínculo diferente con respecto al aporte de cada cual al bien común. Estos sociólogos alemanes consideraban que era necesario, como parte de la estrategia socialista de intervención sobre las relaciones sociales, reproducir, y hasta potenciar, diferenciaciones y perfiles sociales que constituían una expresión históricamente necesaria de la división social del trabajo, de una estructura óptima de la capacidad laboral social y de la distribución vinculada con las capacidades y el rendimiento, compatibles con la justicia social y el grado de «igualdad social históricamente posible».

En la perspectiva de futuro, ese vínculo desigual entre aporte y acceso al bienestar, y sus consecuencias, podía representar desigualdades de hecho que, desde una perspectiva igualitarista, serían consideradas como injusticias, si se supone que el horizonte socialista consiste en que todos podamos acceder por igual, indiferenciadamente, y con independencia del aporte al bien común, a satisfacciones diversas de nuestras necesidades.

Por el contrario, el modelo de «desigualdad necesaria» presupone el establecimiento de un marco de justicia social e inclusión, que prohíbe normativamente la vulneración de la gama de derechos ciudadanos, pero que, ni impide la posibilidad de satisfacer las necesidades básicas, ni prohíbe que, una vez satisfecho ese nivel básico, la política social y económica maneje un grado de desigualdad considerado como un *impulso,* una «conducta ante el rendimiento», según le llamaban aquellos alemanes.[88]

Ahora mismo nos encontramos con una especie de discurso igualitarista en el ámbito de lo social en Cuba. La crítica de muchas personas hacia lo real se organiza a partir de la denuncia de la desigualdad. Sin embargo, en su vida cotidiana buscan que «les toque» la mejor parte en esa desigualdad. El hecho es que esa crítica está en muchos casos totalmente desarticulada de su propia contribución a lo social.

Este enfoque resulta a su vez una consecuencia lógica de la inserción y la movilidad sociales garantizadas por la Revolución. La universalización de los derechos constituyó el presupuesto de todos los demás derechos en Cuba después de la Revolución. Esta expansión hacia el máximo de la ciudadanía social ha creado también una subjetividad que considera poseer derechos universales sobre todo, que piensa que cualquier cuota de desigualdad es negativa, y que justifica casi todo tipo de conducta para acceder a un bien o un derecho cuya posesión estima legítima.

Existe aún otro problema asociado con este tema. Tradicionalmente se consideró la desigualdad como una rémora, una herencia proveniente únicamente del pasado, sin considerar en profundidad las nuevas desigualdades surgidas como parte del decurso del socialismo. Este aspecto necesita

---

88. Esta idea reproduce las tesis del marxismo clásico para el socialismo como «fase inferior» del comunismo, lo que implica todo el programa histórico de la transición, con lo que en ella permanece del antiguo orden. Ver, entre otros, Carlos Marx, «Crítica del Programa de Gotha», en *Obras Escogidas,* Editorial Progreso, Moscú, s/f, pp. 334–335.

ser manejado, tanto en sus aristas negativas como en las positivas. El hecho de no haberlo realizado constituye una deuda grave en la teoría y la práctica del socialismo.

Una teoría de la justicia
El problema, así entendido, no sería la desigualdad abstracta, sino la exclusión social.

Lo que dices está inserto en otro punto que constituye a su vez otro déficit del pensamiento socialista: no haber producido una amplia reflexión teórica sobre la explotación y la alienación al interior de la construcción socialista. La dimensión de la desigualdad que está vinculada con factores de explotación es lo que el socialismo debe eliminar de modo radical, o, al menos, mantener en su mínima expresión. Pero debe ocuparse también de toda posibilidad de alienación dentro del propio socialismo. En esta cuerda me gustan mucho las viejas concepciones de Agnes Heller con su marxismo de microfundamentos y su explicación multidimensional de la alienación.

De hecho, el concepto de justicia en Marx es todo un territorio en disputa hoy entre diversas tendencias teóricas, desde los liberales–igualitarios hasta los marxistas analíticos. ¿Qué entiende usted por justicia y por igualdad?

En nuestro grupo de trabajo en el CIPS hemos estudiado lo que llamamos la «norma socialista de desigualdad». Ella parte de un concepto específico, de una toma de posición hacia qué entender por socialismo. En mis modestas lecturas sobre las tradiciones socialista y comunista, no he encontrado que socialismo sea sinónimo de estatalización, que propiedad social sea sinónimo de propiedad estatal ni que justicia social sea sinónimo de igualdad.

Esto es, que el socialismo sea identificado con la «pura» ausencia de desigualdad.

Nada he encontrado para convencerme de que el socialismo sea homogeneización. Evito referirme peyorativamente al término de «igualdad», puesto que ella connota un ideal movilizador, y nunca debe renunciarse a ese horizonte. Lo que no debemos hacer es confundir la igualdad con homogeneización. A veces, en busca de mayor precisión, he pretendido llamarle «igualdad posible», pero eso me resulta, digamos, cínico, pues siempre habría alguien con el derecho de establecer cuál es la «igualdad posible» y quién está o no *dentro* de esa «posibilidad». En ese camino de alcanzar mayor precisión teórica, en dicho grupo de trabajo hemos estado elaborando la tesis de que una política social debería basarse no en un horizonte de igualdad *absoluta* —imposible de alcanzar—, sino en una perspectiva regida por una *norma socialista de desigualdad*.

Para conseguirlo, estamos tratando de vincular tanto los aspectos objetivos como los subjetivos, para que pudiesen quedar integrados bajo la forma de una *norma*.

Si se analiza la estructura del capitalismo, vemos cómo un rango enorme de desigualdades se ha constituido en norma cultural del sistema, aceptada hasta por los más desfavorecidos. Por esa vía se ha *naturalizado* la desigualdad. El hecho de ser pobre, o excluido, o de encontrarse en situación de desventaja personal y social, se explica, según esa imagen, por cierta fatalidad del destino individual, por haber nacido en tales condiciones, por no haber sabido aprovechar las oportunidades ofrecidas por el medio, o no haber contado con «suerte». Solo aquellos que alcanzan un nivel más profundo de análisis sobre lo real, que ganan mayor nivel de cultura política, enfocan esos problemas como consecuencias derivadas de las relaciones de poder. No obstante, prevalece la siguiente noción: la desigualdad es un rasgo consustancial de la sociedad, ha existido desde siempre, y lo máximo que alguien puede alcanzar, a nivel individual, es colocarse favorablemente con respecto a los demás dentro de esa relación. Todo ello expresa la consolidación de una *norma*. En mi concepto, el socialismo debía haber trabajado también con esta idea, pero con distinto sentido. No para naturalizar y aceptar la desigualdad, sino para vincular el avance individual al aporte al bien común, en un escenario de solidaridad.

Para que fuese socialista, *tendría que pasar por la política, por la construcción política de un consenso alrededor de qué sería lo aceptable en dicha norma.*

Claro. Es preciso negociar, debatir y gestionar una norma de desigualdad: en qué queremos y podemos ser iguales —y hasta dónde no estamos dispuestos a transigir en ese horizonte—, y en qué sería conveniente que fuésemos desiguales.

Para nosotros, esa norma socialista de desigualdad supone al menos dos factores esenciales. En primer lugar, no podría aceptar desigualdad alguna proveniente de un estado de explotación. Seguidamente, debe asegurar el acceso, universal, a los mínimos básicos que garanticen la reproducción de la vida en un marco de dignidad. El asunto, y no es ocioso recordarlo, es muy complejo, pues en esta categoría de «mínimos básicos» se esconde también un discurso muy interesado que solo pretende salvaguardar, y eso si acaso lo consigue, la pura subsistencia, el simple hecho de «comer el mínimo indispensable para no morir», lo cual, si no es «poco» dadas las características del mundo actual, tampoco puede resultar el sentido de una política socialista. Ese «minimalismo» está en el centro del manejo de la cuestión social típico de las reformas neoliberales.

En mi opinión, las desigualdades *legítimas* estarían siempre asociadas a la contribución a través del trabajo. Y no me refiero solo al trabajo asalariado, pues existen diferentes maneras de contribuir al bien común.

Por ello, hablo de mínimos esenciales en el contexto de una vida digna, lo que significa la posibilidad de la realización progresiva de las potencialidades humanas. Ello implica una resistencia férrea contra la pobreza y la exclusión social, pues las franjas de población que no logran llegar a esos mínimos esenciales deben ser cubiertas por la política. La sociedad debe velar por esas personas, aunque ellas no puedan contribuir al bien común, no estén en capacidad de hacerlo, o contribuyan en menor o diferente cuantía, como es el caso de los ancianos, de personas con discapacidades diversas, de los niños, o de cualquier otra persona con una condición de desventaja a la hora de aportar al bien común.

La Revolución y el Estado

La estatalización ha sido la fuente recurrente de donde ha provenido el tipo de reproducción socioclasista en Cuba después de la Revolución. Aunque ya hemos abordado el tema, ¿podría ahondar en los efectos de este hecho? ¿Se trata de una condición necesaria del desarrollo socialista?

Reconozco que, en mis trabajos, he ido evolucionando desde una aceptación acrítica de la *estatalidad* como eje de integración básica de lo social —y responsable de la configuración de las relaciones sociales—, hacia una valoración crítica de la *hiperestatalidad* o de la *hiperestatalización*.

Para mí la identificación de *lo social* con *lo estatal* es el resultado de una confusión teórica y de un manejo práctico tendencioso. Entre uno y otro ámbito existe un conjunto de mediaciones y mediatizaciones. El Estado, aunque sea socialista, y resulte efectivamente el representante del pueblo, es incapaz de presentarse como sinónimo de *lo social*. Si todo es encargado al Estado, y de él proviene la suma de las soluciones, yo creo que con ello se desvirtúan esencias de lo que es el socialismo.

Si el capitalismo sin protagonismo del Estado resulta el capitalismo salvaje, y queda imposibilitado estructuralmente para manejar la desigualdad en términos de cierta equidad, el socialismo encuentra en el Estado una estructura imprescindible para la transformación con justicia social. Ahora, considerar a esa institución como el eje absoluto de reproducción social desvirtúa las esencias del socialismo, pues deposita en un solo tipo de actor una responsabilidad que, por ser muy diversa y compleja, corresponde a una pluralidad de actores sociales.

Un modelo sin propiedad social, sin un grado preponderante de coordinación estatal, no será socialista, no podría proveer una sociedad socialista. Para que esta exista, debe contar con una institucionalidad, con actores y estructuras *socialistas* que garanticen la comunidad de bienes en un escenario de justicia social y de una norma socialista de desigualdad.

El socialismo, y específicamente una experiencia desde la periferia del sistema mundo, debe estar construido por una multiplicidad de actores, coordinados por el Estado pero no sustituidos o anulados por este. No es lo mismo un pequeño productor en un contexto capitalista, que un pequeño productor en el contexto de una institucionalidad socialista.

Alternativas socialistas
¿Cómo aprecia usted las alternativas al modelo político basado en dicha estatalización?

Las alternativas a ese modelo hiperestatalizado pueden hallarse en diferentes terrenos. En el económico, debe existir una multiplicidad de actores, cuya cohabitación combine elementos de coordinación y de competencia. El ejercicio de esa coordinación le compete al Estado, pero el punto de partida de esa relación no sería que «el otro actor es un mal necesario» que es preciso mantener en su mínima expresión y que, a la primera oportunidad, se hará desaparecer.

Yo no coincido con esa opinión, al menos en el caso cubano, el que más conozco. Pienso que nuestra aspiración socialista, concebida desde la periferia, debería practicar un socialismo de actores múltiples. Por ejemplo, el cooperativismo tiene un potencial extraordinario que en Cuba ha sido insuficiente y deficientemente aprovechado, pues la experimentación en ese campo se ha limitado, en la práctica, a solo una forma de producción cooperativa, y aún ella defectuosa en su plan, pues muchas veces se le priva de aquello que la convertiría en una verdadera cooperativa. En las modalidades donde está concentrada hoy esa forma de propiedad, debería desplegarse realmente la relación cooperativa, y además debería extenderse a otros ámbitos de la industria, de los servicios. En lo personal me inclino, sobre todo, por la forma de los servicios cooperativizados, además de reconocer la importancia de la producción mercantil privada, pequeña y mediana, urbana y rural. En general, pienso que podría y debería existir una multiplicidad de formas de propiedad: propiedad privada pequeña y mediana, comunitaria, mixta estatal, comunitaria estatal, profesional, pues son muchas las variantes en esa relación que no se agotan en la dicotomía «propiedad privada contra propiedad estatal».

El repertorio de posibilidades es muy amplio y falta mucho por inventar en el campo de las combinaciones posibles de las formas y escalas de propiedad. Además, estas no se tratarían nunca de figuras inmutables, sino de diseños flexibles que abran espacio a la vida de esos actores, a sus combinaciones, a la redefinición de sus opciones y a la formulación de sus cambios, aceptando su conflictividad potencial y la necesidad de coordinarlos en un proyecto múltiple común.

En el terreno económico encontramos alternativas a la hiperestatalización, a la absolutización del papel del Estado en la transformación social con equidad. Pero, además, existe otro camino, de excepcional importancia, y al cual no siempre se le concede entre nosotros un recto entendimiento: el tema de la participación.

Cuba posee un diseño institucional participativo ejemplar: el modelo del Poder Popular. Ese diseño es muy interesante y supone la articulación de la democracia en los diversos ámbitos de lo social: lo laboral, lo local, lo comunitario, etc. Prácticamente nada queda fuera de esa articulación. Sin embargo, aunque no se declare, a mi modo de ver ese diseño está demasiado lastrado por la vieja idea leninista de las «poleas de transmisión», donde la comunicación política y la toma de decisiones fluyen en ese sentido: desde la dirección hacia las bases, y funciona en los hechos como un modelo de «arriba» y «abajo».

La sociedad socialista no debería pensarse desde ese orden jerárquico —lo cual llevaría a tratar además el tema de la relación vanguardia–masas—, pues el punto de partida de esa concepción, el «centralismo democrático», ha demostrado que resulta cada vez más centralista y menos democrático. En nuestro contexto, las deficiencias de ese modelo se agudizan por la configuración de una amplia estructura de trabajo intelectual en la esfera de la planificación y en las instituciones centrales e intermedias, que incluye a aquellos que se desempeñan como expertos y especialistas en temas de política y sociedad, con lo que la construcción de la agenda social sufre un proceso que podríamos llamar de «burotecnocratización», en detrimento de la participación social y ciudadana.

Por ese camino, expertos, políticos, técnicos y burócratas ocupan espacios que le corresponden al debate público y a la construcción ciudadana. Una sociedad socialista no debería pensarse tanto en términos de «arriba-abajo» como en los de la asociación horizontal, la contribución dialógica, donde los saberes y las prácticas de todos los grupos tuviesen valor equivalente. En teoría, esa función se cumple con el arquetipo de la «agregación»: las opiniones vertidas en un ámbito son trasladadas a otro ámbito de superior jerarquía, donde al final se supone que quede integrado un mapa total de las opiniones y demandas. Pero ello no ocurre así en los hechos. Para más, no solo no tienen el mismo valor, sino que muchas veces ni siquiera los ámbitos diversos encuentran comunicación entre sí: las asambleas barriales del Poder Popular debaten sobre la calidad del pan, el estado de las calles y la situación del alumbrado público en la cuadra, mientras que la Asamblea Nacional del Poder Popular discute otra escala de temas. Ello podrá parecer normal, y sucederá así en cualquier lugar del mundo, pero a mí me parece que el socialismo debía explorar otras sendas. El propio diseño, al ser jerárquico, otorga importancia, rango y circuito de circulación a los temas, decide cuáles son propios de un nivel y cuáles de otros, y asigna importancia a las

opiniones. Aunque en teoría se presente como un sistema participativo donde todos disfrutan de similar posibilidad de agregar opiniones y demandas,
en la práctica no ocurre exactamente así.

Ello nos lleva a la cuestión del «cómo» encarar las soluciones a ese dilema. Entre
posiciones comprometidas con la Revolución, observo al menos dos líneas gruesas
a ese respecto. En el primer caso, quienes piensan que el modelo está bien conce-
bido en la teoría, y solo se trata de llenarlo de contenido, o sea, que el modelo del
poder local está bien diseñado y que de lo que se trata es de insuflar en la ciuda-
danía el interés por aprovechar ese espacio, para que sirva de escenario a otras
discusiones; o, en el caso de la «propiedad social», que está bien diseñada pero
que el problema es que la gente realmente se crea dueña de ella. De esta manera,
creo que el asunto, aunque no se exprese así públicamente, queda reducido a estos
términos: es preciso «convencer» a las personas de que el espacio, la institución, la
idea, está «bien», y de que los que están «mal» son todos aquellos que no la apro-
vechan. En esta concepción se produce una condena a la «apatía», como si esta
fuera un rasgo psicológico individual de desgano y desinterés, y no una respuesta
política de aquellos que no se sienten integrados a determinado espacio. En el otro
extremo, están quienes afirman que la respuesta a ese asunto no se encuentra en
el marco de dicho modelo, y que es necesario reformarlo para hacerlo funcionar, a
partir del interés efectivo de las bases en él.

Lo fundamental es dilucidar el poder real con que cuenta la ciudadanía a
través de ese diseño. Si ahora llegas a la Asamblea del Poder Popular en mi
circunscripción y abres la discusión hacia cualquier tema, lo más probable
es que se continúe discutiendo sobre la calidad del pan y la cantidad de rotu-
ras en las calles.

En realidad yo me replantearía el diseño. Probablemente los cambios necesarios no suponen tanto reformar los espacios existentes como redefinir
las atribuciones con que cuenta cada uno, reformular su alcance en el sentido de hasta dónde logra impactar la agenda del cambio y desplegar auto-
organización y autogestión. Así, los espacios propios de la base no tendrían
que constreñirse al localismo, al provincianismo, a lo «inmediato-concreto»,
y podrían jugar un papel estratégico. Añadiría aquí la idea de la participación en red, de la conexión de actores, espacios e instituciones de diversas

escalas y perfiles temáticos (la conexión de lo comunitario con lo laboral, del ministerio con la localidad, por ejemplo), evitando el rol del «agregador por sumatoria» (de abajo a arriba) y potenciando las articulaciones directas de sujetos individuales y colectivos diversos.

A mí me gusta mucho esa zona del pensamiento sobre «lo local» que se plantea convertir el actor local en actor estratega. El actor local no puede extrañarse de los problemas de su entorno inmediato, por supuesto —son definitorios de la calidad de su vida cotidiana—, pero debe ocupar, al mismo tiempo, un puesto en la construcción política del resto de los ámbitos de lo social, esto es, debe poseer un lugar desde el cual intervenir en el proyecto político, desde su condición de actor local, pero proyectado hacia el ámbito nacional, e incluso extranacional.

La tesis de que la democracia socialista equivale al poder de referirse a dificultades situadas en el ámbito restringido de actuación, sea la comunidad, el aula o el centro laboral, y en la posibilidad de delegar el resto de la política en instancias representativas de mayor jerarquía, creo que debe ser reformulada hacia un modelo en el cual cualquier espacio pueda impactar la agenda social. Me refiero a que esa sea su propia naturaleza, que no solo pueda, sino que deba hacerlo, que incluso su propia existencia se enraíce en la necesidad de causar impacto en los temas estratégicos y generales.

Esta cuestión nos lleva nuevamente hacia la polémica teórica alrededor del Estado, sobre el aparato institucional en sentido general, con respecto a la subversión revolucionaria.

Desde el primer momento, una vez tomado el poder oficial, destruida la maquinaria estatal burguesa, e iniciada la creación de una nueva institucionalidad socialista, la revolución tiene que comenzar, al unísono, con el trabajo de la autodisolución de esa maquinaria estatal.

Esa idea maravillosa concentra la verdadera carga de una revolución. Cuando se pospone esa necesidad, o se abandona, por causas diversas —como pueden ser el acoso del enemigo interno o el aumento de la hostilidad extranjera—, se genera una tensión extraordinaria en el proyecto socialista que lo puede hacer desembocar en muy diversas direcciones.

Es preciso reconocer que el poder en el socialismo se ejerce sobre la base de una contradicción esencial: de un lado, la necesidad de fortalecer el poder estatal para hacer cumplir las tareas de la revolución social —y quedar al mismo tiempo en posibilidad de enfrentar con éxito las agresiones internas y externas—, y, del otro lado, la necesidad de disolver ese poder estatal como eje articulador de lo social. Esa tensión se ha resuelto históricamente a favor del fortalecimiento de la estatalidad, en cuanto instrumento privilegiado de la reforma socialista, y no se ha apuntado, por ende, hacia la *desconcentración* del poder.

Este tema está, a su vez, vinculado con el concepto de igualdad, pues esta no es solo igualdad en el acceso al bienestar, sino también igualdad en el proceso de toma de decisiones.

Democracia y socialismo

De hecho, el objetivo del socialismo-comunista, según la teoría de Marx, es precisamente superar la relación Individuo-Estado a través de la progresiva desconcentración de este último, por la vía de socializarlo hasta su extinción definitiva. Sin embargo, creo que este tema constituye no solo un abrumador déficit práctico, sino también una ausencia muy grave en la discusión teórica sobre el socialismo.

En nuestro caso se trata de un poder que se va especializando en áreas, espacios, jerarquías, cuenta con articulación y parte de un modelo de inclusión social. Si se analiza este modelo desde el punto de vista tradicional de la democracia, podemos afirmar que la democracia en Cuba es formalmente superior a cualquier otro modelo. Ahora, si preguntamos cuánto esa democracia contribuye a la desconcentración del poder, a la autogestión, a la creación de capacidad estratégica en actores diversos, y cómo esos actores se colocan ante la agenda del cambio, entonces el resultado del análisis nos deja ciertamente inconformes con respecto a lo que se debe y puede hacer.

El tema de la desconcentración del poder estatal es clave en el análisis marxista. En mi opinión, el «socialismo real» era incapaz de plantearse ese problema, pues su entendimiento de las ideas de la «dictadura del proletariado» y de la «unidad de poder» le impedía afrontar los dos desafíos políticos y teóricos que debían emerger de esa comprensión: no podía discutir la cuestión de la burocracia, como nuevo animal con cabeza de toro, personificador de la opresión, ni podía formular una teoría de la dominación socialista como relación legítima entre el orden y la libertad que, situándose a favor de ambos, estableciera por consenso tanto el contenido específico de las restricciones como el de las libertades.

Lo que dices introduce el tema esencial de la relación entre el individuo y la sociedad en el socialismo. El «socialismo real» se planteó la respuesta a esta pregunta desde una matriz dicotómica, como si fuesen contrarios los ámbitos de *lo social* y de *lo individual* y de la *libertad* y la *igualdad*. Ese socialismo optó siempre por el polo social-estatal para definir la prioridad de la agenda política y social.

En general, esa manera de concebir las soluciones resulta muy eficaz para los primeros momentos de la transformación revolucionaria. No obstante, una vez que se alcanzan niveles importantes de satisfacciones para la gran masa popular, surgen de modo indefectible los límites de esa comprensión dicotómica. Entonces, resulta perentorio plantearse la necesidad de una complementación conflictiva, tensional, problematizada, que exprese, desarrolle y otorgue cauce a la conflictividad, para que la imagen de la justicia social resulte de la integración de lo social a partir de lo individual.

¿Cómo entiende usted la idea de la posible reversibilidad de un sistema político?

Yo interpreto este tema en un sentido político, y para el caso cubano en concreto, como posibilidad de restauración del capitalismo, de interrupción de la lógica socialista de construcción política. Desde un punto de vista filosófico, la idea de la reversibilidad conllevaría otro tipo de análisis.

El sistema cubano podría ser desmontado. Que Fidel haya traído ese tema a la palestra pública tiene extraordinaria importancia. La posibilidad de la derrota de la Revolución a causa de errores internos estaba fuera de todo análisis público, pues la teoría socialista al uso ha estado marcada por una visión lineal del progreso, además de que el discurso político oficial del socialismo cubano ha trasmitido siempre una imagen de fortaleza, unidad interna e invulnerabilidad que ha considerado estratégica para mantener el consenso y desestimular la oposición. Ni en la teoría progresivista ni en el discurso triunfalista esta tesis de la reversibilidad encontraba cabida. Sin embargo, los sistemas sociales son *históricos*. El curso real de la historia impugna la idea del destino, del progreso lineal inevitable, según el cual, pase lo que pase, nos aguarda una certeza, un lugar seguro al final del camino, y nos pone ante los ojos el peso de la incertidumbre, de los decursos imprevisibles.

El llamado «socialismo real», informado ideológicamente por esa concepción, descuidó por completo el tema de las posibilidades internas y externas de su propio desmontaje. La experiencia europea demostró, amén del esfuerzo internacional por conseguir su derrota, que el anclaje del socialismo en sus propias sociedades nacionales se debilitó progresivamente hasta llegar a quedar sin raíces en ellas, como resultado primero de sus propias contradicciones.

Los propios actores políticos del sistema del «socialismo real» desmontaron, a una velocidad vertiginosa, aquel modelo y reconstruyeron una versión capitalista de sus sociedades. La teoría y la práctica de fines del siglo xx demuestran, al fin, que el socialismo es desmontable a partir de una combinación de factores internos y externos. Yo no creo, y el discurso de Fidel lo asume, que el socialismo cubano se encuentre inmune a procesos de esa naturaleza.

Según su concepto, ¿qué condiciones garantizarían, ya no su desmontaje, sino su profundización en un sentido revolucionario y socialista?

Sinceramente, yo no creo que algo pueda *garantizarlo*. No creo que nos ayude pensar que alguna especie de invulnerabilidad es posible. En lugar de esas palabras yo puedo afirmar que *contribuiría* de modo decisivo a profundizar el socialismo el hacerlo avanzar como una cultura del *relacionamiento* y del *empoderamiento* de los diferentes grupos de actores sociales, para constituirse en actores estratégicos de un proyecto nacional de emancipación, bajo la hegemonía de la agenda de los sectores populares (entendiéndolos en un sentido amplio). Con toda honestidad, debo decir que tengo muchas inquietudes respecto a esta última posibilidad.

Creo que las soluciones para ello solo podrían venir de la socialización de la agenda del cambio. Esa es la base del asunto.

Debemos orientar la política, no hacia lo bueno, sino hacia lo mejor

(Un testimonio profético del reverendo Raúl Suárez*)

El reverendo Raúl Suárez se considera a sí mismo alejado de la «teoría», pero la forma en que piensa la teología expresa una rigurosa formación, que evidentemente ha bebido de muchas fuentes. En todo caso, sus reflexiones teológicas iluminan cuestiones que no son bien comprendidas por muchas «teorías».

La apariencia física del reverendo, ligeramente encorvado al andar, y sus manos bastas lo hacen parecer alguien «común y corriente». (De hecho lo es, como de determinada manera lo es el resto de los seres humanos.) Sin embargo, si un día ese «común y corriente» fuese sinónimo de una personalidad como la del reverendo Suárez, ello daría motivo para más de una celebración. La pequeña estatura del líder ecuménico es un continente desbordado por la vocación y, sobre todo, por su ética. De hecho, uno se ve tentado a pensar que su carácter escogió esa apariencia.

Sus convicciones le han llevado a tomas de posición que le han acarreado diversas consecuencias, pero ha encontrado el lugar donde quiere estar, y ahí ha permanecido firme, arrostrando las mareas: el ejercicio del ministerio profético desde la «perspectiva del camino y no del balcón».

---

* Raúl Suárez (La Habana, 1935). Pastor bautista. Diputado a la Asamblea Nacional del Poder Popular. Expresidente del Consejo de Iglesias de Cuba. Director del Centro Memorial Martin Luther King Jr.

Si usted entiende el principio protestante no como renuncia al compromiso proféti-
co, ni como cesión de responsabilidades evangélicas a otro tipo de discursos, por más
que coincida con su dirección, y desde su propia condición de hombre de fe, ¿cómo se
ha situado usted ante el enunciado del «Discurso de la Universidad»? ¿Qué alcan-
ces encuentra en él? ¿Cuáles son las causas qué cree que lo motivan?

El discurso de Fidel es un mensaje profético al pueblo cubano. Cuando hablo
del «profetismo», lo hago desde la tradición judeo cristiana. El profeta, desde
esa perspectiva, no es un constructor de un mapa del futuro. En las versiones
de la *Biblia* en español aparece el término *profeta*; también en algunas ocasiones se usa como *vidente*. Según los eruditos bíblicos, etimológicamente
viene de las raíces semitas *Ro'eh* y *Nabi*. *Ro'eh* acentúa la capacidad de ver
la realidad no en su superficie, en lo que aparece ante nuestra vista, sino en
detenerse y meditar en las causas profundas que conforman la especificidad
histórica del tiempo y espacio en los cuales vive el profeta. En tanto, *Nabi*
enfatiza la proclamación de las reflexiones que se suscitan a partir de esa
visión integral del acontecer de la sociedad. Entonces, el profeta tiene
conciencia de su identidad política y social, es coherente con lo que observa
y proclama, es consecuente con su actitud, y se compromete radicalmente
en la solución de los problemas que anuncia o denuncia. Siempre he creído
que el profeta no tiene que ser necesariamente un hombre o una mujer con
creencias religiosas: es una persona de fe profunda que sustenta su esperanza en el presente y en el futuro.

Recuerdo cuando don Sergio Méndez Arceo, Obispo de Cuernavaca
[México], en una reunión en la cual estaba presente Fidel, dijo: «Fidel es
un profeta», a lo que inmediatamente Fidel contestó: «No lo creo, pero me
gusta».

El discurso es una apelación a la conciencia ética, moral y espiritual de
todo el pueblo cubano que siente, piensa y vive la Revolución. A la vez, es
un reconocimiento de la conciencia política adulta y madura que hemos
adquirido durante estos años ante el desafío de la construcción y el perfeccionamiento de la obra revolucionaria. Desde mi propia perspectiva de
fe, creo que convoca a valorar nuestras propias limitaciones y errores, y
abandonar nuestra cómoda costumbre de resaltar lo que hemos logrado en
comparación con lo que históricamente no se ha logrado en otros países, o

de culpar a la política agresiva de los Estados Unidos, lo que si bien tiene un buen grado de veracidad, no nos hace bien cuando contribuye a una autojustificación personal o colectiva. En ese sentido, anteriormente, cuando en una de las sesiones de la actual legislatura de la Asamblea Nacional del Poder Popular (ANPP) debatíamos el tema del Programa de la Vivienda, Fidel nos responsabilizó a todos y a todas, sin exclusión alguna, con los serios problemas mencionados durante el tratamiento de este importantísimo factor de la vida nacional.

La obra revolucionaria, como desarrollo de un proyecto histórico con una visión integral de lo que se desea para la felicidad de todo el pueblo, no puede soslayar lo que nosotros llamamos *pecado*. Bíblicamente, entre otras acepciones, también significa «errar el blanco», perder el sentido del propósito de la vida, tanto en lo personal como en lo colectivo. No siempre se asocia a malas acciones, como bien se señala en la *Biblia*: «Y al que sabe hacer lo bueno y no lo hace, le es pecado» (*Santiago* 4:17).

En algunas ocasiones he oído hablar de que prácticamente ya estamos saliendo del Período Especial. Si esta afirmación se refiere a la recuperación económica, pienso que hay cierta razón en la misma; pero esta recuperación jamás significará que lo estemos logrando de una forma integral. La recuperación integral, que incluye la economía, pero también los valores éticos, morales y espirituales de todos los cubanos y cubanas, nos llevará muchos años, lo que no significa que sea inalcanzable. La lucha por la sobrevivencia, la afectación por las dificultades de la vida cotidiana ha sido, en muchos cubanos y cubanas, un desafío que nos ha hecho aportar lo mejor que hay en lo más profundo de nuestro ser; pero es cierto asimismo que no ha emergido siempre el ángel que hay en toda persona, pues el demonio ha estado también presente. Como bien señaló Fidel en la sesión de la ANPP que he mencionado: «El diablo se metió en el cuerpo». Y el diablo no es el de los cuernos y vestido de rojo encendido, sino lo demoníaco que nos lleva en un momento determinado a asumir al pequeño burgués que todos y todas llevamos por dentro, y que se manifiesta en el egoísmo, el individualismo, y al extremo del «sálvese quien pueda».

Frei Betto ha afirmado: «La Iglesia jamás debe sacralizar un régimen político, sea capitalista, o socialista. Porque cada vez que la Iglesia ha sacralizado un régimen político o identificado la perennidad de la propuesta del Evangelio con la temporalidad de una propuesta política, ha comprometido su misión». Al mismo tiempo, el autor de Fidel y la religión*, ha contado cómo, en diálogo con presos políticos comunistas, les ha dicho: «El problema es que cuando lleguemos a la sociedad comunista, todavía, nosotros, los cristianos, tendremos el deber evangélico de seguir luchando para ir más adelante.» Este análisis presupone la cuestión de la crítica del presente como condición sine qua non de ese «ir más allá». En este sentido, cómo interpreta usted estas palabras de Jesús: «Ninguno que poniendo su mano en el arado mira hacia atrás, es apto para el reino de Dios». O, dicho en otro plano, ¿cómo interpreta usted el papel de la crítica en la Revolución? ¿Qué y cómo es dable producir esa crítica? ¿Qué principios debe seguir?*

Poner la mano en el arado, seguir el movimiento de Jesús de Nazaret, optar por su proyecto histórico, el Reino de Dios, es dejarlo todo y consagrar la vida toda en la realización de este proyecto. Desde el instante de la opción, lo que vale es el camino del presente hacia el futuro.

Este texto del *Evangelio de Lucas* tiene como trasfondo en la tradición judeo cristiana la destrucción de Sodoma y Gomorra (Véase el libro de *Génesis*, capítulos 18 y 19) y la negativa actitud de la esposa de Lot, a quien se le había ordenado huir de estas ciudades con la advertencia de no mirar hacia atrás. Jesús lo retoma para advertir a uno que le propone, al unísono, optar por el Reino y a la vez que se le permita volver a la familia y despedirse de ella, y esto significaba participar de todo un ceremonial que exigía mucho tiempo.

Poner la mano en el arado no solo significa, con Jesús, construir aquí en la Tierra un proyecto histórico donde sea posible el Shalom (la paz como plenitud de vida), sino una ruptura total con el pasado de una sociedad esclavista impuesta por el imperio romano. En estos tiempos, se acerca mucho a la caracterización que ha hecho el escritor uruguayo Mario Benedetti cuando se refiere al «partido de los arrepentidos».

Para muchos de nosotros y de nosotras, personas de identidad cristiana, algunos y algunas con vocación pastoral, una vez que tomamos conciencia política a partir de nuestra fe, también colocamos nuestra mano en el arado con la Revolución.

Esta opción la hicimos procurando evitar los peligros esenciales que se nos presentaban en un contexto contradictorio y conflictivo, en el cual debíamos comprender y vivir la fe en condiciones adversas desde el punto de vista ideológico, especialmente durante el lapso 1962-1974: primero, evitar que el odio y el resentimiento ocupara lugar en nuestra mente y corazón; segundo, evitar caer en el facilismo de ver en el Norte —entiéndase la emigración— la «zona verde» de la realización de la tarea pastoral; y tercero —tal vez el más peligroso—, evitar sacralizar e idealizar a la Revolución, y abandonar la fe y el sentido de pertenencia en la iglesia.

En el caso de la familia nuestra, asumimos una doble misión: dar testimonio ante la iglesia de que es posible, a partir de nuestra motivación cristiana, ser revolucionario sin dejar la fe y la militancia en la iglesia y; a la vez, confrontar a los compañeros marxistas de que es posible ser cristianos sin dejar de ser revolucionarios.

Nosotros preferimos usar «ministerio profético» en lugar del término «crítica». Este es un término muy manoseado y casi siempre asociado a una fuerte carga negativa, aunque reconocemos que posee también otras significaciones.

El ministerio profético anuncia y denuncia. Los profetas hebreos del siglo VIII antes de Cristo anunciaban con denuedo lo que ellos entendían como signos de la voluntad de Dios en la historia de su pueblo; pero denunciaban sin temor alguno los signos contrarios a los propósitos de Dios en la historia y en la creación. Este ministerio se realizaba desde la perspectiva del camino, no del balcón. Eran protagonistas, no espectadores; eran personas expuestas, no protegidas.

Ejercer el ministerio profético hoy en Cuba es asumir una actitud humilde, modesta y honestamente comprometida con el proyecto de la Revolución.

La finalidad no es destruir la Revolución o debilitarla, todo lo contrario: es cooperar con su perfeccionamiento como obra humana. Puedo discrepar de algunas medidas gubernamentales, pero la Revolución es la Revolución, y es el proyecto supremo en las aspiraciones históricas de nuestro pueblo. Por esa razón, se hace con los amigos, al decir de [el cantautor] Silvio Rodríguez, jamás con el enemigo y sus intereses imperialistas. En mi caso, en lo que incide también mi origen social —soy hijo de un trabajador agrícola y de una madre lavandera—, mis preocupaciones o críticas, para ser más preciso aún, pasan siempre por un profundo sentimiento de gratitud y por el ágape cristiano. No puede ser de otra manera.

Como presidente del Consejo Ecuménico de Cuba, tuve la oportunidad de promover y lograr varios diálogos con el compañero Fidel y con otros miembros de la dirección política del país. Algunos de estos encuentros se dieron en la siembra de cañas o en la recogida de cosechas. Con modestia y honradez, hermanos y hermanas de diferentes iglesias presentamos muchas situaciones discriminatorias y aspectos de la vida cotidiana de nuestro pueblo que nos preocupaban como hombres y mujeres de fe y vocación pastoral. Las respuestas fueron valientes, especialmente las de Fidel, quien se comprometió decididamente a su eliminación. El IV Congreso del Partido Comunista de Cuba y las enmiendas a la Constitución de la República [1992] fueron el resultado, entre otros factores, de estos encuentros. En este ministerio seguimos hasta el día de hoy.

Si en el mensaje de Jesús no existe una división entre cuerpo y espíritu, ¿cómo entiende usted la relación entre la espiritualidad y la materialidad de la vida, entre la teología profesional y la vida cotidiana del prójimo, entre la ideología oficial y la vida cotidiana del ciudadano en la Cuba de hoy?

En la tradición judeo cristiana el ser humano es una unidad indivisible: Espíritu, alma y cuerpo. El ser humano es de una sola pieza. La psicología moderna nos diría que es una unidad bio-psico-social. La palabra *makarios* es un término griego muy usado en las bienaventuranzas del *Sermón de la Montaña*, y se refiere a la materialidad de la felicidad. No se reduce a la persona en sí misma, independientemente de las condiciones que le rodean; incluye las condiciones que deben crearse en la sociedad para que el bienestar satisfaga los requerimientos integrales de la vida de todo ser humano. Espiritualidad y materialidad de la vida están indisolublemente unidas en el proyecto histórico de Jesús, el Reino de Dios. Y desde este proyecto haría hoy una certera crítica, tanto al materialismo vulgar individualista, ególatra y consumista, como al falso y superficial espiritualismo: «No solo con pan vivirá el hombre, sino de toda palabra que sale de la boca de Dios» (*Evangelio de Mateo* 4:4).

A partir de esta base bíblica, la agenda de todo el quehacer teológico tiene que ser, necesariamente, una respuesta, desde la fe, a la realidad concreta de los seres humanos. Reflexión teológica y contexto conforman un binomio inseparable. Esta idea se expresa con gran claridad en la parábola del buen samaritano, donde un doctor de la Ley se acerca a Jesús y le pregunta qué debe hacer para ganar la vida eterna. Jesús le contesta con otra pregunta: «¿sabes los mandamientos?», como los conocía perfectamente bien y supuestamente los había cumplido, Jesús acepta su respuesta. Pero el doctor, en su afán legalista, vuelve con otra interrogación, ¿y quién es mi prójimo? Jesús, lejos de responderle con una disquisición filosófica o religiosa, confronta su interpretación de la ley mosaica con la vida cotidiana de la época, «el camino que desciende de Jerusalén a Jericó», y le presenta la escena: un hombre herido por ladrones, abandonado en medio del camino, y las actitudes inconsecuentes del sacerdote y el levita, quienes contemplan al necesitado y pasan de largo. Es el samaritano, el ateo, según la ortodoxia judaica, el que es movido a misericordia; se acerca al hombre duramente golpeado y saqueado, cura sus heridas, lo conduce a un lugar seguro, y paga por él al mesonero. «¿Cuál de estos tres es el prójimo del hombre golpeado en el camino?», enfrentó Jesús a su interlocutor, el doctor de la Ley, con esta incómoda pregunta. Y como el erudito religioso contestara correctamente, Jesús le dijo: «Ve tú y haz lo mismo.» (*Lucas* 10: 25–37).

El obispo mártir argentino, Angelleli, solía decir: «Hay que poner un oído en el evangelio y el otro en el pueblo». El pueblo cubano tiene muchas maneras de hacer oír sus reclamos en la lucha cotidiana por la sobrevivencia. La dirección de nuestro país, además de poner el oído en su intensa y compleja tarea de gobernar, tiene que poner el otro para escuchar el clamor del pueblo. No tengo duda alguna de que en la dirección política y gubernamental de Cuba esto se hace, pero simultáneamente tiene que tomar en cuenta los recursos que dispone para hacerlo. Acabo de llegar de Bayamo y participar en sus actividades en ocasión del Día de la Cultura Cubana. Para mí, como pastor y diputado nacional, este problema asume otro matiz: las autoridades de la provincia apenas tienen tiempo para el discurso «ideológico», pero se esmeran en dar una respuesta eficiente en la solución de las necesidades materiales y espirituales de la población.

También es posible que en el orden de las prioridades para solucionar problemas de la vida cotidiana, el pueblo las coloque en función de lo perentorio, lo inmediato, lo urgente desde su experiencia existencial, y las autoridades lo hagan desde una perspectiva de futuro. O ambas a la vez. Este es un asunto muy complejo, para el cual no siempre tenemos toda la información de lo que se hace o no se hace.

Como parte de mi función como diputado nacional, necesariamente tengo que oír y responder ante las necesidades que la población me plantea. No tengo dudas de que la dirección política y gubernamental del país, de acuerdo a los recursos que posee, hace los esfuerzos posibles para responder a los reclamos que plantea la vida cotidiana de la población. Es cierto también que se ha recogido una información directamente de las familias sobre las necesidades más apremiantes de las mismas, y se han tomado medidas que, si bien no resuelven todos los problemas, traen algunas mejorías en la sobrevivencia familiar. No siempre esto se refleja con una información adecuada y pedagógica.

Desde mi labor pastoral, y como parlamentario, pienso que se hace necesaria una mayor participación por parte de la ciudadanía en este proceso. En este sentido, las audiencias que promueven las diferentes comisiones permanentes de la ANPP y las reuniones de rendición de cuentas de los delegados de circunscripciones a sus electores podrían lograr soluciones con mejores resultados.

Yo, bien educado en el «ateísmo científico», encuentro en teologías como la «de la liberación» no solo un redescubrimiento de Dios, sino toda una reformulación de un proyecto que recupera en transparencia la dimensión política de la fe, o la relación biunívoca entre teología y política, en pos de la salvación, o la liberación, de los hombres durante su vida terrenal. En su caso personal, ¿cuál es el contenido de su fe en el momento que hoy vive Cuba? ¿Cómo entiende usted lo que es y lo que debe ser el socialismo en las condiciones del presente que hoy vive Cuba?

En mi experiencia personal, la fe, mucho más que un contenido, es una posesión. Es decir, no tengo fe, es la fe la que me tiene. Es una vivencia por la cual en un momento determinado de mi vida —a la edad de diecisiete años— apareció Jesucristo. Este encuentro significó una recuperación de la dignidad, la autoestima y una apertura integral frente a la vida en comunión con la realidad de Dios. A partir de ese momento, como bien ha señalado el Apóstol Pablo: «De manera que si uno está en Cristo, nueva criatura es; las cosas viejas pasaron; he aquí todas son hechas nuevas». (*Segunda Epístola de San Pablo a los Corintios* 5:17).

La «nueva vida» cobró existencia tanto en una persona como en la transformación de las condiciones que daban lugar a su origen social. Soy hijo de un trabajador agrícola, y desde los doce años asumí, junto a mi padre y hermano mayor, esta identidad social. Antes de Jesucristo, la miseria, la pobreza y la ignorancia me arrastraron a una vida sin sentido, de la cual intenté escapar de diversas maneras. Mirar hacia el pasado era una verdadera pesadilla, con una conciencia detenida en la desgracia y el sinsentido de la vida. Después de Jesucristo, siento un profundo agradecimiento a Dios por mi origen social y por la conciencia que he tenido del mismo. Esta nueva visión de la vida es precisamente la que me llevó a la vocación pastoral, que he ejercido durante cincuenta años.

Prácticamente en el inicio del ejercicio del pastorado activo, apareció la Revolución. No puedo negarlo, el acontecimiento Revolución le dio un nuevo sentido a mi vocación pastoral, y de qué manera. Esta experiencia es la que aparece recogida en el libro *Cuando pasares por las aguas. Vivir la fe en la Revolución*, próximo a ser editado.

Para mí el socialismo cubano es un acontecimiento de la mitad del siglo xx. Iniciado en la máxima efervescencia de la guerra fría, a noventa millas de los Estados Unidos, debió avanzar hacia el futuro con la hostilidad creciente de ese país, todo lo cual se ha materializado hasta el día de hoy. A pesar de esta hostilidad que nos ha llevado a vivir «entre el temor y la esperanza», con una mezcla obligada de actitudes ofensivas y defensivas, el proceso se ha caracterizado, con terquedad, no por ser un modelo, sino un proyecto de justicia social, de igualdad de todos los cubanos y cubanas, de irrenunciable solidaridad, de humanismo comunitario y radicalmente antimperialista desde la tradición martiana y marxista. Desde la óptica evangélica y pastoral, pienso que *ha sido* un intento de realizar en el «más acá» las implicaciones sociales del proyecto histórico de Jesús de Nazaret.

Pero no es el Reino de Dios. Concretamente, el socialismo cubano es un proyecto, hijo del siglo xx, en América Latina y el Caribe, y desarrollado a noventa millas de los Estados Unidos. Sacarlo de esta cuna histórica, geográfica y política, nos llevaría a una visión errada al interpretarlo en lo que debiera ser. También es cierto que este factor situacional no puede servir de pretexto para estancar a la sociedad cubana.

Por esta razón jamás he caracterizado a la Revolución como «modelo cubano». Insisto en verla y evaluarla como un proyecto inacabado y perfectible. Esta es mi verdad, que no tiene que ser la única. En el año 1990, en el encuentro de líderes ecuménicos con Fidel, le dije: «Comandante, en Cuba hay que hacer cambios en todas las esferas de la vida nacional, pero esos cambios, a mi modesta manera de pensar, tienen que hacerse desde el espíritu de la Revolución y sin soltar el timón». Sigo creyendo de la misma manera.

Cierto marxismo se relaciona de manera muy particular con la condición de la diversidad, pues entiende que la solución a los problemas de las diversidades étnicas, generacionales, de género, entre tantas otras, derivarían todas como consecuencia lógica de la Revolución. Por ello, no confiere recta legitimidad a las reivindicaciones de esas identidades que podría llamar «sectoriales». Según esa idea, la Revolución convoca a «esperar» por la consolidación del triunfo revolucionario mientras sitúa un orden de prioridad a esos problemas, para después, como resultado de esa propia lógica, «ir resolviendo paso a paso» los problemas derivados de la sociodiversidad. Ahora bien, esa idea ha sido impugnada por experiencias teóricas y prácticas del tipo del Movimiento de Trabajadores Rurales sin Tierra (MST), el (neo) zapatismo mexicano, las teologías negra, hispana y feminista, la pedagogía del oprimido, entre otras comprensiones que argumentan cómo en el hecho de «esperar» por la «solución global» no se encuentra la respuesta, pues la solución es preciso construirla siempre al mismo tiempo y en todos los aspectos, como la unidad sistémica que es al fin la cultura. El Centro Memorial Dr. Martin Luther King Jr. (CMLK), que usted dirige, ha sido el abanderado en Cuba de los análisis, acompañamientos y apoyos materiales con respecto a estas formas de representarse la defensa de la diversidad que antes mencioné. ¿Desde cuál compromiso y desde cuáles tesis usted, y el Centro, lo han hecho? ¿Cómo entiende la cuestión de la diversidad, y de las formas de defenderla, en la Cuba actual?

Frente a estas interrogantes, hemos trabajado, más que en buscar respuestas, en realizar una práctica que haga posible la unidad en la diversidad. Y como en otros aspectos de la misión del CMLK, partimos desde una base bíblica y teológica.

Desde el mismo inicio de las primeras comunidades cristianas en el mundo greco romano, el Apóstol Pablo percibió el tema de la diversidad, como diversa era aquella sociedad esclavista. La comunidad cristiana de Corinto llegó a fraccionarse en torno a ciertos líderes que la habían acompañado en momentos diferentes: Pablo, Apolos, Cefas, Cloe y otros llegaron al extremo de afirmar: «Nosotros somos de Cristo». Posiblemente esta fue la peor de todas las divisiones. En su respuesta a esta diversidad eclesial, Pablo usó la figura del cuerpo humano como la mejor ilustración de la unidad en la diversidad (*Primera Epístola a los Corintios* 12). Según él, la diversidad es sustentada por los diferentes ministerios, entiéndase las diferentes posibilidades de servir a la comunidad, y a la vez, estos ministerios pueden desarrollarse comunitariamente gracias a los carismas, las capacidades que el Espíritu imparte para servir a los demás.

A partir de esta base bíblica y teológica —que tú llamas «tesis»—, el CMLK realiza cuatro programas: Educación popular y acompañamiento a experiencias locales, Formación y reflexión socioteológica, Comunicación popular, y Solidaridad. Todos estos programas en su trabajo nacional incluyen desde los niños hasta la tercera edad. Al mismo tiempo, en nuestra práctica de la solidaridad con los movimientos sociales en América Latina y el Caribe, prácticamente, como lo hace el Foro Social Mundial, estamos comprometidos con todos.

Nuestra visión es una continuidad de la experiencia surgida en el año 1992 en la Asamblea Pueblo de Dios, cuando el obispo Don Pedro Casaldáliga acuñó el término «macro ecumenismo», y nosotros lo asumimos en la caracterización de nuestro Centro.

La Asamblea Pueblo de Dios fue un esfuerzo por lograr la unidad en la diversidad. Su objetivo se encaminaba a que cada movimiento social, sin dejar de ser y hacer lo que es y lo que hace, mantuviera la perspectiva de la liberación de los pueblos como la estrategia fundamental, porque solo en la liberación de los pueblos está la posibilidad de la liberación de todos y de todas. En el entretanto, los diferentes sectores en su vida interna establecen sus estrategias, objetivos, programas y acciones y, a la vez, se unen en la estrategia mayor. Lo contrario es la peligrosa sectorialización que dispersa y fracciona el movimiento social.

Por mi edad, fui testigo del nacimiento en Cuba de las diferentes organizaciones e instituciones que fueron surgiendo al ritmo de la Revolución. La creatividad y la originalidad de este movimiento inclusivo nada tenían que ver con las organizaciones juveniles, femeninas, étnicas, raciales, e incluso religiosas existentes en la sociedad pre revolucionaria.

Como bien ha afirmado Fernando Martínez Heredia en más de una ocasión, la vida de todos los cubanos y cubanas cambió radicalmente. Aun cuando estas organizaciones e instituciones permanecen, y en el presente juegan un rol importante en la vida política, económica y social, no han logrado mantener y enriquecer el sentido creativo y participativo de aquellos primeros años.

Algo parecido aconteció en la segunda y tercera generación de las comunidades cristianas primitivas. En Éfeso, en una carta evaluativa del comportamiento de la comunidad cristiana en su desarrollo, Jesús le dice: «Conozco tus obras, y tu arduo trabajo y paciencia, (…) y no has desmayado. Pero tengo contra ti una cosa, que has dejado tu primer amor». (*Apocalipsis* 2:2-4).

Movilización necesariamente no tiene que significar participación. También es cierto que no podemos generalizar este criterio como experiencia única en todo el territorio cubano. Como diputado visito las diferentes provincias y municipios, y los comportamientos no son los mismos. Puedo afirmar que hay muchos lugares en los cuales la originalidad, la creatividad y las acciones participativas superan las experiencias originales de nuestras organizaciones sociales.

El individuo, más allá de las ideologías del individualismo — ideología propia del capitalismo — y del colectivismo forzado — propia del «socialismo real» —, ¿qué lugar ocupa como interlocutor en su credo teológico? ¿Cómo ve usted la articulación entre fe, compromiso, individuo y política? ¿Qué piensa de la retórica de la «sacrificialidad»? ¿Cómo puede subvertirse esta, en favor de una comprensión sacramental ante la vida, que la «defienda, revitalice y celebre»?

Fui formado, más bien deformado, dentro de un esquema ideológico religioso que veía en el individualismo el principio fundamental de la fe cristiana. Entre los axiomas de religión del Dr. Edgar Y. Mullins, autor de *La Fe cristiana en su expresión doctrinal*, libro de texto prácticamente único de nuestra teología sistemática, esta era una de las «verdades» que debíamos defender como el credo teológico de la denominación bautista.

El estudio del libro *Hechos de los apóstoles*, en el *Nuevo Testamento*, me sorprendió un día con estas afirmaciones: «Todos los que habían creído estaban juntos, y tenían en común todas las cosas; vendían sus propiedades y sus bienes, y lo repartían a todos según la necesidad de cada uno (…) y la comunidad era de un corazón y un alma; ninguno decía ser suyo propio nada de lo que poseía, sino que tenían todas las cosas en común» (*Hechos de los Apóstoles* 2:44-47 y 4:32-35).

Por otra parte, la centralidad de la dignidad de la persona en el ministerio público de Jesús me ayudó a no caer en la trampa de lo que llamas «colectivismo forzado». Desde entonces siempre he apreciado los valores comunitarios como los valores esenciales del Reino de Dios y su justicia. Estos valores promueven precisamente la centralidad de la persona y sus necesidades. Esta óptica bíblica y teológica es la que sustenta mi opción por el socialismo, como proyecto más cercano a mi comprensión y práctica de la fe que el capitalismo y sus pseudovalores.

Como te he manifestado antes, y aparece constantemente en el libro *Cuando pasares por las aguas…*, el proceso de toma de conciencia no fue nada fácil. Partir de un pastor, ayer adherido en cuerpo y alma a la teología bautista del sur de los Estados Unidos, prácticamente émulo del señor pastor Price (en la novela *La Biblia envenenada*, de Bárbara Kingsolver), para llegar a ser hoy diputado a la ANPP, puedes imaginarte cuánto ha significado.

Esta experiencia vital se hizo posible porque la Revolución cubana se ha dado sobre los cimientos de cuatro pilares: identidad, presencia, compromiso y consecuencia. Las que ayer parecían contradicciones insuperables, ya no lo son en la mente y en el corazón. La articulación en una persona única, irrepetible, entre la fe y el compromiso con la participación activa en la política cubana es una vivencia bien definida.

Mi experiencia no tiene que ser, ni lo pretendo, una receta para todos los creyentes. Para mí es indispensable participar del mundo tan complejo de la política, y en el caso nuestro, de una política en revolución. Esta identidad es una identidad que se inicia en una experiencia de fe, como resultado de un encuentro personal con Jesucristo, a la cual se le ha unido la vocación pastoral y su consecuente práctica: acompañar a una comunidad de fe en la cotidianidad de la vida.

Ha sido el pueblo quien, con su participación consciente, creativa y pensante, me llevó a comprometerme con su proyecto histórico-social, económico y político, con sus logros y también con sus lagunas, como posee todo experimento humano. En todo este andar con el pueblo y con la iglesia, he tratado de ser consecuente. Y evitar aquello que aprendí mucho tiempo ha: «Lo que tú haces (mal testimonio) habla tan alto que no me deja oír lo que tú dices».

Pienso que ha sido inteligente de tu parte, y muy necesario, colocar esta pregunta sobre la «sacrificialidad». Un concepto equivocado de la misma puede llevarte a la evasión en todas sus manifestaciones: desde el «no vale la pena vivir ni hacer» —y caer así en el nihilismo y en el escepticismo—, hasta su expresión más dramática: el suicidio, pasando por irse a vivir a «una cultura diferente».

En mis reflexiones y meditaciones sobre el tema de la «sacrificialidad», siempre lo he visto desde los reclamos de Jesús. Frente al evangelio de las ofertas, tan actualizado en el fundamentalismo religioso de nuevo tipo —y que llega a su máxima expresión con la «teología de la prosperidad»—, están las demandas de Jesús. Y en esas demandas es donde se da el «poner la mano en el arado», «vende todo lo que tienes y luego sígueme», «las aves tienen sus nidos y las zorras sus cuevas, pero el hijo del hombre —Jesús— no tiene donde colocar su cabeza», «el que quiere seguir en pos de mí tome su cruz cada día».

Para Jesús no existe un evangelio sin cruz, sin juicio, sin arrepentimiento. Todo este pensamiento contiene una «sacrificialidad» redentora, liberadora. San Pablo lo lleva hasta sus últimas consecuencias cuando exclama: «Yo llevo en mi cuerpo las marcas de Cristo». En estas reflexiones y meditaciones está ausente por completo la idea de una ética de premios y castigos, de una *allendidad* futura, ahistórica y gloriosa *versus* una *aquendidad* valle de lágrimas, purgatorio necesario e imprescindible.

Dentro de esa paradójica experiencia del «ya» y el «todavía no», debo, como ser humano, aportar una cuota necesaria, con modestia y humildad, en la construcción de señales del Reino. No tengo por qué esperar el Reino en su totalidad y plenitud, pero puedo defender, revitalizar y celebrar, en el *aquí* y en el *ahora*, las señales que se van dando en el entretanto hasta que llegue el «Ya final».

En toda esta vivencia me alienta la descripción de la fe que hace el autor de la *Carta a los Hebreos* en su capítulo 11: «Es, pues, la fe la certeza de lo que se espera; la convicción de lo que no se ve». Y es esta fe la que me hace vivir en la seguridad de que lo mejor está por delante, que la última palabra de la historia de los seres humanos no es la mentira, la injusticia, la dominación y la muerte. La última palabra pertenece, en cambio, a la verdad y a la misericordia, a la paz y a la justicia.

El «socialismo real», del mismo modo que el capitalismo, no pudo fundamentar desde el punto de vista espiritual una «nueva vida» en este planeta. Usted y sus hermanos en Cristo han buscado y encontrado a través de décadas el sustrato teológico que les permitió situarse en Cuba a favor de «la justicia social, el bienestar colectivo y la lucha por el progreso». En ese sentido, la idea de que la revolución verdadera debe ser una revolución en la comprensión cultural, y debe formar un «hombre nuevo», se parece mucho a la idea de Jesús de que es preciso «nacer de nuevo». ¿Qué cree usted de esa relación? ¿Qué cree usted aún hoy del «hombre nuevo»? ¿Cuál sigue siendo su necesidad y cuál su posibilidad?

En el proceso de liberación que en la *Biblia* es conocido como el *Éxodo*, es interesante que al salir de la esclavitud y la opresión que sufría el pueblo hebreo en Egipto, Dios le señaló el camino del desierto y no el de los filisteos.

Por este último, la llegada a la Tierra Prometida se daba en unas setenta y dos horas, pues la distancia no superaba los ciento sesenta kilómetros. Pero el pueblo no estaba preparado. Al contrario, el camino del desierto significó el andar de cuarenta años.[89] Según la pedagogía del Dios del Éxodo, no era posible iniciar la vida como pueblo sin un cambio radical de la conciencia (*Libro del Éxodo* 13:17-21).

El salmista David pedía ardientemente la creación de un «corazón nuevo y un espíritu de justicia» (*Salmo* 51:10).

---

89. El ensayista español Santiago Alba Rico ha utilizado esta imagen para la comprensión del «impulso revolucionario» y la «cuestión generacional» al interior de la Revolución cubana: «[El historiador] Ibn Jaldun justificaba en su *Muqadima* los cuarenta años que Dios había tenido a los judíos vagando por el desierto porque ese es "el arco de una generación" y, por lo tanto, el tiempo que se necesitaba para producir un nuevo pueblo que no recordase ya la esclavitud». Santiago Alba Rico, «Medidas y cálculos: algunas razones para apoyarse en Cuba», en *Cuba 2005*, Editorial Hiru, Hondarribia, 2005, pp.101–147; aparece igual en *Cuba, la Ilustración y el Socialismo*, Editorial de Ciencias Sociales, La Habana, 2005, pp. 95–146.

Como bien tú mencionas, Jesús exige un nuevo nacimiento como condición indispensable para comprender y comprometerse con el Reino de Dios: «Os es necesario nacer otra vez (…) porque el que no naciere de nuevo no puede ver (…) no puede entrar en el Reino de Dios.» (*Evangelio de Juan* 3:1-5)

Pablo, en su *Epístola a los Efesios* exige, con respecto a la pasada manera de vivir, despojarse de este viejo hombre, y a la vez proclama la imperiosa necesidad de renovar, de asumir el nuevo hombre creado según Dios en la justicia y la santidad (*Epístola a los Efesios* 4:22-32).

Claro está, en el sentido puramente religioso este nuevo hombre es el resultado de la acción del Espíritu de Dios que conduce a la metanoia, un cambio radical en la actitud frente a la realidad de la vida.

El Che en *El hombre y el socialismo en Cuba* [1965] es tajante: sin la transformación radical de la conciencia es imposible el socialismo. Desde el punto de vista religioso, hay similitudes y diferencias entre el pensamiento de la tradición judeocristiana y la exigencia del Che. Secularmente hablando, es imposible encontrar las diferencias. Sin la transformación de la conciencia no es posible entender y entregarse a la construcción de un auténtico proyecto socialista.

Para considerar la concepción y realidad del hombre nuevo hoy, su necesidad y su posibilidad, es necesario partir de la realidad específica en la cual vivimos. El hombre nuevo no surge por generación espontánea, es un proceso donde la conversión, la metanoia y la práctica comprometida se unen en su formación. No se trata de un acto a partir del cual se puede echar a andar en una nueva vida. Es un proceso que, según el pensamiento paulino, avanza en la medida que el hombre va dejando atrás la vieja manera de vivir. Esto no equivale a una visión moralista, sino a una práctica ética ante la realidad.

El hombre nuevo en Cuba hoy requiere de la recuperación económica del país, del creciente poder adquisitivo del peso cubano, de tomar conciencia del sentido de pertenencia, de una mayor participación en las decisiones de la vida nacional, de vivir y no de sobrevivir, de reencontrarse con el sentido socialista del trabajo, de asumir —como generalmente se asume— la solidaridad internacionalista, pero también la solidaridad en nuestras relaciones en la vida cotidiana en el interior del país. En fin, necesita darle a la vida su auténtico sentido.

Para alguien a quien es tan cercano el tema del perdón, ¿cómo entiende usted la idea de que el futuro de Cuba debe pasar por una «reconciliación nacional»?

No se por qué, pero cada vez que pienso o tengo que hablar sobre el perdón y la reconciliación, recuerdo la siguiente anécdota: un padrastro que procuraba ganarse al hijo pequeño de su esposa, jugaba con él, y, de pronto, el niño pronunció una mala palabra. El hombre, al oírlo, se sonrió, se le acercó, le pasó la mano por la cabeza y le dijo: «No tengas pena, no es nada». A lo que el niño le replicó: «Tú dices eso porque no eres mi papá».

Hay una idea errónea sobre el perdón y la reconciliación cuando las consideramos como «borrón y cuenta nueva. Aquí no pasó nada». Ese es, sencillamente, un perdón barato.

El perdón a la luz de la *Biblia*, y pienso que secularmente también, exige una metanoia, es decir, un cambio de mente, de actitud. Una reconciliación que no pase por un proceso ético entre las partes que se supone están separadas, irreconciliadas, es absolutamente falsa, inconsecuente y, al final, perjudicial para todos.

Desde hace años nuestra Iglesia ha trabajado con algunos grupos de cubanos residentes en los Estados Unidos en lo que hemos llamado «reunificación familiar». Para este proyecto, cuando era posible, hacíamos un programa de mutuo acuerdo. Venían por quince días. Dedicábamos unos tres días a compartir las experiencias mutuas: ellos en la emigración y nosotros en Cuba. Visitaban algunos programas de Educación Especial, como la escuela Solidaridad con Panamá, el círculo infantil Zun Zun —de niños afectados por el Síndrome de Dawn—. El resto del tiempo lo pasaban con sus familiares. Con muy raras excepciones, el resultado era inmensamente positivo.

El Seminario Evangélico de Teología de Matanzas fue testigo de una verdadera reconciliación. Fue un encuentro de pastores que se habían ido de Cuba, con un grupo de pastores y pastoras que nos habíamos quedado. Eso fue allá por 1975, si mal no recuerdo. Estábamos separados no solo geográficamente, sino por heridas que mutuamente nos habíamos infligido. Los que se iban del país, nos llamaban «ñángaras» como término despectivo, sinónimo de «comunistas». Nosotros los caracterizábamos como «traidores», por el hecho de abandonar a nuestras iglesias y a nuestro pueblo. El encuentro lo llamamos «Diálogo sobre el diálogo». Los estudios bíblicos, las reflexiones teológicas, el compartir las experiencias, fueron creando un espíritu de comprensión, hermandad y compañerismo que culminó en la celebración de la eucaristía. Al final nos dimos el saludo de la paz.

Si realmente deseamos una reconciliación nacional, tiene que partir de una verdadera identidad nacional, patriótica, sustentada en el espíritu y el pensamiento martianos. Necesariamente no tienen que intervenir los gobiernos ni las iglesias de ambos países. Tiene que comenzar por grupos pequeños que, como la levadura, lleguen poco a poco a la totalidad de la nación. Hay que crear las condiciones, dar tiempo al tiempo y a las nuevas generaciones. Por qué no decirlo: la reconciliación es un verdadero milagro.

A propósito, ¿cómo observa usted los problemas generacionales en la Cuba actual? ¿Qué idea le merece que los jóvenes son «el futuro»? La moral burguesa acuñó la idea de que «los desviados», «los marginados» son pecadores que merecen castigo, que son un residuo de la sociedad, pero no son «la sociedad». ¿Cómo entiende usted que es preciso relacionarse con los «desviados» y «los marginados», dígase jineteras, proxenetas, delincuentes?

Dos observaciones me son imprescindibles para orientar mi manera de pensar sobre los problemas generacionales en la Cuba de hoy. No debemos caer en la tentación de las generalizaciones. La actitud triunfalista que nos presenta una juventud revolucionaria, ideal, consagrada y totalmente integrada a la sociedad, no es realista. Tampoco comparto el criterio de que toda la juventud es igual en todas partes, y está echada a perder, ha perdido el sentido de la vida, y otros criterios más, que no vienen al caso. Por mi condición de diputado nacional, visito con frecuencia diferentes regiones del país, y esto me permite hacer comparaciones. Para mí no hay dudas cuando afirmo que la juventud cubana no es la misma en todo el territorio nacional.

Como pastor, uno de los problemas más frecuentes en los cuales tengo que tomar posiciones es en el referente a la relación de pareja. Al interior de nuestras iglesias es un conflicto muy complejo. Por una diversidad de razones, muchos jóvenes no aceptan el matrimonio a la manera de los adultos. Prefieren la unión consensual. A la vez, las iglesias no asumen las mismas posiciones. Mientras en algunas congregaciones estos jóvenes son expulsados de la comunidad de fe, otras prefieren no darse cuenta de estas situaciones, en tanto las hay que aceptan esta realidad, y acompañan pastoralmente a las parejas.

Desde un punto de vista político, observo en nuestra sociedad varios sectores en la juventud: Los oficialistas, aquellos que aceptan públicamente las orientaciones que vienen de los niveles superiores de las organizaciones juveniles. Son activos y están dedicados por entero a las actividades orientadas al respecto. No son pocos los que entienden su compromiso con la Revolución de esta manera. Existe otro sector en el que los jóvenes se definen como revolucionarios, socialistas, admiran al Che, pero son «amigos incómodos» del sistema y no ocultan sus fuertes críticas desde la cotidianidad de la vida nacional. Conozco jóvenes que piensan y actúan así, sin embargo, los he visto en eventos en el extranjero donde, con un alto sentido patriótico, defienden la Revolución y sus líderes con la misma o más pasión que la de los que integran el primer sector mencionado. No faltan en este panorama los que ven en el Norte la «zona verde» de sus esperanzas y aspiraciones, y buscan por todos los medios posibles e imposibles la salida del país. Estos últimos no siempre están ajenos a actitudes éticamente inaceptables por los demás. Con todo, es preciso también reconocer la existencia de otro sector, que considero importante hoy, que afirma cosas más o menos así: «yo solo quiero trabajar y poder vivir de mi trabajo en condiciones de cierta dignidad».

La caracterización de los jóvenes como «el futuro de la sociedad cubana» no es de mi agrado. Tiene sabor a paternalismo y es, en esencia, un criterio que refleja un autoritarismo adulto que se cree tener la verdad absoluta y la pertenencia a su grupo exclusivo y perfecto. Tampoco me agrada la idea de algunos que ven en la juventud, y solamente en la juventud, el presente de la nación. Más bien concibo la idea de un compartir de generaciones que entienden y viven el presente con identidad y compromiso, y que, en marcha unida y apretada, trabajan por el presente y futuro de la patria.

Los evangelios nos presentan a Cristo como «amigo de rameras, publicanos y pecadores». En una ocasión, Él mismo describió su ministerio de manera radicalmente diferente a los escribas y fariseos: «Yo he venido a buscar y a salvar lo que se había perdido». Tres de sus más significativas parábolas se refieren a una moneda y a una oveja perdidas, y desde luego, al hijo pródigo. Todas terminan afirmando: «Hay más gozo en los cielos por un pecador que se arrepiente que por noventa y nueve justos que no necesitan de arrepentimiento.» (*Evangelio de Lucas* 15).

Durante mi postgrado pastoral en las UMAP [Unidades Militares de Apoyo a la Producción, 1965–1967] tuve una experiencia que jamás olvidaré. Yo era el «maestro» cocinero del Batallón 17 —radicado muy cerca de Piedrecitas, municipio de Florida, Ciego de Ávila. Eran más o menos las doce del día, y pasaba una compañía integrada en su totalidad por homosexuales. Se me acercaron y me pidieron agua. Y les di. Cuando uno de los jefes me vio en ese trajín, posteriormente me obligó a fregar los vasos con ceniza y agua caliente. Para mí fue una experiencia solidaria de la cual me sentí plenamente feliz.

Frente a lo que llamas «desviados» y «marginados», son las condiciones específicas de la sociedad en un momento determinado las que crean estas actitudes, y por lo tanto, somos responsables, y como tales debemos trabajar y buscar, como se ha hecho en ciertas ocasiones, para encontrar soluciones humanas y justas frente a estas actitudes. Las medidas represivas no erradican estos estilos de conductas que se dan en nuestra sociedad.

Los enemigos de la Revolución cubana intentan manipular los sentimientos religiosos a partir de interpretaciones fundamentalistas, opuestas a buena parte de las concepciones legadas por la teología cubana. ¿Cuál cree que es la manera más efectiva de enfrentarse a ello?

En la actualidad, el fundamentalismo cristiano es la legitimación teológica y pastoral de la extrema derecha republicana. A principio de los años 80 se concretó la confluencia del conservadurismo religioso con la derecha política. El Instituto de Religión y Democracia, así como la Mayoría Moral y el Club de los 700, han retomado el *american gospel* (el evangelio americano), al que han añadido una escatología legitimadora de la ideología sionista y el populismo del neo pentecostalismo.

Efectivamente, tienes razón: presenta una espiritualidad evasiva que promueve una felicidad ultraterrena paralizante que sustrae a los feligreses de sus responsabilidades ciudadanas, so pretexto de un apoliticismo escéptico que patentiza «el nada se puede hacer». Sin duda alguna, consciente o inconscientemente, le hace el juego al apetito hegemónico del Imperio y sus aliados. Lo peor de todo es la exportación de este *american gospel* a los países pobres de África, Asia y América Latina.

El Consejo de Iglesias de Cuba ha nombrado una comisión, de la cual formo parte, que está estudiando y discutiendo con las autoridades la posibilidad de una Ley de Culto como lo establece nuestra Constitución. Aunque la penetración en Cuba de estas tendencias fundamentalistas es de interés del Gobierno Revolucionario, el peso de mayor responsabilidad recae sobre nuestras Iglesias Evangélicas. Lo que está en juego es la autenticidad del evangelio de nuestro Señor Jesucristo, la teología y acción pastoral de su Iglesia.

Este es uno de los programas esenciales del Centro Memorial Dr. Martin Luther King Jr., con sede en Marianao. Su programa de Formación y Reflexión Socioteológica se promueve a todo lo largo y ancho de la Isla. Hemos logrado formar un equipo de teólogos y teólogas jóvenes, con una sólida base bíblica y teológica, y a la vez muy comprometidos con sus iglesias y con la paz, la seguridad y la soberanía de nuestro pueblo. Creo que por ahí va la respuesta al fundamentalismo religioso: una sólida formación bíblica y teológica, sobre la base de una educación cristiana estrechamente vinculada a la educación popular. Este esfuerzo responsable de algunas iglesias y de los Centros Ecuménicos tiene que ser acompañado por la inclusión en la promoción de una cultura general e integral, de la historia de las religiones, de sus aportes a la cultura de la humanidad, sin dejar a un lado también, sus limitaciones y errores históricos; y esto es responsabilidad del Estado cubano.

En 1965 el Dr. Sergio Arce escribía: «¿Por qué la Iglesia no dice la verdad sobre la realidad social cubana? ¿Quién se lo impide? (…) Si la Iglesia quiere sinceramente llenar su papel profético, creo firmemente que nada ni nadie podría impedirlo. Lo que pasa es que la Iglesia no tiene nada que decir proféticamente. Se ha envilecido tanto, en su contubernio idolátrico, con el mundo que se fue, con la sociedad que se hundió, que no puede hablar proféticamente a la nueva sociedad que surge». Cuarenta años después de escrito ese texto, ¿cuál es hoy su propia palabra profética para Cuba y los cubanos?

El Dr. Sergio Arce Martínez, a quien considero uno de los mejores teólogos que ha dado el protestantismo cubano, tuvo sobradas razones al hacer esas evaluaciones sobre el comportamiento político de la Iglesia. En mi criterio, el Dr. Arce se refería más bien a la institución y a las estructuras eclesiásticas dirigentes, y no precisamente a la iglesia-pueblo, a la comunidad de creyentes, ni a las limitaciones y presiones ideológicas que pesaban sobre la vida cotidiana de los mismos.

La situación hoy es completamente distinta. En Cuba, a partir de 1984 se fueron creando paulatinamente las condiciones constitucionales y políticas que han hecho posible un clima de libertad religiosa, de espacios para servir a nuestro pueblo a causa de la fe y del ministerio diacónico. Esta nueva situación se hace evidente en el crecimiento que a lo largo de todo el país han experimentado las Iglesias. Hoy puedes encontrarte, en cualquiera de nuestras congregaciones, miembros del Partido [Comunista de Cuba], y en los núcleos del Partido, feligreses activos en sus comunidades de fe.

Aunque parece que he soslayado tu pregunta, creo que es muy importante para los lectores esta breve explicación. En otras palabras, el ministerio profético necesariamente tiene que darse a la luz del «aquí» y el «ahora» que exactamente vivimos. En este sentido, hago las siguientes reflexiones proféticas:

Es hora, como bien señala el apóstol Pedro en el *Libro de los Hechos de los Apóstoles*, que nuestro pueblo tenga un «refrigerio». Según las Escrituras, es un nuevo tiempo, en el cual «las cosas viejas pasaron; he aquí todas son hechas nuevas». En varias ocasiones, este refrigerio ha estado bastante cerca; pero se presentan los imprevistos, que cierran las posibilidades a un salto cualitativo en la vida integral ciudadana. El Período Especial ha sido muy duro para la inmensa mayoría del pueblo. En mis oraciones, le pido a Dios que me permita ver, vivir y compartir la realización de las palabras del *Cantar de los Cantares*:

> He aquí ha pasado el invierno, se ha mudado,
> La lluvia se fue;
> Se han mostrado las flores en la tierra,
> El tiempo de la canción ha venido,
> Y en nuestro país se ha oído la voz de la tórtola
> (*Cantares* 2:11-12)

Sigo creyendo que en todas las esferas de la vida nacional hay que hacer cambios: avanzar en el perfeccionamiento de todas nuestras instituciones, dinamizar todas las organizaciones, hacerlas ágiles, cada vez más participativas, y dar lugar a la originalidad y creatividad de todos los cubanos y cubanas. No podemos dormirnos sobre lo que hemos logrado, todo lo bueno que hemos hecho, pues debemos superar lo que no hemos hecho totalmente bien. La visión política debemos orientarla, no hacia lo bueno, sino hacia lo mejor; porque a veces el peor enemigo de lo mejor es lo bueno. También sigo creyendo que este movimiento perfectible debe hacerse desde el espíritu de la Revolución, y cuando digo Revolución, digo signos del Reino de Dios, digo Yara, Baraguá, Baire, Moncada, Granma, la Sierra, el Llano, digo Martí, Guiteras, Frank, Camilo, el Che, Fidel, y, especialmente, digo *el pueblo* nuestro. Este pueblo merece nuestra lealtad, fidelidad y un compromiso hasta el final.

Es imprescindible actualizar la idea de revolución

(Diálogo con Milena Recio*)

Milena Recio representa acaso una frontera en el análisis de la cuestión generacional en Cuba. La conversación que sigue demuestra la posibilidad de una comprensión política fundamental: la defensa de lo que ha sido la Revolución no está reñida con defender, al mismo tiempo, lo que debe ser la Revolución con respecto a su futuro.

El lector no encontrará aquí «radicalidades» intempestivas, impugnaciones veloces, pero tampoco adhesiones condescendientes. Encontrará una complejidad mucho mayor: haber quizás hallado una síntesis entre posiciones encontradas acerca de la Revolución; y haberlo logrado entre «generaciones» distintas que aseguran, en el mejor de los casos, que «solo» su comprensión es «la Revolución».

Esta entrevista es un diálogo en la extensión del término. Ello no concede mayor razón a lo que dice, pero sí hace manifiesta su intención: contribuir a la comprensión de que proclamar la necesidad de reformular —actualizándolo— el contenido de la Revolución no es una pugna entre jóvenes y viejos, y menos la negación del significado de la Revolución, sino la única condición a partir de la cual esta puede proyectarse hacia el futuro.

*   Milena Recio (La Habana, 1974). Periodista. Profesora adjunta de la Universidad de La Habana. Edita el sitio web Visiones Alternativas, de la agencia Prensa Latina.

Ha transcurrido un año desde que el «Discurso de la Universidad» fuera pronunciado. Para comenzar, ¿qué importancia atribuyes a ese discurso?

El discurso se corresponde con los afanes de Fidel, tanto por sentar su propia memoria como por buscar una sistematización de saberes desde una perspectiva revolucionaria. El discurso es continuador de las reflexiones que hiciera en el Aula Magna con motivo del aniversario cincuenta de su ingreso a la Universidad de La Habana.[90] Y, además, da cuenta de que la historia más reciente de la sociedad cubana está cerrando un capítulo.

Aunque esa etapa no termina aún de cerrar, él mismo, como líder revolucionario, como líder político, también está cerrando sus propios capítulos personales. En los últimos años Fidel ha venido abordando con sistematicidad temas desde un enfoque general, macro, con respecto al proceso revolucionario cubano. Con este discurso, vuelve nuevamente sobre la idea de historiar la Revolución desde su perspectiva personal.

El «Discurso de la Universidad» necesita ser leído con minuciosidad. Él expresa la intención tanto de cerrar un análisis como de dejar una herencia. Es el tipo de gesto que busca colocar tópicos en una agenda para el futuro. Con todo, no creo que sea el discurso «revelador» de la historia de la Revolución cubana, aunque contiene ese elemento, esa pregunta, digamos altisonante, sobre la posibilidad de la reversión del hecho revolucionario.

En los últimos tiempos —yo diría, en los últimos dos o tres años— es posible observar giros interesantes en la perspectiva oficial con la que se analiza el presente de la Revolución y sus posibilidades de futuro. Un rasgo característico de ese viraje son las afirmaciones sobre la relativización de los efectos del acoso enemigo. Un mes después de pronunciado el «Discurso de la Universidad», Felipe [Pérez Roque], en la Asamblea Nacional, al hacer el diagnóstico de los factores de vulnerabilidad a los que se enfrenta la Revolución, dejó ver que el bloqueo no es ya un factor de riesgo en la misma medida en que lo fue años atrás. La actual diversificación de las relaciones de intercambio de Cuba con varios países es la causa fundamental de que el bloqueo norteamericano pierda capacidad opresiva sobre el país.

---

90. El discurso está citado en la nota 37 de la entrevista con Ana Cairo en este libro.

La manera en que Fidel nos pregunta sobre el destino de la Revolución nos indica que el factor del bloqueo, que el factor de la agresión exterior —que ha sido hasta ahora un eje, un argumento crucial para la unidad como reacción ante el adversario—, sin dejar de ser importante, no puede ser el único centro de atención. Que en el análisis sobre nuestro futuro debemos concentrarnos más hacia adentro, en lo que está pasando al interior de la Revolución. En ese sentido, quizás estemos ante un cambio en la connotación atribuida al diferendo con los Estados Unidos en los últimos años de la historia del país.

No obstante, creo que el discurso del 17 de noviembre, siendo un documento político muy importante, no obliga a entenderlo de todas formas como testamentario. Si se trata de legados, creo que hay otros aún por elaborar. De hecho, a esa idea se aproxima más *Cien horas con Fidel* que este discurso.

Sin embargo, este crea grandes expectativas en la medida en que, por primera vez, una pregunta que es corriente ya —porque la gente se la ha hecho— es formulada en público, al país, por parte del líder de la Revolución. Su impacto viene dado también porque hace la pregunta la misma persona que más puede influir en la configuración de las posibilidades de respuesta ante ella.

¿Cómo evalúas lo que ha sucedido con el discurso después de este lapso?

Se trata de un discurso político que buscaba movilizar hacia lo interno determinados debates. No obstante, hasta donde yo puedo percibir, no ha producido suficiente discusión. Es de suponer que buscaba un debate, un replanteamiento, un diálogo a nivel nacional e internacional, una discusión pública en el ámbito de lo social.

Después de ese discurso, ha tenido lugar, por ejemplo, un congreso de la CTC [Central de Trabajadores de Cuba].[91] Yo no aprecié en ese espacio el

---

91. Se refiere al XIX Congreso de la CTC, celebrado en el mes de septiembre de 2006, y que tuvo entre sus resultados la aprobación de tres resoluciones encaminadas a instrumentar regulaciones para el enfrentamiento a la indisciplina laboral, la corrupción y las ilegalidades.

espíritu de las preguntas que Fidel nos estuvo haciendo aquella noche en la Universidad.

Ha transcurrido todo un año. La discusión que seguramente se está verificando en el interior de los hogares de cada uno de nosotros no se ha convertido en una discusión canalizada por y para la sociedad, no se ha convertido en un debate que movilice políticamente ante el futuro inmediato al que está abocado el país. Quizás se haya discutido en ciertos espacios, pero debería reconocerse que este debate no se ha proyectado suficientemente sobre la formulación o la reformulación de los modelos de acción política a seguir.

Las discusiones públicas ventiladas alrededor del discurso han insistido sobre los problemas ya identificados y en la ratificación del tipo de soluciones propuestas por las instancias centrales de decisión política. Es el caso, por ejemplo, de considerar el «control económico» como el antídoto contra la corrupción. Si bien lo es en efecto, ello no va acompañado de consideraciones más generales sobre las causas de la corrupción ni sobre cuáles características estructurales del modelo económico la hacen reproducirse. En tu opinión, ¿cuáles temas vienen aparejados con este discurso que, por su entidad, reclaman discusión pública?

El concepto del socialismo es el tema fundamental que realza esta intervención del 17 de noviembre. Pero ello no lo hace solo ese discurso. En la misma línea están las presentaciones de Fidel durante el año 2005, en su reunión del 8 de marzo con la Federación de Mujeres Cubanas y en aquellos encuentros celebrados con frecuencia semanal [cada jueves] con representantes de todas las instancias del Estado y el gobierno y que generaron grandes expectativas aunque, por alguna razón —no dada a conocer—, fueron interrumpidas.

Fidel, al hablar de la revolución energética y de la distribución de las ollas arroceras a los hogares cubanos, estaba retomando un tema que había quedado en el vacío, en el silencio, ocluido por la lucha por la sobrevivencia cotidiana.

Si sobrevivir fue el único proyecto ofrecido en los noventa, reactivar en estos momentos la discusión sobre el concepto del socialismo comprende la urgencia de reformular el proyecto.

Esto conduce, por necesidad, a algo esencial: renovar el debate sobre qué significa, qué es y cómo se hace el socialismo. Durante más de quince años la sociedad cubana estuvo resistiendo. Muchos elementos prueban que en efecto esta sociedad resistió, pero se trataba de una sociedad sin más proyectos que el de la resistencia. En ese sentido, el horizonte fundamental era sobrevivir como nación independiente, pero no había claridad sobre en qué consistiría la creación después de la salvación. (Aunque no desconozco que se trató de una resistencia muy creativa, pero siempre acotada por la situación de crisis). Entonces, sin estar asistidos por certeza alguna, y en medio de una coyuntura económica y política como aquella, acaso podía parecer hasta extemporáneo plantearse el futuro como «creación». No obstante, ello es ya, desde hace algunos años, imprescindible.

El vacío de proyectos propio de los años noventa no lo fue solo de proyectos de país, lo fue también de proyectos personales. Por supuesto, es muy difícil imaginar horizontes para mis cercanías más cotidianas, para mí y para mi familia, si no sé que estará ocurriendo en mi país al despertar la siguiente mañana. Ambas dimensiones siempre están relacionadas.

En los noventa, la expresión «Socialismo o Muerte» a veces sustituyó a la de «Patria o Muerte», con su larga tradición. La idea de la conservación de la patria se ancló a la necesidad de mantener ciertos rasgos generales de lo que había sido nuestra comprensión acerca del socialismo, en la que se integraban las llamadas «conquistas» —educación, salud, empleo, seguridad social, etc.—, que se consideraron el tesoro nacional más apreciado, evitándose por todos los medios las políticas que pudieran ponerlas en riesgo.

Probablemente ha llegado el momento de potenciar esas conquistas en una dimensión superior, donde dejen de representar lo alcanzado y comiencen a evocar otras metas por lograr.

En esta hora, reactivar el concepto del socialismo es quizás el único programa posible para conducir los proyectos que fueron puestos entre paréntesis por el Período Especial. Esos proyectos tienen que ver, tanto con el país —esto es, con la forma en que nos representamos a nosotros mismos como país—, como también con la forma en que nos representamos nuestras individualidades dentro de esa macroentidad.

Ha pasado un año entero de aquel discurso, pero siento que todavía no progresa la idea del proyecto.

Hablas de la necesidad de una discusión pública, socializada, sobre el contenido y los rasgos generales de ese proyecto.

Me refiero al tipo de discusión, de práctica política que es necesario sostener para consensuar y desarrollar proyectos de contenido socialista hacia el futuro. Los planes de acción que actualmente se llevan a cabo no aparecen «agregados» necesariamente a la idea socialista. Hoy se desarrolla una revolución energética, existen una serie de perspectivas abiertas, desde el punto de vista económico, a nuevas zonas estratégicas de integración con América Latina y con China. Se reciben créditos, se ejecutan inversiones, se elevan determinados niveles de consumo en la vida cotidiana, pero eso no está, *per se*, suficientemente engranado en una reflexión general sobre el contenido del socialismo desde el punto de vista cultural e ideológico, por ejemplo.

Mi generación —que es la tuya— creció con una referencia que algunos juzgarán errada, pero que resultó determinante en nuestra formación. Es la idea de los horizontes, según la cual hay un lugar donde es necesario, posible y deseable llegar. Actualmente el contenido de lo que debe ser construido, de hacia dónde deberíamos ir, ciertamente no está muy claro.

A mí me interesa sobremanera reactivar la representación sobre el socialismo. Es un asunto de enorme trascendencia, no solo en su dimensión teórica, sino en todo el ámbito práctico de lo social. Es preciso replantear las ideas del socialismo, y llevarlas desde el punto en que las conocimos —a través de la práctica y el debate políticos— hacia una eticidad renovadamente revolucionaria, crítica y contextualizada, hacia formas anticapitalistas de socialización.

Por ese camino sería posible conservar, recreándola, la tradición de la soberanía nacional, para poder defender desde un punto de vista revolucionario la idea del país, de la nación, de lo que llamamos «cubanidad». Creo que la identidad nacional debe ser defendida al tiempo que trascendida. Ella debe crecer junto con las ideas socialistas, y debe madurar junto con ellas.

Ahora, ¿cuáles son las condiciones «reales» en que ese debate debe producirse?

Siendo sincera, creo que quizás, como sociedad, no estamos todavía en condiciones de asumir determinadas consecuencias de todo lo que se desprendería de una reflexión semejante.

La crisis de los noventa tuvo efectos terribles que todavía persisten, máxime si se entiende que aún la crisis no ha terminado. Existe una situación de emergencia de nuevas desigualdades y marginalidades, de desajustes económicos, de nuevos actores sociales sin espacio político, de un acumulado de demandas sociales insatisfechas, de necesidades de superación de esos efectos de la crisis que probablemente impiden colocar el análisis en una posición más orgánica, que argumente cómo Cuba debe proyectarse, en su estrategia de desarrollo, hacia una maduración teórica, filosófica, política, ideológica, con un sentido socialista, de un nuevo socialismo.

Sin embargo, podría ser que solo colocándose en esta última perspectiva encuentre el proceso cubano las soluciones que no podría encontrar por otros caminos. De hecho, ese problema de la «madurez de la sociedad» para el ejercicio de la política posee una larga historia en el pensamiento político y resulta siempre muy contradictorio. Los socialistas podríamos estar de acuerdo en que las soluciones no provienen «del paso del tiempo», sino de la acción política específica conducente a fines determinados. Porque, ¿cuándo, cómo y quién decide esa «madurez»? Resulta que en la espera de ella se juega todo, pues puede que sí, que con tal madurez se profundice un proyecto, pero también puede suceder que cuando ella «se alcance», en el lapso necesario para lograrlo se hayan perdido ya las condiciones que harían posible su ejercicio.

Esa es una gran paradoja que es necesario afrontar, un dilema al que estamos abocados. El sujeto común cubano —que somos todos, por cierto— tiene un caudal de preocupaciones todavía relacionadas con la necesidad de dar solución a muchos problemas en su contexto cotidiano. Aclaro que no es el de 1959, aunque tampoco creo que sea menos complejo. En esas condiciones es muy difícil conseguir que marchen juntos, como depositarios de la misma energía, los esfuerzos y los propósitos individuales y aquellos que están más relacionados con los grandes proyectos históricos trascendentes, como puede ser el de la recreación del socialismo cubano.

El socialismo es un hecho de voluntad y de conciencia, se proyecta desde la comprensión individual y debe cobrar cuerpo en escala masiva. El camino hacia el socialismo madura sobre la base de violentar la cultura íntegra del capitalismo. Pero eso lo lleva a uno a violentarse a sí mismo. Es una violencia que debe ejercer el propio individuo contra sí mismo, porque provenimos de una cultura cuyos valores fundamentales se vinculan con la tradición capitalista. No creo que en este minuto estemos plenamente listos para ejercer esa autoviolencia transformadora, si por lo menos no media antes un proceso de amplio alcance social, donde las personas vuelvan a reconquistar el sueño creador del socialismo.

No creo en el determinismo según el cual «primero hemos de tener pan y luego ya tendremos conciencia». No se trata de entenderlo desde un enfoque reduccionista, se trata siempre de una cuestión muy compleja. En los primeros años, el consenso hacia la Revolución se basó en la superación —muy constatable para la amplia mayoría de las personas— de la dictadura violentísima de Fulgencio Batista y de la incapacidad demostrada por la institucionalidad neocolonial republicana para resolver problemas fundamentales del país y las personas.

La epicidad que trae consigo la Revolución hace relativamente más fácil, más «viable», el logro de esa violentación del individuo contra el individuo mismo. Una prostituta llega a convertirse en costurera, como ocurrió en efecto, porque comprende en buena medida su nueva posición y sus nuevas posibilidades como ser humano, pues está adquiriendo la conciencia de conquistar por sí misma una dignidad antes inimaginada. Aquel momento histórico ofrecía de modo más «natural» un impulso hacia el cambio en la percepción sobre la vida y abría novísimas opciones hacia el futuro.

En cambio, la sociedad cubana actual ofrece muy diferentes oportunidades para aspirar a un cambio —de perspectiva socialista— en la comprensión cultural y en la representación sobre la vida de las personas. Por muchas razones, pero también por el hecho de que la sociedad cubana ha tenido que volver a relacionarse —y qué bueno que así haya sido— con un mundo que ni es ni apunta remotamente a la aspiración anticapitalista. La cultura dominante a escala global se encamina directamente hacia las antípodas de esas ideas. A eso es preciso sumarle las tensiones internas existentes en el país, generadas por la convivencia de aspectos provenientes de modelos superpuestos y contradictorios entre sí en la economía y en las relaciones sociales en general.

En esta sociedad, las personas tienen que ocuparse —asignándoles un tiempo esencial de su vida cotidiana y de sus sentimientos— de cuestiones tan elementales como la comida, el transporte, la ropa, o sobre cómo armar un mínimo proyecto personal de vida. Preguntas del tipo de «dónde voy a vivir», «cuándo quiero y puedo tener hijos», «cuándo será posible comprarme mi próximo par de zapatos», resultan centrales y bloquean, desde diferentes presupuestos, otro tipo de discusiones.

Pero el discurso de que «es preciso estar en la concreta» y de que es necesario resolver primero los problemas materiales para después poder pensar, ¿no es acaso una contradicción en los términos? ¿Es posible resolver con eficiencia los problemas, y hacerlo desde una perspectiva socialista, sin pensar primero las soluciones y, sobre todo, discutir el enfoque político de esas soluciones?

En efecto, estamos hablando de la necesidad de la participación de los actores sociales cubanos y de su conversión en sujetos más activos dentro de un esfuerzo político común. El proceso de la reformulación —en un sentido socialista— del proyecto pasa obviamente por poner en discusión tanto los fines como los medios para alcanzarlos.

A este respecto, si tomamos en cuenta que existen tantos fines como sujetos hay en la Revolución, como grupos y clases existen al interior del proceso, ¿cuáles podrían ser, hasta donde alcanzas a saber, los «fines» de la Revolución para las generaciones más jóvenes? O, para decirlo acaso con mayor precisión, ¿cuáles serían tus propios fines? ¿Qué significa la Revolución para ti?

Ante esa pregunta me gustaría pensar en la revolución con minúscula. Creo que esta Revolución (con mayúscula) tiene que apostarlo todo a seguir siendo revolucionaria en minúscula, eso implica ser todavía más insurrecta. Y, además, considerar la revolución en minúsculas es otorgar importancia esencial a la dimensión del yo, a la comprensión del individuo actuando y siendo transformado dentro de la acción por esa profundización del cambio. Es necesario no dejar de proponerse el cambio.

Si admitimos la perdurabilidad de la Revolución, lo primero que tendríamos que hacer es considerarla entonces como un proceso de cambio en la vida de las personas en un sentido liberador, y por ende anticapitalista.

Creo que hoy existen consensos entre varias generaciones acerca de la necesidad de proseguir la tendencia a profundizar los cambios revolucionarios como garantía de nación, de cultura, de bienestar y de trascendencia. No obstante, creo que ninguna generación de las que hoy están actuando tiene demasiada precisión sobre los medios necesarios para lograrlo.

Este tema habría que abordarlo en una doble perspectiva: la macro —del país y la nación— y la micro —del individuo y el ciudadano.

Empecemos por la perspectiva macro, la del país...

Desde el punto de vista del país, hay aspectos que son objeto de un consenso más diáfano, como es el tema de la soberanía nacional. Es posible suponer que la mayoría de los ciudadanos cubanos se plantean la opción de una Cuba soberana. Ese constituye un elemento importante del horizonte al que puede aspirarse a escala nacional. Aunque habría que reflexionar sobre los rasgos nuevos que adquiere esa soberanía, además de lo que implica con respecto al antimperialismo.

La posibilidad de la integración de Cuba con América Latina constituye uno de esos escenarios. De ser una utopía en los años 60, y un imposible en los ochenta y noventa, los vectores de la integración latinoamericana se reaniman ahora de maneras concretas.

Nos encontramos en una fase de la integración en que ganan terreno temas muy prácticos: créditos, financiamientos, intercambios comerciales, etc. Muchos elementos indican que todo ello podría ir más allá del hecho coyuntural del período de mandato de uno u otro presidente en América Latina, porque se están logrando engranajes que podrían ser perdurables. Y debería evolucionar, además, como integración solidaria, guiada sobre todo por el logro del bienestar de los pueblos; una integración ojalá mejor lograda que la que vemos en Europa, por ejemplo.

Un proceso de ese tipo replantearía la idea de la soberanía tal como ha sido entendida hasta hoy. La integración en el siglo XXI no es la del siglo XIX, planteada en el ideal bolivariano y martiano, y acogida dentro de nuestra cultura política. La experiencia de acercamiento con el antiguo bloque socialista europeo, por su parte, no llegó a ser nunca de verdadera integración. Un proceso de integración latinoamericana plantea nuevos tipos de relaciones y demanda entregas de todas las partes. Yo diría más: exige concesiones, desprendimientos y mutaciones entre ellas.

Se trata de un reto enorme: ¿Cómo generar esa integración y en qué posición ubicarse en la construcción de ese escenario? ¿Cómo se reconstruye en el siglo XXI la representación sobre lo cubano en este nuevo escenario?

Son muchas las complejidades: ¿Qué percepción tenemos los cubanos de lo latinoamericano? El cubano avanzó mucho en un sentido de dignidad nacional y de dignidad individual —ambas puestas en relación y, en cierta medida, también ejercitadas desde una identidad con rasgos de atrincheramiento. El papel representado por la Cuba revolucionaria en el plano internacional ha condicionado una perspectiva de pequeña gran potencia de la cual se han apropiado casi todos los cubanos. Esa perspectiva es muy diferente a la que encuentras en la mayor parte de los países latinoamericanos.

El cubano afronta, entre otros, un problema para la asimilación dentro de un marco cultural más amplio como puede ser el latinoamericano. Por ejemplo, por nuestra composición sociohistórica y demográfica, estamos muy lejos de la cuestión del indigenismo, cuando en América Latina es tema de primer orden. En este punto tendríamos que plantearnos muchas preguntas. Y convencernos de que un proceso de integración verdadero debería conducir a disolver algunos de los límites, a fracturar algunas fronteras, sobre todo en el plano cultural, y ello nos llevaría a pensar incluso en cómo vamos a comprender la soberanía nacional en un escenario de integración regional, y cómo el socialismo (el anticapitalismo) nos serviría para afrontar esos retos.

Todo ello en la perspectiva macro; ahora, desde la dimensión del individuo, ¿qué significa para ti la Revolución?

Déjame explicarme primero a través de una anécdota. Cuando varias personas de mi generación se reúnen, casi siempre afloran, entre otros temas, dos recurrentes: los muñequitos rusos y lo bien que se comía en Cuba hasta 1989.

En esa recurrencia se encuentra un patrón desde el que puede analizarse el pasado y las perspectivas de futuro en Cuba. La mayoría de nosotros trata con nostalgia condescendiente el imaginario de los muñequitos rusos.

No diré que nos sintamos superiores, pero sí que nos da determinada pena el que generaciones posteriores hayan tenido que crecer en medio de una cosmovisión tan diferente a la que dichos muñequitos nos plantearon a nosotros. Por una parte, nos burlamos mucho de su estética, pero, por la otra, reconocemos su eticidad específica, en la cual la bondad era la medida de todas las cosas, donde la hermandad y la solidaridad entre las personas (y entre los animalitos) era un principio fundamental, donde la mercantilización del hecho de la vida, de la vida común, no solo no era evidente, sino que era más bien inexistente y, además, repudiable.

Por supuesto, de aquí no se va a desprender una sinonimia entre esa eticidad manifestada en los muñequitos rusos y los principios que regían el sistema político soviético. Lo que quiero decir es que nosotros, desde muy temprana edad, crecimos en esos valores, y luego ya tuvimos la posibilidad de diferenciar al cocodrilo Gena del perro Pluto y del pato Donald, en cuanto representan dos modelos antagónicos de eticidad.

Por otra parte, nos encontramos siempre ante el tema de lo bien que comíamos en los años 80. Es una nostalgia a flor de piel que hace aflorar con gran rapidez las imágenes idealizadas de los mercaditos repletos de jamones y jugos Taoro. Advierto que me refiero a mi experiencia, en Ciudad de La Habana, pues no conozco la realidad de otras provincias. En Ciudad de La Habana todo el mundo se acuerda de los mercaditos.

Sin embargo, y es a donde iba, jamás he oído a nadie de mi generación querer volver a esa sociedad, tal cual era entonces.

Aquella era una sociedad excesivamente «ordenada», debería decir «controladora» más que ordenada. Tenía formas muy duras de organización y tendía a desconocer algo fundamental: la diversidad, la diferencia.

Esa sociedad de los ochenta es un modelo que —según aprecio— no encuentra hoy, en generaciones más jóvenes, a nadie interesado en replicarlo en la mayoría de sus características políticas e ideológicas.

O sea, es la considerada como la «mejor época» después de 1959, y ni siquiera esta quiere ser recuperada en esos términos. Lo que dices es muy importante, y debería arrastrar serias consecuencias, pues plantea que todo el campo de las soluciones se encuentra estrictamente en el futuro, en la recreación y reformulación de paradigmas renovados de relación social, así como del individuo con la política.

Exacto. En un acercamiento puramente económico, o políticamente muy reductivo, cualquiera diría: aquella fue la época de los más altos niveles de consumo de la sociedad cubana. Es cierto, pero siempre recuerdo una frase que escuché hace años: «el Estado te provee las cantidades necesarias de vitamina C que necesitas para crecer, para vivir, para mantenerte y desarrollar tu organismo, pero nunca puede hacerte *feliz*».

Los mecanismos de control apuntaban entonces hacia un modelo de disciplinamiento que, cuando menos, era muy aburrido para quienes aspiraban a otra forma de vivir. Te habla alguien que dejó ese mundo en la mitad de su vida. La otra mitad la he vivido, la hemos vivido, en el Período Especial. Por supuesto, esta comprensión pasa por la mirada de la infancia y la adolescencia. Puede resultar obvio que generaciones mayores, como la de nuestros padres, hagan de ese período evaluaciones diferentes.

El Período Especial generó las carencias que conocemos bien, pero, además, la explosión de la creatividad, de la diversidad encarnada en esa creatividad. La emergencia de la creatividad individual se hizo indetenible, pues era imposible obstruirla, entre otras cosas porque ponía en juego la pura sobrevivencia. Se hicieron pactos implícitos y la gente tomó posesión de espacios desde los cuales afirmar y defender su derecho a sobrevivir y a vivir.

Sintomáticamente, creo que encontraríamos una perspectiva revolucionaria en la defensa de la comprensión que nos abrió a nosotros mismos el Período Especial: la conciencia sobre nuestras propias potencialidades y la vindicación del espacio de la diversidad, de la diferencia.

Nosotros estamos en el borde de todo. Para responder a los desafíos desde la izquierda, deberíamos afirmar en la mayor plenitud la condición de la integridad del individuo, y reconocer la importancia de la dimensión individual de los hechos sociales.

Todos los hechos de la vida social tienen una dimensión en que atraviesan al individuo. Esa especificidad es necesario no solo reconocerla sino, y sobre todo, pensar desde ella. Se trata de que, con respecto a cualquier instancia de mediación —y hablo específicamente del Estado—, el individuo tenga una presencia fuerte, que resulte un individuo activo, activo en esa violentación contra sí mismo y, también, violentando los límites y las soluciones.

Para ello, las personas deben disponer tanto de su destino como de la posibilidad de elegir los caminos hacia él. Por supuesto, no me refiero al individualismo capitalista, sino al valor radical del individuo comprometido con su mundo; dueño, sujeto de sí mismo.

¿Qué idea tienes sobre la posibilidad de la reversión de la Revolución?

A decir verdad, la palabra «reversibilidad» me parece impropia. Desde un punto de vista histórico no creo realmente que se pueda utilizar esa palabra. Me parece absolutamente improbable que en ningún escenario Cuba se aproxime siquiera a las características que poseía en el año 1958.

El sujeto social cubano, el individuo cubano, nació y vivió en medio de una historia de transformaciones que modificó la percepción acerca de lo que es ser humano y ser cubano. Si la palabra *reversibilidad* se entiende como regreso a un estadio anterior, ello me parece imposible.

En este punto, acaso sea más preciso decir: «nada será igual a». Quizás cabría aventurarse a interpretar que las palabras de Fidel nos instan, nos orientan, a pensar cómo conjurar la posibilidad de volver a un país que no sea «tan distinto de» lo que fue. Yo entiendo la reversibilidad como la posibilidad real de la desintegración, de la derrota política. Cuba no será nunca más como en 1958, por más abyectos que sean determinados aspirantes a líderes del futuro, ni por reducidas que sean las opciones de izquierda en los escenarios por configurarse. Tampoco la Cuba de 1902 fue más la de 1868. Debería asumirse esa realidad.

Ahora, si la pregunta se plantea en términos de la posibilidad del regreso de Cuba al capitalismo en toda su naturaleza, en toda su expansión, para mí la respuesta es transparente: creo que sí por muchas razones. Entre otras, porque, debido al hecho de que el socialismo y su nueva cultura no llegó a desplegarse completamente, esta sociedad ha conservado algunos de los gérmenes del capitalismo, inscritos en nuestra memoria cultural. La restauración capitalista podría valerse de esos atavismos expresados en las formas más primitivas de las relaciones humanas, que siempre contribuyen a darle al capitalismo la engañosa apariencia de ser un sistema —el único— «natural».

Por ello, es perfectamente reconstruible en un lapso histórico muy breve. Además, la contrarrevolución ha venido planificando los instrumentos económicos, políticos, jurídicos, dispuestos para ello. La preparación material de la reconstrucción capitalista es evidente.

Recientemente he estado recopilando información sobre el interés de cierta zona de la emigración cubana en reconquistar sus propiedades en Cuba. Encontré con mucho asombro, pues no tenía suficientes datos sobre este tema, que existe bastante papel dedicado a los modelos de reprivatización de la economía cubana, con diversas alternativas puestas en discusión. Desde ese presupuesto de partida, reconstruir el capitalismo desde la óptica de Miami no sería demasiado complejo. Falta que lo permitamos, y eso me parece más improbable.

Al final, y para contribuir a la reflexión sobre cómo impedir esto último, ¿dónde crees que se encuentra la mejor articulación posible entre la revolución y la Revolución, utilizando tus propios términos?

Realmente no creo que mi opinión sea muy importante, salvo en lo que contribuya a reclamar el deber de revitalizar la discusión sobre todos estos tópicos. Entre ellos, por supuesto, se encuentra el tema del papel del intelectual en la sociedad y en la sociedad en cambio permanente que debe ser siempre el presente de una Revolución.

El país que construyamos debería poder ser un país donde el ejercicio intelectual estuviera lo más repartido (socializado) posible. Cuba debería poder ser un país de hombres libres en el sentido de que dispongan permanentemente su intelecto en función de su propia vida y en función de la vida común.

Estamos hablando de un mundo que tiene que sobrevivir al siglo XXI, para lo cual debe afrontar dilemas radicales. Este nuevo siglo posee al menos dos salidas bien definidas. La primera: desaparecer en el curso de varias generaciones por causa de la degradación absoluta del hábitat; la segunda: convertir la capacidad intelectual en el principal valor de las relaciones humanas.

Muchos elementos permiten apuntar hacia la consideración de la inteligencia como el principal valor: la forma en que se está transformando la ciencia, cómo se están transformando las fuerzas productivas a partir de ella, cuáles son los horizontes de investigación que se está planteando el conocimiento en general. Con todo esto no me refiero solo al campo de las ciencias llamadas «duras», sino a todas las esferas de la actividad del conocimiento humano. Cuba necesita también reactualizar su sentido de revolución a la luz de esta condición.

En la Isla se están resolviendo muchos problemas a la vez. A partir de 1959 la Revolución puso el mundo patas arriba y trató de insertarse en la punta de un polo del mundo, el mundo socialista, de las maneras que pudo. De hecho, en muchos casos ciertamente lo logró. Este es un país que sobrevivió a una crisis de proporciones escandalosas. En cualquier visión de futuro, el proyecto tiene que encajar en una cosmovisión que trascienda el perímetro de la Isla y ubique a Cuba y a los cubanos, en un sistema de relaciones mundiales. Para ello, es imprescindible colocar la inteligencia, y las condiciones para su ejercicio, en el centro de toda actividad.

En algún momento reciente, Fidel narró que cuando estaban pensando en la necesidad de la llamada revolución energética, para ellos resultó como redescubrir que la Tierra era redonda. Estaban pensando en la idea de asentar el sistema energético nacional sobre pequeños centros generadores, o sea, en la utilidad de disgregar la generación eléctrica, y darle dimensión horizontal en forma de una verdadera red.

A mí me gusta interpretar que ello podría contener, si así se asumiera en efecto, un cambio paradigmático en la visión, ya no sobre cómo se genera electricidad en un país, sino sobre todo el funcionamiento social.

Desde hace veinte o treinta años estamos frente a un cambio paradigmático en muchos aspectos. Sobre todo en la topología que adquieren las relaciones organizacionales, institucionales, sociales, que transitan, desde las topologías piramidales jerarquizadas, hacia formas reticulares. Por eso, la «idea» sobre los grupos electrógenos podría ser el punto de partida (o por lo menos un ejemplo) de la posibilidad de un cambio esencial.

Un sistema energético nacional configurado como una gran red de pequeñas redes nos enseña cómo desarrollar un modelo eficiente de generar y distribuir electricidad en un país. Pero la imaginación desde la que parte ese modelo podría abarcar por completo la forma en que podrían quedar organizadas otras relaciones en la sociedad.

Quiero decir, hay en ello una clave para aplicar a otros planos de las relaciones sociales. Las formas jerárquicas están en crisis. Las relaciones sociales entre los actores se deberían generar cada vez más a través de relaciones reticulares. Pensemos en las formas de gobierno y en la articulación horizontal que podrían tener. Pensemos también en la forma en que se genera y se distribuye conocimiento, en las que se genera y se distribuye la inteligencia humana, que produciría, en medio de una práctica política liberadora, a ese hombre distinto: al hombre del siglo XXI.

Para mí, y lo digo con mucha humildad, allí se encuentran algunas claves fundamentales de un proyecto político revolucionario hacia el futuro.

V.- Epílogo

El poder debe estar siempre al servicio del proyecto

(Entrevista con Fernando Martínez Heredia*)

Sin salir aún de su primera juventud, Fernando Martínez Heredia estuvo en el centro de dos de los empeños más importantes en el ámbito del pensamiento social de la década del sesenta en Cuba: fue director, entre 1966 y 1969, del Departamento de Filosofía de la Universidad de La Habana y de su revista, Pensamiento Crítico, *desde su creación en 1967 y hasta su cierre en 1971.*

Esa juventud ha sido de una profunda terquedad: las ideas que estaban en la base de aquellos empeños han sido la inspiración de Martínez Heredia hasta hoy, momento en que se le ha conferido el Premio Nacional de Ciencias Sociales, por sus aportes a la historia, a la politología y al pensamiento revolucionario en Cuba.

De hecho, la perspectiva descolonizadora y latinoamericana, que se hizo entonces abiertamente hostil hacia el «doctrinalismo marxista» proveniente de la URSS, enfoque que recorre por completo aquella obra, conserva mucho de su pertinencia en varios planos del presente y del futuro cubano y latinoamericano.

En esta entrevista, Martínez Heredia se aleja de los ditirambos y se ocupa en plantear problemas, única forma en que, según ha insistido él por décadas, puede operar con éxito el pensamiento revolucionario.

---

*   Fernando Martínez Heredia (Las Villas, 1939). Ensayista. Fue director del Departamento de Filosofía de la Universidad de La Habana y de su revista *Pensamiento Crítico*. Actualmente es Investigador titular del Centro de Investigación y Desarrollo de la Cultura Cubana Juan Marinello. Sus investigaciones giran alrededor de la historia de Cuba, la teoría marxista, la tradición socialista y el pensamiento de Ernesto Che Guevara. En 2006 recibió el Premio Nacional de Ciencias Sociales a la obra de la vida.

¿Cómo definiría usted el estado del pensamiento social en Cuba al momento de la creación del Departamento de Filosofía y, luego, de la revista Pensamiento Crítico?

En esos años se estaba produciendo una nueva profundización de la Revolución en Cuba. Desde 1953, como escribió el Che en 1967, ella había nacido como «un asalto contra las oligarquías y contra los dogmas revolucionarios». El pensamiento cubano en los primeros años 50 no ponía en riesgo al sistema de dominación. En la izquierda predominaba una mezcla de dogmatismo y reformismo que se creía, sin embargo, vocera de un futuro hipotético. En términos generales el pensamiento cubano era hegemonizado por el orden posrevolucionario que siguió a las jornadas de los años treinta, con sus avances, sus miserias y su sujeción esencial al capitalismo neocolonial.

Aquel pensamiento, sin embargo, tuvo una gran importancia, por sus contenidos y por sus formas de expresarse. Relacionaba nociones avanzadas de democracia con la justicia social, su nacionalismo estaba marcado por una fuerte frustración respecto a los proyectos revolucionarios de 1895 y de 1930, utilizaba espacios nada desdeñables de libertad de expresión y de cátedra, manejaba las corrientes internacionales contemporáneas y, en su conjunto, proveía de gran riqueza al mundo espiritual de buena parte de los cubanos.

La Revolución lo conmovió todo. El pensamiento social también experimentó los efectos de aquel huracán y trató de estar a su altura, o al menos de servir al proceso. En esa compleja situación muchas personas, ubicadas en diversas tendencias, se hicieron militantes de la Revolución, pero ninguna de esas corrientes podía proveer el nuevo pensamiento que necesitaba la Revolución. El marxismo se convirtió en la principal ideología teorizada de la Revolución desde 1961, pero no había unidad de criterios con respecto a qué era el marxismo, cómo se relacionaba con las realidades y los proyectos, qué funciones tendría. Lo más grave era que el marxismo predominante en la posguerra mundial había sido un cuerpo de dogmas en nombre del marxismo, una ideología de obedecer, legitimar y clasificar, hija de la destrucción de la revolución bolchevique en la URSS. Era incapaz de servir a las necesidades de Cuba en revolución, pero poseía una influencia notable, que se multiplicó con las relaciones establecidas con la URSS, vitales para nuestro país. Las polémicas y las pugnas dentro del campo revolucionario entre 1959 y 1965 dan cuenta de la inmensa vitalidad y las necesidades del proceso, y también de la existencia de más de una posición con respecto a las características fundamentales de la sociedad a crear.

Los jóvenes marxistas de aquellos años leíamos sin parar, pero no solo a Marx, Engels, Lenin y otros líderes y autores marxistas. Leíamos también a Enrique José Varona, Fernando Ortiz, Jorge Mañach, Carlos Loveira, al pensamiento y la cultura cubanos, porque si bien nos identificábamos como marxistas, teníamos una fuerte conciencia de ser marxistas cubanos. Y lo central: nos era imprescindible encontrar tanto una formulación teórica que respaldara nuestra ideología, como una ideología estructurada capaz de participar en la creación de una nueva cultura, no solo opuesta sino también diferente a la del capitalismo.

En 1966 afirmé que el «marxismo-leninismo» debía colocarse a la altura de la Revolución cubana. Con ello no recurría a una *boutade*, solamente expresaba una angustia. Debíamos lograr que el pensamiento valioso acumulado nos sirviera para una revolución que era internacionalista, comunista, igualitarista, antimperialista y, por todo ello, extremadamente ambiciosa. Debíamos desarrollar el pensamiento revolucionario, sin olvidar que la actividad intelectual tiene sus reglas y sus propios problemas y acumulaciones, que no es la «forma» de un «contenido» que sería entonces la «esencia» de lo social. En pocos, pero muy intensos años, habíamos arribado a una convicción: la revolución enseña que es preciso actuar sin esperar a tener condiciones «objetivas», pero esa actuación no puede enamorarse de sí misma hasta el punto de convertirse en antintelectual. Y durante la transición socialista, los comunistas están obligados a pensar y pensar muy bien y con una profunda libertad de pensamiento, precisamente para ser útiles en tareas regidas por la intencionalidad y por la necesidad de ser muy creativos y de que cada vez más gente consciente sea protagonista.

Esas ideas predominaron pronto en el Departamento de Filosofía de la Universidad de La Habana, le dieron especificidad a nuestra actuación y nuestro camino. En el semanario cultural comunista *Rinascita*, el italiano Saverio Tuttino escribió acerca del Departamento: «muy cerca de los viejos muros de la Universidad, pero convenientemente fuera de ellos…».

Para profundizar el pensamiento revolucionario era necesario abandonar el marxismo soviético, que no solo no se correspondía con las necesidades cubanas, sino que resultaba muy perjudicial. Al mismo tiempo afirmábamos que la tarea del intelectual no era repetir, escandalizar ni adornar, sino cumplir con los deberes específicos de la actividad intelectual, siempre atravesada por la política. Nuestros empeños de aquella época deben comprenderse como parte de esa profundización revolucionaria y no como el resultado de una genialidad personal o de grupo.

Entonces, ¿cómo pensaron Cuba desde esa posición intelectual y desde tales espacios políticos?

Como investigadores, profesores y editores, estábamos abocados al estudio de toda la complejidad que pudiésemos alcanzar, tanto en relación con Cuba como con respecto a los problemas internacionales. Por cierto, esa era la actitud corriente en la época. Por ello, investigábamos los problemas concretos mas disímiles de la realidad cubana, pero a la vez discutíamos y pensábamos qué era la Revolución misma, cuáles sus valores y su proyecto, sus fuerzas y sus insuficiencias, las relaciones entre la historia y el destino de Cuba. También vivíamos intensamente los sucesos y las luchas de América Latina, e intentábamos reflexionar, más que nada, acerca de la revolución en nuestro continente y en el mundo. Nos era imprescindible comprender al capitalismo de los años 60, sus rasgos nuevos y su continuidad, y las formas de protesta que surgían en países desarrollados. Nos era preciso conocer la verdad acerca de los procesos soviéticos (desde la Revolución bolchevique hasta entonces —incluidos los países de su campo europeo que en variada medida se relacionaban con Cuba—), de la Revolución china y de China Popular, de Vietnam y Corea. Conocer el pensamiento marxista y el revolucionario en general, y el pensamiento opuesto.

Como ves, en esos años no era posible pensar Cuba sin pensar el mundo, sin pensar sus conflictos fundamentales.

Así fue en el Departamento de Filosofía, que tenía una gama enorme de actividades, no solo de docencia, y esto se expresó también en sus publicaciones. *Pensamiento Crítico* multiplicó bruscamente nuestras capacidades de comunicación y por eso tuvo una importancia estratégica para nosotros. Todos los temas que traté de relacionar en el párrafo anterior fueron atendidos en la revista. Si bien el peso del análisis de los problemas revolucionarios internacionales fue enorme, Cuba está siempre en *Pensamiento Crítico*, en su propio proceso y en sus implicaciones con el mundo de entonces.

Creo que la apertura a los problemas y las ideas del mundo desde una pequeña isla en medio de una revolución constituyó un logro real para el pensamiento marxista cubano. El marxismo regido por la ideología soviética o por su influencia estaba en realidad lejos de un enfoque mundial internacionalista, preso en las redes de la razón de Estado y en las contingencias de la geopolítica.

¿Qué posición representaban el Departamento y la revista al interior de la ideología revolucionaria?

Formábamos parte de la gran herejía que fue la Revolución cubana de los años 60, desde las tareas del Departamento de Filosofía y en iniciativas como *El Caimán Barbudo* (primera época). Naturalmente, también desde *Pensamiento Crítico*.

En los sesenta, las relaciones de las revistas de pensamiento con las estructuras políticas eran muy diferentes a los controles que se establecieron al inicio de los años setenta, y a la evolución y permanencias registradas hasta hoy. *Pensamiento Crítico* no pretendía ser vocero oficial del Estado o de la Revolución, sino una revista, y una revista revolucionaria; por tanto, no existía el problema de si era o no oficial. Tuvimos que aclarar a más de un visitante que ella no había sustituido a la revista *Cuba Socialista* (1962–1966), pero no había que aclararlo a los cubanos.

La cuestión es de importancia crucial para entender el orden de relaciones que se establecen entre el poder político y los intelectuales que son militantes de ese propio poder político. Una de las ventajas de la revista fue la de deberse a la Revolución, pero sin convertirse en una oficina determinada de una instancia específica. Eso le daba la posibilidad de expresarse como revolucionaria, pero sin otra sujeción que la del compromiso libre y abiertamente asumido con la Revolución. Opino, hasta hoy, que sin esa condición el pensamiento revolucionario no logra aportar, y no puede satisfacer, por tanto, la necesidad inexorable de pensamiento que tiene la política revolucionaria.

En América Latina, los compañeros que luchaban y los partidarios de cambios revolucionarios veían la revista como expresión militante de la Revolución cubana y del internacionalismo. Esa percepción era compartida por los que conocían nuestra publicación en las demás regiones del mundo, con las consecuencias de cada caso.

La revista era polémica, y más de una vez sumamente polémica. De no ser así, no hubiera valido la pena.

¿Cuál considera que sea el legado de la revista?

Después de tantos años he entendido mejor el significado de *Pensamiento Crítico*. Fue un hecho intelectual protagonizado por jóvenes de la nueva revolución, que tenía como contenido los problemas principales de su tiempo, desde una militancia revolucionaria del trabajo intelectual. Combatió con ideas, con la elección de sus temas y con la presentación de hechos, problemas e interrogantes que las estructuras de dominación suelen ocultar o deformar, sin temor a la crítica de las ideas y del propio movimiento al que entregábamos nuestras vidas, en busca de la creación de un futuro de liberaciones y bienandanzas. Pensó por ser militante, no a pesar de serlo, y fue una de las escuelas de ese ejercicio indeclinable. Contribuyó a la formación de numerosos revolucionarios y su práctica significó un pequeño paso hacia adelante en la difícil construcción de una nueva cultura.

Creo que *Pensamiento Crítico* hizo reales contribuciones al pensamiento y las ciencias sociales cubanos, en varias direcciones y sentidos, pero me parece mejor que sean otros los que entren a valorarlas.

La revista fue hija de su tiempo, como todo hecho o proceso social. Los años 60 fueron —aunque no solamente eso— la segunda ola de revoluciones en el mundo del siglo xx. A diferencia de la primera ola, que aconteció sobre todo en Europa a partir de la revolución bolchevique, el protagonista de la segunda fue el llamado Tercer Mundo; sus revoluciones de liberación nacional, sus socialismos y sus exigencias de desarrollo combatieron o chocaron con el sistema del Primer Mundo —el imperialismo—, o trataron de apartarse de él. También tocaron muy duro a las puertas del «Segundo Mundo», de las sociedades que se consideraban socialistas. En los propios países desarrollados hubo numerosos movimientos de protesta y propuestas alternativas de vida que tuvieron trascendencia.

El pensamiento revolucionario carecía de desarrollo suficiente para enfrentar estas novedades porque el marxismo había sufrido demasiado en la etapa transcurrida entre una y otra ola, y otras ideas que también eran revolucionarias resultaban insuficientes ante los retos de unir nacionalismos con luchas socialistas, civilización moderna con negación liberadora de la modernidad, diversidades culturales con unidad de proyectos. Sin embargo, entre todos los involucrados conseguimos hacer retroceder la colonización mental. *Pensamiento Crítico* fue uno más entre los escenarios de aquel combate de ideas.

El pensamiento de los sesenta logró hacer aportes extraordinarios. Urgido por las prácticas y por la potencia desatada de los ideales, abrió nuevos campos, propuso cambiar el mundo y la vida, recuperó las mejores ideas revolucionarias anteriores y se dedicó a los temas fundamentales de su tiempo. Desgraciadamente, las tres décadas de ofensiva del sistema capitalista —conservadora en los países desarrollados, y represiva primero y «democrática» después en América Latina— han logrado hacer retroceder las ideas y silenciar u ocultar los hechos y el pensamiento de la segunda ola revolucionaria. Hay que recuperar otra vez la memoria de ideas y experiencias, hay que ejercer la crítica revolucionaria y, sobre todo, hay que crear. Tendrá que ser de otro modo, y ante problemas diferentes, pero habrá también una continuidad.

Cuando le fue conferido el Premio Nacional de Ciencias Sociales se subrayó su labor de investigación en el campo del pensamiento marxista. Sin embargo, usted no es un intelectual de los que ha coordinado una cátedra de investigación durante toda su existencia. ¿Qué es para usted ser marxista hoy?

Para mí, ser marxista ha sido una aventura intelectual que comencé en los albores de mi vida adulta. En el orden personal, primero fui revolucionario y luego me hice marxista. Ese orden no me parece indispensable, pero a mí me ayudó mucho. Después he estado en muy diferentes relaciones formales con el marxismo, pero siempre lo he utilizado y mantengo relaciones muy estrechas con él.

Ser marxista hoy exige algunas cualidades personales. El final indecente de los regímenes europeos que se llamaban a sí socialistas perjudicó en extremo el prestigio del socialismo y, por tanto, al marxismo como ideología y como concepción teórica. Pero ya había sufrido falseamientos y deformaciones terribles, y estaba siendo sometido al abandono. La victoria ideológica del capitalismo incluyó vulgarizaciones acerca de los paradigmas, que pretendían expulsar al marxismo del campo intelectual. Los «cambios» de que tanto se alardeaba hace quince años exigían no mencionar el marxismo —ni el socialismo o el imperialismo—, ni las condiciones estructurales del desarrollo de los países o la justicia social. En consecuencia, recuperar es un acto central para el marxista de hoy. Lo decisivo en este momento son los ideales opuestos al capitalismo, a todas las dominaciones y a la depredación del medio, y a partir de ellos reapoderarse de la obra colosal de Marx y de la historia del marxismo, de los aportes maravillosos que ella contiene y de sus errores e insuficiencias. Y con esa formidable acumulación cultural, trabajar intelectualmente y hacer política, que es para lo que sirven las buenas teorías sociales, y tratar de que el marxismo participe en la formación ética y en la inspiración de las conductas.

Existen hoy variables favorables para este difícil trabajo marxista. Ante todo, la naturaleza actual del capitalismo, parasitaria y excluyente, que está liquidando sus propias instituciones (la competencia, el neocolonialismo, su democracia), que ha dejado en la miseria a gran parte de la población del mundo y arremete contra el medio diariamente. La debilidad de su pensamiento social, que abandonó la idea de progreso y la gran promesa que contenía, rechaza los «grandes relatos» y apela al más grosero determinismo económico. Como un potencial inmenso de rebeldía, cientos de millones de personas poseen una conciencia social, creada a lo largo del siglo XX, opuesta a determinados aspectos de las dominaciones, y una parte de ellos identifica el sistema vigente como culpable de los males del mundo. Las olas revolucionarias anteriores no contaron con esa acumulación cultural. En América Latina, el continente que alberga más contradicciones, se está levantando una conjunción de fuerzas a favor del bienestar de sus pueblos y del rescate de los recursos y la soberanía de los países que es contraria al imperialismo norteamericano. La idea del socialismo ha regresado, y se plantea y debate cómo debe ser en este siglo xxi.

El marxismo necesita una recuperación profundamente crítica, que cierre el paso a la vuelta del dogmatismo y a la del reformismo, y más que dar buenas respuestas ante los nuevos problemas, necesidades y actores, debe hacer buenos análisis y formular preguntas nuevas. Como siempre, debe montar en la caballería, como reclamaba Martí a los intelectuales, sin perder nunca su esencia intelectual. Cuenta con una enorme acumulación que le permitiría avanzar con mucha fuerza, pero hoy es todavía bastante débil.

Fernando, a nivel internacional usted es uno de los especialistas más importantes en la obra de Ernesto Che Guevara. A cuarenta años de la muerte del intelectual guerrillero, ¿qué hay y qué debería haber en nuestros días de su imagen y de su pensamiento?

Ciertamente hay mucho más que hace veinte años. El Che estuvo siempre en los ideales comunistas y el trabajo abnegado de muchos cubanos, en el guevarismo de tantos combatientes revolucionarios latinoamericanos, en el internacionalismo de los cubanos que lucharon, trabajaron o dieron la vida en numerosos países. Pero en los años setenta y gran parte de los ochenta el Che sufrió relegación y olvido. Fidel reclamó su vuelta en el vigésimo aniversario, como parte del Proceso de Rectificación de Errores, y el deslinde tremendo que fue necesario frente al final de los regímenes llamados a sí socialistas necesitó mucho al Che. Para el trigésimo aniversario su imagen estaba en todas partes, y se multiplicó la aceptación del valor de su ejemplo y el significado de su posición. Ese fue otro gran aporte del Che, dar valores y esperanza en una etapa en que había tanto derrotismo y desilusión. Pero su pensamiento, que había sido abandonado, está distante todavía de ser de manejo general. Hoy es imprescindible que tengamos al Che completo, y sobre todo su pensamiento, que sea moneda común, que forme parte de la cultura.

La obra del Che es una herencia yacente. El Che significa la rebeldía frente al mundo del capitalismo. No es la suya una rebeldía apenas hermosa, incluso brillante, pero sin mayor objeto. Es una rebeldía consciente, organizada, dirigida a destruir la sociedad de dominación y encaminada a construir la liberación, a que la gente se vuelva capaz de cambiarse a sí mismos y al mundo, y llegue a dirigir el proceso, y que el proyecto sea tan ambicioso que resulte viable.

La rebeldía consciente del Che es comunista. Por tanto, resulta opuesta a las experiencias que en nombre del socialismo liquidaron las revoluciones y fueron formas de dominación de grupos. Nadie asocia al Che al pasado del socialismo, sino a su futuro.

El pensamiento del Che constituye un enorme desarrollo de la reflexión revolucionaria en el siglo XX, tanto en sus análisis sobre las necesidades y problemas de la lucha mundial contra el capitalismo, como en el estudio de los problemas relativos a la transición y la creación del socialismo. Ahora que América Latina comienza a levantarse, necesita la obra del Che. Y la Revolución cubana, que continúa siendo el único proyecto socialista vigente en Occidente durante medio siglo y quiere recorrer los caminos hacia el futuro, necesita la obra del Che.

Usted se ha referido en varias ocasiones a la relación que debe existir entre el poder y el proyecto, para la consecución de un rumbo revolucionario que se reedite a sí mismo. Usted, que ha estudiado en profundidad los procesos revolucionarios, ¿cómo entiende esa relación y cuál es la jerarquía que existe entre uno y otro en una política revolucionaria?

El poder debe estar siempre al servicio del proyecto. Lejos de ser una frase, lo anterior encierra todo el programa de un poder revolucionario en una transición de tipo socialista. La cuestión trae consigo, a la vez, un formidable problema práctico: solo un inmenso poder es capaz de sobrevivir y de avanzar frente al capitalismo en las condiciones actuales.

Ahora bien, ¿cómo mantener un inmenso poder al servicio del proyecto que lo ha fundado? Sin duda se trata de un problema de muy difícil solución, pero contamos con una certeza: si el proyecto de liberación no llega a constituir un fuerte poder político anticapitalista no tiene la menor posibilidad de sobrevivir, aunque registre algunos triunfos. El poder revolucionario debe ejercerse sobre un conjunto amplísimo de campos de la vida social y de su reproducción ideal y material. Entonces, ¿cuál debe ser la constitución íntima del poder, para que pueda cumplir sus objetivos? ¿En qué residiría su legitimidad, y cómo ella se mantendría o no? ¿Qué reglas pueden elaborarse para ayudarlo a estar al servicio del proyecto sin dejar de cumplir sus demás funciones, y cómo controlarlo para asegurar que lo haga?

Marx escribió en 1846: «Las ideas dominantes en una sociedad son las ideas de la clase dominante». ¿Cómo se aplica eso a una sociedad en transición socialista? El dominio sobre la reproducción de las ideas, ¿no puede convertirse en un instrumento eficaz de desposesión y desarme de las mayorías? Por otra parte, la correspondencia de las ideas rectoras con el nivel que alcanza la reproducción de la vida social es totalmente insuficiente en la transición socialista, porque ella es un proceso intencional que está obligado a irse por encima de sus condiciones materiales de existencia. ¿Cómo lograr y garantizar que el proyecto sea realmente liberador, y que vaya modificándose para ser capaz como instrumento que guía la liberación? No son demasiadas preguntas; faltan más.

Las ideas deben realizar varias tareas *a la vez*. Deben ser capaces de reproducir el orden vigente, de cuestionarlo y de ayudar a revolucionarlo, porque este no puede existir sin revolucionarse a sí mismo una y otra vez. Deben ser capaces de ayudar a crear firmeza de convicciones, capacidad de sacrificio, de disciplina, entre otras virtudes, y, al mismo tiempo, deben ser capaces de crear rebeldía, criterio propio, pensamiento realmente independiente en la ciudadanía.

Solo del desarrollo humano multifacético puede surgir la posibilidad de que una sociedad lleve adelante un proyecto revolucionario en sus fines y en sus medios.

¿Y qué entiende usted por «el proyecto»?

El proyecto original de la Revolución cubana se propuso objetivos extraordinariamente ambiciosos. Después hubo quienes consideraron errónea tanta ambición; yo opino, al contrario, que eso fue lo que le dio más fuerza y lo que lo hizo factible. La capacidad de romper los límites de lo posible, y convertir esa audacia en confianza y en costumbre, fue una de las características básicas de la Revolución. A mi juicio, ella está en la base de la resistencia victoriosa de la década de los noventa.

A fines de los años 60 y principios de los 70 aquel proyecto confrontó límites férreos al no poder el país salir rápidamente del subdesarrollo y no avanzar la liberación en América Latina. Cuba tuvo que adecuarse a una nueva situación. Aunque en la práctica el proyecto no desapareció, se proclamó que habíamos sido idealistas, que quisimos ser demasiado originales, en vez de aprender modestamente de las experiencias de los países hermanos que habían construido el socialismo con anterioridad. La economía y la ideología se sujetaron a la URSS y se abrieron camino procesos de burocratización. Se consideró antisovietismo y diversionismo ideológico todo lo que se diferenciara de esa sujeción. El pensamiento social recibió un golpe abrumador. Las corrientes no marxistas fueron malditas y se trató de erradicarlas, se consideró incorrecto tratar de utilizarlas e incluso conocerlas. Una parte de las ideas marxistas también fue proscrita. Se implementó la censura y nació su hermana peor: la autocensura.

Comenzó así lo que he llamado la segunda etapa de la Revolución en el poder, caracterizada por extraordinarias combinaciones de avances muy notables, que cambiaron decisivamente al país, y desviaciones y retrocesos también notables, que hicieron mucho daño y han dejado hondas huellas. Es preciso decir que el proyecto se recortó más en su formulación que en su implementación real, y convivieron su continuidad y la amputación de parte de sus contenidos. Por ejemplo, el XIII Congreso de la CTC [1975] lanzó la consigna «a cada cual según su trabajo», lo cual parecía muy marxista, pero poco tenía que ver con la realidad cubana, donde no se retribuía a cada cual según su trabajo. El salario real era muy superior al nominal. Entonces se dio el salto a la escolarización completa de la enseñanza secundaria, con su maravilloso sistema de becas y escuelas en el campo, y al sistema de áreas de salud y no solo de asistencia hospitalaria, sobre la base de absoluta gratuidad y cobertura universal. La seguridad social se consolidó y creció firmemente. La revolución socialista no les dio a los cubanos según su trabajo, sino por ser cubanos. Otro buen ejemplo es la contradicción insondable entre la orientación general de la economía y la ideología por un lado, y el internacionalismo cubano por el otro, con su epopeya de la Guerra de Angola y su enorme esfuerzo con la revolución sandinista.

A partir de 1986 el Proceso de Rectificación de Errores y Tendencias Negativas revaloró el proyecto, mientras emergían dos realidades nuevas: el fin de las relaciones con la URSS, que acarreó una crisis económica profundísima, y una nueva generación de cubanos, que no tenía las vivencias de la primera etapa revolucionaria pero poseía una preparación personal altísima, sobre todo educacional, y en alguna medida también política.

En los primeros años 90, defender «las conquistas de la Revolución» y exaltar sobre todo la dimensión nacional implicó poner serios límites al proyecto. En ese momento tres cuestiones eran claves: la sobrevivencia del país, la viabilidad de la economía y de la reproducción de la vida social, y la naturaleza de la sociedad emergente al final del proceso. Las dos primeras cuestiones, a pesar de problemas vigentes, puede decirse que se han resuelto. En la tercera continúan la coexistencia o las pugnas entre actividades, relaciones y modos de vida que tienden hacia el capitalismo, y el tipo de sociedad basado en la solidaridad, la justicia y la inclusión sociales, la redistribución socialista de la riqueza por el poder revolucionario, el internacionalismo, es decir, el tipo de sociedad basado en el proyecto de la Revolución. Lo que conocemos como Batalla de Ideas es el gigantesco esfuerzo por reformular y llevar adelante el proyecto socialista, que si bien procede de la primera etapa de la Revolución, ya no es aquel; tampoco puede basarse en la gente de entonces, que ya somos muy minoritarios, ni en la mayoría de las variables de los años 60, porque ahora son otras las vigentes.

Para salir adelante y proveer salidas socialistas al presente, será vital que cada vez más cubanos conozcan a fondo nuestras realidades y opciones, y participen en el planteo de los problemas principales y en las decisiones para enfrentarlos. Será vital también una unión intergeneracional, que la sociedad logre que los jóvenes asuman a fondo el proyecto socialista, que su participación sea enriquecida por la profundidad con que lo *vivan*, y no con que lo *sigan*, y por lo que puedan aportarle y recibir de él.

Usualmente, ante el tema llevado y traído de la función del intelectual se asiste a tesis que afirman que la libertad es autarquía, que la disciplina es obsecuencia y que la consecuencia no resulta más que uno de los múltiples sinónimos de la intransigencia. ¿Cómo entiende usted aquello que en los sesenta llamaban «el compromiso del intelectual»?

Siempre resuena en mi país esa pregunta. Le he dedicado un buen número de páginas que no puedo sintetizar aquí, y unas cuantas polémicas; pero lo esencial para mí ha sido vivir ese compromiso. Prefiero ser honesto, antes que intentar ser original. Gutiérrez Alea escribió: «Las relaciones entre política y cultura son superficialmente amables, pero profundamente contradictorias».

Toda sociedad está organizada sobre un orden de dominación. En cuanto a sus funciones sociales, la labor intelectual suele estar inscrita en el servicio a la hegemonía de los que dominan, aunque también puede ser de resistencia a ella. En un régimen socialista la dominación tiene que ser cualitativamente diferente a la ejercida por el capitalismo, porque ella debe ser un camino de liberación. Por ello, la función social de los intelectuales debe sufrir profundísimas transformaciones. En este campo, aun cuando se han alcanzado logros prácticos, apenas existen debates serios sobre los problemas, y sin ellos no es posible avanzar mucho.

Los debates de los años 60 fueron eliminados y sometidos al olvido. Los del Proceso de Rectificación fueron pospuestos en el curso de la gran crisis. Los debates de hoy podrían llegar a ser muy superiores a los anteriores. Pero entre el ser y el deber ser hay ciertamente una distancia muy amplia. A mí no me gusta el reclamo abstracto de libertades, y tampoco me gusta que los políticos reclamen obediencia. Aunque ambos reclamos tengan razón aparente, con ninguno de los dos se llega a ninguna parte. Solo revolucionando la comprensión de ambos campos podremos avanzar.

Este enero de 2007 me recuerda a Jano, el rey que tenía dos cabezas, para mirar hacia el pasado y hacia el futuro. Pero prefiero a Eleggua, el que muestra los caminos. Está más cerca del largo camino de rebeldías de mi pueblo, que es la razón por la que podemos hoy sostener esta entrevista.

INTRODUCCIÓN AL PENSAMIENTO SOCIALISTA
El socialismo como ética revolucionaria y teoría de la rebelión
Por Néstor Kohan

Una clara y accesible síntesis de la historia del pensamiento socialista mundial, vista desde una perspectiva latinoamericana que contribuye y enriquece la constante batalla de las ideas.
263 páginas, ISBN 978-1-921235-52-8

LAS GUERRILLAS CONTEMPORÁNEAS EN AMÉRICA LATINA
Por Alberto Prieto

Las guerrillas latinoamericanas son portadoras de una larga tradición. Desde la conquista hasta nuestros días, ha sido una de las formas de lucha más recurrida por los pobladores del continente americano. Este libro nos introduce a la realidad de los movimientos guerrilleros contemporáneos, desde la epopeya de Sandino hasta la actualidad.
316 páginas, ISBN 978-1-921235-54-2

CHE GUEVARA Y LA REVOLUCIÓN LATINOAMERICANA
Por Manuel "Barbarroja" Piñeiro

Manuel Piñeiro, conocido como "Barbarroja", supervisó las operaciones cubanas en apoyo a los movimientos de liberación en todos los continentes, en especial en América Latina y África. Habló públicamente por primera vez en 1997. Este libro incluye varias nuevas revelaciones acerca del papel de Cuba en América Latina, así como profundas valoraciones sobre la vida y el legado de Che Guevara.
300 páginas, ISBN 978-1-920888-85-5

CHE GUEVARA PRESENTE
Una antología mínima
Por Ernesto Che Guevara

Una antología de escritos y discursos que recorre la vida y obra de una de las más importantes personalidades contemporáneas; recoge trabajos cumbres de su pensamiento y obra, y permite al lector acercarse a un Che culto e incisivo, irónico y apasionado, terrenal y teórico revolucionario.
453 páginas, ISBN 978-1-876175-93-1

FIDEL EN LA MEMORIA DEL JOVEN QUE ES
Por Fidel Castro

Este libro recoge, por primera vez en un solo volumen, los excepcionales testimonios que en contadas ocasiones el propio Fidel ha dado sobre su niñez y juventud.
183 páginas, ISBN 978-1-920888-19-0

MIGUEL MÁRMOL
Los sucesos de 1932 en El Salvador
Por Roque Dalton

En esta obra testimonial, fundamental de la literatura latinoamericana por su valor histórico y literario, Mármol transmite a Roque y, por su intermedio, a nosotros, la experiencia revolucionaria de aquellos años ahogada en la sangre de 30,000 compañeros asesinados por la oligarquía de su país.
430 páginas, ISBN 978-1-921235-57-3

¿GUERRA O PAZ EN COLOMBIA?
Cincuenta años de un conflicto sin solución
Por Carlos A. Lozano

Constituye un significativo aporte a la discusión sobre el largo conflicto interno, político y armado que ha azotado Colombia durante los últimos cincuenta años, y la constante búsqueda del pueblo colombiano y la insurgencia por conseguir una solución política al conflicto que lleve a la paz.
208 páginas, ISBN 978-1-921235-14-6

LA REVOLUCIÓN DEL OTRO MUNDO
Cuba y Estado Unidos en el horizonte del siglo XXI
Por Jesús Arboleya

El fenómeno de la revolución en un mundo globalizado, regido por la dominación neocolonial, se analiza mediante el estudio de la historia convergente de Cuba y Estado Unidos, dos países ubicados en los polos del espectro político internacional.
308 páginas, ISBN 978-1-921235-01-6

MANIFIESTO
Tres textos clásicos para cambiar el mundo
Ernesto Che Guevara, Rosa Luxemburgo, Carlos Marx y Federico Engels
Prefacio por Adrienne Rich, Introducción por Armando Hart

"Si es curioso y sensible a la vida que existe a su alrededor, si le preocupa por qué, cómo y por quiénes se tiene y se utiliza el poder político, si siente que tienen que haber buenas razones intelectuales para su intranquilidad, si su curiosidad y sensibilidad lo llevan a un deseo de actuar con otros, para 'hacer algo', ya tiene mucho en común con los autores de los tres ensayos que contiene este libro".
—Adrienne Rich, Prefacio a *Manifiesto*
186 páginas, ISBN 978-1-920888-13-8

ocean sur
una nueva editorial latinoamericana

Ocean Sur, casa editorial hermana de Ocean Press, es una nueva, extraordinaria e independiente aventura editorial latinoamericana. Ocean Sur ofrece a sus lectores las voces del pensamiento revolucionario del pasado, presente y futuro de América Latina: desde Bolívar y Martí, a Haydée Santamaría, Che Guevara, Fidel Castro, Roque Dalton, Hugo Chávez y muchos otros más. Inspirada en la diversidad, la fuerza revolucionaria y las luchas sociales en América Latina, Ocean Sur desarrolla múltiples e importantes líneas editoriales que reflejan las voces de los protagonistas del renacer de Nuestra América.

Editamos los antecedentes y el debate político actual, lo mejor del pensamiento de la izquierda y de los movimientos sociales, las voces indígenas y de las mujeres del continente, teoría política y filosófica de la vanguardia de la intelectualidad latinoamericana, asi como los aportes fundamentales de artistas, poetas y activistas revolucionarios. Nuestras colecciones Fidel Castro, Biblioteca Marxista, Proyecto Editorial Che Guevara, Vidas Rebeldes, Roque Dalton, entre otras, promueven la discusión, el debate y la difusión de ideas. Ocean Sur es un lugar de encuentro.

www.oceansur.com ▪ info@oceansur.com